城市基因

津市文史丛书

风 物 卷

政协湖南省津市市委员会 编

湖南师范大学出版社
·长沙·

图书在版编目（CIP）数据

城市基因：津市文史丛书.风物卷/政协湖南省津市市委员会编.—长沙：湖南师范大学
出版社，2021.7
ISBN 978-7-5648-4237-6

Ⅰ.①城…　Ⅱ.①政…　Ⅲ.①津市市－地方史　②文化史－津市市　Ⅳ.①K296.44

中国版本图书馆CIP数据核字（2021）第130200号

FENGWU JUAN
风物卷

政协湖南省津市市委员会　编

责任编辑｜周基东　刘秋雨
责任校对｜谢晓宇

出版发行｜湖南师范大学出版社
　　　　　地址：长沙市岳麓山　邮编：410081
　　　　　电话：0731-88853867　88872751
　　　　　传真：0731-88872636
　　　　　网址：http://press.hunnu.edu.cn/
经　　销｜湖南省新华书店
印　　刷｜湖南雅嘉彩色印刷有限公司

开　　本｜710 mm×1000 mm　1/16
印　　张｜20
字　　数｜400千字
版　　次｜2021年7月第1版
印　　次｜2021年7月第1次印刷
书　　号｜ISBN 978-7-5648-4237-6

定　　价｜60.00元

序一　把灿烂的津市文化永续传承弘扬下去

傅　勇　黄旭峰

　　文化是推动人类社会发展的精神力量。历史文化是城市的灵魂与根基。习近平总书记多次强调，要本着对历史负责、对人民负责的精神，注重文明传承、文化延续，让城市留下记忆，让人们记住乡愁。津市因傍津设市而得名。在生生不息的文化传承之下，大美津市，遍地是美景，处处皆风雅，历史悠久，文脉源长。在这里，澧水携八条支流，漫卷九水泥沙，来了个雄奇的大拐弯，直奔洞庭，通江达海，也激荡出厚重的湘楚风韵和璀璨的历史文化。在这里，屈原行吟"沅有芷兮澧有兰"的千古名句，跻身中国四大民间爱情故事的孟姜女感动今古，最为契合"学习强国"精神的车胤囊萤照读的典故光耀史册。在这里，九澧之水浩浩荡荡，汇聚13省移民，仿佛文化的熔炉，将鄂、赣、川、皖、湘、粤等文化融铸成神奇独特的移民商埠文化。在这里，澧水静水深流，滋养着自强不息的坚韧基因，嘉山峰峦叠翠，展示出敢为人先的雄健气魄。矗立在澧水河畔的望江楼上，曾经有一副气吞山河的楹联："饮武陵酒，品鹤峰茶，望皇姑秀色，听江水涛声，九澧名楼今胜昔；吟太白诗，诵东坡赋，招屈子忠魂，忆贺龙壮举，千秋佳话慨而慷。"写尽了城市繁华与荣光。

　　在漫长的历史长河中，先辈们的不屈奋斗，为我们留下了厚重的历史文化遗产。自建市以来，一届接一届的市委、市政府领导班子，率领优秀的津市儿女，高扬光荣与梦想，力擎艰难与挫折，励精图治，前仆后继，书写了"九澧门户""工业重镇""北有沙市，南有津市"的壮丽华章。现如今，津市人民接过前辈的接力棒，传承厚重的人文精神，激发蓬勃的发展潜力，大笔擘画新的发展蓝图。

　　如今的津市，已然是一座创新之城。国家中小城市综合改革、国家新型城镇化、全国乡村治理体系建设、全国新时代文明实践中心、全国水系连通与农村水系综合整治试点县市、全省海绵城市试点单位、美丽乡村建设整域推进试点县市，"绿色存折"垃圾分类减量机制获湖南首届创新奖一等奖，一张张城市名片就是生动写照。

　　如今的津市，已然是一座水运之城。因水而兴，也必将因水而复兴。津市港拥有澧水流域唯一的县级公共保税仓和海关工作站。随着深圳盐田港集团战略合作深度推进，推动"水铁公"多式联运，打造海关监管场所和二类口岸，势必成为全国内河港口的运营标杆。

　　如今的津市，已然是一座工业之城。逾400家工业企业，近400亿元工业总产值，生物医药、健康食品、装备制造、盐化工等"三主一特"产业强劲支撑，已经成为全国最大的医药中间体生产基地、全国最大的酶制剂生产和出口基地、全国最大的甾体原料药和医药中间体出口基地、全国最大的社会化汽车车桥生产基地。

如今的津市，已然是一座文化之城。距今约 50 万年的国家级重点文物保护单位虎爪山旧石器遗址，是湖南最早的人类活动遗迹。国家非物质文化遗产"孟姜女哭长城""车胤囊萤照读"故事广为流传。始建于唐代的佛教曹洞宗祖庭药山寺闻名遐迩。忆往昔，津市人民用强劲足音讲述着"湘北明珠"的辉煌故事；看今朝，津市人民用新锐脚步丈量着"澧水流域现代化中心城市"的全新坐标。

把灿烂的津市文化永续传承弘扬下去，是一项影响深远的战略工程。当前，在"十四五"开启新篇和"两个一百年"历史交汇的关键节点，津市正按照省委"三高四新"战略和常德市委"开放强市、产业立市"部署，全面开启建设现代化强市的新征程。铭记历史，继往开来，编纂出版一套全方位、多层次、立体化反映津市历史文化的丛书，既是全市经济社会发展的现实需要，也是全市人民群众的共同夙愿，更是落实习近平总书记提出的坚定中国特色社会主义文化自信的具体行动。津市要坚定文化自信，就是要找到属于津市人民自己的文化基因和精神家园，增强对津市历史文化的认同感、归属感和自豪感，凝聚人心，振奋精神，积蓄力量，为经济社会持续健康发展提供强大的精神动力和文化支持。"城市基因·津市文史丛书"的成功出版，可以说是我市经济和社会发展史上的一件喜事盛事，是一件功在当代、利在千秋的大事好事。它不仅丰富了津市历史文献，为广大人民群众筑造了阅读城市历史的画廊，也为树立和弘扬新时代的津市精神找到了新图景和新样本。在洋洋洒洒的百万文字方阵当中，时间的大幅跨越，场景的真实还原，人物的音容笑貌，那些似曾相识的优美字句和影像，一定能触碰到我们内心最柔软的部分，激起广泛而美好的共鸣，打捞起了文化记忆，梳理顺了文化乡愁。我们有理由坚信，无论是生于斯长于斯的津市人，曾在津市工作过的"津市人"，还是漂泊异乡的津市游子，都能从这套丛书中找到美好隽永的记忆与乡愁。我们应该感谢市政协、市文旅广体局高水平的策划执行，感谢编纂老师高强度的辛勤付出，正是由于他们，打造出这样一部鸿篇巨制的地方文化经典，使得传播津市文化有了最优质的载体，使得宣传津市形象有了最通透的窗口。

怀古需励志，掩卷当奋发。新时代的 28 万新津市人，当以"城市基因·津市文史丛书"为新的起点，传承和弘扬津市的灿烂文化，继承和发扬先辈的优良传统，砥砺奋斗，锐意进取，不断创造出新业绩、新辉煌，为建设"澧水流域现代化中心城市"而努力奋斗！

是为序。

2020 年 12 月

（傅勇，中共津市市委书记；黄旭峰，津市市人民政府市长）

序二 从这里读懂津市

姜正才

民族的伟大复兴，当以文化复兴为前提。习近平总书记曾经提出："历史文化是城市的灵魂，要像爱惜自己的生命一样保护好城市历史文化遗产。"做好"城市基因·津市文史丛书"征编工作，是政协工作重要组成部分，是一项有益当代、惠及后世的文化事业。打捞城市记忆，传承历史文化，提升文化自信，建设美丽津市，是政协文史工作面临的重大课题。2018 年元月，在市政协十二届三次会议开幕式上，一篇名为"传承城市基因，树立文化自信"的大会发言激起千层浪，市政协文艺教育工作组 16 名委员联名提交了一篇"关于做好城市基因丛书征编工作"的集体提案，引起强烈共鸣。市委书记傅勇、市长黄旭峰同志高度重视，分别签批了重要意见。市政协主席会议专题研究，以当年一号提案的形式，交办市文旅广体局推动落实征编工作。时逾两年，这套"城市基因·津市文史丛书"，经过编纂团队的辛勤劳动，终已付梓问世，这是我市文化建设的一件大事幸事，可喜可贺。在此，我谨向所有为丛书出版做出贡献的编者，表示衷心的感谢和致以崇高的敬意！

在中华传统文化的炫丽图景中，荆楚文化、湖湘文化精彩纷呈，融合荆楚文化与湖湘文化为一体的津市文化，必然有其神秘而颇具魅力的基因密码，生生不息，代代传承，值得我们去破译，去挖掘，去擘画。"城市基因·津市文史丛书"共 5 卷计 7 册，即《风物卷》《工商卷》《文存卷》(上、下)、《文艺卷》(上、下)、《影像卷》，是一部全面、系统介绍津市历史沿革、社会经济、人文风物的大型系列丛书，其涵盖之广泛，内容之丰富，形式之多样，印装之精美，在全市地方文史资料的出版史上，应该是前所未有的。《风物卷》意在突出津市"九澧门户"的城市名片。津市素为湘北重镇，百年商埠，名震湘鄂边，编者满怀深情将这座因水而生的城市之街巷、码头、渡口、驿站、会馆、宫庙、方言以及由此衍生出来的戏曲文化与饮食文化等逐一娓娓道来，呈现给我们一幅幅风情万种的津市版之"清明上河图"。《工商卷》是最能彰显津市产业特色的部分，津市工商曾雄踞九澧，声名遐迩，没有津市工商的繁盛就没有津市"大码头"的名声。编著者用浓墨重彩的笔触生动描绘了津市由渔村到工商重镇的发展演变过程，揭示了津市工商业萌芽、兴起、发展、繁荣、式微而又凤凰涅槃、浴火重生的轨迹，力图为后人留下一部可资镜鉴的信史。《文存卷》则另辟蹊径，在广搜博采的基础上，将散轶在各处的本土文史研究成果收集、整理于一篑，通过去粗取精，去伪存真的甄选，分门别类的精心编排，建立起一个小型且实用的文史资料库，让这些珍贵史料既得其所，不致风流云散，也为需要者阅读、使用提供了便利条件。《文艺卷》是我市第一部集中展示本土作者文学、艺术各领域各门类创作成果的综合性选集，同时还选录了部分古人题咏津市的精美诗文。一册在手，尽览风华。津市人对文学艺术的情有独钟，源远流长，在屈子吟咏过的澧水之畔，千年文脉薪火相传，从这本小册中或可管见一斑。《影像卷》是津市近百年影像资料的汇集，遴选了从晚清以迄当代五百余幅具有存史价值的珍贵照片，注以简要的文字说明，形成以"图说"为特色的另一种版本的津市简志。这些或黄渍漫漶，或色彩鲜明的照片，无不定格发生在津市某一时刻的生动瞬间，为我们留下了更直观、更真实、更难忘的历史记忆，令人生发沧海桑田之叹。

《左传·襄公二十四年》撰文："太上有立德，其次有立功，其次有立言，虽久不废，此之谓不朽。"编写"城市基因·津市文史丛书"是认识过去、服务当前、开创未来、惠及后世的一项立德、立功、立言之举。历史给人们留下永远难忘的启示，破译津市的基因密码，守望津市的精神家园，是走向未来的前提和基点。"让世界了解津市，让津市走向世界"，这套丛书必将起到积极的作用。祈愿今后能有越来越多的有识之士汇聚湘北明珠，谱写崭新的历史篇章。

"城市基因·津市文史丛书"是对津市历史文化的树立与弘扬，它启发和推动我们触摸远古图景，聆听历史回响，呼吸岁月气息，接通今古，展望未来，励精图治，为创建澧水流域现代化的中心城市而不断前行。

是为序。

2020 年 11 月
（姜正才，津市市政协主席）

概　述

谭远辉

关山南横脉来远，澧水东曲泽流长。

澧水自出，循武陵山款款而来，环山绕石，过滩陟险，时而引吭高歌，时而低吟浅唱，在携手茹、温、娄、渫、黄、道、涔、澹八条支流之后，来到武陵山脉东端的关山北麓。在这里打了一个盹，然后由关山东侧急转南下，直奔潇湘之渊——洞庭湖。

曾几何时，造物主一不留神，一颗璀璨的明珠从手中滑落，堕入澧水尾闾左岸的河曲地带。滚了一身泥土，静静地躺在那儿，灰头土脸，黯淡无光，起初并不被人看好。

在澧水右岸的虎爪山，我们发现了五十万年前远古人类留下的打制石器；在李家铺的苗儿岗、西湖渔场罗家台、涔澹农场青龙嘴、保河堤铜盆范家嘴等地，有新石器时代先民生活、居住过的遗址；在涔澹农场竹田湖、白衣乡的珠沫湾、渡口翊武中学乃至护市村的肖唐家台，有商周时期的遗址和墓葬；楚汉至六朝时期的遗存也多分布在澧水南岸的王府山至毛里湖、渡口一带以及北面的涔澹农场。总之，这些古代遗存都围绕在现津市城区的周围，隋唐以前城区范围似乎鸿蒙未开。

经过若许沧桑轮回，星移斗转，枉入红尘的这颗明珠栉风沐雨，经磨历劫，身上的尘土渐渐褪去，在阳光的照耀下，始折射出熠熠的光辉，从而受到人们的青睐。于是便有好事者给这颗明珠赋予了一个雅致的名号：津市。

一、杨柳依稀古渡头

津市究竟从何时得名，其寓意若何，炎宋以往，史帙阙如。顾名思义，"津"者，渡也；"市"者，贸易之区也。则"津市"应是兴起于渡口码头边的集市。在唐诗中即见含有"津市"二字的诗句，分别为钱起的《送武进韦明府》和李郢的《送李判官》，或曰这是津市地名的最早见证。但经考证认为，此"津市"并不是作为地名的双音节词，所记述的地点也与我们津市不搭界。

固然，在唐代津市这个地方是存在的，但当时不叫"津市"，而叫"澹津"。"澹津"一名出现于戎昱为澧州刺史李泌所作《澧州新城颂》，内有"澹津之墟尚在，天门之垒可辨"语。该《颂》作于唐中叶的建中二年（781），"新城"即为今新洲，在唐代为州城。"天门"即天门郡，是澧州的前身，而"澹津之墟"即为"澹津这个集镇"。这个"澹津"除了津市别无所指。甚至到了清代"澹津"还作为津市的别名偶有出现。龚之茗《延光书院记》中有："今上御极之六年，清河汤钧右先生以宇内名硕来守是邦……且构（延光）书院于澹津。"延光书院在津市，"澹津"即指津市。如此，津市在唐代应该称"澹津"。原先由大码头往北的街道名为"澹津路"，人们感觉有些奇怪，其实这正是津市古名的传承。津市许多街道的原名都随时代的变迁而改了新名，如衙署街改生产街，关庙街改建设街等，唯有"澹津路"不变，冥冥之中留住的是津市的根。只是现在向北移到了蔡家河。

"澹津"何以得名？"澹"应即澹水。"津"即渡口，故澹津应是处于澹水渡口边的集镇。现在澹水是从津市东边汇入澧水，在古代应是在津市的西侧汇入澧水，考古发现，在护市的肖唐家台（俗称"实屁股"）就发现有一条南北向的古河道。故此津市初名"澹津"。时光荏苒，陵谷沧桑。澹水改道，从津市的北面绕到了东边，不再穿过城区，再称"澹津"已不合适，于是就成了"津市"。然而"澹津"一名并未消亡，而是向北移到了近郊，即今随澹水迤逦的澹津社区。

"澹津"何时易名"津市"不甚了然，真正具有地名意义的"津市"首先见于元代宋褧写的一篇题为《津市留题》的诗。诗曰："烟霏空翠瞰芳洲，杨柳依稀古渡头。斜日扬鞭倦行役，自惭不及贾胡留。"

宋褧（1294—1346），字显夫，泰定元年（1324）进士。壮岁曾游朗、澧、湖、湘。其在《寄题涔河石桥》诗的小序中曰："河在澧州北四十里……予自延祐以来，凡八过其上，慨念行役之苦，为之惘然。"八次从涔河桥上经过，可见宋褧往来澧州很频繁。宋褧到津市大约在至大至延祐间（1308—1320）。如此，"津市"得名至少已有700多年。

继后，何景明所作《津市打鱼歌》写尽了津市的繁荣富庶。

"大船峨峨系江岸，鲇鲂鳜鳜收百万。小船取速不取多，往来抛网如掷梭。野人无船住水浒，织竹为梁数如罟。夜来水涨没沙背，津市家家有鱼卖。

江边酒楼燕估客，割鬐斫鲙不论百。楚姬玉手挥霜刀，雪花错落金盘高。邻家思妇清晨起，买得兰江一双鲤。筛筛红尾三尺长，操刀具案不忍伤。呼童放鲤潵波去，寄我素书向郎处。"

宋褧与何景明都是用诗的语言状写吟咏津市的旖旎风光、物产富庶和宜居环境。万历间，公安派文学家袁中道则以散文的形式对津市做了比较具体的表述：

"从涔澧交会之处，西上十余里，有千家之聚，名曰津市。对岸为彰观山，道书四十四福地，宋明道中黄、范二仙飞升处也。"（《澧游记》）

"千家之聚"只是一个概数，但在袁中道眼里，应该是一个较大的集镇了。

在袁中道的作品中还有多处关于津市发达的船舶工业的记载：

"津市新舟成，将游吴越，值虎渡涸，不得出。"（《泊梦溪记》）

"还公安，念津市所治新舟下吴越尚未完，恐造作不中程，自往视之。"

"东下舟已成，至村中，予登舟，泊于孟溪。舟中可坐十余人，外用六桨，坚而迅速。"

"初予自当阳登舟，泛舟中，望九子诸山极秀冶，无风涛之怖。若得一舟可以涉浅者游其间，

且抵高安、阳平诸山中，如泛千叶莲花中，可以毕此生矣。是日，遂遣人往津市，造一鸬鹚舟。"（《游居柿录》）

袁中道泛舟云游，多选择在津市造船，津市所造船"坚而迅速"。津市作为港口城市和渔村，船舶是交通、运输和渔业生产必不可少的工具，于是津市的造船工业应运而生。无论是峨峨大船，还是舴艋小舸，乃至鸬鹚舟，都展现出精湛的工艺。

随着津市商业的繁荣，来自四面八方的生意人定居津市，这其中不乏能工巧匠和有经济头脑、聪明才智之人，他们带动了津市各行各业的发展，纺织业、手工业、饮食业，以及造船、造纸、糕点、烟草等产业都优于其他地方而驰名域内。津市产青布还曾被列为贡品。

"青布，津市为多。"（隆庆《岳州府志·食货考·贡》）

元明两朝，津市的商贸和轻工业获得了长足的发展。

二、雪花错落金盘高

清代，津市的商贸和城镇发展达到鼎盛。于是，我们思考着一个问题：澧州与新洲都曾为澧水流域行政中心，津市位于两者之间，其繁荣不亚于两地甚至有过之，然而历代的当政者却从未考虑在津市设治，这其中最关键的因素应该是津市混杂着南来北往的商旅，人员构成复杂，帮派丛生，控制不易。这在民国时期有充分的体现。在方志中也有明确的表述。

"津市，州东二十里，为商贾舟楫所会。市长数里，约万余户。人杂事繁，奸匪易藏，颇称难治。"（乾隆《直隶澧州志林》）

这时，明代的"千家之聚"扩展到"约万余户"。当然这有夸张的成分，但由此看出，清代的津市已是今非昔比。到清代晚期，形成堪与州城媲美的城市规模。

"街长七里零，直街三条，中为正街，后为后街，前为河街。"

"舳舻蚁集，商贾云臻，连阁千重，炊烟万户。"（同治《直隶澧州志》）

由是，津市作为港口城市的繁荣景象便如电影镜头般呈现在我们眼前：

码头边船主南腔北调的吆喝声此伏彼起，河岸上嬉笑怒骂的挑夫接踵摩肩。兰江上晚霞映耀着悠婉的渔光曲，田野里暮烟飘散着呕哑的牧牛歌。这边是灯红酒绿、纸醉金迷，那边是村俚清籁、垂柳风篁。津市在喧嚣与安谧中平衡着祥和，在尔虞我诈、明争暗夺中生发出隆昌。

津市博物馆收藏有一件清乾隆四年（1739）木刻的"八码头公牌"，八个码头从上至下依次为：罗家坡、关爷楼、大码头、观音桥、新码头、新店坊、永宁巷、汤家巷。八码头公牌便是津市繁荣兴盛的码头文化的写照。

津市的繁华定然伴随着治安的隐忧。津市是澧州的聚宝盆、摇钱树，津市治安不宁，州府不能坐视不管。于是州府采取了一系列措施弹压控制。

雍正十一年（1733）二月，"移湖南澧州嘉山镇巡检驻津市，仍兼查缉原管地方。从湖南巡抚赵弘恩请也。"（《清雍正实录》）

乾隆三十二年（1767）二月，"吏部议覆：原任湖南巡抚常钧疏称：……又澧州津市，商贩要路，原设巡检，不足以资弹压。而石门水南渡地方，亦系商民凑集之所，请将津市巡检移驻石门之水南渡。其津市，即令澧州州判驻扎。……均应如所请，从之。"（《清乾隆实录》）

巡检和州判先后设于津市，而且都是湖南巡抚奏请朝廷所设，凸显了津市治安环境的复杂和对于澧州经济的重要性。

"自道光年间，大开海禁，西人之工于牟利者，接踵而来。"（郑观应《盛世危言》）

海禁一开，洋人蜂拥而至，他们不仅带来了鸦片，还带来了很多中国人眼里的稀罕物。于是凡新奇的事物都冠上了一个"洋"字：洋船（机动轮船）、洋火（火柴）、洋油（煤油）、洋马儿（自行车）、洋伞（铁骨布伞）、洋布（机织布）、洋装、洋酒、洋行、洋锹、西洋镜、出洋相、受洋罪等。于是，在津市不仅有大腹便便的土豪，长衫韦带的迁客；也有金发虬髯的传教士，西装革履的洋商。津市不啻为淘金者的乐园，冒险者的天堂。

洋人的到来，也为津市带来了进一步繁荣，在乾隆年间八码头的基础上又扩展到九码头。九个码头的称谓很多，最初是以所在街巷称，人们可能嫌麻烦，于是从上至下第以序数称一、二、三、四、五、六、七、八、九码头。九个码头是就澧水北岸的主要码头而言，这时的码头远不止九个，多达十几个。除澧水北岸外，南岸也设多个码头。有国内的江西码头、湘乡码头、浏阳码头、慈利码头，也有美利坚的洋油码头，英吉利的怡和码头、太古码头，日本的戴生昌码头等。当时的客船通长沙、常德、汉口、沙市等地。清末民初，津市作为湘北一大商贸中心，有着巨大的向心力和强烈的辐射力，可与湖北沙市媲美，因而就有"湖南津市，湖北沙市"之说。直到今天，周边省份的老一辈人只要说起津市都耳熟能详。

商贸的繁荣还带动了一系列产业的兴盛，如船厂、客栈、金号、钱庄、邮电、印刷、图书、典当、钟表、眼镜、电灯、榨坊、木材、竹器、衡器、轿行、织染、缫丝、布匹、服装、皮革、粮油、酿酒、澡堂、糕点、茶叶、烟草、蚊香、警署、医院、药铺、学堂、戏院、妓院、烟馆、赌场、茶楼、酒肆、会馆、教堂等，大都市所应有的配套功能在这里一应俱全。

繁华的光影下依然是贫贱与富贵的两极世界。有人竹篱茅舍，不蔽风雨，家无宿粮，卖儿鬻女；有人高墙深院，锦衣玉食，妻妾成群，呼奴使婢。一边是椎髻布衣的寒门女无奈为人作嫁，良家妇女被逼为娼；一边是珠光宝气的阔太太难掩心猿意马，膏粱子弟蝶乱蜂狂。道不尽芸芸众生人情冷暖，见惯了滚滚红尘世态炎凉。

清至民国时期津市另一大特色就是帮会与宫庙文化，四面八方的商人来到津市，时间长了，许多人就举家迁居津市，因而津市成为一个移民城市，在家靠父母，出门靠朋友，而同乡更具亲和力。于是各地的移民便纷纷成立同乡会，修宫庙，作为同乡议事、聚会场所。供奉原籍的信奉神，顶礼膜拜，凝聚人心。最昌盛者如江西的万寿宫、吉安庙，苏皖的三元宫，福建的天后宫，湖北的帝主宫，山陕的三义宫，上河（慈利、桑植）的荣华宫、湘乡会馆以及基督教的福音堂，天主教的天主堂，伊斯兰教的清真寺等等。会馆、宫庙是连接各外商同乡的纽带，但也会由此引发帮派争斗，或弱肉强食，或两败俱伤。

民国是一个多事之秋，兵荒马乱，满目疮痍；天灾人祸，饿殍枕藉。统治者依然不管人民死活，变本加厉盘剥。津市不是世外桃源，难以独善其身。共产党不满国民党的高压统治，站在人民大众一边，极力抗争。贺龙率部占领澧津，任澧州镇守使，创办"九澧平民工厂"，在镇大油行成立苏维埃政府，共产党在津市的活动或地下或半地下，津市的进步人士、红色资本家对红军和地下党的活动给予了保护和经费支持。

日寇侵华，寇焰昌炽，敌机狂轰滥炸，铁蹄肆意践踏。多少同胞背井离乡，目之所及道殣相望。津市一度成为四方难民的避风港。一时间人口骤增，商业经济也曾短暂畸形膨胀。面临着亡国灭种的奇耻大辱，有多少热血青年奔赴疆场，用血肉之躯抵挡敌人的枪膛。也有人置身事外，依然不忘发国难财。奸商哄抬物价，囤积居奇；兵匪巧取豪夺，恶贯满盈；官吏横征暴敛，鱼肉百姓。正所谓："兴，百姓苦；亡，百姓苦。"

三、浴火重生振翅飞

1949 年 10 月 1 日，中华人民共和国成立。一切向着制度化、正规化发展。有的企业收归国有，有的公私合营，有的行业纳入街道集体经营。根据不同的社会分工，人民安居乐业，社会治安向好。津市经历了几起几落，新中国成立初五年之内，津市连升三级，由县辖市至地辖市再至省辖县级市。津市正式具有独立的行政功能，其间曾短暂回归县辖市（镇）。后又与澧县数次分合，直到 1979 年底恢复省辖常德市代管的县级市至今。

在 50 年代至 70 年代，商贸仍然是津市的支柱产业，港口仍然产生着品牌效应。澧水两岸依然是舳舻蚁集，汽笛交鸣；河岸上脚夫往来如梭，人声鼎沸。随着陆路运输的迅速发展，水运受到冲击，津市的码头经济在新的环境下失去了往日的优势，渐渐淡出人们的视线。码头上没有了昔日的喧嚣，年轻人纷纷下海弄潮，只有河水拍打着零星的船帮，仿佛吟唱着怀旧的歌谣。这好比历史的跑道已经绕完了一周，一个新的轮回又从头开始。当年津市是鹤立鸡群，而当鸡群都成了天鹅，津市岂能依然是鹤。昔日的铅华已经褪去，应当换上靓丽的新妆。凤凰涅槃，浴火重生。

强烈的危机感促使津市的决策者们革故鼎新，另辟蹊径。商贸萎缩，于是大兴工业，历届市委均坚持"工业立市"的方针，几十年的艰苦奋斗，不折不挠，津市工业遂日渐发展壮大，涌现出味精厂、酶制剂厂、绸厂、缫丝厂、绢纺厂、湘澧盐矿、造纸厂、蚊香厂、猪鬃厂、湖南拖拉机厂、电子管厂、造漆厂等一系列颇具规模的代表性企业。

但是，津市若想有长足的发展，至少存在三大瓶颈：堤防、桥梁、道路等。津市自古无堤防，当桃汛春涨，洪水泛滥，市面浊水横流，小船穿街走巷，经济停顿，财产受创；涔、澹、澧三水素无桥梁，过河的车辆排起长龙，等渡的人群熙熙攘攘，前进的脚步因此放慢，宝贵的时间在等待中流淌；当陆路交通快速发展，津市仍然独守空港，铁路、国道绕开津市，连拥有省道都是奢望。

这三大瓶颈如不突破，津市难以走出狭小的围城。于是各级领导奔走呼吁、精心部署，广大干群同心同德、群策群力，率先向三大瓶颈发起总攻。1973 年，在澧水北岸筑起一道坚实的水泥大堤，将肆虐的洪水挡在城外，城里的居民再也不受洪水困扰。70 年代以后相继建成蔡家河澹水桥，津市澧水一大桥、二大桥，小渡口涔水大桥，至此，澧水干、支流的道路与桥梁全部贯通。兰江如练，云淡风轻，江面上关山倒影婆娑。华灯初上，长虹卧波，两座大桥像一对情侣在夜色中拍拖。

津市原先地域狭小，且处于澧县的包围之中，这严重制约了津市的发展。20 世纪 80 年代津市向南扩郊，从澧县的包围圈突围出去，打开了临澧、安乡、鼎城的通道。于是党政机关南迁。90 年代湘北公路从津市保河堤、渡口两镇经过，津市修建从市区到湘北公路的接线工程，结束了津市无省道的历史。二广高速从津市西境穿过，并在工业园区设立互通。现在穿越津市南境的安慈高速也在建设之中。近年又完成交通投入 60 亿元，着力开展高速公路、干线公路、客货站场、铁路建设、水运码头、农村路网六大建设，构建现代交通体系，致力打造综合交通、智慧交通、绿色交通和平安交通。

三大瓶颈已然突破，然而若要迎接新时期更大的挑战，要做的事还多，要走的路还长，津市的领导层怀揣忧患意识，运筹帷幄，完成了一系列重大工程，使津市有了突飞猛进的发展。

津市工业有着辉煌的过去，但却面临着现代工业的挑战。2016 年 7 月，省政府批准津市设立省级高新技术产业开发区。于是一座工业新区拔地而起，使津市的传统工业迎来了新生。努力把园区建成创新创业生态区、新兴产业集聚区。促进津市工业持续健康发展。2019 年，园区建成区面积近 9 平方公里。支柱产业主要有生物医药、装备制造产业、轻工纺织产业、食品企业、盐化工产业以及新型建材企业等。规模工业总产值已达 265.6 亿元，规模企业户数 109 家。

近年又建成了与工业园区配套的窑坡渡千吨级码头——津市港。港口集大宗散杂货、集装箱、港口物流和服务以及保税物流于一体，由中心港区和新洲港区组成，主要为津市高新区及周边区县的物资运输服务。津市的水运通江达海，陆路四通八达。彻底摆脱了以往的瘸子经济，正健步如飞地走向繁荣。

津市的决策者们抓经济建设的同时不忘抓民生工程，一系列关乎民生的重点工程相继建成投运：三座水厂（白龙潭、沈家台、金鱼岭）实现了城乡供水全覆盖；位于工业新区的污水处理厂，设计规模为日处理能力 4 万吨，出水水质执行国家一级 A 标准；城市生活垃圾无害化处理场，建成高标准站房 6 处，30 台有机垃圾处理设备正式运行，标志无害化垃圾处理场在常德市区县率先投入运行；完善养老服务。建成了全省一流的养老服务中心，集居住、医疗、护理、康复、营养、娱乐于一体，成为全市老年人颐养天年的大型养老社区。高标准推进一乡一敬老院、一村一幸福院建设，建成各类养老机构 77 所，被评为"全省社会养老服务先进县市"。

在建设澧水流域现代化中心城市的奋斗目标下进行城市扩容。津市素为九澧门户，湘北重镇。然而新中国成立前，城区总面积不过 1.45 平方公里。20 世纪 90 年代末，建成区面积扩至 6.28 平方公里。进入新世纪后，城市建设明显提速，根据市委制定的发展战略，全市上下一心，开展"五城同创"（创国家森林城市、国家卫生城市、国家园林城市、国家交通模范管理城市、国家文明城市）以及海绵城市建设。在道路建设、城市绿化、街道亮化和老旧小区改造等方面均成效显著，城市建成区面积超过 17 平方公里。待海绵城市建成后，城市在适应环境变化和应对雨水带来的自然灾害等方面具有良好的弹性。

开展以"清清毛里湖、悠悠养心洲"为主题的湿地公园保护及基础设施建设。在哈尔滨召开的全国湿地保护管理工作会上，毛里湖湿地公园正式获批国家湿地公园。该工程实施后，将极大地改善周边居民生存环境，湿地生物多样性更加丰富。此外，毛里湖湿地还将在蓄水、调节下游河川径流、补给地下水和维持区域水平衡中发挥重要作用，形成蓄水防洪的天然"海绵"。

近年建成的澧水沿江风光带，有人行塑胶步道、朱务善广场、滨水公园、绿化景观、亲水平台、文星阁、朝阳阁、大观楼等，还有正在筹建的文化墙。入夜，霓虹明灭，华灯辉耀，沿江风光带上人影幢幢，荡漾着情侣的款语，童稚的嬉闹，老者的謦咳，女人的说笑。广场舞大妈载歌载舞，太极拳大爷亦柔亦刚，好一派康宁和乐的盛世景象。

津市的人居环境和生态环境有了前所未有的改善，一座有着悠久历史的古城焕发出新的光彩，成为一座处处鸟语花香，在在流光溢彩的新型城市，津市城镇乡村的人民获得了实实在在的幸福感，老百姓的日子过得越来越滋润。

澧县与津市在一个个轮回中由家人父子、手足兄弟到欢喜冤家，历史上分分合合，若即若离。两者之间有血浓于水的亲缘，也有剪不断的利益链。如今在时代发展的大潮中，两家又开始谋划一个新的美好愿景——津澧融城，建设现代化的澧水流域中心城市。相信通过两地人民的努力奋斗，美好的愿景必然会如期实现，千年古州，百年商埠，将共同演绎出新时代的沧桑巨变，抒写更加壮美的灿烂篇章。

（谭远辉，湖南省文物考古研究所副研究员）

目 录

第一章　文化源流

第一节　澧水　003

第二节　市镇形成　012

第三节　文化积淀　020

第二章　街巷往事

第一节　街巷格局　027

第二节　建筑特色　034

第三节　行业帮规　039

第四节　老街印象　041

第三章　码头春秋

第一节　码头溯源　052

第二节　码头旧影　058

第三节　码头异史　067

第四章　万里航船

第一节　船与航道　076

第二节　航运简史　084

第三节　航运轶事　095

第五章　宫馆寺观

第一节　会馆　104

第二节　寺观　108

第三节　掌故　122

第六章 桥渡驿邮

第一节 昔日的桥 129

第二节 古今渡口 134

第三节 驿站与铺递 140

第四节 民国邮政 147

第七章 琅琅书声

第一节 书院 156

第二节 私塾 162

第三节 学校 164

第八章 报业兴衰

第一节 吴家刻书 180

第二节 民国时期的报刊 182

第三节 新中国的报刊 189

第九章 美食寻踪

第一节 名店名厨 193

第二节 本帮菜 207

第三节 名吃与名点 211

第十章 戏剧曲艺

第一节 地方戏曲 221

第二节 民间曲艺 233

第三节 艺苑故事 243

第十一章 名胜古迹

第一节 风物揽胜 257

第二节 古镇话旧 274

第十二章 津市趣话

后 记

第一章 文化源流

玩就玩，搭洋船，

洋船在哪里？

洋船在津市……

这是澧水流域无数童谣中的一首，唱它的人，当年只知道河的下游，有一个叫津市的地方，那里有高楼，有洋船，有吃不完的"接货儿"，有想象不尽的繁华。那是个梦幻才能抵达的地方。

但津市毕竟是一个真实的存在，走近她，我们才能清晰地看到这座城市光环下的本来面目。

它是美丽的。它的美丽得益于大自然的垂青，地处澧水尾闾的她，背倚武陵，怀抱洞庭，唇辅湘楚，孔通川黔，集合了山川大地的钟灵毓秀，境内名山大湖，声名远扬；市景玲珑锦绣，繁华多姿。

它是富饶的。它的富饶既来自于物产的丰富，也得之于社会财富的创造，明清以前，商镇初成，货通宇内，海纳百川；民国时期，虽偏安一隅，也称畸形繁荣；建国之后，工业发展，实为九澧翘楚。

它是蕴藉的。它的蕴藉来自于厚重的文化积淀。战国时期，屈、宋行吟于此，岸芷汀兰，郁郁青青；东汉末期，澹津古亭即见封爵；晋唐之际，新城数为郡治；药山关山，俱为佛道宗脉；孟姜传说，囊萤照读，流芳百代。

数千年匆匆过去，如今的它冲淡平和，愈加厚重。今天，津市终究实至名归，我们把它唤作"湘北明珠"。这座水边的城市，是从澧水出发的人之共同家园。

第一节　澧水

从空中俯瞰，大地犹如裸露的肌体，赭红的土塬、黛黑的山林、蓝色的湖淖、斑斓的田野，构成一块块健壮的肌腱，而贯穿其中的血管，便是一条条或奔腾或安静的河流，人类的文明便顺着河流的方向，延续、发展，像树的根系、如叶的脉络，清晰可辨。古埃及的尼罗河文明如此，古巴比伦两河文明如此，长江黄河，更是我们中华文明的母亲河。可以这么说，凡是人类聚居的地方，都是一条河流的部落。

如果以水系脉络来看湘鄂边区，它像是一片横向伸展的枫叶，而津市，正处于叶柄的位置。临近这片叶子来倾听，会听到风雨声中千百条溪河在奔腾、在寻找，它们一路冲折、一路咆哮，最终汇聚成为一条大江，突围山岳的封锁，在津市这个地方稍作停留，再无回顾地投进洞庭湖的怀抱，归入大海。这就是澧水。

一、澧水发源

澧水最初称醴，据说因澧水上游"绿水六十里，水成靛醴色"而得名；又因屈原《九歌·湘夫人》诗中"沅有芷兮澧有兰"而名兰江。无论称澧或兰，都说明澧水的水质清冽，自然环境非常优美。《嘉靖澧州志》载："秀丽如带，瀺漩清驶，复渊然沉潜，潴而为潭。每遇天宇澄霁，微风嘘之，纹行波面，基毂若鳞；云影藻痕，上下掩映，碧光一色……真方隅奇览也。"

澧水发源于湘西武陵山腹地，全长 407 公里，流域跨越湘鄂两省边境，地理位置在北纬 29°30′～30°12′、东经 109°30′～112°之间。多年平均径流量 131.2 亿立方米，流域面积 18496 平方公里，其中湖南境内 15736 平方公里，是湘北、鄂南最大的一条河流。

成书于先秦的地理名著《禹贡》记载："荆及衡阳惟荆州，江汉朝宗于海，九江孔殷。岷山导江，东别为沱，又东至于澧；过九江，至于东陵"；同时期的《山海经》也有"葛山之首，无草木，澧水出焉"之句；《汉书·地理志》记载："历山，澧水所出，东至下隽入沅。"以上诸说，惜字如金，成说不一。尽管后人对其有辨讹，认为荒诞不经，但至少说明澧水历史悠久，影响深远，在中华文明之初就是荆楚大地的主要河流，是洞庭湖的九大源流之一。

古人考证澧水在武陵山腹地有三条源头：其一为东流，发源于桑植县与鹤峰县交界的七眼泉，其为主流；其二为北流，发源于桑植县与龙山县交界的栗山坡；其三为西流，发源于永顺县十万坪。三源在"龙江口"汇合，并称澧水。三源合一后的澧水，犹如下山之虎，自西至东奔腾而下，途经桑植、永定、永顺、慈利、鹤峰、石门、临澧、澧县、津市、安乡，一路裹挟赤溪、仙人溪、贺虎溪、渫水、温水、涔水、澹水等上百条溪河，聚成大江，最后在安乡县与一箭河汇流，再分为两股，一股入天心湖、出南咀，与沅水合流后入洞庭湖；一股入华容县赤沙湖后汇入洞庭湖。

今人考证澧水的说法不同，也分北、中、南三源。北源有二支，一支出桑植县五道水镇杉木界，一支出桑植县西北八大公山天堂窝，二者在五道水会合。中源出桑植县八大公山东麓，源头在龙山县大安乡翻身村，又名绿水河，是为主源。南源又名上洞河，出永顺县龙家寨东北。南中两源先在两河口相会，后与北源在桑植县打谷泉与桥子湾的小茅岩河汇合后东流。三源会合后，往东南经桑植、永顺，再从永顺与张家界边境转向东北，经张家界、慈利、石门、临澧、澧县、津市等县市，由小渡口注入西洞庭之七里湖。

古今考证存在一定差异，原因可能是年代久远、地名变化所致，但方位和地点大致相同。

二、澧水水系

1. 九澧简述

澧水一路走来，汇聚了无数条溪河，湘西北人称之为九澧。九澧既是对其主要支流的实称，也是对其支流繁多的代指。《直隶澧州志》载："茹、温、溇、渫、黄、涔、澹、道并澧为九。余水皆输注于九水，而九水又唯澧受诸水之流，以输注于洞庭。"

茹水　《水经注》："澧水自充县东迳临澧（古临澧在慈利以西）、零阳二县故界，又东茹水注之"。茹水出龙茹山，即楚国阳陵君庄辛所谓"饮茹溪之流"的地点，其流域大体在今桑植、慈利、石门、澧县境内。《直隶澧州志》载："（太清山）周回百里，茹溪环之，影落数十里外"，较为形象地描画了茹水绕青山的景象。

温水　《水经·澧水注》记载"温水发北山石穴中，长十丈，冬夏沸涌，常若汤焉，南流入于澧"。武陵山区属喀斯特地貌，地热温泉遍布，今慈利有江垭、万福等诸多温泉，北山温泉，大概是指这些地方。

溇水　慈利人称后河，发源于鄂西恩施土家族苗族自治州鹤峰县下坪乡云梦村，入桑植县，于慈利县城汇入澧水。河长约 250 公里，流域面积约 5048 平方公里。是澧水最大的支流。

渫水　源出湖北巴东，出皂市，称为南溪。经石门县西 40 里入澧水，称为添平河。渫水过石门县城始通舟楫，为石门县境内最大的一条河流。

黄水　《水经注》载："黄水，出零阳县西北连巫山。溪出雄黄。采黄客常以冬月祭祀，凿石深数丈，方得佳黄，故溪水取名焉"。黄水因雄黄污染呈黄色而得名，分南北两条溪流，北流合入渫水，东流直接注入澧水，称之渫口，在今石门县境内。

涔水　水源分南北两支，南支出石门燕子山，北支出澧县东门太极山东麓白岩壁，两源在王家厂合流，经大堰垱、池家河、梦溪寺，至周公渡南折至津市，由白洋堤至伍公嘴与澹水合流，出六冢口（今小渡口）入澧水。涔水是津市境内第二大河流，有大小支流 26 条，昔日是津市通澧阳平原的主要水道。

澹水　水源分南北两支，南支为石门瓜子峪艾家山，北支为石门燕子山圈门铺，两支于临澧官亭合流，经澧县城入澧水后河，由十回港、蔡口滩入津市，过谭家湾，在伍公嘴与涔水合流，出六冢口入澧水。澹水是津市的后河，旧时通航，可直达澧县县城。

道水　水源分南北两支，南支出慈利五雷山，北支出慈利桃子溪，系多条溪涧组合。两支于石门广福桥汇流，经临澧、澧县，至津市关山之下的张家滩河口入澧水，全长 101 公里。

2. 荆江四口

荆江，是长江荆州段的俗称。荆江四口，实指澧水过津市后，逶迤东流过程中交汇的四条荆江泄河，分别为松滋河、虎渡河、藕池河、调弦河，津市人俗称北水。四口由荆江南岸溃堤形成，除调弦河外，其他三条河流均能直接与澧水相通。《直隶澧州志》载："岷江自虎渡分流者，皆汇澧入洞庭，故湖波擅全澧利害。冬间水涸，览群湖如星罗地上；夏秋泛涨，则万顷茫然，合洞庭为一巨浸。"长江，是影响洞

▲澧水注入洞庭湖处（陈希/供图）

▲松滋河（陈希/供图）

庭湖区地理变化的主要原因，也是影响澧水水文变化、沿河城市安危的重要因素。津市的拱托而出、洞庭湖区围垸造田的兴起，都与荆江四口关系密切。

澧水东去，其洪道与松滋河交汇于汇口；又汇虎渡河于小河口；再汇藕池河于南咀。三水成为津市北通长江，直达荆州、沙市、宜昌等地水路要道。

三、重要物产

河流是富有生命力的。澧水流域地处神奇的北纬30°地区，属于大陆性亚热带季风气候，光、热、水资源丰富，春夏秋冬四季鲜明，既得益于造山运动的孕育，又适合动、植物的繁衍生殖，可以称之为大自然的宝库。

1. 植物类

水稻　水稻是澧水流域最主要的农产品，《周礼·夏官·职方氏》："荆州，其谷，宜稻。"城头山、彭头山遗址中就曾发掘出人类最古老的稻种，证明澧水流域是人类稻作文明的发源地。

▲津市码头等待发运的粮食（芬兰国家档案馆/供图）

▲澧水河畔油菜花（邹晓龙/摄影）

棉花 宋末元初，棉花种植技术从中亚传入中国，随即在南方广泛种植，澧水流域是湖南最主要的产棉区。至民国时期，通过津市集散的棉花每年就达30万担。

油菜 澧水流域过去多食茶油，油菜栽种在民国时期始得推广，安徽籍榨坊商人遂跟进津市，津市有榨坊一条街，是澧水流域最集中的油料加工地区。

茶叶 澧水上游山高云深，自古就有种茶历史，西晋文学家孙楚曾有诗："姜桂茶荈出巴蜀"，但民国以前，出产不多。《直隶澧州志》食货篇载："澧茶皆仰给邻商，土产无多，以永定茅坪者为上。"清末粤商卢次伦发现澧水流域优质茶源，创立茶号"泰和合"，设"汉庄""津庄"，大量出口"宜红"茶，为澧水流域茶叶走向世界之滥觞。

桐油 桐油为油桐树果所榨制的植物油，湘鄂是其主要产区。本地桐油以出口为主，光绪年末，津市设有官办油行5家，至民国，增至23家。1941年，津市桐油销售达20万担以上。

皮油 皮油即乌桕树（俗称木子树）果脂，主要用来制蜡。《天工开物·膏液》："其皮油造烛，截苦竹筒两破，水中煮涨，小篾箍勒定，用鹰嘴铁杓油灌入，

▲津市桐油集散地

即成一枝。"澧水皮油主要产自上游山区，津市是其集散地。

柑橘　柑橘在澧水流域有悠久的历史，两千多年前，屈原在《橘颂》中就写下了"后皇嘉树，橘徕服兮。受命不迁，生南国兮"的诗句。明清以前，澧水柑橘较少列入贸易。随着时代发展，1960年代后作为地方经济林木得到推广种植，远销四方。石门蜜橘声名遐迩，唐代诗人李群玉《石门韦明府为致东阳潭石鲫鲙》有句："隽味品味知第一，更劳霜橘助芳鲜。"

中药材　澧水上游高山密布，气候良好，是天然的中药材宝库。本地出产的中药材有麦冬、砂仁、葛根、黄精、首乌、鹤膝、羊颤、木香、香附、荆介、金银花、五倍子等上百种，其中尤以五倍子质优量大，远销海内外。书载："五倍子，虫窠也，以商贩得五倍利名，又名文蛤，其内多虫似之。敛疮口，收顽痰，生津液，主肺脏风毒。可染可服，需用甚广，永定产尤多。"

木材　澧州境内经济林木以松、杉、竹、杨、樟、漆、棕、檀为主，澧水上游的深山老林，优质木材蓄量丰富。顺澧水黄金水道，历史上木材外销以津市为中心集散。

山产　澧水流域的山货主要有山蕈、木耳、石耳（岩耳）、竹笋、葛粉等，基本上属于素食佳珍。过去本地民众对山货只采摘自食或馈赠亲友，没有集中外销历史，随着交通运输的发展，改革开放后有培育加工和季节性外销。

湖产　湖区水生植物丰富，以湘莲、湖藕、菱角、茭白、芡实（鸡头米）、荸荠、蘁果为主，历史上虽远销不多，但时令物产，集市贸易，馈亲赠友，也令人齿颊留香。津市毛里湖西地区的蘁果，以果大、色莹、味美而著名，不仅受周边青睐，还远销海外。民国《澧县调查笔记》曾记载："南四区毛里湖中之田家山，形似牛腿卧湖，其地黄壤无沙，出产有蘁，常澧各属竞买食之，著名为牛腿蘁。"

毛里湖鸟瞰

▲毛里湖（网友／供图）

2.动物类

牛　澧水下游湖区滩洲、堤坝较多，草量丰富，因此养牛历史悠久。牛是农家宝，宋代诗人雷震的名句"牧童归去横牛背，短笛无腔信口吹"，便是澧水流域人与牛和谐共生的真实写照。随着农业生产的现代化，耕牛虽然已淡出历史舞台，但澧水流域养牛、食牛之风尚存，牛肉食品，已经成为津市的名优特产。

猪　农业社会的中国，有"无豕不成家"之说，澧水流域传统家养以黑猪为主，州志中有"他处有白首白足，澧豕皆黑"之说。此外，澧水山地多野猪。澧水流域有腌制腊肉的传统，山区腊肉以本地土猪为原料，是众口皆知的特色食品，其独特的腌制、熏烤方法，外地无法复制。

羊　《诗经·小雅·无羊》："谁谓尔无羊？三百维群。"商周时养羊便很普遍，但江南地区的养羊史要晚一些。澧水流域养羊以食用为主，早期种类为本地山羊，呈农户散养状态。上游山区有野山羊，实为小鹿。

马　《直隶澧州志》载："澧马种出云贵，虽驯良者多，而高大绝少。"说明澧水流域的马属于云南矮种，有较强的负重耐性，是长途运输的重要工具。澧水流域居家百姓一般不蓄养马匹，只有官府和商帮蓄马。澧水多山地，茶马古道是其文化特色，卢次伦当年修建从泥沙（泥市）至津市的500里商道，应是马道。

驴　澧水地区养驴和养马的时期大体一致，主要是用于劳动运输。新中国成立直至改革开放前期，澧水流域的搬运社、板车队多用驴马运输，近几十年才消逝。

虎　澧水流域有虎，多见于古籍。《嘉靖澧州志》载："国朝成化辛卯（1471），安乡有虎为患，知县张瑄祷于神，患息。""嘉靖乙巳（1545），安乡有虎为患。"《直隶澧州志》载："乾隆四十三年（1778），西山虎噬人，有长毛虎身长丈许，群虎随之，出不避人，里民畏不敢捕。"石门北乡泥市有地名黄虎港，壶瓶山区至今传闻有虎迹、虎啸。

蚕　《嘉靖澧州志》载："（州）又有出乎蚕绩之勤，而征女红之事者。"《直隶澧州志》载："澧多饲以柘（桑），喙呻呻似马，色斑斑似虎。初拂谓之裁，以毛拂为名；三俯三起，二十七日而蚕老。"澧水下游湖区诸县都有植桑养蚕历史。1941年，湖南省蚕桑科学研究所设置于澧县，1970年代，津市窑坡工业新区建立，缫丝、纺织、印染数厂并建，丝织产品远销海外，被确定为湖南省轻纺工业基地。

蜂蜜　蜂蜜养殖在澧水流域有得天独厚的条件，春天里百花盛开，金色的油菜花开遍田野，稍后有红艳艳的紫云英，之后是芬芳的洋槐花、柑橘花，一直到秋天清香的野菊花，蜜蜂们忙碌于花丛中，无暇顾及季节的变化，而一箱箱优质的澧水花蜜，才是它们对大自然最好的回赠。唐代诗人罗隐写有《蜂》诗："不论平地与山尖，无限风光尽被占。采得百花成蜜后，为谁辛苦为谁甜？"

鱼类　澧水流域溪河纵横、湖泊连片，鱼类资源丰富，渔猎历史悠久，渔业贸易也影响卓著。澧水所产鱼类主要有鲢、鳙、鲤、鲩、鲭、鳜、鲶、鳊、鲫、鲌、鳖、鳝、龟、虾、蟹、螺等，其中地域特产大鲵、岩蛙主要生长在上游武陵山区永定、慈利、石门一带的溪泉中，银鱼产于下游的毛里湖、西湖、南湖、八宝湖、牛浪湖（今牛奶湖）。

禽类　澧水流域的禽类主要有家养的鸡、鸭、鹅、鸽，家禽及蛋产品是本地居民主要的副食品，在早期也是家庭收入的主要来源。野生禽类主要有斑鸠、喜鹊、大雁、鹞鹰、雨燕、麻雀、乌鸦、水凫、白鹭、鱼鹰、鹌鹑、布谷、杜鹃、鹧鸪等。其中喜鹊、雨燕喜随人居，本地人视为瑞鸟和家鸟，民谣有"喜鹊叫喳喳，喜事到我家"之说。

3. 矿藏类

煤　澧水流域自古产煤，煤矿多在西部山区，分布较为分散，但矿藏量不大，历史上多为私人开采自用，集中开采较晚。域内较大的采煤企业有羊耳山煤矿、赤峰煤矿、亘山煤矿。《澧县调查笔记》载："太清山……地产铁、煤、硫黄诸矿，为天然一大富源。"本地煤矿品质和产量虽无法和北方可比，但在很长一段时间内是本地人民生产、生活的辅助能源，域内运销量较大。

铁　《直隶澧州志》载："铁。慈、石、福并产，永定为饶。"旧时盐、铁为国家直接控制，本地所产铁矿，应该为矿原石，以输送外埠冶炼为主。

石灰　石灰的原矿为碳酸钙，民间俗称花岗岩或青石，武陵山可以说是一座巨大的矿藏。张家界的旧称就是青岩山。民间烧制石灰的历史久远，其工艺相对较为简单原始，溯澧水而上，至今山溪边仍多烧制石灰的"灰矿"。石灰因用途广泛，其运销量巨大。

石膏　石膏矿在澧水流域多有分布，但具备开采价值的矿藏较少。《澧县调查笔记》载："北四区猴儿坡有伍姓矿山一处，山产石膏，经伍姓全族呈准开采有年。考其收益亦大，其膏制豆腐，味甚佳，但大宗销场是用作农田肥料。"此矿在澧县盐井镇武家岗，1949 年后为县属国营企业，名为澧县石膏矿，后因经济价值不大，于改革开放初期撤销。目前，澧水流域的石膏矿企业多为小型私营性质。

盐　《直隶澧州志》载："盐井在此（州治）北六十里张家厂，四面山麓环抱，中通一溪，溪上石井一，明时取井水煎盐，于此充官盐。之后，废于寇乱，井亦渐淤，今百灶遗基及官署尚存。"《澧县调查笔记》载:"1917 年,常澧镇守王正雅招标试采一次,据试采者报告说,矿质尚微,得不偿失,因糜费数万,终坐停顿。"据此可知,大概在元、明时期,地处湘鄂交界的澧县张家厂(今盐井镇)便有了官办采盐业,后因兵燹之灾而废止,民国初年准备重开,又受探矿及开采技术限制而浅尝辄止。新中国成立后,盐井镇超大储量矿床被发现,1969 年国家投巨资兴建湘澧盐矿,冶炼厂设在津市关山南麓,年产精制盐 100 万吨以上。据称为亚洲第一。

雄黄 雄黄的化学名称为四硫化四砷,成品是一种橘黄色的固体粉末,传统认为可避虫虺,用来入药和制造烟花,现代多用于制作防腐材料和杀虫剂。《直隶澧州志》载:"雄黄。石、慈接壤处,旧有之,今不多得。"石门县开采雄黄有 1500 多年历史,新中国成立后开办的"石门雄黄矿"在很长的时间里是该县的支柱产业,后因砷污染严重而关闭。石门桑溪,因雄黄污染而名黄水。

硒 硒为一种非金属化学元素,现代研究发现,硒矿富裕的地方,硒元素通过植物生长转换成为活性有机硒,有助于人体抗衰老、增强免疫力。现代勘探发现,世界上储量最大且具有独立开采价值的硒矿在澧水流域的恩施,因此证明,武陵山区是天然硒都。随之产生的富硒茶、富硒米等富硒食品,成为澧水流域的新兴商业名牌。

石材 澧水上游多石材,土家族、苗族居民有用青石板筑房的传统。明、清以来,社会经济复苏,市镇建设兴起,城垣、街面、码头、园林建设等需用大量石材。本埠所需,大多采凿于上游山区。石材种类有麻石、青石、钟乳石、卧牛石等,虽不是大宗商品,但也颇费运输。

第二节　市镇形成

一、先民遗存

澧水流域，处于神秘的"地球玉带"北纬30°，这里地貌奇丽，雨量充沛，气候优良，四季分明，适合生命体的成长。考古发现，澧水流域是长江中下游平原人类文明重要发源地之一，拥有湖南乃至长江中下游最早的成系列成谱系的旧石器文化。津市"虎爪山遗址"的发现，可以将历史回溯到50万年前。在澧水中游的澧阳平原发现的一系列古文化遗存，见证了古人类从旧石器向新石器过渡的足迹，其中包括距今一万年前后诞生的湖南乃至长江中游新石器时代最早的一批村落，如澧县八十垱、彭头山等；到了6000年前，这些地方又出现了中国名副其实的城市 -- 澧县城头山。城市的产生具有划时代的意义，从稻作农业到村落，再到城，人类文明开始加速度向前发展。

1. 虎爪山遗址

地处津市澧水南岸虎爪山，1988年发掘，遗址年代总体上属于华南砾石石器文化传统（约50万年前），遗址发掘出一批特色鲜明的石器，有石片、石球、石砍斫器等，是早期人类生活繁衍的地方。1987年，考古人员还在虎爪山不远的澧南乡鸡公垱，发掘了稍晚于虎爪山的鸡公垱遗址，被研究者命名为"鸡公垱文化"。

2. 城头山遗址

地处澧县大坪乡，1979年发现、1992年开始发掘，其发掘面积达9000多平方米，先后出土有古城、氏族墓葬、大型祭坛、灌溉设施等，属于中国南方史前汤家岗文化至石家河文化时期（约6800—4000年前）遗址，也是中国发现的时代最早、文物最丰富、保护最完整的古城遗址，被誉为"中国最早的城市"。城头山古文化遗址代表了长江流域新石器时代古文明的发展高度,对研究人类文明的起源、早期城池的建立以及阶级、国家的产生具有重要意义。

3. 彭头山遗址

1985 年,考古人员在距城头山遗址直线距离仅 1.3 公里的彭头山,又发掘出一座新的古人类遗址,距今约 8300—9000 年,是长江中下游最早的新石器时代文化遗存,被命名为彭头山文化。2001 年被国务院公布为第五批全国重点文物保护单位。彭头山遗址的文化面貌,与以往所发掘过的新石器时代文化面貌完全不同,经发掘,遗迹有地面式和浅穴式建筑、灶坑、墓葬、灰坑等,出土陶器以夹炭红褐陶、夹砂红褐陶和泥质红陶为主,全部为原始的贴塑法制成,其纹饰有绳纹、刻划纹。在彭山头,发现了世界上最早的稻作农业痕迹 -- 稻壳与谷粒,为长江中游地区在中国乃至世界稻作农业起源与发展中的历史地位奠定了基础。

除以上遗址外,考古人员还先后在澧水流域发现并发掘了澧县孙家岗、八十垱、鸡叫城、石门燕子洞、临澧县杉龙岗、安乡汤家岗等十多处遗址,对稻作起源与原始农业的产生、对研究中国史前聚落起源、形态和环境的发展都具有重要价值和意义。

除以上考古发现的远古文化遗存外,中古时期澧水流域的文化遗存更加丰富,如津市筑田湖、罗家台商代墓葬和遗址,春秋战国时期的白公城、申鸣城、宋玉城、九里楚墓葬群等,更加清晰地勾勒出了澧水流域人类活动、文化发展的脉络。

二、澧州沿革

1. 建置与演变

澧水流域是古人类聚居地,有悠久的城邦历史,在封建社会初期,就是封藩置郡之地。西周时期(前 1000 年左右),周成王封熊绎于楚,居丹阳(约在今湖北省枝江市),已接近澧水流域。东周时期的周赧王 37 年(前 278),楚置黔中郡(故城在沅陵县西),辖贵州东部和湘西地区,是史载湘西北地区置郡之始。《史记正义》:"楚黔中郡,其故城在辰州西二十里,皆盘瓠之后也"。秦王政廿四年(前 223),秦灭楚;廿六年(前 221),分天下为三十六郡,将原来楚国设置的巫郡与黔中郡合并,称洞庭郡。此时的洞庭郡为天下大郡,所辖地域很广。《直隶澧州志》载:"贵之平越、威清、普安、思州、思南,湖之辰州、靖州、施州、常德即澧诸县隶属。"

汉高祖五年(前 202),汉朝撤销洞庭郡,设置武陵郡。分设零阳(约今慈利、石门大部）、充（约今永定、永顺大部），醴阳（约今临澧、澧县、石门、津市部分）、孱陵（约今公安、安乡大部，澧县东部）三县，后又增设索县（约今汉寿、鼎城大部）。当时，武陵郡这个名字即设即改，先后改为义陵郡、雒阳郡，但历史记述习惯于以武陵郡一以名之。武陵郡基本继承黔中郡地域，辖湘西北、黔东等十三个县。王莽新莽元年（9），改武陵郡为建平郡，汉光武帝建武二十年（44），将建平郡恢复为武陵郡，孱陵县更名为作唐县。汉末三国鼎立，吴景帝永安六年（263），武陵郡析分为两郡，其西部分设天门郡，郡治在今张家界市（天门山古称嵩梁山，当时山体崩坠，现巨洞如门，朝廷视为祥瑞，因此赐名天门，并置郡）。天门郡辖零阳、充、作唐县，后又析充县增置溇中县，析作唐县（孱陵）增置南安县。其管辖范围基本上属于澧水流域。天门郡的设置，是澧水流域州、郡建制的开始，标志其行政范围从沅、澧一体状态中剥离。

晋武帝司马炎太康元年（280），将作唐县从天门郡分割出来，设置为南平郡，辖作唐、孱陵、南安、江安四县，大体包括今公安县、安乡县、华容县全境及澧县东部（含津市）。其时因战争频仍，郡治屡有迁徙，今公安县南平镇、津市新洲镇、安乡县孱陵镇都曾作为郡治。作唐县分割出去后，天门郡将原辖各县进行区划调整，新建临澧、澧阳两县，临澧县治在今慈利县境，澧阳县治在今石门县境。其区域大致为澧水上游山区和洞庭湖西部近山地区。这一时期，澧水流域设置由一个郡增加至两个郡——天门郡和南平郡，在县置中出现了以澧水为特征的命名——临澧和澧阳，这充分说明澧水流域在当时政治经济社会中的位置越来越突出。

南北朝时，澧水流域属南北交替割据地区，西魏恭帝2年（555），撤销天门郡，置澧州，更置石门郡于零阳县，隶属于澧州。当时国家的行政建制分州、郡、县三级，澧州是澧水流域州级建制的首次出现，并且以澧为名，再无更代。北周建德四年（575），撤销溇中、临澧二县，以其地设置北衡州，后又撤销充县，建崇义县，隶属北衡州。这是澧水流域并置两州的历史。

隋文帝开皇九年（589），改澧州为松州（旋即恢复为澧州），撤石门郡为石门县，撤南平郡，作唐县并入孱陵县，与澧阳县、安乡县、零阳县统属澧州。开皇十八年（598），改北衡州为崇州，将零阳县改名为慈利县，划归崇州管辖。隋炀帝大业三年（608），撤销崇州，将所辖地划归澧州。改澧州为澧阳郡，辖石门、澧阳、孱陵、安乡、崇义、慈利六县。

唐高祖武德二年（619），改澧阳郡为澧州。太宗贞观二年（628），撤孱陵县并入安乡县。高宗麟德元年（664），撤崇义县并入慈利县。肃宗乾元年间（758-760），改澧州为澧阳郡，又复为澧州。据《旧唐书·代宗纪》载"（大历）十四年（779）春正月壬寅朔，以楚州刺史李泌为澧州刺史"和《舆地纪胜》载"（新）城乃李邺侯改筑"的内容，在唐朝后期，澧州州治曾移至新城（今津市新洲镇）。新城，曾为晋南平郡故址。

五代时期，澧州的行政设置及所辖地域未见变化。

宋太祖初年，改直隶澧州为澧阳军州（军州为宋时所置，多为军事重镇），隶属于荆湖北路（宋时行政建制分为路、州、县）。终宋一朝，未见变化。

元世祖至元十二年（1275），升澧州为澧州路，隶属于湖广行中书省江南北道。澧州路下辖慈利州（由慈利县升格）、安定州、柿溪州。此时的澧州路，所辖诸州虽多为羁縻小州，却拥有相当于行省的地位。

明太祖吴元年（1366），改澧州路为澧阳府（明代地方行政架构为省、府、州、县四级），隶属湖广布政使司分守荆南道。撤销安定、柿溪二州，降慈利州为大庸县。稍后又改大庸县为大庸卫，恢复慈利县，仍属澧州管辖。洪武九年（1377），降澧阳府为澧州，隶属常德府。撤澧阳县为州直属地，另辖石门、慈利、安乡三县。洪武二十五年（1393），澧州改属岳州府。明初，为镇压湘西北少数民族的叛乱，澧水流域设置了许多屯田卫所，如添平卫、羊山卫（后改为大庸卫）、九溪卫、永定卫、桑植安抚司、安福所、麻寮所等，这些卫所，清初改土归流后，部分演化成县治，陆续归入澧州管辖。

清康熙六年（1667），改荆南道为岳常道，澧州及所属各县归其管辖。雍正三年（1725）改土归流，升澧州为直隶州，裁并九溪、永定二卫为安福县，划归澧州。雍正七年（1729），岳常道更名"岳常澧道"，道署驻澧州，下辖二府、一直隶州、一直隶厅，共十四州县。雍正十三年（1735），割慈利、安福二县部分置永定县，归入澧州。至此，澧州所辖为五县，即永定、慈利、石门、安福、安乡。光绪二十五年（1899），岳常澧道署治移驻巴陵（岳阳）。

1914年，湖南省政府废除府、厅、州，保留"道"，岳常澧道改为武陵道，原常德府、直隶澧州各县由武陵道直辖，道治设常德。1922年，湖南省撤销"道"制，仅存省与县两级，常德各县属省直辖。1936年，国民政府正式设立专员公署，石门、临澧、澧县划在第二区，治所在慈利县。1937年湖南省设立行政督察区，澧县、安乡、临澧、石门、慈利划归第二区，专员公署治所由慈利县迁往常德县。1938年11月，第二行政督察区专员公署从常德迁往澧县，也称常澧区专员公署。1940年，湖南省调整行政区划，第二行政督察区改为第四区。

1949 年 8 月初，常澧地区相继解放。8 月 4 日，南下途中组建的常澧区行政专员公署及全体工作人员抵达常德。常澧专署为湖南省人民政府的派出机构，辖常德、华容、南县、安乡、澧县、临澧、慈利、桃源 9 县。8 月中旬，各县相继成立人民政府，并分别于 8 月 5 日和 8 月 15 日建置常德市、津市市，成立人民政府。

2. 人口变化

明、清及民国时期的州、县志记载了澧县部分年份的户口情况，记录如下：

洪武壬申年（1392），户 7783，口 33113。

永乐壬辰年（1412），户 5703，口 26232。

宣德壬子年（1432），户 5030，口 23247。

景泰壬申年（1452），户 4893，口 27083。

成化壬辰年（1472），户 5079，口 32118。

正德壬申年（1512），户 5976，口 32050。

嘉靖壬子年（1552），户 6553，口 35376。

——《嘉靖澧州志》

嘉庆二十一年（1816），户 60950，口 300310。

同治二年（1863），户 61430，口 302854。

同治七年（1868），户 63814，口 313205。

——《直隶澧州志》

1939 年，户 73943，口 511462。

——《澧县县志》

从数据变化来看，宋、元、明、清四个朝代交接之际，是澧水流域的灾难时期，由于战火不断，民不聊生，本地居住民惨遭杀戮，被迫逃亡，使原住民损失十之七八。明洪武年间，偌大澧县，虽有江西填湖广在先，也仅人口三万余。而后百余年，人口屡减，至嘉靖年间，始达三万五千余，说明终明一代，澧州社会生产力始终发展缓慢，商业经济亦未兴起，百姓生存状况艰难。明清鼎革，经"康乾盛世"休养生息，嘉庆年间澧县已有人口三十万余，相比明代，人口增加约为十倍。说明国家安定之后，生产力水平得到较大提高，生民百姓，乐事农桑，而基于农耕之上的传统商业得到发展，更为百姓生存繁衍创造了良好基础。

三、津市由来

1. 地貌演变

据地质考证，在地球中生代末期（大约在一亿年以前），受燕山运动的影响，洞庭湖区形成堑型盆地，在第四纪初受喜马拉雅山运动影响，凹陷成湖。自下更新世（又称洪积世，大约在300万年以前）以来，又受构造运动的影响，整个湖区陆升，呈现河网割切平原地貌的景观。新石器时代以后，洞庭湖平原缓慢沉降，至先秦、汉晋时期，逐步形成了一些局部小湖泊。东晋、南朝时期，荆北三角洲迅速扩展，荆江南岸出现景口、沧口两股长江分流的强大水流，注入洞庭湖平原，使湖面迅速扩大，洞庭湖平原由沼泽平原演变成大湖。唐宋时期，洞庭湖进一步扩大，使靠近巴陵的洞庭、赤沙、青草三个分隔湖连成一片浩瀚大湖。《巴陵志》载："洞庭湖在巴丘西，西合赤沙，南连青草，横亘七八百里。"洞庭湖不断西进，直到津市东南新洲镇的嘉山脚下，可见当时津市以东，一片泽国。

元明时期，荆江和湘、资、沅、澧四水上游的泥沙带入，致使洞庭湖湖床不断升高，大量的湖洲拱出。此时，位于关山以北、与澧水相通的鱼鯑湖（后称渔丝湖）也淤积起三个小洲（即后来所称的晒网洲、落雁洲、棋盘洲），附近渔民始向洲上迁居，逐渐形成以渔猎为主的集市。元泰定年间(1328)，翰林宋褧至津市，曾写下《津市留题》："烟霏空翠瞰芳洲，杨柳依稀古渡头。斜日扬鞭倦行役，自惭不及贾胡留。"可见当时街市渡口，颇称热闹。明代元之后，明太祖朱元璋诏谕天下，并委大臣到湖区督修水利，围垸筑堤，迁徙居民，嘉山周围大小星罗棋布的湖泊被围筑成田。至明朝中叶，这里已发展成澧水尾闾热闹的集镇。正德年间，诗人何景明偶过津市，为津市风情所动，留宿一晚，大嚼一顿，并写下了著名的《津市打渔歌》。"夜来水涨没沙背，津市家家有鱼卖""江边酒楼燕沽客，割髻砍鲹不论百。楚姬玉手挥霜刀，雪花错落金盘高"的情景，令多少南来北往的迁客骚人牵萦于怀！

2. 黄金水道

津市位于九澧总汇之处，素有"九澧门户"之称，北连长江、东衔洞庭。密如蛛网的水道连通湘鄂山区与江汉、松澧两大平原，湘西北、鄂西南广大地区的物资均趋向取给于此。

澧水从津市上行经澧县、合口、石门、慈利、大庸（今张家界）至桑植。全程约300公里，虽然水急滩浅，但航路不断。上游主要支流均可通行小型船只，就连深山里的小溪涧，也是采运木材的最佳通道。澧水上游的山民，一般在秋天进山伐木，然后将采伐的木材散放在溪涧边，等到来年雨季来临，春水暴涨，伐木工们就会把木材顺流下放，再在下游水浒、大河滩涂捆扎成排，集中运输。澧水上游航运条件虽然不佳，但上千年的劳动实践，让人民的智慧有了充分的发挥。他们因地制宜，除利用放排运输大宗物产外，还发明了船身坚固、吃水浅的"上河船"，用来载客载货，方便快捷。上河船按其船身大小，有"高平板""低平板""高跑跳""低跑跳"等不同名称，分别可行驶于澧水上游不同水域。

澧水下游的澧阳平原，河网密布，其主要河道均可通航。如溇、渫、道、涔、澹等各条支流，都与澧水在津市周边交汇，是天然的通行水道。

津市东南澧水尾闾的滨湖航道由澧水洪道、四口连线及开湖航道组成。其津市至茅草街航线是澧水经岳阳出长江的必经之道，也是网连津市与省城、湘中、湘南的重要水路。津市至常德、桃源航道，只需经汇口折向西南，过麻河、茄子窖、牛鼻滩便可抵达。松滋河、虎渡河、藕池河与澧水贯通，成为津市北通长江，直达汉口、沙市、宜昌的要路。长江水与澧水的相通，不仅加速了澧水尾闾洲渚的孕育与发展，最终促成了津市诞生，而且还将松滋平原与澧阳平原融为一体，与洞庭湖平原诸县襟连，形成一个大的格局。

津市以下水阔浪高，船仄体轻的澧水帆船显然不适合在这样的环境下航行，载来的货物只能在此卸载。反之，来自长江和滨湖的船只也不能继续在水浅滩多的澧水河上逆流而行，于是，货物只能在此上岸。津市，就成了天然的码头，担负起物资集散的责任，商业随之得到空前的发展。

3. 工商业兴起

明嘉靖年间，官府疏浚虎渡河，荆江之水分泄于澧水，出津市东侧六家口（今小渡口），西水与北水顶托交汇，泥沙沉淀增加，市区三洲逐渐扩大。虎渡河通航后，成为常澧地区通往湖北汉口、荆沙各地的捷径孔道，至此，东西南北舟楫畅通，津市成为湘北水运枢纽，入境商旅及移民随之增多。万历三十七年（1609），文学家袁中道著《澧游记》，称津市有"千户之聚"。时值明代中叶，土地兼并加剧，不堪忍受赋税与徭役之苦的农民，纷纷流落津市，或为雇佣，或为工匠，以服务水运、农产品加工为主体的手工业应时而兴，生产水平日益提高。明隆庆六年（1572）《岳州府志》有"津市盛产青布，列为贡品"的记载。

明末清初接连不断的战事，四方流民徙居津市，使津市人口逐年增长，而相对宽松的政商环境，使流民逐渐定居为土民，城市规模不断扩大，到雍正时期，津市已是"市长数里，约万余户"的商业大镇。人口的骤增，商业的迅速发展，使津市突出于一般市镇，逐步成为澧州的中心城市。雍正十一年（1733），因"人事繁杂"，"移嘉山巡检司驻此"（《直隶澧州志》）；乾隆三十一年（1767），移州判驻此。这是津市设官治的开始。到清朝中叶，市区日趋繁荣，"舳舻蚁集，商贾云臻，连阁千重，炊烟万户"，已成为"商业辐辏之区"。是时，街长七里，有正街、河街、后街三条主要街道，有大小街巷48条。至光绪三十二年（1906），市区常住人口1500余户，暂住人口1410户，拥有各类店铺723家，行业帮会11个，津市已真正成为湘鄂边境和九澧流域的中心商埠。民国《澧县调查笔记》载："澹之津，有商埠名津市者，因之近百年商肆繁昌，蔚为九澧重镇。"

鸦片战争以来，海禁大开，受欧风影响，国内有识之士掀起兴办工业的热潮。津市亦不乏其人。光绪三十四年（1908），本土商人龙于成创办惠中纺织公司，为埠内最早的民族资本主义工业企业。民国初年，随着政府经济政策的进一步开放，大量外国资本涌入中国，津市先后有美孚火油有限公司、英亚细亚火油公司、英美烟草公司设立办事处，英国太古公司、怡和商行、日本日清株式会社、三井洋行、德国受理司洋行、胜家公司设立商行，竞相倾销本国工业产品，大量收购土特产品。仅1919年，经岳阳出口的津市土特产品就达10余种，交易额10815两（关平纹）。1915年，宁波人殷仁卿在津市开办昌明电灯公司，为湘西北首创。继之，民族工业企业纷纷问世，先后兴办达30余家，其中较有影响的有健民织布厂、九澧平民工厂。

抗日战争时期，南京、武汉等地相继沦陷，长江中下游及洞庭湖水域布雷御敌，江湖阻断，唯内河可通。战事初发数年，津市尚能偏安一隅，由是成为沦陷区难民侧身之地。当时仅1.45平方公里的市区，人口由不足3万骤增至10多万。一时街巷沸腾，郊野爆满，各路人马挂牌树帜，开店设坊，津市商务臻于鼎盛。据1942年统计，市区有茶馆300余家，旅社酒店76家，饭铺53家，药号36家，熟食店25家，戏院剧场5所，商家3300户，小商贩1000多户。烟馆妓院，纷纷出笼。此时的津市，浓艳奢靡，日销万金，是所谓畸形繁荣。抗战胜利后，外地商民相继返乡，津市商业，趋于平常。

从明代中叶至此，津市历经沧桑，终于脱出渔镇窠臼，商务之盛，称雄湘楚，名埠之誉，蜚声遐迩。

第三节　文化积淀

　　每座城市都有其文化特征，津市的文化特征集中体现在四个方面。其一是海纳百川，兼容并包。体现在社会生活层面是广纳四海来客、汇集八方财源，移民安居，商帮并存；市民性格胸怀开阔，爽朗大气。其二是求新求变，引领风气。在湘西北地区，最早的书院、报纸、教堂、洋行、邮局、医院、电灯公司、火轮、工厂都出现在津市，津市人的衣着、语言、行为在很长时期都是澧水流域的典范，受到追捧和模仿。其三是处事圆融，不拘形式。长期的商业发展形成了浓厚的商业文化，打造出津市和气生财、与人为善、不执于一端的城市性格。津市人少积恒产，善于消费，其遗风至今犹存。其四是不屈不挠，精明强干。津市人敢干事，也会干事，认定目标，勇往直前。如历史转折时期津市顺利完成商业向工业转型、七十年代以后创造的工业奇迹，都是津市人智慧和能力的体现。津市的文化养成，我们可以找到其根源。

一、原始乡土文化

1. 盘瓠种

　　古时的九澧一带，是多民族聚居地区，各族互婚，血统混杂，各族共祀盘瓠为祖。《后汉史·蛮夷传》记载："盘瓠种，昔帝喾时患犬戎入寇，乃访募天下有能得犬戎吴将军头者，妻以少女。……生六男六女，因自相夫妻。织绩木皮，染以草实，好五色衣服，制裁皆有尾形。衣裳斑斓，语言侏离，其后滋蔓，号曰蛮夷。……所居皆深山重阻，人迹罕至。长沙、黔中五溪蛮皆是也。"传说中的盘瓠是一只神犬，它协助帝喾斩杀了犬戎部落的吴将军，击退犬戎部落的进攻，帝喾便将小女儿嫁给了它。盘瓠与帝喾的女儿共生育了六男六女，自相结为夫妻，生育繁衍成为西南各部落。因此，西南各少数民族都自称为盘瓠种。盘瓠传说的历史渊源非常古老，与中华文明始祖炎帝、黄帝同时期，属于先民图腾崇拜的产物，有学者研究证明，汉民族盘古开天辟地传说中的盘古，也是来源于三苗部落的盘瓠，是汉代西南神话融合太平道道教文化后的产物。

盘瓠是战神，他代表了西南少数民族反抗奴役的英雄形象，弘扬了不甘压迫、奋起抗争、永不言败的斗争精神。先民们之所以选择犬为祖先图腾，除了表达对统治者鄙视少数民族的激愤外，还体现了对猎犬忠义节烈、愈挫愈勇的斗争形象的认同。秉承盘瓠精神，中国古代西南少数民族，一直在反抗压迫的斗争中生存。九澧地区，先后出现过很多少数民族英雄，如先秦时期的"廪君"巴务相、汉代累死伏波将军马援的"武陵蛮精夫"相单程（即后世所谓向王）、唐时的雷满、北宋时的钟相、杨幺、元末明初的覃垕等。

所谓一方水土养一方人，澧水流域汉、苗杂处，澧州人的血液中都融合有盘瓠基因，都可以说是盘瓠种。盘瓠精神，就是一种敢于斗争、永不言败的"霸蛮"精神，这也是湖湘文化的主要特征之一。

2. 傩愿坛

公元前 27 世纪，中原华夏民族的首领轩辕氏与九黎部落首领蚩尤在黄河流域进行了一场决战，蚩尤被杀，九黎部落残部逃往江汉、洞庭、彭蠡一带，与洞庭一带芈姓苗民、南蛮土著部落组成九黎三苗，历史上称为三苗国。黄帝为灭三苗国，用巫治苗，于是命其孙颛顼（五帝之一）治巫。这是南方巫术的开端。巫的作用是通过作法与鬼神相通，祈求得到鬼神保护、借用神力驱疫避瘴。可见巫是一种社会分工，是人类认知能力低下时期寄托于想象的产物，人们希望通过巫来解决现实中的困惑，便赋予巫神秘的力量。这一点，中西方都差不多。巫要作法，需要借助一定的仪式和工具，而这种仪式和工具，便称之为傩，如傩神、傩坛、傩戏、傩面等。巫与傩是古代宗教仪式的两个方面，是无法分开的整体，有巫必有傩，无傩不成巫。

澧水流域在春秋战国时属于楚国，当时的楚国因为山川险阻、汉夷杂处，其政治文化都糅杂了鲜明的地方特色，甚至统治者治国理政也借助于巫觋法术。《国语·楚语》就有一篇《楚昭王问于观射父》的文章，记载了大夫射父以巫觋辅政的故事。三闾大夫屈原所作《九歌》，就是楚国祭祀鬼神的乐歌。东汉王逸在《楚辞章句》中写道："昔楚国南郢之邑，沅湘之间，其俗信鬼而好祀。其祠，必作歌乐鼓舞，以乐诸神。"《岳郡志》载："（澧州）士知义而好文，俗信巫而尚鬼。"这种乐神好祀的风俗，培养出了楚人知天乐命、浪漫达观、虽死无悔的性格。《史记·项羽本纪》载"楚虽三户，亡秦必楚"，体现的就是楚人这种坚忍不拔的精神。而强秦的末路，也的确是楚人所铺设。

傩神没有特指，是一种多神泛称，各地因风俗不同，祀奉的神祇也不同。道教传说中的神、历史名人、地方传说中的人物、甚至赋予神力的动、植物均可纳入其中。清代中叶，各地的傩坛上供奉的神灵有上百位，如财神菩萨赵公元帅、太上老君、二郎神、盘瓠、向王、廪君、杨泗菩萨、姜女娘娘、紫姑神、阳鸟（鸡）、青玄（鸟）、神树神山等，非常驳杂。澧水下游地区，所建傩坛多以姜女娘娘为主神，年关节气、乡民还愿，兴唱傩戏。《直隶澧州志》载："冬月冬至日，合族祭先祖于祠。……始傩，击鼓铙镯以迎傩神，逐疫疠。舞者歌孟姜女故事，享以牲醴，馂其余，乃罢。"津市的许多宫庙中都建有"傩愿坛"，傩愿坛逢祀日必唱傩堂戏，起初的傩堂戏以奉神驱鬼为形式，荒腔走板，不成体统。后来引入了汉戏、荆河戏的形式，为大众喜闻乐见，其演唱一直延续到"文革"前期。

二、外来文化影响

1. 移民汇集

澧州东部的丘岗平原地区是古人类聚居之处，这是澧州的原住民。西部原为高山溪峒，不适宜人类生存，黄帝驱三苗于此，成为澧州的第一批移民。滨湖地区，形似洪荒，十三世纪以前是一片泽国，沿岸只有少数人类居住，后因江湖顶托，洲地拱出，始有移民迁入，因此，移民文化是澧州文化的主要构成。从《中国大事移民年表》中可以看到，自公元三世纪初起至十五世纪末，因建置、战争等因素，澧州有三次大的移民：

晋永宁元年（301），"八王之乱"使河南、陕西和相邻的河北、山东、山西部分地区沦为战场，大量人口逃亡。当时聚集在荆州境内的流民有10余万户，部分来自中原，部分来自于巴蜀。

宋淳熙三年（1176），江西、江东等路的农民携家前往荆南府、常德府和澧州等地，开荒围湖（请佃荒田），在此落籍。

明洪武三十年（1397），迁江西丁多人民及无产者约20万于湖南常德、武陵等十县。

移民的汇集，既带来了各地不同的语言、习俗，也造就了吃苦耐劳、柔顺谦和、共融共生的性格。《直隶澧州志》载："按旧志，澧土腴俗美，宦游之士往往卜焉；且急功乐输，力于耕桑，较他邑为驯。"

津市的移民与澧州境内其他地方又略有不同，这主要是自明朝中叶商埠地位确立后，因经商目的而主动移居津市的人员越来越多，这部分移民不再属于单一地点的群徙类型，其所携带的文化元素更加驳杂，文化交融的积极性更为突出。万历年间，津市已成千户之聚，当时就有"一街十三省"之说，江西、湖北、安徽、浙江、四川、陕西、江苏、广东等省商民寄居津市，构成津市市民主体。而抗战时期乱民涌入，人口剧增，更是纷纭复杂。这些移民，从民族划分上，有汉、回、维、土家、苗、侗、蒙多个民族，他们都是津市人的祖先。这很像哥伦布发现美洲大陆后的情形，移民杂聚，由斗争到融合，到多民族的协商共处，造就了自由生气的地方文化，促成了政治经济的迅速崛起。

2. 西方宗教

明万历年间，耶稣会士率先入华，自此掀开了中西方科学与文化交流的序幕。五口通商之后，津市作为澧水流域最繁华的商业城市，当然地成为了西方教会传播西方文化的桥头堡。1885 年，西班牙神父入津布道，设立津市天主教堂，是澧水流域最早的教堂。1902 年，基督教芬兰差会从沙市教会派牧师石约翰（苏布伦）来津市传教，设立基督教湘西信义总会，是湘鄂边境基督教文化传播的开始。

在其后长达七十多年的时间里，西班牙和芬兰国先后派遣了数十名教职人员到达津市，拓展教区、发展教众、修建教堂、传讲《圣经》，经历了筚路蓝缕的艰难过程。他们开办育婴堂、医院、学校，救济穷孤儿童、传授现代科学知识，让津市人率先感受到了现代科学技术文明和"平等、自由、博爱"的西方价值观。在漫长的传教时间里，不少教职人员从青年变老年，甚至埋骨关山，其情感已与津市融为一体。

津市解放后，国家宗教政策调整，大批外籍教职人员回国，但在津市，仍有几位舍不得离开的教士。1951 年，芬兰国传教士甘德伦依依不舍地踏上深圳罗浮桥，离开了中国大陆，当他踏上罗湖桥时，早已等候多时的记者，用镜头记下来这一瞬间，成为中西方交往历史上的定格。赫尔辛基的一条大街也以他的名字命名。1956 年 10 月 12 日，甘德伦去世时，他一直都念念不忘中国津市。1953 年，白光明最终离开津市回国，但他无法割舍其中国情怀，于 1956 年继续到中国台湾基隆从事传教活动。

芬兰的大主教认为他们"和美国人最大的不同，芬兰传教士是出于'纯粹的宗教'的动机，而其他基督教传教士的最终使命是殖民利益，在传播宗教文化的同时，宣传西方的政治制度和价值观。"我们不评说他陈述的真假，但那些传教士不远万里来到异国他乡，实实在在为津市所做的奉献不能忘却，与津市人民结下的友谊应当历久弥新。

这里，特别要说到这位甘德伦先生。他曾撰写过一些回忆录，其中《我的中国朋友》一文，详细记述了抗战时期他在津市的处境。他的夫人叶塞尼亚，是一位多产的作家，她写有《中国游记》和《基督教儿童》等文章，文中详细记录了三十年代在中国，特别是在津市期间的那些美好时光。此外，我们不能忘记的还有一位长者，他就是几十年来致力于传教活动的白光明先生。这位老人，自1978年后，多次访问中国。2011年10月，他以百岁高龄重访津市，虽然步履艰难，但思维清晰，表述完整，特别令人惊叹的是，这位长寿老人，对六十年前的物事，仍记忆犹新，娓娓道来，如数家珍，实在令人感佩。的确，我们不应该忘记，以这批老人为代表的所有宗教人士，曾经对津市这片土地所作出的贡献。

第二章　街巷往事

我们已经无法还原棋盘洲、晒网洲、落雁洲上的鸟鸣了，也无法描画传说中最初迁徙而来的十八户居民的房舍，但三个洲渚是津市市镇形成的蜂巢，似乎没有异议。明朝初年，江西填湖广，九澧一带人口增加，荒洲野地，开始有人耕作，原为渡头沙洲的津市，有了居民。至明代中叶，兵马过往，商旅勾留，澧水成为川黔孔道，居民遂"傍津设市"，有了商市雏形。明弘治（1488—1505）《湖广岳州府志》记载，澧州为二都十八村，其中的三洲村下辖三里，津市属三洲村一里。里，是最小的行政称谓，这也就是说，"三洲一里"是津市最早的行政符号。这是之后演变为"三洲驿"的起源。随着迁居于此的人口不断增加，正德年间（1506—1521），"兰津古渡"已成为九澧农副产品的集散中心，以织染、造船为主的手工作坊兴起，以鱼市为主的商业集镇初步形成。在市区建设上，连接各洲的小桥得到修筑，三洲连成一体，俨然成为闹市。其时，著名诗人何景明路过津市，感慨于津市的风土人情，写下了《津市打渔歌》，可谓对津市概貌及人民生活的诗化写意。

明清时期，津市尚属自然市镇，人事繁杂，官府远离，街市管理大体上是商民自治，其建筑无规划布局，楼舍错落，道路逼仄，城市基础配套设施阙如。商民依复杂的自然地形，因地制宜从杨湖口（今羊湖口）起筑建房屋，自西至东延伸至会仙桥，构成市镇主体。清末至民国，街道陆续向东、向北扩展，正街、前街（河街）、后街形成，市区街巷有数十条之多，当时有"澧县四十八口井，津市四十八条巷"的说法。但受北边后湖影响，市区始终无法纵向壮大，城市形如爬行中的蜥蜴，起伏只在一线。

新中国成立以后，津市城市建设纳入人民政府管理，始有城市规划概念。建国初期，为配合新兴工业发展，城市建设突破传统思维格局，城市触角向窑坡工业区延伸，襄阳街、窑坡渡成为市区的重要组成部分。20世纪70年代末，城市规划调整，北区后湖内堤推平，新建北大路（车胤大道）、居民新村、银苑路、澹津路，主城区发展得到突破。改革开放以后，城市建设成为政府工作重要目标，随着澧水大桥、三湖公园、九澧大道（津澧大道）、孟姜女大道、高新技术开发区、旧城改造、安居工程、东城开发等一系列综合型城建工程的实施，城市面貌日新月异，已远非昔日"宽街曲巷"所能比拟。

第一节 街巷格局

旧津市街道大体呈四横多纵格局，但转弯抹角，房屋错落无章，市镇无明显的功能区域划分，市区亦工亦商，居住区和商业区混杂，虽称繁华，实亦落后。根据人员分布和商市繁华程度，大体上可分为主要街区、次要街区，以及里弄小巷。

▲1942 年津市户地测绘图（比例尺 1 : 10000）

一、主要街区

以正街为主，自西向东，三曲两拐七里零，分十七个路段。

街头 以牌楼口正街、天后宫正街及一文拐正街为主，此段为木机土布生产集中区，居民多为本埠土著，其身份特征也恰好佐证了津市经济发展的历程。即纺织业为津市手工业之发轫，纺织业的兴起又源于洞庭湖区棉区的广袤和棉市的繁荣，因此最初定居于此的市民，大多是周边弃农转行从事纺织的农民。此段街道建筑中夹杂有会馆、学校、寺庙、教堂等，其中天主堂占地面积较大，约 18 亩。

中段 以城隍庙街、大码头正街、水府阁正街及新码头正街为主，是商号店铺集中地段，为津市最繁华热闹的区域。房屋多为砖木结构，集中了钱庄、绸布号、金银首饰店等大商家。各商家门面讲究，大都装饰精美。此外，各地同乡会馆也多建在此段，如万寿宫、昭明会馆、广东会馆、五府会馆等。会馆建筑严肃端庄，恢宏气派，其中以万寿宫规模为盛。它位于新建坊正街，南抵澧水，北止后湖，占地近 14 亩，横跨三条街道。刘公桥街以刘公庙而得名,该庙系砖木结构,重檐飞角,颇为壮观。附近有戏院、茶馆、酒楼多处,平日人头攒动,钟鼓悠悠,鞭炮声声,人称热闹。

街尾　以双济桥街、油榨坊街为主,实为一条工役作坊长廊。街区内大部分为手工榨坊,夹有一些小商店和居民房屋。房屋结构多为木屋。占地面积最大者推"九澧贫民工厂",它位于双济桥北,占地18亩左右,占双济桥街的四分之一。往下有津市轧花厂,抗战胜利后规模不断扩大。轧花厂以下直插小渡口,房屋稀少,皆为耕垦区。

民国修街记　津市的街道建设,肇始于第二任澧州镇守使唐荣阳。1920年,唐荣阳筑公馆于津市紫竹林,因见街道弯曲狭窄,高低不平,遇雨则泥泞不堪,遂召集商会,提出整修街道。即有美利油行经理吴六阶、谦益油行经理伍葆元等积极响应。1922年春,按当时的津市行政区划,由镇福、师益、龙会、三洲、保合、永安、汤石、上禄保、下禄保等九个团总分段下达任务,将商户划分为大、中、小三个等级,分摊修街费用,唐亲自派员督办。工程分三步实施:一是将上至大巷口、下至双济桥的中心街道整平拉直;二是将繁华地段铺设麻石;三是主要路段铺设卵石。工程持续一年竣工后,街道大为平坦,得到商民及行旅称赞。《澧县调查笔记》

▲1927年前后的商会后街(芬兰国家档案馆/供图)

载:"津市街道,在民十二三年经澧州镇守唐荣阳提倡整修,今已竣工。"这是津市官办民助修建街道的首创。

唐荣阳为石门县人,生于1878年,毕业于湖南警官学校,曾先后任奉天巡警总稽查、川滇边务大臣、湘省警察勤务督察长,戎马一生。他对津市情有独钟,晚年寓居在津。1932年10月,唐病逝于津市,葬于津市南岸关山。

第二次修街是在1937年,时任湖南省保安第二区司令王育瑛来津视察,认为"津市为九澧门户,商务重镇,而街道异常狭窄,有碍市民卫生,实属不利交通和商务发展,要求街道两旁商店住户拆屋让道,加宽路面",遂召集会议,成立"津市街巷整理委员会",并公推澧县县长陈士为主任,委员均为津市政、商界有影响的人物。此议公布后,全市哗然,部分商户房主联名呈报县府,以"连年水旱为灾,无力负担"为由,要求"停止投标,缓修新街,以苏民困"。县府批示:"查津市修理街道，系为整顿市容，便利交通，案经决定，势在必行，所请缓办一节，特斥不准。"

七月，拆让工程开工，"正街万寿宫石库门面拆让一丈，大码头横街田子云私产突出街心的石库门拆让七尺"，以此两栋房屋为标准，不论公私房产，凡阻碍交通者一律拆除。同时，城隍庙横街、大码头横街，也进行了一次大拆让。为考虑地方财力，工程分三期，仅用了半年时间即告竣工。至此，津市正街较过去拓宽了一倍，两旁出现了水泥人行道，这是津市街道第一次用上水泥，市容由此焕然一新，交通大为改观。很多大商号借此扩充门面，将以往的木框门改为石库门，并加以时髦粉饰。一年后，武汉及江北相继失守，津市偏安一隅，大批难民涌入，其人口一度骤增至十多万，从而形成"酒绿灯红大码头"的畸形繁荣。此次的扩街，恰好迎合了这一局面的到来，这恐怕是连倡议者都始料未及的。

王育瑛自小聪颖，为父母及胞叔王正雅所喜爱。王正雅就任常澧镇守使后，王育瑛与长兄王育质被接到澧县读书，因品学兼优，被王正雅誉为"吾家二千里驹"。1918年，王育瑛入保定陆军军官学校第八期步科，与陈诚、王东原、周至柔等同学。1920年，各派军阀纷起争夺地盘，澧州首任镇守使王正雅被其副职卿衡谋杀，时年50岁。一年后，灵柩从慈利迁葬于津市关山。王育瑛从军后，曾邀贺龙一同为其叔父雪仇。此后戎马一生，经历颇为坎坷。其间几度辞职返乡，并与他人集资创办九澧中学。桑梓之情，可见一斑。1971年，王育瑛病逝于台湾。

修街的意义还远不止是一次市面的整容，更为重要的是规范了市场。使人看去这是一个井然有序的商镇而不是一个嘈杂的乡市。此时的津市街道极具江南特色，它是由数十座基址宽敞、殿宇恢宏的宫庙和十多座圆拱石桥组成的街市，店铺酒肆，鳞次栉比，小桥流水，连街接市，愁旅羁客，将行还留。

二、次要街区

次要街区为河街、后街及夹街，分十九个地段，房屋布局比正街稀疏，且更杂乱冷落，但也有其独特之处。

河街 是紧靠澧水河而形成的一条街道，街道因受地理限制，显得弯弯曲曲、断断续续。房屋依街而分，街北房屋坐北朝南，背临夹街或正街，南临澧水，街南房屋皆为吊脚楼。河街房屋除龚家码头、祁家巷、新建坊及太子庙几段稍微紧凑外，其余地段多稀疏错落，有的地段直对澧水，仅有半边街道。河街居民，多为底层民众，虽无豪门大宅为矜恃，但也绝少虚文假意。大家临河而居，自然亲近，

▲福音堂（芬兰国家档案馆／供图）

▲后街风貌（网友／供图）

倒是别有风情。

后街 位于正街之北，长约两里余，共八条地段，民国时期，警察局、教育局、商会、福音堂、澹津书院、长郡学校等重要机构均布置于此。此街也称商会街，街上虽有几家客栈和布庄，但日常显得清静冷落，不过房屋建造却都是砖木结构，造工精巧古朴。清代澧州知州何璘曾题澹津书院："精舍依廛市，喧声入内屏……"体现了对院舍建筑的赞赏。

夹街 原本不是一条正式街道，最初是正街与河街之间居民建房留出的一条通道，后因战乱，避居津市的人口骤增，租客云集，商业消费跟进，逐渐形成小街。夹街分三个地段，南靠河街，北倚正街，位于祁家巷、新建坊巷、水府阁正街及新码头正街之间，长约二里。夹街房舍多系木屋，矮窄潮湿，无章法可言。夹街内餐馆、烟馆、茶馆、妓馆遍布，人来鼠窜，笙歌不歇，虽云热闹，实则为藏污纳垢场所。

三、四十八巷

津市多巷，有名无名号称 48 条，大多为南北走向，纵横交错于四条街道之间。市区内的巷子，以临近码头的观音桥巷、新码头南巷、新建坊巷、太子庙巷、汤家巷、韩石巷最为热闹，所住居民最多，其余较为清寂。巷内建筑多为两层木屋，大都傍两边高耸的封火墙，

▲无名巷（彭淼／摄）

依势搭楼,巷深墙高,日照时短。如果是在春天,闲居在巷子深处的人,听到远处的叫卖声,自然就会吟出陆游"小楼一夜听春雨,深巷明朝卖杏花"的句子来。关于四十八条巷子,辑录如下。

(1)洋湖口巷。南北走向,北起大巷口正街,南抵大巷口河街,巷内有贵州会馆。

(2)大巷口巷。南北走向,北起大巷口正街,南抵大巷口河街。

(3)甘家巷。南北走向,北起生产街,南抵河街,巷内有颜昌友杂货店。

(4)四川会馆小巷。南北曲巷,北起品元宫,南至大巷口正街。

(5)无名小巷1。东西走向,西起唐涵清宅、东至刘则平宅。

(6)徐家巷。南北走向,北起大巷口正街,南至大巷口河街,巷口为燎原旅社。

(7)天主堂巷。南北走向,北起牌楼口正街,南至五通庙河街,巷旁有天主教堂。

(8)天后一巷。南北走向,南起牌楼口正街,北至后湖。

(9)天后二巷。南北走向,南起天后宫。西抵后湖独坪,巷内有刘先甫宅。

(10)一文拐巷。东西走向,西起方德夫宅,东至落虹桥。

(11)单家巷。原为下一文拐口,南北走向,北接一文拐巷,南抵五通庙河街,南巷口为豫大油行。

(12)五通庙巷。南北走向,北起勤大油行,南抵五通庙河街。

(13)灵宫殿巷。南北走向,北起刘公桥街,南抵河街龚家码头。在原中华电影院旁。

(14)无名小巷2。南北走向,北起城隍庙街,南抵三益团正街下河。

(15)关爷楼巷。南北走向,北起城隍庙街德和大酱园西,南抵三益团正街。

(16)无名小巷3。南北走向,北起三益团正街新民皮箱厂,南抵河边挑水码头。

(17)大码头巷。南北走向,北起大码头横街,南抵朝阳阁码头。

(18)回子巷。又名回头巷和回民巷,东西走向,东起黄老三卤味店,西抵关庙。

(19)无名小巷4。东西走向。西起回子巷北,东抵后湖。

(20)无名小巷5。南北走向,南起筲箕洼,北抵后湖,巷旁有黄鼎轩木楼。

(21)紫谷巷。南北走向,位于原商会后街,北起后湖,南抵谷家巷口。

(22)谷家巷。南北走向,北起商会后街,南抵观音桥正街。

(23)观音桥巷。南北走向,北起观音桥正街,南抵江西码头。

(24)水府庙巷。南北走向,北起水府庙正街,南抵西河街。

(25)二神庙巷。南北走向,北起二神庙街,南抵新码头正街。巷内有吉庆恒药材行。

（26）新码头北巷。南北走向，北起二神庙街，南抵新码头正街。与二神庙巷平行。

（27）新码头南巷。南北走向，北起新码头正街，南抵河街盐仓，巷北口为开益泰绸布庄。

（28）祁家巷。南北走向，北起新码头正街，穿过夹街后南抵河街。巷口有徐万昌、杨鼎新两家商号。

（29）无名小巷6。南北走向，北起后湖，南抵福音堂东侧。

（30）新建坊巷。南北走向，北起新建坊正街，南抵河街。巷旁有众乐戏院。

（31）新建坊北巷。南北走向，北起太平街，南至新建坊正街。巷口正对同华银楼。

（32）万寿宫巷。南北走向，北起后湖，南抵新建坊街。巷子穿过万寿宫正门。

（33）太子庙巷。南北走向，北起新建坊正街，穿过夹街后南抵河街。巷口斜对慈善堂。

（34）永宁巷。南北走向，北起永安团正街，穿过夹街后南抵河街。巷口斜对慈善堂，与太子庙巷平行。

（35）拐子巷。南北走向，北起永安团正街，穿过夹街后南抵河街。巷中有大华旅社。

（36）紫竹林巷。南北走向，北起后湖，南抵永安团正街。巷旁有瑞芳斋。

（37）曹家巷。南北走向，北起汤石正街，南抵绿荷池。

（38）石家巷。南北走向，北起汤石正街，南抵河街。

（39）汤家巷。南北走向，北起汤石正街，南抵河街。巷北口为王X记青布庄，巷南口为蟠桃宫。

（40）韩石巷。原名贺家拐，南北走向，北起汤石正街，南抵河街。巷北口为老百姓香烟杂货店，巷中有义文粮仓。

（41）汤家后巷。南北走向，南起汤石正街，北抵后湖，与汤石巷正对。

（42）鲢鱼垱巷。东西走向，西起孟体仁宅，东至"义渡公屋"。全长约110米。

（43）无名小巷7。南北走向，位于倪鹏九宅与李光浩宅之间，经孟体仁宅延展至河边。

（44）无名小巷8。南北走向，北起天乐花园，南抵河街。全长约75米。

（45）无名小巷9。南北走向，呈J形，北起上南宫街，南抵耶稣教会后门。巷北口有宋顺臣宅。

（46）无名小巷10。南北走向，北起李友谋宅，南抵河街。巷南口有周定尧宅和熊义发宅。

（47）上南宫巷。南北走向，北起正街，南至河街。

（48）无名小巷11。南北走向，北起九澧平民工厂，南至双溪桥河街。

四、襄阳街

襄阳街在澧水南岸，紧邻阳由垸，《嘉靖澧州志》载："阳由，州东辖二里。"说明在明朝中叶，麓山之下的阳由洲已经存在，至少是与三洲同时代的地名。阳由，古籍虽无源考，但以今度古，我们可以还原一部分事实，古人在关山之麓，远眺洞庭烟波，看朝阳自天水间冉冉升起，很自然地会把这湖边的大洲浪漫地视之为太阳升起的地方。这正如古人称东海岛国为日本国、扶桑国一样，阳由之名，顺理成章。至于今人有说阳由为民国时期洋商在此建洋油库之发音讹变者，显然是错误的。

襄阳街是连接澧水南岸渡口与阳由垸的一条小街，街长约两三百米，最初只是几间为等渡之人休憩搭建的凉棚，后来慢慢发展出杂货铺、饭食铺、囤货仓等，民国时期已成为有十数间门面、上百居民的街衢。襄阳街因右临关山，北面澧水，左侧有茶炉河通窑坡渡，香客行旅，络绎不绝，小称热闹。有资料说襄阳街古称相阳街，相，有连接之意，意谓连接阳由的一条小街，值得相信。野史称襄阳街因湖北人聚居而名，其实经不起推敲。明清及民国时期，旅居津市的湖北籍人士颇多，但并无聚居南岸之说，再说湖北境内名埠遍布，又何必独称襄阳？如以邻近来说，则荆州籍人士在津尤多，为何不见荆州街？相阳街何时讹变成襄阳街，则无从考究了。

津市解放后，市区内工业、企业南迁，襄阳街延伸发展出文化路、襄窑路，格局更为广阔，那是后话。

第二节　建筑特色

津市因地处洲渚，依水而筑，明初为村宅棚寮模式，无鲜明特点。至明朝中叶，国家始定，经济复苏，渔业和手工业者聚集，木屋大量出现，建筑风格以干栏式建筑为主。清朝中叶，随着工商业发展，移民增加，以宫庙为主体的殿阁式建筑涌现。到清末，随着城市财富的积聚，少数官宦和富商的私家园林亦有辟建。1900 年以后，教会、洋行进入津市，西式建筑卓然兴起，砖木结构和水泥建筑逐步占据主要位置。其中尤以教堂和石库门的出现，标志着津市的城市建筑风格由传统的中式建筑向西式或中西合璧式的转变。至 1940 年代中期，津市大街小巷"洋楼"凫立，与宫馆、木楼平分秋色，市声廛语中，洋腔、乡谈迭相唱和，建筑文化，真可谓洋洋大观矣。

一、中式建筑

1. 天井房

天井房为穿堂多进式中式建筑，当街多为门面，早期安装梭板，后来改建石库门面的较多。这种房屋一般有四五进，门面后一般为多进堂屋，一进一个天井，天井主要用来通风采光，下通地水，雨污排放。堂屋中间为凸厅或天井，两边为厢房，或在堂屋四角做耳房，分左右两边天井。厢房或者耳房为隔潮，一般都在离地面二三十公分高处铺一层木板（津市人称为枕板）。为防火灾，每进堂屋之间砌封火墙突出于瓦檐之上。居家出行，有走正堂屋通前至后的，也有另辟旁道连通走廊的。此类房屋一般为一楼一底，底层高大敞亮，主要用于商铺门面和生活起居；楼层较低，一般作贮货和避水灾时小住，但旅馆、客栈、公馆例外。若建有石库门，则可视为中西合璧格局的建筑。当时商业多建此类房屋，如镇大油行、谦益油行、春泰百货店、聂隆盛药店等。富商金慕儒的房屋建在新码头上首，1949 年 6 月，时任国民党湘鄂边区绥靖司令兼第 14 兵团司令的宋希濂来津，就住在金家，因获游击队袭击情报，天不亮即从金家后院直达澧水上船，可见金家屋大进深。

2. 木屋

木屋是市民搭建的木结构平房。澧水流域木材丰富，居民用木材建房有悠久的历史，但津市民居用木，得益于水道之便。一般居民建木屋，多为一层结构，木架木檩，上覆青瓦，间壁用木板，俗称板壁房。经济条件稍好的家庭，地面之上架铺木板，亦称枕板屋。木屋屋脊多呈鳜鱼背形状，即所谓闪腰梁。旧

▲民国时期的木屋（彭淼／摄）

时津市无防洪设施，木屋稍耐水淹，是居民的不二选择，遂得以大量构筑。2010年后的旧城改造，俗称"黑瓦屋"改造，大多是这一批房屋。木屋怕火，《直隶澧州志》载："（康熙初）连岁火，毁市居，共七八次。"一遭回禄，则百户荡尽，是人民生命财产最大的隐患。近代几例津市人记忆深刻的火灾有：1928 年 9 月 9 日上午，二神庙街发生火警，本埠艺人彭化万家遭受火灾，其妻正怀孕，与三岁小孩逃避不及，惨被焚毙。1937 年夏，新码头夹街纸炭行老板邢瞎子吸食鸦片不慎引起火灾，燃烧一夜，从新码头一直延至祁家巷，烧毁数百户房屋，其地数年前曾罹火灾，生计未复，又遭横祸，十分凄惶。1954 年，襄阳街两老人做饭不慎失火，街道两旁房屋悉数付之一炬，财产损失达 4 亿（旧币）。1956 年 10 月，三洲街大火，房屋 435 间化为灰烬，延烧半条街。火灾，常常使得市镇精华，毁于一旦。

导致火灾惨重的原因，除有房屋构建上的缺陷外，也与消防设施滞后有关。大清至民国，津市消防全系民间所为，民国初期有义务消防协会 8 个，会员近 500人，设备 8 套。后增加到 12 个，700 余人。基本器材为水龙、火钩、托叉、水桶、铜帽、木梯等。这种情形一直维系到 1956 年，时任工商联秘书长的朱永濂利用出差的机会，弄回一台旧美式嘎斯车，将它改装成消防车，情况才得以改善。

3. 吊脚楼

吊脚楼是一种干栏式建筑，也是津市建筑的一大特色。民国及以前的津市，沿河一线依街背河搭建吊脚楼，多因地制宜，先在河坡上打松木桩，固定之后垒

▲吊脚楼速写

砌茅岩为基础，然后凿大石为磉礅，磉礅之上立木柱为架，铺设木板与街面平齐，之上再起介字形屋架，前檐高三四米，后檐两米有余，四周装上板壁，屋顶覆盖青瓦，一座吊脚楼就算建成。吊脚楼由工匠们就地设计施工，依河而立，亲水宜居，很接地气。自春至秋，凭窗而坐，一壶茶，一碗酒，江流潺湲，河风习习，远山近帆，一望尽收，是可谓至乐境界。王泸先生曾写道："吊脚楼上观景，最美的要数落日余晖。倚栏凭窗，见如黛的关山托着蛋黄似的落日，云霞也似火的燃烧起来，透亮的金边勾出犬、羊、豹、虎状，把整个山水染得一片金黄。金色的晚霞像一张金色的巨网撒在清澈见底的澧水河，泛起千万层金色的涟漪，一层层漾开，似碎银，像散金，状鳞片，壮美极了！"

吊脚楼亲水又怕水，若遇灾年，洪峰一至，荡然无存，几番劳苦，复为辛酸。津市的吊脚楼鼎盛之时，自大巷口至韩石巷连绵成街。后因屡遭水患，大巷口至灵宫殿段的吊楼至解放时已自然淘汰。1973年津市修建防洪大堤，沿河吊楼拆除殆尽。

3. 宫庙建筑

津市是一个移民城市，四方移民兴建宫庙，为津市建筑一大特色。宫庙建筑以木石为主，台基高筑，雕梁画栋，既是市民聚会场所，也是大众游观的景致。比较著名的有万寿宫，为江西同乡会馆，建有宏大的门楼，门楼前立有一对石狮，宫内有正殿、后殿，两殿之间是空旷的会坪，建有戏台，并建有后花园，供人憩息玩赏；朝阳阁为津市士商筹建，占地约12平

▲朝阳阁码头（资料图片）

方丈（约 135 平方米），高三丈六尺（约 12 米），阁分三层，下层为起卸码头走道，中层为阁内僧道居舍，上层供道教吕祖（吕洞宾）神像。登楼而眺，关山烟树近在眼前，嘉山宛如淡墨一缕，澧州城灯火依稀。此番风景，曾引多少骚客诗人，嗟吁感叹；太子庙近河而筑，占地九平方丈，高一丈二尺，从街面入庙，需登三十六级石阶，在周边建筑中鹤立鸡群。这类建筑，还有关庙、五通庙、灵官殿等，均古色古香，中规中矩，工艺考究。

4. 林园

说起津市境内园林建筑，明初华阳王辟关山为园囿可谓其滥觞，民间谓之为"御果园"。园内构筑宫馆、精舍，广植果木，非一般富户能比拟。民国时期其旧馆曾被江西商人及基督教人租办昭武会馆、津兰学校。清代津市富豪吴家在后街辟建"吴家花园"，吴经采、吴经绌兄弟常居其间，名士显宦，往来频繁，折花赠柳，吟诗作赋，纪为乐事。民国时期，一些乡绅名宦青睐于商市之雅，迁居津市，也开始筑建私家园林，比较著名的有唐荣阳公馆。此馆为澧州第二任镇守使唐荣阳私宅，建成于 1923 年，位置于紫竹林巷后湖畔，临湖用大条石砌围墙约二丈有余，陡峭笔直，人不能攀。园内建有花园，珍木奇卉，廊桥假山，曲尽工妙。园内建凹型两层小楼一座，装修典雅，楼上置有大露台，四周砌花格栏杆，为消夏纳凉，观花赏月之所。此外还有天乐花园，具体建成年代不详，地址在贺家拐（约新华工厂旁），此园竹篱茅舍，亭廊水榭，玲珑优雅，布局合理，小有名气。

5. 石艺

旧津市的城市建设需用大量的石材，如铺设码头、桥梁、街面，雕刻各会馆宫庙前的牌楼石坊等，都需要石工的劳动，因此，各地石工云集津市，大显身手。那些石狮、石像、文字、云纹花卉，无不精巧别致，可以说集中国石雕工艺之大成。如惠政桥上的石狮子，万寿宫的石楣石柱等。石工们虽然没有留下姓名，但精美的手艺，一直为津市人所怀念。与石雕工艺相配的还有堆画工艺。堆画是用石灰浆塑成的花鸟鱼虫、山水人物等，形象逼真，栩栩如生。凡重檐建筑，一般塑有堆画。津市最有名的堆画师是贺德启、贺德松二兄弟。他们从小就从事建筑业，聪明勤奋、刻苦钻研，自成一派。民国时期，津市九宫十八庙的堆画以及大商户店铺门面上的堆画，基本上都是贺氏兄弟与徒弟们制作而成的。堆画是津市房屋建筑的一大奇观，可惜贺氏之后，无人继承。

二、西式洋房

▲西式牌楼（资料图片）

民国以后，西风东渐，建筑理念受西方文化影响发生了较大改变，无论是建筑格式、还是建筑材料，都日益更新，短短数十年间，以砖木、砖混结构为主体的西式洋房在小小的津市如雨后春笋，大量涌现。其中比较有代表性的建筑有：教堂。旧津市有西班牙人主持的天主教堂和芬兰人主持的基督教堂（福音堂），均为欧式建筑，新奇独特。如基督教堂（福音堂），地处后街，临近后湖，原为吴家花园旧址，教会将其购入后，新建礼堂、起居间、雨亭和走廊，园内广植绿树和青草，均为芬兰风格，令人耳目一新。中西大药房。为江西籍商人敖卓明营建，地址为观音桥正街，楼分三层，建有西式牌楼和八角亭，全部玻璃橱窗，通风采光，办公室外有屋顶平台，新颖别致。胡异三宅。为大庸籍商人胡异三私宅，建于新建坊，楼高三层，每层约有五米之高，木构均用上等木材，用料考究。地面与楼面均铺水泥，每层楼舍建有厕所，高大敞亮，领先风气。该楼由长帮泥工"头脑"朱叔钧承建，新中国成立后安排居民分住，一直使用至旧城改造。

▲西河街的旧洋房（彭淼/摄）

第三节　行业帮规

在旧津市，外地经商务工人员为联络同乡感情，扩大势力，争得谋生地盘，救济乡帮困厄，纷纷在津市组建"同乡会"，并建立会馆，组成行帮。会馆视帮口财力，或建或租，必高栋大宇，以彰气势。因各地民众祀奉不同，会馆往往辟为宫观，平时用于同乡信众祭祀礼拜，同时也是帮口议事场所。如江西会馆就是江西商民营建的万寿宫，福建人的会馆则是天后宫。各帮口都立有规矩，称为"谥山"，因此建会馆立规矩，又称"置谥山"。同乡会一般由同乡中行业大佬、洪门（红帮）头领把持，有较强的经济实力和政治威慑力。如长沙同乡会，就曾由诨名"辜三麻子"的红帮三爷掌持过。帮口之内，统管同乡事务，不分行业手艺。

津市建筑行有"本帮"和"南帮"之区别，"本帮"以澧水流域匠人为主，因口音为西腔（西南官话），故又称"西帮"；"南帮"以长沙及湘南地区工人为主，操南乡口音，故称"南帮"。"南帮"内部又因口音差异，再分"长帮"（长沙地区）和"宝帮"（宝庆、邵阳地区）。在建筑业务上，各帮基本上没有联系和往来，通常是各自经营，各有帮口势力。

各帮各行都有自己不同的节会，如泥水工匠做"女娲会"，取喻女娲娘娘炼石补天之意，会日在每年农历三月十八；竹木业做"鲁班会"，取祖师爷鲁班雕梁画栋、锁钥机括之巧，会日在每年五月初七；油漆业做"达摩会"，源由无考，会日在每年三月初三和九月初九。做会期间，会众一般会祭拜祖师神祇，共商本行业大事。如推举"头脑"、议定价目、举行拜师仪式等，而后吃酒看戏，尽兴而散。

1937年五月初七，津市本帮竹木业做鲁班会，全体匠作46人筹集会款，有钱的多出，贫困的少出，共筹得大洋数十元，热热闹闹办了一场盛会。一大早，匠人们到祖师殿拜过祖师爷后，又举行了几对师徒的拜师仪式，请了拜师酒，然后大伙聚集在茶馆喝茶。中午用过酒饭后，还请"松秀班"演唱荆河戏。各户家小，倾巢出动，闲聚一日，其乐融融，可称建筑工人一年辛苦之解放。此次聚会，几十年后仍为人津津乐道，亦可见该帮尽情一乐之不易。

建筑行业各帮口的"头脑"，都是有组织能力的能工巧匠、德高望重的长者。如本帮泥工"头脑"，先后有贺家道、贺修南、贺修启等，都是祖籍江西的能工巧匠。贺修道是名满津市的"大师傅"，1936年，他设计并带领帮内弟兄八个月修葺了中武当道观，布局精巧，殿宇巍峨，焕然一新，赢得了社会各界的赞誉。长帮泥工"头脑"，先后有朱叔钧（人称朱家六哆）、屈玉德、谢南山等，他们在石库门修建等方面技艺独专，引领风气之先，亦为市民啧啧称赞。

第四节　老街印象

一、河街

　　像所有长江中下游的城镇一样，最早的街市是在河边形成的。所以，河街又叫老街。传统的津市河街，即是指从杨湖口到双济桥之间临河的一段街道。杨湖口原为澧水倒灌于后湖的入湖口，因两岸长满了杨柳，杨湖一名由此而来。双济桥为澧水北连后湖的隘口，桥以西为主要街区，桥以东为油榨街，连接六家口。河街由西向东渐次延展，大码头以西一线，多为本土居民或早期移民，而五通庙一段，是上河（大庸、桑植、慈利、石门）人的密聚区。大码头至新建坊一段，属商业繁盛区，江西人开的铺子多，故以江西人为主。新建坊往下，则是五方杂处。从河街居民的分布，可窥视到这个城市的演变历史。

　　河街临河一侧多是老式的吊脚楼，而与之对面的建筑又是另一个风格，以二层砖木结构为主要建筑，墙壁由青砖砌成，门柱、楼板和顶架为木结构，房顶盖瓦，朝街一面几乎全是敞开式的梭板门，店门可全部卸下，早晚时间，开张打烊，家家上下梭板，满街哐哐声起，煞是热闹。河街上大一点的商行以经营稻米、水果、枯饼、竹木、桐油、煤炭生意为主，多为质量大的传统"泡货"。临河而居，图一个装卸方便。早期茶肆酒楼也多集于河街，后随商业中心转移而逐步内迁。这里店铺虽也密集，但与正街比起来，只能算低端生意，街市也寒碜许多。除大码头一段外，河街看不到几处石库门。不论是晴天还

▲清末民初津市澧水河边的老街（芬兰国家档案馆／供图）

是雨天，各家店铺前都会撑着凉棚，似乎向外张示着这里是一块属于自己的领地。河街的小店铺除卖日用五金、京广杂货外，做水上生意的居多，如帆布拱篷、马灯网绳、渔具铁锚、干鱼干虾等。

作坊是河街上最为聚焦的地方。上河街以制绳、制伞、制秤为主。下河街以竹篾编织、圆木加工为主。铁匠铺几乎遍及上、下河街，主要生产炊具、农具、钉具等。铁匠有大铁匠、小铁匠，如锻制两三百斤的铁锚，这就叫大铁匠了，而敲打刀、剪、铲之类的小件就称小铁匠。大、小铁匠均为男性，血性彪悍。上至胡子拉碴的老师傅，下至十一二岁的徒弟娃，胸前常年兜一张生牛皮。大人冬夏只穿一条短裤，而那些徒弟娃，连短裤都不穿。1955 年成立铁器社，分了一、二、三、四、五社，后合并为铁工厂。"文革"时期，铁工厂成立"红铁兵"，属造反派。武斗初兴，每人打把大刀插在背后，后搞到了枪，就将枪和刀交叉背在背后，每次游行，"红铁兵"走在前头，威风凛凛，是一帮半大小子心目中的"英雄"。

吊脚楼历来是河街的一大风景。临水一侧，那些歪歪扭扭，密密匝匝的房子，远远看去，就像是筑建在岸上的一个个蜂巢。这种全木质悬墩而建的房子，显然是受了澧水上游土家民居的影响。与大山里的吊脚楼不同的是，这些房子不仅为民居，更考虑的是商用。于是，在细节的处理上还是有很大的不同。如临街通常用来作店铺门面，安梭板门，一侧开个小窗，这样，即便是打了烊，买东西的人也能通过窗口进行交易。濒河的那一侧，照例开有门窗，屋檐下延很长，楼廊也尽可做得宽敞些，这样，主人除在楼道上晾晒衣物外，也便利和船上交流。枯水

▲河面上停泊的船（摄于 1930 年代）

季节，船离岸太远，双方若是有事，一个站在船上，一个站在楼道里，即可通过喊话来告知对方。清晨，这种声音会在码头的上空显得格外悠长。到了汛期，河水快要上岸，有水手干脆将船靠近吊脚楼，把货物直接甩进楼里。吊脚楼的主人或多或少与船上有些瓜连。除生计外，有些是情分。这点，沈从文的作品里有很多。湘西如此，湘西北也是如此。

平日里，吊脚楼下开阔的河面上，泊着来自四面八方各式各样的船，这些船的名称，恐怕现今的人们听起来大都有些头懵，比如岩帮子、驳划子、板划子、乌冈子、小驳佬，以及从麻阳、保靖、沅陵等县顺水开过来的阔头尖尾船，从四川、湖北过来的柏木栀子等。发春水时，河面上时有长长的木排筏自西顺流而下，一排接着一排，浩浩荡荡，颇具气势。排工们呢，则在排前头或排两边弄橹使篙，时而用带有湘西大山浓重乡音的嗓子，放怀吼唱着山歌号子，声音响彻澧水两岸。有时候，等木排上的号子声渐行渐远的时候，远处河面上的船工又接唱起来，不一会儿，嗨嗨嗨嗨的声音渐渐大了。呵，看见啦、看见啦，是那高桅粗缆的下江驳船，伴着船工的号子声靠了岸。

在吊脚楼下谋生的还有另外一类人，即纤夫。澧水上游水浅滩多，上行船多需拉纤，纤夫们便长期杂聚于吊脚楼下等生意。纤夫既有破产了的农民，也有放排下来后返回山里的排工，还有专靠出力揾食的流民。这类人由于居无定所，不受地方保甲管束，也不承担社会义务，来去无踪。纤夫们长期在水上营生，养成了一副钢筋铁骨，也喊出了一副好嗓子。1950年代，有苏联音乐工作者专程来到津市，收集整理出"澧水船工号子"，并灌制成唱片，后来成为民歌经典，这是津市纤夫们的光荣历史。

水上人家和河街的关系极为亲睦，白日里船一靠岸，岸上的小买卖人便一拥而上，如挽着竹篮，叫卖香烟、萝卜的大姑娘呀，卖酥麻花和金馃条的老汉呀，纷纷挤到船边，一个个笑盈盈地和船家亲热打招呼。这些船老板照例会一边高声大嗓地说笑应话，一边下风篷绾缆绳。这时节，各船家的老板娘会喜滋滋地从后舱过来买各种吃食。这买来的吃食，大多是给一些系在舵杠上的娃儿们享用的。船家自己呢，则是等卸完货后，上河街的馆子去大块吃肉大碗喝酒。若遇船上装的是蔬果吃食，那船老板会十分大方地抓上一把送与船边的买卖人，这必是有一番推谢的。于是，河边少不得会荡起一阵朴拙憨直的笑声。

清光绪年间，藤老六在新码头河街开浔阳楼酒楼，选择的就是临河一侧的三层吊脚楼，故浔阳楼又叫三层楼。浔阳因九江而得名，从牌名来看，藤氏应是九江人。

浔阳楼因比一般的吊脚楼要多出两排撑脚，故而往上多建了一层。酒楼除开有堂菜外，其面食味道尤为独特。常有老板、账房带人来此光顾，既显得客气，也是家乡情结。随后又有新安人刘宏元在其一旁开设新合楼，以清茶面食为主，其包子分猪肉、伏油两种，因选料讲究，肉非猪"前夹"不用，糖独选进口"二车糖"，故深受顾客喜爱。不过，想吃得赶早，巳时便卖完。

端午节是河街的节日。一年一度的龙舟赛若要追溯起历史来，怕是与这个城市一样久远。端午这天，万家空巷。人们携老扶幼来到河街。这里早已是人山人海，连南岸阳由垸的堤上都挤满了人。赛前的等待总是令人煎熬，孩子们到处乱窜，一会儿就开始呼儿唤娘。那一刻，最令人羡慕的是吊脚楼上的人家，不用拥挤就能居高临下观看赛事。忽然间就听得一声枪响，霎时锣鼓喧天，喊声如雷，十几条龙舟就在万人瞩目下逆水奋进，一时水花迸溅，蔽日遮天……赛龙舟争斗打架是常有的事，民国时期，西河街有家姓帅的大户，他家精制了一条龙舟，用黄方布写上自家姓氏"帅"字。这下犯了关山果园人的忌讳，认为是与他们争夺皇家地位（关山是明代华阳王园囿）。两方开打，乱战中"帅府"被打死一人，官司打到省法院，帅家虽胜，却也只补了一点钱财了事。

五月，几场雨水下来，澧水由靛绿而变得浑浊，汤汤直下，河面一下宽阔了许多。阳光下，就会有一群群提着竹篮的孩子在河边走来走去，他们在拾捡随水漂浮下来的木柴。这种木柴津市人把它叫"浪渣"，其实就是被山水冲下来的一些枯枝木棍。它们是生火的好材料，易燃经烧。幸运的话，还能拾得碗口粗的树筒子，那样的话，只需一筒就能做熟一顿饭，火烬还能煨得熟红薯。那个年代，这是河街上许多孩子的一种家务劳动。进入六月，若上面有木排下来，一些孩子会疾速地的脱掉衣裤扔给同伴，"哗"地一下，跃入水中，一切都是测算好了的，当木排临近时，他们也正好游到，木排一般为杉、松两种，杉木皮薄易剥，一撕一长条，松木皮厚则难一点，有准备的孩子会拿出一枚马丁来撬，排工们对这些孩子的行为熟视无睹，有的甚至还帮着孩子们一起剥。他们知道这些小祖宗惹不起，不然的话，他们会在岸上追赶着朝排上扔石头。当木排在城东的森工站靠岸时，拿了他们衣裤的同伴早已那里候着，按惯例，剥来的树皮一人一半，大家高高兴兴沿着河岸走回家。

阳光、河水、帆船、码头，吊脚楼，眼前的这一切，对一个生长在河街上的孩子来说，这里就是天堂。所谓无忧无虑，就是你可随意地拾起一块瓦片，弓腰使劲地朝河里甩去，然后背着两手，细数着那水面上窜起的一长溜水圈，或是选择一个正在起卸货物的码头，一旁专心致志地看着搬运工在那高高的跳板上上下下，看久了，你便可从跳板的弯曲程度来辨识这人肩上货物的重量。抑或三五成群，秘密策划到某个刚靠岸的船上去偷水果。偶尔还会"窃"得一艘无人照管的划子，大家奋力地朝河心划去，因技术不得要领，划子会在河心打圈圈，急得那些过往的船只大呼大叫，眼看就要碰上时，他们却纵身一跃，扎进水里……

河边上长大的孩子，总是对水有一种难以释怀的情结。游泳在这里没有人把它看成是一项体育项目，而是一种不分男女、不分老少的基本技能。澧水河就是游泳池，船篷就是跳台。从这里走出去的国家级、世界级的潜水、游泳冠军很有一些。1984 年 8 月，傅祖斌参加全国少年潜水赛，连夺 6 枚金牌，周军阳、吴学军分别夺得一块金牌。1990 年，世界第五届蹼泳锦标赛，傅与队友力挫群雄，捧回团体金杯，个人夺银牌 2 枚，铜牌 2 枚。盲女周学元，多次在全国、远东太平洋地区伤残运动会上夺得金牌，并在 1988 年汉城第八届伤残人奥林匹克运动会上获得蝶泳 100 米第五名、自由泳 100 米第六名的好成绩。翌年 9 月，周在日本神户举办的第五届远东及南太平洋地区伤残人运动会上夺得金牌 5 枚，回国后，受到党和国家领导人的亲切接见。

河街的历史没有文字记载，却是每一个津市人的记忆。1973 年，湖南省为了大办农业，规划了全省四大粮棉基地之一的澧阳大平原的建设，澧水北岸市区被纳入松澧大垸圈内。即从杨湖口至小渡口筑起一条市区沿河大堤。经勘察设计，需动迁的居民有数百户。在全市人民的努力下，工期仅用了一年，就筑成块石混凝土堤 1850 米、土堤 2600 米。至此，困扰了津市人几百年的水患终于画上了句号。在拆迁的那些日子里，每天都有很多人来到河街，一些年长的老者在扑面而来的河风中默默地注视着眼前的这一切，仿佛在追忆他们的父辈和自己的童年。

二、夹街

说起夹街，津市的老一辈人都会报之以揶揄的口气，为什么呢，因为那儿不是个正经地方。抗战及其后一段时间里，夹街香秾粉黛，夜夜笙歌，几乎就是花街柳巷的代名词。夹街分三段：从新码头到新建坊称长津夹街（因长津剧院得名）；从新建坊到太子庙再到三元宫段称太子庙夹街，是繁华的中心；再从三元宫到拐子巷称大华夹街（因大华旅馆在此）。

夹街的形成，与抗战时期难民的拥入密切相关。当时，日寇自北由南，长驱直入，汉口、沙市、宜昌等地相继沦陷，百姓为避兵燹，纷纷离家逃难，沿湘鄂边地寻找避难之所。偏居一隅且水陆交通发达的津市，便成为难民苟安性命的栖身之地。同时期，因逃避战火的江、浙、豫、皖等地难民也蜂拥而至，使得津市的人口猛增，人满为患。这种移民杂居的出现，客观上带来了前所未有的商贸繁荣，形成了战时移民市场。但乱时子民，其颓废的精神状况和消费心理，必然催生出奇葩，于是淫乐恣欢的"红灯区"，便在畸形商业的繁盛中应运而生了。夹街，便是当年津市的"红灯区"。

当时，夹街的妓院大大小小有十来家，从业妇女有数百人。妓院分"堂班"和"窑班"，堂班即挂牌经营的妓院，规模较大的有玉春堂、四喜堂、三和堂、双永堂、春华堂、金凤堂。堂班妓女分有等级，按其籍贯分"上江班子"和"下江班子"。"上江班子"为本地女子；"下江班子"为苏浙女子，因略通文艺，被视之为"奇货"。窑班不公开挂牌，妓女也无等级区别。堂班中有名的四大妓院为拐子巷的大华妓院、三元宫的四喜堂、太子庙的望江楼和翠香院。四大妓院中又以大华和翠香院最有名，属上等妓院。

夹街的妓院大都由下江人（苏北一带的移民）开办，因而南京秦淮、苏杭的妓乐文化也就带到了津市。习文弄墨，是烟花行当吸引嫖客的一张王牌，能歌善舞、抚琴奏乐，方能使嫖客尽鱼水之欢，慷慨解囊。他们侧重的是妓女的戏剧音乐素质，妓女大都晓得本行的历史人物，如玉堂春、杜十娘、秦淮名妓李香君、杭州名妓花魁娘子等。各妓院还把玉堂春作为妓神供奉，每天焚香膜拜。每天早晨都有专业的教坊乐师教妓女练琴、清嗓，学唱评弹、京戏和民歌小调，学习工尺乐谱。晚上接客时与玩友拉琴唱和，莺声燕语，调笑不休。有的妓女还能作京剧清唱表演，以票友身份登台表演，并不逊于科班戏子。

翠香院在太子庙口，为下江人王某某（别名王瘸子）经营，虽然楼房不大，只十来间客房，十多名妓女，但坐堂的都是百里挑一的美人，接客大都是富商巨贾、军政要员、管账先生、高级店员。王瘸子在夹街还经营一所"南京理发店"，是津市最大的美容美发店，理发设备都是从南京、上海等地购来，理发师也从南京等地聘请，其中一名叫金罐子的美发师，能为男士剪出各式西式头，为女士电烫出各种流行发式，并用香水、头油、面液进行美容，开创了津市的美容时尚。

王瘸子后来将翠香院交给他儿子修海打理。修海高中毕业，有一定文化素质，能琴善歌，年轻风流。他接手后亲自从江浙一带物色了一批相貌出众的女子，聘请教坊乐师精心教练，使她们个个成为了歌舞戏曲、琴棋书画的能手，在装束打扮上紧跟上海、南京潮流，娇俏洋气。夏天，这些烟花女子们在太子庙路边一排竹床上乘凉兜风，有的着中式软缎短袖旗袍，有的着西式绣花连衣裙，头上是金簪耳环，脖子上不是戴着粗大的金项圈，就是碧绿的翡翠项链，手腕上是宝石戒指，脚穿长筒丝袜、高跟皮鞋，配之以电烫发式、胭脂、口红、香水，一个个打扮得像贵妇人；吃饭时端着小巧的金边花瓷碗、银制带链筷箸，菜碟里盛着王盛锦的卤菜，一边吃一边谈笑，吴侬软语，贝齿微露，像磁石般吸引着过路人的眼球。

翠香院的房间陈设文尚典雅，桃木家饰、雕花牙床、绫罗帷幔、花缎被褥、古玩、琴棋书画一应俱全。还有从上海购进的留声机，放着梅兰芳、马连良的京剧唱段、《四季歌》《大路歌》等电影流行歌曲。这样的排场不是一般人可以进去的，据说玩友进门，瓜子茶点的招待（盘子钱）也得现洋 3 ～ 5 元。行房留宿，缠头打赏，耗费更多，绝非良民百姓所能消受。几年时间，修海赚了大钱，自然赢得妓女们的欢心，妓女们一味奉承，生怕丢掉这份金饭碗，于是由他一手打造的翠香楼名妓们，也就成了自己的私房。无度的淫欲使修海痨病缠身，虽然王瘸子不惜重金将儿子送省城大医院诊治，最终还是无力回天。据说诊治未愈的修海回到津市，整天躺在自家门前的靠椅上养神，路人时不时见他用稻草围量自己的大腿，问瘦了还是胖了。那一番情状，不知是出于对人生的眷念，还是对既往的追悔。

沈从文先生在湘西散记《桃源与沅州》一文中描述过桃源后江和沅州皮匠街的妓院，在《从文自传·常德》一文中也提到常德河街上鼻梁根扯得通红的窑姐，但满纸皆为艰辛和怜悯，实在没有多少诗情画意。相信先生没有到过湘北名埠津市，如果他见识过夹街的盛况，其笔下，断不致如此的落寞。

就一般情况而言，绝大多数妓女都出身寒苦，虽迫于生计沦落风尘，其本质也并非邪恶。据地方文史记载，1938 年 5 月，为声援抗日前线国军将士的奋勇杀敌行为，夹街的妓女们走上街头，主动将自己的金手镯、金项链、金戒指等物摘下，义捐抗日，在当时引起了强烈的社会反响，深得市民们的好评。当年《津市日报》特为此撰文，对她们的这一爱国举动大加赞赏，且在文章的结尾处，借用杜牧《泊秦淮》里的诗句设问："这种义捐行为，难道是'商女不知亡国恨'吗？"

夹街之所以如此"幸运"地成为人们趋之若鹜的场所，应该是它一应俱全的旅筵娱乐。在这条街上，酒楼茶肆，鳞次栉比。从新建坊的德盛米面馆，到春乐园的三鲜麦面、小烧饼、春卷小吃、拐子巷的王饺儿和面饺、半步楼的小笼汤包、满庭春的蒸饺，令人目不暇接；企园酒家、王盛锦卤菜馆、刘聋子牛肉粉馆、神仙饭蒸菜馆，也都开在此处；至于油炸小吃、提篮小卖、水果摊贩不胜枚举。每当华灯初上，这里夜市就进入高潮，灯光照耀如昼，街上行人拥挤，酒馆茶楼高朋满座，小吃店门庭若市，戏院座无虚席，妓院人影憧憧；猜拳行令声，管弦丝竹声，笑语喧哗声，通夜不息。富商大贾在"商战"之余，挟其巨资，经常光临此不夜街，穷奢极欲，大肆挥霍，呼朋引类，酒馆进，妓院出，大嚼豪饮，狂嫖阔赌，一掷千金，毫无吝色，以灯红酒绿，纸迷金醉生活为荣。请客摆宴，动辄十多桌，满桌珍馐，烟酒杂陈，"富人一台酒，穷人半年粮"，习为常事。赌博一次下注万千亦不以为奇。某次有个经营军米加工的周某推"牌九"做庄，一档赌金为一千担大谷，可谓豪赌。夹街的茶馆有十来家，整日里管弦丝竹、鼓书道琴，不一而足。龚家茶馆有津市道筒唱本，他对面茶馆是四川人说书，拍着惊堂木，演说《七剑十三侠》《施公案》等传奇故事，说书人眉目传神，手舞足蹈，每说到惊绝处，堂木一响"且听下回分解"，那第二天就非来不可。王盛锦的儿子就是听书入了迷，拿走家中好些黄金和现洋跑到峨眉山学道，去了两个多月，道没学成，钱财花光，推着一辆菲利普自行车回到了家。

除美食佳肴外，夹街的大众娱乐场所有众乐剧院和滨湖剧院，长年接待各地来津的京班、汉班、荆河戏、花鼓戏等表演团体，名角大腕时常登台。为逐新奇，剧场还从上海、长沙、汉口租来各种时新的电影放映，更是四乡轰动，座无虚席。此外，鸦片烟馆表面上已遭官禁，实际上有"脚路"的还是照开不误，当时夹街有名的烟馆有崔和记、皮四记等，还有那些堂班窑子，或明或暗也供应鸦片。当时逛堂子，打茶围，都作兴"开灯"，每次收银洋一元。

人多了，旅店就相应而设，较大规模的旅馆就有津市大旅社、大华旅社、光明旅社、福明旅社、长春旅社、新澧旅社，杂处在民宅中的小旅店更是不计其数。民国初年，三元宫旁的"津市大旅社"招牌最亮，店内设备华丽，入住者以军政、富商、大少为主，多在此赌博狎妓，夜夜笙歌。旅社还兼营澡堂，澡堂设备一流，全部用搪瓷大浴盆（又称洋盆）。洗澡的休息间，全都是玩乐设施，床的扶手全用黄铜片镶边，金光发亮。抗战时期，大华旅社最为繁荣，旅社自建新房，设施全新，其业务也是以富商大少打牌狎妓为主。此外还有福明旅社同样兼营妓院。

夹街的奢靡无法说尽，据说当时全市的财富至少有三分之一流入至此。夹街的渐次衰微，是在抗战胜利之后。此时，流亡津市的各地商家和难民返归故里，绚烂归于止寂，这条街便一蹶不振，"红灯区"从此繁华不再。自这之后，便再也看不到有关夹街的任何记载了。如今，当年的夹街早已不复存在，但不管怎么看，作为一个城市的特殊记忆来说，毕竟是一段历史。

第三章　码头春秋

在南方，依水而筑的城市都有码头。它像垒砌的琴键，蕴藏着水的韵律，令怀乡的呓语，回荡起故乡的涛声；它像伸开的手掌，梳理着水的丝弦，缠绕进远行者的梦；它是恒久的等候，拥抱着沧桑的船舷，为归来的鸥鸟，洗去羽翼上的轻尘。码头，常常是城市的小名，踏上码头，便是一场缘起。

津市最初的码头是渔人码头。传说最初迁居三洲的十八户，都是渔民。我们可以想象当时的情景，津市左近是浩瀚的洞庭湖，渔民们傍水而居，每日披着朝霞出湖捕鱼，夕阳西下的时候，一艘艘小船泊近码头，满载着鲜鱼和丰收的喜悦，呈现的是一幅多么生动自然的画面。所以有津市的"津"来源于渔猎的"罾"之说，九澧地区的人们也历来把津市的津读作"zen"。其实"津"指渡口，津市是交通要道，自来就是渡口，元代就叫"津市"，意为渡口边的集市，慢慢就成了地名。当时津市处于澧州东二十里，是兰江水驿与南平水驿之间的必经之地，往来行旅在此驻足休憩，采买鲜鱼，鱼市便天然形成，难怪诗人的笔下有了"津市家家有鱼卖"的句子。

至明朝中叶，津市已是"千户之聚"，东西水路畅通，官员往来、军弁调遣、粮秣运输，大量船舶停伫津市，过去的渔人码头已演变成船运码头。此时，津市的造船业得到相应发展，船坞码头也已出现。袁中道《澧游记》中便有不舍百里从公安来津市造船的记述。而随着荆江分洪入澧，洞庭湖逐渐东退，津市周边洲渚遍现，围垸丛生，居民为南北通行之便，纷纷选择津市上下，澧州府遂在津市设官渡三处，北有五公嘴渡、中有津市渡、南有窑坡渡，因此渡船码头亦有辟建。

经过清前期的休养生息，至嘉庆末，澧州人口相较明末已连翻数番，津市商民麇集，炊烟万户，楼阁连云，已是九澧地区最大商埠，其经济实力、城市发展已远超当时的州治澧阳镇。荆江四口的连通，使津市成为南接衡湘、北通荆沙、东连巴陵、西入川黔的水运枢纽，大量的物资集运，促成商用码头迭相营建，至清末，长不过七里的津市市区，已建成较大规模的商用码头九个。此时澧水津市河段，白帆点点接云霞，长桅耸立似林樾，码头号子涌春潮，商旅往来赛穿梭。

码头是城市的脐带，它吸纳江河湖海的营养，孕育城市的生机。最先从武陵山腹地走出的山民们，划着他们的岩划子来到津市码头，就以为是到了海边。他们船舱里堆着背篓，背篓里装满了桐油、茶叶、木梓……和对这座不太遥远的城市的犹豫与彷徨。但他们不想再走远了，临水择地而居，在码头边开起小店，开始摆卖家乡的山产，每天舀起澧水河的水，就以为吮吸到了娘的乳汁。很多年后，津市的富商中，有很大一部分为大庸、桑植、慈利、石门人，他们早已把津市等同于自己的家乡。清末民初，澧州三任镇守使王正雅（慈利）、唐荣阳（石门）、贺龙（桑植）都驻津市，且都是上河人，王正雅、唐荣阳两人死后都安葬津市，其情感牵连，不是一两句话能说清楚的。

明初和清初，均有"江西填湖广"之说，这是不是"下江人"来津市的起源，还缺乏史料明证，但清中期以后，江西人、安徽人、江苏人大量寄居津市，隐约可以辨别出他们追寻先人的足迹。西晋和南宋两次"南渡"之后，中国的文化中心已从中原黄河流域转移至长江中下游流域是不争的事实，"下江人"来到津市，带来的是头脑和文化，津市最早的商业码头是江西人建造的，津市近代商业模式是"下江人"打造的，津市的繁荣与富庶，"下江人"功不可没。当年的"下江人"已魂归故里，但他们的血脉在津市得以延续，如今，只有在查看津市人的籍贯时，才能发现当年的"遗传密码"。

码头是立体的，它除了连接商家、连接行旅、与船舶共生外，其自身也是一个独立的生命体。在津市，创造辉煌的不仅仅是那些成功的商人，也包含那些普通的劳动者。码头工人，便是一个庞大的群体。"码头工人"有狭义与广义之分，狭义的码头工人指专事码头装卸的"箩工"，广义的码头工人还包括与码头血肉相连的船工、轿夫、车夫等。俗话说"人生在世有三苦，驾船打铁卖豆腐"，其实只要与船运相关的工作，没有哪一行不是辛苦的。一副栉风沐雨的箩筐，挑起的既是一个家庭的希望，也是一座城市的生机。这些拿身体甚至性命来讨生活的人，他们与码头共呼吸，比谁都更懂得码头，比谁都更热爱码头，他们在码头上的爱恨情仇，无意中丰富了码头的色彩。

千帆过尽，百舸东流。当年用麻石垒砌的码头如今已不复存在，现代化航运已经赋予港口以新的内涵，但码头文化，却已深深地勒进了津市人的骨头里，每当他们弓身前进时，心中就会响起整齐的"杭育、杭育"声。

第一节　码头溯源

　　公元前329年，楚怀王熊槐登基，访贤任能，开疆拓土，大振国威，六年，给管理湘鄂地区的鄂君颁发了铜铸错金的"鄂君启节"，其"舟节"铭文载："……内（入）资、沅、澧、油，上江，庚木关，庚郧"，勘定了鄂君辖地各水通关线路，其中澧水在列，说明此前澧水已有船只航行。但当时还没有澧州，津市只在洞庭浩渺之间，码头之建，无从说起。

　　据史料记载，明洪武初年，澧水渐成水路交通运输要道，政府设有专门的管理机构。津市当时是"津市铺""嘉山铺""车渚渡""津市渡""窑坡渡"，还只是一个水陆交汇点，虽然规模不大，但它已经是商旅温馨的港湾了。后来情况就大不相同了，据《嘉靖澧州志》载："新城镇，在州东二十里。津市镇，在州东十五里。车渚渡，在州东三十里新城镇。因车武子所居，故名。津市渡，在津市镇前河。设舟一，渡夫二。宋家渡，在州东十五里。窑坡渡，在津市十五里。"这是津市第一次被称为"镇"，虽不是行政设置，但其地位已明显高于过去的集市。津市境内真正的镇是新洲镇，它在东汉时期可能已是军镇，相传伏波将军马援最后一次平岭南诸夷，即病逝于新城。唐代宗时，李泌任澧、朗、峡三州团练使，持节新洲，重筑城垣，始名"新城"。当时的新城，是澧、朗、峡三州的政治军事文化中心。

　　津市被称为镇，其实并无官兵镇守的历史，此时称镇，应该是指津市已经是一个商业都市，在行政级别上属于州直接管辖，其地位已远超一般商市。这种情况一直延续到1949年中华人民共和国成立。

　　不过津市的历史有比新州更悠久的记载。汉献帝建安元年（196），士孙萌被封为"澹津亭侯"，有学者认为，这个澹津亭侯国，就在如今的津市近郊澹津村。明朝嘉靖年间，这个昔日的"澹津亭侯国"已经从一个封建的侯国发展为具有近代城市氛围的"津市镇"了，它不仅是物资的集散地，还是手工作坊汇聚地，是已经有许多固定人口的码头城市。据袁中道的《游居柿录》记载，那时的津市商贾云集，手工业、餐饮业兴盛，是湘鄂两省交界处重要的造船基地，是澧水流域非常重要的码头。清代后期，由于澧水流域河道运输的开通，上下游物资交流频繁，规模扩大，澧水流域形成了许许多多的码头，其中最引人瞩目的码头就是津市大码头。那时津市河边的码头，上上下下遍布澧水两岸，相邻各省往来于津市的商贾不乏其人，到民国初期，津市已经被誉为"小南京"了。津市大码头享誉九澧，名播长沙、武汉、广州、上海，连西方远洋过来的基督教、天主教传教士，也选择津市作为澧水流域的传教中心。从澧水流域深山老林的鹤峰，到洞庭湖水乡泽国的安乡，妇孺皆知，无人不晓。

一、旧津市的码头

津市的码头建于明初，兴于清，盛于民国。当时津市的城市建设依自然地形而发展，先有河街，后有正街、后街，各类商店、作坊多依此格局分布。为方便物资卸运，三条街道自河岸依次而北，均与澧水平行。最初的码头是自然河坡或稍加修葺后垒放的毛岩，时间一长，各帮各口泊船已有大致的固定位置。乾隆年间，津市即有公用码头八个。津市博物馆收藏的乾隆四年木刻的津市"八码头公牌"，八个码头从上至下依次为：罗家坡、关爷楼、大码头、观音桥、新码头、新店坊、永宁巷、汤家巷。随着商事繁盛，原有码头已不敷需求，争码头、抢档口的事件屡有发生，至清末，经几方权定，乃沿河按大致相等距离划定几个点，依次建立码头，九个码头由此产生。1928年《中国旅行指南》关于津市的介绍中，津市有民船码头十个：大码头、江西码头、慈利码头、湘乡码头、浏阳码头、新码头、祁家巷码头、新建坊码头、汤家巷码头、宝庆码头。其名称、数量与地方志所载略有出入。《津市交通志》载，民国时期沿河公用码头有八个，由东向西分布如下：

汤家巷码头 自油榨街至曹家巷，起下物资主要为粮食、水果、杂货等。建于民国初年，麻石砌建。传为附近居民、商家集资修建。

拐子巷码头 自曹家巷至太子庙，起下物资为煤、杂货、少量百货。

新建坊码头 自太子庙至新建坊，起下物资为杂货、粮食、柴炭、百货、煤、竹。

新码头 自祁家巷至水府庙，起下物资主要为盐、百货、南货、少量桐油。为民国时期六轮公司所建，码头为长郡会馆公产。因为系轮船专用，故称"洋船码头"或"轮船码头"。

▲观音桥码头（摄于清末民初）

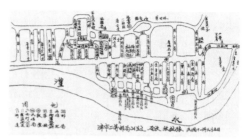

▲1922年津市街区与码头分布示意图

观音桥码头 自水府庙至观音桥，起下物资主要为百货、南货、鞭炮、瓷器。建于清咸丰年间（1851—1861），为江西商会所建，俗称"江西码头"。

大码头 自大码头至三洲驿，起下物资主要为百货、南货、鞭炮、瓷器。大码头为最早出现的码头，至迟在明代前期即已官修，明代津市即为兰江水驿至南平水驿之间的枢纽，已设官渡，方便官员上下与物资转运。

关爷楼码头 自关爷楼至五通庙，起下物资主要为桐油、山货、盐、少量棉花。

罗家坡码头 自罗家巷至杨湖口，起下物资主要为粮、棉、桐油。

以上八个码头即传说中的"津市九码头"，此外，民国时期还出现过一些公司、商户的专用码头，闻名的有：

勤大码头 1919年，原豫大祥油行所建，主要方便本行油品物资上下，后豫大油行歇业，勤大油行随迁其址。

水府庙码头 民国初期一李姓商人所建，也有说为慈善堂所建者。

轮船码头 有长郡码头、日清公司码头、戴生昌码头、三北公司码头、太古码头、怡和码头、美孚码头。

五通庙码头 建于民国初年，麻石砌筑。传为天升永斋馆所建。

申昌码头 由申昌油行建于1936年，其址即后来的长沙班客运码头。

亚细亚、美孚码头 两码头均在澧水南岸，为各自公司营建，为煤油专用码头。建于民国初年，麻石砌筑。1935年毁于洪水。美孚码头南北两岸各一。

除以上码头外，尚有一些杂用码头，一般仅就河坡掘土铺以岩石，虽有所属，但极为简陋，或无名称，或无记考，无法尽录。

1930年代，全市码头总数约24个。1939年，国民政府实行"焦土抗战"，以阻止日军登陆为由，曾将一些麻石码头掘毁，抗战后期渐次修复。所有码头，其停泊船只皆各有帮口，而这些船帮与码头的对应关系的形成，主要取决于进入码头的时间背景，但后期协定停泊码头，也与船帮势力大小有一定关系。以下为当时各船帮停泊码头的大致情况：

各船帮及停泊码头一览表

帮口	船只停靠地点	帮口	船只停靠地点
大庸	大巷口—矶头	湘乡	杨泗庙
慈利	慈溪码头	新化	汤家巷下
石门	龚家码头—五通庙	衡阳	上南宫
临澧	关爷楼上首	浏阳	浏阳码头
澧县	水府庙	五邑	绿荷池下
涔水	油榨坊下	湖北	三元宫下
毛里湖	油榨坊下	四川	三元宫下
安乡	油榨坊下	河南	三元宫下
汉寿	油榨坊下	下江	三元宫下
津市板划	五通庙、大码头、新码头、新建坊、汤家巷	注：五邑即是沅水流域诸县	

码头之外，尚有与码头密切相关的堆栈和趸船。

堆栈 为大宗转运物资的临时堆放场所，民国时期，津市河边辟建有两处堆栈。一是阜隆堆栈，设南岸皇姑山麓，1938 年开业，由商人胡德彪经营，抗日战争时期曾遭日机轰炸，后歇业；二是泰丰堆栈，设北岸申昌油行（申昌码头上），1946 年开业，1950 年转入湘津轮船公司。

趸船 市区仅有一艘，即浏阳趸船，建于 1926 年，泊浏阳码头，业主罗铭勋。船为木质，长八丈五尺，宽二丈，总容量 200 吨，有货仓 7 间。

二、新津市的码头

津市解放后，货运码头改用排序方式命名，各码头起卸货物不再与商店挂钩，故无明显分类，但各码头所泊船只，按船籍划分档口。

一码头：杨湖口至矶头。泊临澧船。

二码头：矶头至天主堂。泊慈利船。

三码头：天主堂至刘公桥。泊石门船。

四码头：灵宫殿渡口。泊大庸、桑植船。

五码头：大码头至观音桥。泊澧县船。

六码头：观音桥至新码头。泊津市十吨以下船。

七码头：新码头至太子庙。泊外籍船。

八码头：太子庙至拐子巷。泊津市二十吨以下船。

九码头：拐子巷至石家巷。泊湘乡船。

十码头：石家巷至上南宫。泊新化、衡阳船。

十一码头：油榨坊以下。泊安乡、梦溪寺岩板船。

另外还有开往长沙、常德、安乡、沙市、澧县的客运码头。

1960年代，随着工农业生产的发展，为方便运输，市属及外地驻津单位纷纷自建码头，南北两区新码头不断出现，1963年制定《津市港码头管理暂行办法实施细则》，对全市现有码头作摸底调查，此时全市各类码头共63个，其中：装卸码头31个，渡口码头7个，饮水码头19个，粪船码头5个，客运码头1个。1974年城区防洪大堤修建竣工后，相应对城区码头进行翻建，除杨湖口、小渡口区域外，翻建后的码头全为岩石水泥结构，面貌焕然一新。此时全市共有码头71个，北岸40个，南岸22个，窑坡渡9个。其中装卸码头44个，客运码头5个，机动船渡码头4个，民间渡口码头6个，停泊码头11个，粪船码头1个。

1951年，成立了湖南省津市湘航办事处，办事处在津市建造了太子庙货棚，这是津市历史上第一个港口货棚。该货棚为进出港口合用货棚，首次采用装卸机械，主要装卸、堆存进港物资。出港物资的存放、装载在九仓库进行。1960年代，开始使用吊车、皮带运输机、平板车等大型装卸机械，随后在所属码头兴建了各种类型的仓储设施，实行进出口分开管理。1970年代，投资20多万元，在澧水南岸盐矿河岸修建泊位4个，并在煤、盐码头分别安装吊车、浮吊七台。继续投资20万元，在九仓库建栈桥2个，同时在窑坡渡作业区安装吊车8台。1980年代中期，除杂用码头外，计有装卸与客运码头46个，这是津市码头的黄金发展期。

1978年，枝柳铁路建成通车，澧水上游的物资调运转以铁路运输为主，黄金水道优势不再，津市码头的调运量有所萎缩。改革开放后，公路交通出现了质的飞跃，社会经济生活向快捷、高效转型，首先是津市澧水大桥建成通车，紧接着是207国道和湘北干线提质改造完成，客轮因经营亏损而停航，之后是高速公路过境通车，津市水运失去了中上游的物质交流、聚散功能，驳运货物锐减，大部分码头已失去功能。近几年，随着城市建设规划调整，旧城改造实施，仅存的几个驳运码头迁出主城区，曾经的码头，现已改建成市民公园。或许游人只有从着意保留的龙门吊下走过时，才会不自觉地哼起段句著名的京剧唱词："大吊车，真厉害，成吨的钢铁，它轻轻一抓就起来……"

如何顺应发展潮流，重振津市大码头，是津市人民热切的期盼。2018年6月，

▲新建的津市港集装箱码头（网络图片）

津市市委、市政府主动出击，与拥有全球单体最大和效益最佳的集装箱码头、国内最具影响力的大型港口产业集团深圳盐田港集团磋商、洽谈，于当年 12 月与盐田港股份公司签订了津市港战略合作框架协议，新建窑坡渡"津市港中心港区"。这是津市抢抓长江经济带开放开发新机遇，加快港口建设的重要里程碑，对澧水流域经济带有重要的推动作用，标志着津市大码头开放发展进入了一个新阶段。

中心港区集大宗散、杂货、集装箱、港口物流与服务以及保税物流为一体，远景规划由中心港区和新洲港区组成，使用岸线 2060 米，开发建设 20 个泊位，设计年货物吞吐能力 2000 万吨。目前已经建成 2 个千吨级通用泊位，港口最大起重能力 35 吨，设计年货吞吐量 100 万吨。该港口开港运营后，货物通过能力将得到显著提高，有助于把津市港建设成为绿色、智慧、多式联运的现代化航运中心和大型物流中心，从而带动高新技术产业园区发展，打造津市港、产、城联动发展的大品牌。

第二节　码头旧影

一、笋行

　　装卸搬运活动是伴随着商业活动的发展而产生的，津市的码头搬运工作大抵在明初即已出现。早期的搬运应该属于无定点、无定人、无组织、非专业形式。清代，随着人口增加、商业不断发展，对专业搬运的商业要求愈加迫切，因而在乾嘉之际（1736—1820），专门从事搬运的笋业才应运而生。

　　专业搬运最初的社会分工为"上供文武衙门奔走差徭，下为出入客商挑运货物"，不仅从事商业物资搬运，还须为政府服役。其时，"凡迎接上谕、火牌、摺差；四季京饷、京贡、军糈月饷；各处善仓出进谷石以及春秋二案囚笼；各城设厂发赈……"等，均为搬运工人力役。这类力役名义上虽有"站贴"（生活补助），但其数甚微。可见，当时的专业搬运需要一大部分精力为政府服务，而政府以商业搬运这一社会资源为交换条件，无偿占有搬运工人的劳动。因此，民国以前，"笋业例无税捐"。民国时期，笋业、轿业仍有公差且多无报酬，即沿袭旧制。

　　清代，津市有装卸码头八个，因此相应有八个笋行，工人分属各笋行（即码头），搬运工作分笋行进行。来津货船一般泊于货商就近的码头，船泊何处，其货物即由何处工人起运。因码头多为大商家或地方团体（同乡会馆）所建，主权攸关，使用者须征得同意，并给予一定的租金，此旧称"租笋"。"笋"以担（石）为单位，租费按"笋"计算。各码头有固定笋额（即码头能容纳工人数），为笋东（码头所有者）最初与有关各方合议商订，以后遂成定规。民国时期，津市城区共有笋额255担，笋租按年计算，遇闰月加钱若干（光绪年间加160文），一般分3季交纳，即先年春节交三分之一，当年端午、中秋再各交三分之一。如逾期不交，则由笋行垫付，以后从其工资中扣还。清代笋租约为工人收入的十分之一强，民国时每年在银圆5元左右。

民国时期津市笋行基本情况

笋行名称	管事人姓名	笋额
罗家坡码头	毕承文　毕承庚	四十担
关爷楼码头	吴金元　吴金善	三十二担
大码头	苏经绰　王德元	三十二担
观音桥码头	刘启金　刘德元	三十四担
新码头	宋庸志　李管事	三十二担
新建坊码头	夏传德　毛新林	三十二担
三元宫码头	朱西云　彭志业	三十三担
汤家巷码头	裴本煊　朱泽安　汪学贵	三十担

　　清代以前，力资远近一个价。当时认为，价格乃据正街确定，正街位置居中，远近适足拉平，计算方便。力资计算以担为单位，砖、瓦、木柴、木炭 100 斤为一担；杂粮三㪷为一担（约 120 斤）；其余货物 120 斤为一担。力资自咸丰时定为每担 6 文后，历咸、同、光三朝未变。光绪三十一年（1904），搬运工人与商户为力资发生控争，官府立章程，定为每担工价 8 文，大包货物超重达 140-150 斤须两人抬运者，工价为每包 12 文。直至民国，力资始按远近定出河街、正街、后街 3 个价格。

　　民国时期的笋业，其制度基本沿袭清代。1912 年，津市有笋行 9 家，工人 272 人，当时笋行头人改称管事，一般两人。工人由笋行头人招募，工人应募后由头人引见笋东，以后即直接向笋东交纳笋租。各行业务有规定范围，畛域极严。有同一商店货物运输分属两家笋行者，互不混杂。如"三泰恒碓坊"前后屋即分属大码头、关爷楼两家笋行。旧津市闲散人员较多，常有染指货物运输事者，故笋行间、专副业间常为业务发生争执乃至斗殴。抗日战争时期运输业务清淡，笋业工人大多跑三斗坪从事长途挑运，或为人挑水卖水，以养家糊口。

　　笋业工人出公差，分州差、短差、长差三类，州差指澧县境内差事，短差指津市市区内差事，长差为 60 里以外差事。长差多为军差，一般时间较长，有时十天半月，有时一年半载，偶有被拉充壮丁、或死于道路不知所终者，所以工人们视出长差为畏途。新工人入笋，须出完"三长六短"的公差始能正式入行，其差旅费用自理。老工人出公差为轮转，其生活费由在家工人分摊。抗战时期公差频繁，码头常出现无人做事的情况。可见国家危亡之际，即使是贫贱的笋业工人，客观上也作出了贡献。

　　津市码头从事搬运的工人，大部分来自附近农村，小部分为流落津市的外乡人和市井贫民。其时，码头无工棚、食堂，家在农村者即早出晚归，包饭上街；

无家者则在关爷楼、大码头亭子上栖身，就食于码头边上的小饭馆、熟食摊。贫病伤亡，无人关心。对此景况，民国初期，笼工、船工们组成过自救型团体"褡包会"。1931年，津市笼业工会成立，笼业工人才算名义上有了代表自身权益的组织。当时有会员149人，负责人为裴本煊。笼业工会的职责主要是协调同业间的行动，调停行业内部或与外部之纠纷，并居间作为联系政府与码头的桥梁。笼业工会设理事长、副理事长、理事。人选虽说是由工人推选，每年改选一次，实际为把头所把持。其办事费用由各码头摊派。1946年，朱学荣任常务理事，宋庸志任理事。后又成立行业组织——津市笼业同业公会，裴本煊任理事长。

民国末期，物价飞涨，人民生活日趋贫困，1946年3月，津市笼业公会因工价过低、工人生活难以为继，向澧县政府递交呈函，称"生活日益增高，以粮食而论，客餐米价每升由60元涨至200元"，"且自倭寇投降以来，各业萧条，生意清淡，商店无起卸货物，工友则无分文收入"，"每每发生断炊现象，况差役担负，仍如战时（如起卸军谷、军米、机关临时杂役），若不请求增加工资，势必坐以待毙。"当年笼业工人的困苦状况，可见一斑。

民国时期，津市有两个从事搬运工作但不属于笼业的组织。一是专事粮食出仓的"量斛业"，约30余人；二是专事食盐出仓的"猫子队"，约七、八人。此外，抗战时期，还先后出现过3个由流亡海员组成的搬运组织，即"长郡行李起卸班""中华海员工会长沙分会澧津支部装卸部"及"中华海员装卸部"。

1949年底，津市笼业、量斛业、海员装卸部合并组成"挑运工会"，1950年改名为"搬运工会"，1954年撤销"搬运工会"，成立"搬运管理站"，时有工人555名。1955年组成"航运作业站"，专事船舶装卸工作。至此，历史上民间性质的码头工人华丽转身，成为国家交通运输系统职工。

津市搬运业行会中，有一个传奇人物楚麟书，又名楚玉如，原为贺龙任川军旅长时的炮团团长，后脱离行伍，流落津市，成为民船、搬运业行的"头脑"。此人身长个大，为人做事慷慨磊落，加之有帮会背景，码头上大小事情，常赖其居间调停，因此深孚众望。解放初期，楚麟书因历史背景复杂，隐身搬运行业，靠力气养家。后码头工人组成搬运大队，各帮口人员心存芥蒂，难以融合，搬运管理站又请其出任大队长，复出任事，一呼百应。楚在搬运大队期间，与一般工人劳动在一起，人们都称呼他"楚班长"，行外人不知其显赫的过去。此人上马能指挥千军，下马能日挑百担，厕身民间，龙蛇曲蟠，可谓奇人。

二、木行

津市虽为水陆大码头，百物汇集，但澧水木材集运在民国及以前并不以此为中心，津市只是过境城市。不过明、清时期津市的城市建设发展迅速，加之周边乡镇所需木材亦多采购于此，对木材的需求自然不菲，因此也有竹木码头。1949年以前，津市有木行十余家，分布于杨湖口、大巷口、油榨坊一带。澧水上游木材入大河的途径大致有四条：龙山木材走乌鸦河出桑植两河口；永顺木材出桑植陈家河；永顺木材出大庸毛岗；鹤峰木材出桑植入潮溪与慈利江垭。木材到津市后，起卸一般于木行前的河坡，起卸人员多为临时雇请，码头较为零散，也无更多修葺。

民国时津市有十多个竹木码头，当时市内无专业起卸队伍，木材起卸大多为沿河居住的新化籍劳力，他们平时以打零工为主，间或做一做木材牙商，遇有木排抵岸，即与木行接头邀人起卸。起货后的木材大多堆放于各木行内，数量较大者则堆放于附近旷地上。他们不属于笋业帮口，其计酬也大多为现钱交结，分为"包""抽"两种形式，比较灵活。包，即先谈好价钱，以全部起坡给付力资；抽，即按起卸的这批木材的总价的十分之一结算工钱。根据情况，时包时抽，干完又分散另觅活计。由于长期从事木材起卸，这批工人自然积累了一定工作经验，也置备了简单工具，后来木行便专雇他们起卸，逐渐成为半专业性的工作。抗战时期竹木起卸发展到 70 多人的队伍，临近解放时又缩减为十余人。这些工人是津市排筏业工会的基本成员。

1953 年，湖南省森林工业局常德分局合口木材站迁至津市，成立"常德地区森林工业局津市集材场"，津市遂成为澧水流域木材集散中心。通过津市集散的木材有桑植、永顺、龙山、大庸、慈利、桃源、石门及湖北鹤峰、五峰等十县所产，规模相当庞大，各县均在津市设办事处，湖北恩施州森林工业局也在津市设站。每至汛期，各地将木材捆扎成二三十立方米大小的木排，趁暴发之山洪，分别沿小溪、支流放至澧水干流汇集，联排下放津市，再经津市森林工业局分发岳阳、汉口、南京等大码头。1950 年代前期，津市外运木材以人工排运为主，起津市经洞庭湖至岳阳，时间约 40 天，如调运 2000 方木材，约需排工 50 人。1950 年代末期，改用轮船拖带，同量只需人工 20 人，时间缩短为 10 天。

随着木材集散量的扩大，木材起卸发展成为专门行业，最先成立了"排筏业工会"，业务也由起卸扩大为扎排与放运。为适应竹木运输业务之不断扩大，1954年将临澧合口、澧县荣家河、新洲的排筏工人并入津市，成立"运木工会"。1957 年，正式成立竹木起卸与运输企业——津市竹木运输站。

1978年以来，由于竹木流向改变和国家采伐政策的调整，澧水木材运输渐趋萎缩，津市竹木运输站于1981年撤销，人员并入津市搬运公司。竹木运输，作为一个独立行业不复存在。

三、轿行

旧时津市居民多为经商流寓者，鲜有豪门巨宦，因此并无私轿。清中期后，津市由于商业繁盛，过往行旅越来越多，作为水运之补充，以人员运输为主的轿运业在津市逐渐兴起，才有以出租为主的轿行出现。民国时期，津市已有轿行八家，与箩行共称"八抬八挑"。这八家轿行的分别为：

仁和垱轿行，经营者田南山；

牌楼口轿行，经营者龚晓意；

一文拐轿行，经营者孙映健；

灵宫殿轿行，经营者王庭松；

关庙街轿行，经营者李祖述；

谷家巷轿行，经营者罗绍武；

二圣庙轿行，经营者（佚名）；

新建坊轿行，经营者杨舒富。

八家轿行的规模大小不一，一般有二三十乘轿，五六十名轿工。业务有长、短途、市内之分，一般距离在六十里以内、能当天往返者为短途，反之为长途。短途以

▲行走在街上的轿夫 （摄于1901—1910年）

往来于津市、澧县两地居多，也有到新洲镇、安乡焦圻镇及附近乡镇的；长途则有常德、大庸、慈利、石门、公安、松滋、三斗坪等地；市内业务情况则较复杂。轿也分为三类：长、短途所用之轿，轻便简陋，俗称"便轿"。市区代步，也多用"便轿"；婚丧嫁娶、迎送宾客、富家出游、士绅宴聚等，因较为庄重，则用"大轿"。大轿装饰华美，象征意义多于实用价值；专用于婆亲、供新娘子乘坐的则是"花轿"，其装饰花团锦簇，因此取费较高，仅谷家巷、灵宫殿、新建坊等几家轿行经营。

轿行业务当时并无明确分工，只是习惯上仁和垱、一文拐、灵宫殿三家以短途为主，其他轿行侧重于长途与市内业务。民国初年，商事繁盛，轿业生意兴隆，是为津市轿业的白银时代。1930年代，街道和四乡道路得到修饬，津市出现了人力车，其劳动负荷、通行速度都超越了轿子，对轿业冲击较大。当时车行与轿行曾爆发过一场械斗，经政府调解，达成由车行给轿业一部分人力车，由轿行经营，纠纷才得以暂时解决。但芦席挡不住西风，轿业还是逐渐被人力车取代。至抗战军兴，四乡鹤唳，轿业工人自身安全得不到保障，延续了数百年的轿业终至停顿。轿业工人也大多转入挑运业，成为"跑三斗坪"的骨干力量。

轿业工人多来自附近农村，工人进轿行不收押金，但要"铺保"（即由工人请一家或几家店铺出示文字保据，表示对入行工人的行为负责）。工人进轿行后，如有生意，即向行方租轿，交纳租轿费（俗称"杆子钱"），租轿费按日计算，为抬运费的十分之一，约为一升米价。还有一种是长租形式，即轿工不论有没有生意，先行租下轿子，再去码头、商号等客。轿业工人在长期的劳动实践中，也发明了一些节约劳动成本的办法，其中"打对"就较具代表性。所谓"打对"，即长途轿运中，如甲、乙两地的轿工途中相遇，经合计后，只需双方的客人换轿，轿工可各自原路返回。这样，可以节约返程时间。

与笋业一样，轿业也有公差。其情形与笋行出公差相似，不同的只是新入行的工人只需出完三次公差即可参与轮转，无论新老工人，出公差的生活费均为自理。再有一点是轿工的州差较多，本地官员去州、县禀报参会，上级官吏四乡勘灾视察，动辄派差喊轿，虽是短差，但长期烦扰，也是套在轿业工人脖颈上的一副重轭。

1942年，津市成立轿业工会，有会员88人。与笋业工会一样，为轿行老板所把持。临近解放时，轿业工会理事长为龚晓意，先后担任过理事的人有罗绍武、孙映健、李大冠、杨振林、杨舒富、田南山等人。1949年后，轿业与人力车业合并为车轿业，后取消车轿，车轿业工人全部转入搬运工会，交通工具也逐渐由机械动力车辆替代。轿，作为一种传统的交通工具，从此淡出了津市码头。

四、轶事

辛酸的"褡包会" "褡包会"是澧水船工自发的自救团体，产生于20世纪30年代。澧水中上游水急滩险，木船上行石门、慈利、桑植、大庸等地全赖人力牵引（拉纤），其时除舵手、篙工外，纤夫、水手多临时雇佣，故谋生的船工多聚集于津市。这些人生活最苦，属于船工之最底层，而且多为老无所养、死无所葬的鳏夫，船工死后无人收殓之惨状屡有所见。平时，船工们为等待雇主，多在吊脚楼下避风喝茶，闲聊中不免谈及此事，有临澧籍船工薛三春于是倡议组织自助团体。办法是入会之人每人出银圆五角，用来开茶馆与放债，盈利则作为公益金，用于会员死亡丧葬费开支。1936年团体正式成立，响应参加的船工有300多人。团体成立时并无名称，因船工除褡包外别无长物，大家一合计，干脆就唤作"褡包会"。褡包会成立后，遂将所筹资金在拐子巷开了一家茶馆，公推杨齐宣主持其事。开始两年，船工死后即按会规办理，大家很满意。两年后，茶馆集资已达200多元，但钱被杨齐宣贪污。不久杨又死去，于是人死债亡，茶馆停业。历时两年多的"褡包会"遂告瓦解，船工们试图靠自己力量进行自救的尝试，终成泡影。

永定章程 光绪卅一年（1905）六月，津市码头工人以工价过低、无法养家糊口为由与商团互讼至澧州州府，码头工人代表为余太福等，商团代表为程明勤等。知州连为出面调停，议定：各街码头上下货物，每石加钱2文；百货物品因打包较重（140～150斤）需两人抬运的，在原工价11文的基础上，再加一文（以便两人分账）。并立章程七条，勒石为铭，其章程如下：

（1）各商家附船的铺盖行李由商家自己雇人挑运，不与码头工人相干。

（2）谷米无论上下，每石给工价8文。

（3）油、盐、煤、靛、药材、磁、漆以120斤为一石，给工价8文。

（4）杂粮每石为三戽，给脚钱8文。

（5）棉花、丝、纱、估衣、锅、铁、百色货物及洋货等，以120斤为一石，给工价8文。

（6）砖、瓦、木材、炭以100斤为一担，给工价8文。

（7）粮食外，百色货物等件，若重至140～150斤为一石（应为需抬运的包）者，原议价为每石工价11文，再加一文，合并工价12文。

海员纠纷 抗战军兴，津市一时商旅云集，客货运输繁忙。一些流亡津市的难民乃麇集码头，向客商揽运行李货物，以维持生计。这些活计原为社会闲散人员包揽，专业搬运未尝涉足，故起初尚相安无事。后从事此业者与日俱增，未揽到事者便越界揽运货物。而货物运输是箩行等专业搬运组织的生计来源，自然不容外人染指，遂出面干涉，双方因此不只一次发生冲突。后不久，街头巷尾忽然传播难民拐骗货物的流言，人心惶惶。事为津市水警队得知，出面干涉，不准难民从事行李起卸工作。难民自然不愿意，遂向长郡同乡会请愿，求其代谋生计，长郡同乡会来回奔走，多方疏通，始取得地方当局的同意，难民起卸行李乃合法化。遂成立长郡行李起卸班，专事客轮行李起卸。

宜昌、沙市沦陷，洞庭湖布雷后，津市航线多被切断，进港轮船减少，长郡行李起卸班的业务也随之萧条。轮船毁损严重，海员大批失业，改组长郡行李起卸班为长郡行李装卸部，专事轮船的客、货、行李起卸。由失业海员李玉山、薛成玉、朱桢庭、李志斋等发起，装卸部经一番筹备后乃正式成立，定名为"中华海员工会长沙分会澧津支部装卸部"，并于1942年5月10日开始装卸工作。

但装卸部成立后，遭到津市商会的反对。因以前轮船的货物装卸为各轮中舱部工人兼做，装卸费是计入运费内一并收取的。现设立装卸部则要另出运费，商家自然不愿意。因此，先后呈文澧县政府、国民党澧县执行委员会，认为"货物装卸，向由货船水手代办，并无报酬，现海员公然组织装卸部、佩戴臂章、强行装卸、勒索重价，各商号装卸货物与海员发生争执，纠纷时起"，请求县政府转饬津市水陆警察严加制止。商会还通知各店号拒付力资。澧县县政府先后两次讨论此事，决议"在津失业海员员工准予加入该地工会团体工作，毋庸另行组织"，并令津市镇公所、警察所督令海员解散。海员工会自然不甘解散，也分函各方，吁请协助维护。于是，围绕"装卸部"的设立，以地方机关为一方、海员工会为另一方，展开了一场旷日持久的公文战，牵涉机关众多，层面复杂，但各方意见莫衷一是。纷争之间，"装卸部"工作并未停止。

当年十月，湖南省社会处处长黄仁浩、中华海员工会特派员杨虎向澧县县政府转达国民政府社会部训令，大意为：失业海员代客商装卸货物，应令就近加入当地码头装卸工会；其个人原有海员资格应予保留，但不许以海员名义集体行动。不久，杨虎又电令中华海员长沙分会，撤销"中华海员工会长沙分会澧津支部装卸部"。而失业海员多不愿意加入地方搬运工会，长郡行李起卸班也随之解散，但仍有少数未能复员的海员从事装卸工作，一直延续到解放。

五、行规

土地会　为码头工人祭祀土地菩萨的活动。每年春、秋两次，分别为农历二月初二和八月初二。活动内容为烧香燃烛、呈供酒馔、唱诵祷词、燃放爆竹。祭祀仪式还包括接班唱戏、设宴聚餐。借此以求菩萨保佑，吉祥平安。所费虽多，亦在所不惜。

租笋　工人进码头从事搬运工作时，须请码头管事与同仁喝酒，同时给让笋者（因故离开码头而空出名额的工人）一定补偿，称之为"租笋"。但也有不请酒，交码头管理二担四斗米钱，由其包办者。旧时此为工人一大负担。工人无钱"租笋"，多借"打钱"（每日从其工资中偿还本息的高利贷）。进码头后，即须按季交纳笋租，又要按天偿付"打钱"，有时不得不背息延期，有长达三年始将"打钱"还清者。

打神佛　以前商家运货，为使货物快捷、无损运达，常以酒肉招待船工，冀其卖力。因商家此刻有求于码头工人，便戏称其为神为佛，积久成习，便把招待船工称之为"打神佛"（打发神佛）。打神佛分为"开江神佛""腰江神佛""清仓神佛"三种，分别于启碇、中途、卸货时进行。

走和尚　是码头工人处置无主货物的一种潜规则。旧时起货以筹为计，船工起了货，发筹人有时却忘记给筹，船工将货物挑上岸后，找不到货主，情形如无法找到配偶的和尚，故称之为"走和尚"。旧时规矩，走和尚的货物需放置在码头上三天，如三天之内无人认领，则货物归船工所有。事后得了货物的工人须购茶烟招待其他工友，以为分享。

插双筹　为起运货物责任赔偿规矩。船工起货时，发筹者有时错插双筹，如挑者未发现而收货方发现，船户又不承认时，则由挑者赔偿；如挑者发现，则由船户出钱了结。

月差酒　实为各笋帮结算分摊公差费后的酒宴。旧时搬运业的公差由八个码头平摊，按月结算。届时各码头派两人参加结算，算完账后大家吃喝一顿，其开销计入月差费。因有幸被派出者谓之美差，故美其名曰"月差酒"。其实参与月差的多为管事人，一般笋工极少参加。

第三节　码头异史

一、跑三斗坪

三斗坪是湖北省宜昌市境内的一个山区小镇，离宜昌市 50 多公里，地处长江西陵峡谷内，位于长江南岸。1939 年国民政府西迁重庆，宜昌以下均为日寇侵占，长江上中游水运中断，长江中下游货物只能从陆路迂回经津市转运至三斗坪再经长江入川，于是石牌要塞下的三斗坪成为战时运输的枢纽。

▲三斗坪（网络图片）

当时进川物资主要有布匹、棉纱、百货、药材、瓷器等，均自浙江金华、温州等地辗转来长沙，或购自广州、柳州至衡阳。出川物资以盐、糖、药材、土产为主，主要运销到长沙、衡阳等地。津市处于此交通线水陆衔接处，是此线物资的中转站。津市至三斗坪一段，路程约 240 公里，因公路阻断，只能通过人力挑运，俗称"跑三斗坪"。当时参加挑运者达万余人，每天发运物资数百至千余担。其规模之大，历时之久，运途之长，道路之艰险，为交通史上前所未闻。

跑三斗坪的挑运者主要是津市笾业、轿业工人，其余为附近农民及外省逃难者。挑运的组织形式有三：一是由工人自行组合，自觅货主，但仅限于少量物资，且多为本地人；二是受雇于运输商行，以外地人为主；三是通过盐务大队组织挑运。挑运队伍由津市笾业公会组织并确定带队人员，每队50人，每人负重一百至一百五十斤，带队有大小之别，大的有三四个队，小的仅一个队。由"带队者"写下"交保"纸，笾业公会开出路条，才准予发送担子。参加挑运者只要愿交收入百分之十的管理费，来者不拒，去来自由。故当时为生计所迫者多走此途径。带队者还需持有当地把头的片子（名片），以应付沿途军警和关卡，其形式颇似清末镖局走镖。津市组织货源和转运货物的老板主要有三家：新华公司、九华公司、天成福洋行，另外澧县城有一家专事棉纱经营的川湘赣公司。

跑三斗坪，东起津市，历经澧县、湖北松滋、宜都、长阳、宜昌县境，西迄三斗坪。一般行程7天，每天约走70里。即由津市出发，第一站歇高河堰或者清泥潭；第二站歇西斋（此处需过渡）；第三站歇荟园寺或余家桥（此处要摸水过河）；第四站歇安子岭；第五站歇魏家河（此处亦需过渡）；第六站歇鄢家坪或赵家坪（鄢家坪至赵家坪需搭船一里）；第七天到乱茅溪或馒头嘴，过蚂蚁坡到萝卜垱，再行35里即到三斗坪。蚂蚁坡最为险要，山陡路窄，仅容一人通行，上山如登梯，徒步尚且艰难，挑担则犹如挣命。开始此线走的是江边小道，途中有一叫手扳岩的地方，全是光滑岩壁，经过此处需一手攀住岩缝，一手按住扁担，脚踏岩缝，一步一步向前挪动，令人心惊胆战。后在这里架设木桥才好走，但因隔江日军常向此处放冷枪，而被迫改道。

百多斤担子，近500里路程，且多为山野崎岖小路，他们"装备"的行头是什么呢？就是一条扁担两个筐（旧称挑八根系儿）。不用说，肩上一个密密缝制的多层土布褡包是少不了的，既保护肩头肌肉少受磨损，也保护衣服多穿"几水"。赤裸的脚上一双草鞋，即使寒冬腊月也如此，下雨下雪防滑，再在草鞋脚掌系上一个铁制"脚码子"，就算上了保险。据老笾工余老爹回忆，跑一趟三斗坪大概能挣到千多元法币（相当10个光洋），利用农闲时一年跑三五趟，比在家种地要划算，因此津市周边农民趋之若鹜。但后来沿途旅店、饭食费不断涨价，笾工们的实际收入有所缩水。沿途农民专门开店赚钱，客栈、饭铺一家挨一家。澧县边境一带饭钱便宜点，入湖北境不远就贵起来了。茶杯大的碗，一碗米饭要价三角，最高时要一块。笾工辛苦，每餐要吃十五六碗才饱，这还不算菜钱。少数人还搭扯路边女子，落的钱就更少，还有人嗜赌，往往白跑一趟。跑三斗坪最大的风险莫过于过手板岩，跌跤子、中冷枪，都是要命的。余老爹虽然没有亲眼见过受伤、殒命的人，但他见过路边的血迹，也听闻过一些凄惨的故事。此外，笭工们路上雨雪寒暑、疲累染病者，那就数不胜数了。不少人殁于路途，被同伴"软抬"而归，情景令人悲怆。当时笭工中流行这样一句话："上七下八千层过，肩挑背驮汗成河。"这正是他们挑运生活的真实写照。

跑三斗坪虽然是政府号召，有"国难当头，匹夫有责"的宏大历史背景，但商家逐利、百姓搏命的利益驱动也是其重要因素。当时，川湘两地物价悬殊，三斗坪一担盐约只合五,六担谷值,津市则担谷一斤盐。所以尽管跑三斗坪辛苦、危险，还受中间人盘剥，但利润丰厚、酬劳可观，人们仍甘愿冒险。

人们常说解放战争胜利是东北、华北人民用小车推出来的，是不是也可以这样说，抗战胜利至少有一部分是湘北人民用肩膀挑出来的。我们不说跑三斗坪的历史意义，即使仅从远距离大规模挑运艰辛繁重、世所罕见的角度，也值为老辈们长歌一曲。

二、宝地大码头

在湘西北，人们对码头的含义有两种解释：其一是对一座城市的泛称，它囊括城市的所有内容，如常德码头、津市码头、安乡码头，就是指常德、津市、安乡城市本身。但为何要冠以码头，大概是标明其为临水的城市，码头是其繁华的代指。其二是对某一处码头的实指，它包括环绕码头的街市、码头上纷纷攘攘的人事，譬如津市大码头。

津市大码头，位于津市段澧水水位最深处，据传下有深潭，适于大船停泊。明清以来，官船常泊于此，舍舟登岸或弃轿上船，官府迎来送往频繁，而商贾货船亦在此起卸货物，号子之声不绝于耳。从码头上岸有数十级台阶，皆为麻石垒砌，上有朝阳阁，俨如城门，可避雨遮阳，也是进入市区的"中门"。朝阳阁上供有吕洞宾像，登阁凭栏远眺，关山历历烟树，澧水点点白帆，尽收眼底，为当时津市胜景之一。

津市旧习，街道命名，悉以所在地码头、宫殿、里巷之名定之。故此，从大码头至新码头这一东西走向的通衢大街就名大码头正街，为了称呼方便，后来便简称大码头，省却"正街"二字。说津市大码头，即包含大码头正街。

清末民初，这条街虽人烟辐辏，生意兴旺，但街面狭窄，鹅卵石铺路，高低不平，路滑难行。1922年唐荣阳任澧州镇守使，率部驻津，主持修路，路面改用麻石，平坦整齐，街上始容车马通行。这时，大码头富商趁扩街之机，纷纷改换门庭，仿效外地商业建筑风格，雇请外地工匠，先后兴建石库牌楼门面，高大雄伟，轩敞明亮，令人耳目一新。津市商店铺面历来以梭板上下敞口营业，此次旧貌换新颜，大码头首开津市商店新型建筑之先河。

津市素为澧水流域各县土特产和其他商品的集散口岸，万客云集，本地的、外来的殷商巨贾都看好大码头正街这块商业宝地，纷纷投入庞大资金，设店营业，鳞次栉比，百业俱全。特别是大店、名店咸集于此，人们趋之若鹜。街上万头攒动，商店顾客喧嚷，银圆滚滚，不断流入各大商店钱柜和老板们的腰包。民国时期，大码头正街著名的殷实店铺先后有吉大祥绸庄、其昌斋馆、协和生药号、喻义和金号、大生昌盐号、福顺昌布庄、裕民百货号、杨鼎新纸庄等，他们实力雄厚，原始资金都在万元以上，有的高达10万元。吉大祥在鼎盛时期，年营业额多达30万元，一年获利3万元以上。彼时，附近各县都称津市是"银子窝"，而大码头就是"银子窝"的核心。

大码头既是津市商业的黄金地段，自然尺土寸金，房地产大多操于殷实业主之手，很少易主。由于粥少僧多，供需失调，后来者想插上一足，颇非易事，因而出高价、挖墙脚之举时有发生，纠纷不断。其地房租昂贵，1920年代，罗怡和药号的年租高达1200元（银洋）。

大码头正街的老板们大多出身商业世家，有深厚的商业文化底蕴。他们重信誉，守商德，货真价实，一诺千金，不弄虚作假，不欺蒙顾客，诚实经营；他们富有管理经验和能力，在扩展业务，减少购销环节，布置网点方面各有技巧；他们批零兼营，注意沟通信息，调整策略，从而增强了经营的主动性、灵活性，有利于积累的增加。如裕民百货号为争取澧水支流小河地区的业务，在天主堂河边的小河码头设立接待点，派专人守候，安装电话，俟客商下船，即热情上前迎接，生意谈妥，即打电话回店，安排酒席住宿，使客商宾至如归。

为吸引顾客，招徕业务，各店都很重视门市打理。店内商品花色品种齐全，中高低档具备，充分满足不同层次顾客的需要；尤其注重服务态度和服务质量，顾客一进门，老板、店员随即起立，趋前笑脸相迎，有条件的还敬茶奉烟，尊若上宾。那时不兴称顾客为"上帝"，也不书写"服务公约"张贴墙上，但他们在思想上、行动上，是把顾客视为"衣食父母"的。在与顾客的接触中，店员们耐心介绍商品，并做顾客参谋，主动热情，真的做到百问不烦，百拿不厌。不论成交与否，态度始终诚恳谦和。送客出门时，对未成交的顾客表示歉意，欢迎下次惠临。如顾客购货较多，携带不便，则派人送货上门或到户取款。在这样温暖的购物环境中，陌生的顾客往往成了回头客，奠定了老宾主关系。基本顾客队伍的形成，也是生意兴盛的原因之一。

"福兮祸所伏"，大码头也逃不脱这一法则。民国初年，连年军阀混战，津市地当要冲，过境军队频繁，拉伕派款，负担巨大。1920年12月30日，湘军李蕴衡部攻打澧州失利，败经津市，大肆抢劫。时值岁尾，年关在迩，大码头各店年货准备充足，在外货款，也大多收齐存店。败兵破门而入，悍然抢掠，凡贵重易带货物、现款以及家藏金银首饰，均被洗劫一空。笨重商品，器具悉遭捣毁，无一完整。事后调查，大码头各店损失均在万元以上（含捣毁器具物件），有的近5万元。大码头劫后余生，一时间路断人稀，一片萧条。

商人是要做生意的，大码头老板们虽罹浩劫，仍挣扎复业，他们清点残存商品，另筹资金和利用原来业务往来关系争取货源，另起炉灶，惨淡经营。时逢附近农村丰收，购买力增强，市面活跃，各店业务均有起色，渐复旧观。迨至抗战中期，战局一度呈胶着状态，津市偏安一隅，偷得一时苟安。是时，豫、鄂、难民及四川湘北、湘南部分商人纷纷群聚津市，人口激增，造成畸形繁荣。当时，沙（市）宜（昌）沦陷，长江、洞庭湖布雷、水运中断，津市形成川、湘陆路运输的主要孔道，肩负了沟通前线和大后方物资交流、互通有无的桥梁中转任务。因此，川、湘道上人流如织，"到三斗坪去"，成了当时的口头禅。在这种经商热潮下，各地来津商人和本地商人，见状技痒，使出浑身解数，不择手段，大显神通，或囤积居奇，或长途贩运，或倒买倒卖，有的甚至走私资敌，浑水摸鱼，大发国难财。大码头焕发昔日青春，再现辉煌。各店生意红火，老板腰缠万贯，踌躇满志。街头行人摩肩接踵，更形拥挤。津市人常把人多的地方形容"跟大码头一样"，是亲历之谈，也是当时大码头的真实写照。

八年抗战，是国运乖蹇、苦难深重的年代，但却是津市商业的黄金时期，暴发户不断涌现。大码头的老板们，虽各有机遇不同，但都获得了不同程度的暴利。福顺昌昆仲长袖善舞，在一次生意中盈利12万元；裕明百货店、杨鼎新纸庄在时局动荡中发展壮大，财力大增，很快成为各行业翘楚；就是1942年才挤进大码头的利隆盐号，原始资本仅食盐400担，后加入三斗坪运盐行列，几经周转，至抗战胜利前，股本已有食盐1200担。当时，这都还不算突出的事例。

1945年8月，日本投降。当晚，《津市日报》收到中央社电讯，印发号外，广为散发。全市人民欢呼胜利，如痴如狂。大码头各店门首很快挂上汽灯、电灯，一时灯火辉煌，街上照耀得如同白昼。有的还在门首高悬国旗。庆祝离不开鸣放鞭炮，各店嫌零星鸣放不够热闹，便出动整批抢购，整箱放置在门首不远处，打开箱盖，用炭火引爆，一时火花飞溅，爆声震天。是日，鞭炮声彻夜未停，全市鞭炮店存货告罄。次日拂晓，大码头纸屑遍地，厚可没脚。鞭炮不拆封，整箱鸣放，这在津市尚属首次，大码头的人们以此抒发爱国热情、庆祝抗战胜利的方式，可称壮观。

抗战胜利后，寄居津市的难民们复员回乡，大码头顿失几许热闹，老板们在兴奋之余，各作新的打算，筹谋在新的形势下业务更上一层楼。但策略未定，时局倏变，内战继起，货币不断贬值，物价逐日猛涨，经济面临崩溃。商人们见生意已不好做，退而缩小业务，小打小闹。临津市解放前夕，一些人深怀共产忧惧，为了保存既得利益，有的携资外逃，图在外地另谋发展；有的买房置地，留福子孙；有的化商业资本为个人生活资金，仅留少量资金维持门面，采取静以待变的态势。

津市解放后，国有经济逐步占领了津市市场，1951 年，津市成立公私合营的企业公司，大码头资金较大的老板们连人带资金投入了这个公司。1956 年，全行业公私合营，至此，社会主义计划经济占领整个市场。

历史偏爱大码头，它虽历经沧桑，而容貌未改。津市解放后，混凝土代替了麻石路面，街道更为宽广平整；临岸轮运码头，客流络绎，客货畅流，水陆两便，形成交通枢纽；澧水大桥临空横跨南北，大桥东侧街头，百货大楼与工商银行大厦巍峨对峙。特别是改革开放后，商业步行街拓建，个体私营商业方兴未艾，数座大型超市耸立其间，临街门面鳞次栉比，因而再次被誉为津市商业的"金三角"。

第四章　万里航船

　　我的脑海里常常出现一幅画面，在黄昏的草原上，一个健硕的男人骑着一匹骏马，鲜红的夕阳做了他们的背景，光线倾洒过来，男人和马，就成了一幅黑色的剪影。同样，还有另外一幅画面也常常打动我，那是在南方的水边，一群几乎赤裸的人，他们把巨大的树木推到河中，一根、两根、三根，捆扎成排，然后出发，向着遥不可知的远方。我不是摄影师，不着意传达画面的美，而只是模糊地感觉到，这样的画面，应该写满了人类认识自然、契合自然、改造自然的智慧和勇力。吹万不同，文明的起源，在于向野马群吹响的那第一声唿哨，在于望着激流中漂木时的突然出神。

　　谁能想到马会成为战争的工具，谁会想到漂木会成为商旅的行船。我相信澧水上游而来的人，他们的独木舟、他们的木排顺流而下时，只是想看一看外面的世界。没有想到的是，当他们停泊在河流的尽头，踏上岸时，一座未来的城市便响起了微弱的心跳。以致很多个世纪过去，这座城市的人们，依然还记得他们的歌声：

> 枞树围子（幺妹子嗬嗨）杉木棹哦，
> 新撬木排（幺妹子嗬嗨）顺江漂，
> 岸上大姐（幺妹子嗬嗨）远望我哟，
> 津市回来（幺妹子嗬嗨）再看娇……

　　津市是一座内河港口城市，因水而兴，发达的航运历史是它繁荣富庶的另一面写照。曾几何时，关山之下的津市就是澧水上下往来舟楫的天然良港。至明朝中叶，号称"万户之聚"，其中应当包括了云集津市的各省船舶。当时航运业的具体管理情况，因缺乏史料记载，只可于文人诗赋中略知概貌。清朝两百余年，百姓相对安居乐业，澧州人口骤增，当时交通落后，人员出行，水路第一。津市得天独厚，经济发展迅速，至清末已成九澧第一商市。随着汉口、岳州相继开埠，西方教会进入，外国资本也开始逐鹿津市。此时，澧水之滨，九个大型码头业已形成，长期来往于此的船只已有千艘之巨，各地船民长期寓居津市，设立帮口，建造会馆，畛域分明。进入民国，船运工会和行业公会成立，漂泊流浪的船运业者有了形式上的半官方组织。之后轮运业兴起，中外资本家纷纷投资成立轮船公司，澧水河中，一时轮、帆竞驶，汽笛长鸣，白帆蔽日，蔚为壮观。抗战时期，都市大多陷落，陆路阻隔，津市偏安一隅，又成为各地流亡船舶的栖身之处。此时江南战略物资输送川、渝，津市为重要通道，为救国图存，航运业者百折千回，另辟蹊径，历尽艰苦，保证物资运输的畅通，谱写了一曲动人的"航战"之歌。

新中国成立初期,津市航运业者积极配合全国解放事业,从事军粮转运工作,之后，配合工商业改造，公私合营、献船捐股，加入国营。至此，所有旧社会的船运业者，无论老板、船主，还是船工杂役，一律脱胎换骨成为新社会船业工人，在中国共产党的领导下，过上了平等、自尊的劳动生活。以后，国家实行计划经济体制，物资供应以区域分块管理，津市的物资集散功能削弱，一部分外地船舶回乡返籍，航运业的发展受到约束。

1960 年代，津市城市经济产业转型初步完成，地方工业发展迅速，航运围绕窑坡工业区建设、湘澧盐矿建设等，调整思路，开辟航路，既保障了生产生活资料和工业产品调运，同时也将内河航运拓展到沿海。1970 年代，为支持农业生产，津市航运职工积极走上支农前线，运石灰、运化肥、送农资，周边县乡小船汇集津市，津市港一片繁忙。1970 年代中期，竟然创造了货物吞吐和运载总量的历史之最。1980 年代，改革开放方兴，陆路交通逐渐发展，航运萎缩不可遏止。除津长一线客运尚能一时抗衡外，传统的水运物资均向陆路转移。此时澧水之上，木帆船已逐渐淘汰，千帆竞驰景象不再，后起的机动驳船，除大宗农副产品尚赖其运载外，只能转向基建材料运输。1990 年代以后，高速公路网陆续建成，社会生活快速运转，千年航运日落西山，体制改革势在必行。先是惨淡经营的津市航运公司破产改制，随之体量庞大的湘航津市轮运公司也轰然解体，航行了整整一百年的长沙班，最后一次鸣笛后，再也没有回来。

这很像是一本书，读过之后便轻轻合上了，似乎所有的故事都没有发生，只有阳光照耀在封面上，偶尔一阵风吹来，吹开它的扉页，一只青蝇，留下了它的指爪。而河流依旧，两岸的歌声依旧，兰草丛生的堤岸上，蝴蝶纷飞，让人联想起白帆的样子。

第一节　船与航道

一、津市的船

民国以远，津市的物资集散基本上倚靠水运。而水运无论是大河直线运输还是小河横向集散，皆非帆船莫属。故帆运是当时的津市水运之唯一形式。民国时期，津市虽然已出现轮船，但规模不大，加之受航行条件影响，帆船仍是主要运输工具。往来于津市港的帆船种类庞杂，名目繁多。大者有本地、客籍之别；小者有大河、小河之分。

澧水船　又称上河船，其木质好，坚固。首尾较窄，船尾高过船头，宜驶风打舱与披浪过滩，载量二三十吨。不择货种，多航行津市以上澧水干流。按其干舷甲板之高矮和满载时平板上是否走水，又可分"高平板"与"低平板"；"高跑跳"与"低跑跳"数种。

九澧驳船　又称津市驳船。其头尾平阔，结构坚实。吃水深，稳定性好，舱容大，起卸方便。能利用风帆与摇橹自航。载量20～100吨。多航行津市以下洞庭湖区和长江、湘、资、沅、澧诸水。

▲澧水船（资料图片）

▲岩板船（徐立斌／摄）

津市板划　船型肥短，平面阔底，无拱篷桅帆。有小棹。船体坚固，稳定性好。货物装甲板上，装卸便利，专事港口短途拨运。载量5～20吨。

岩板船　又名呆（ai）板船。船体为木板构成，无橹。轻巧灵活，单人驾驶。深水用桨，浅水使篙。用软帆。平时以桨转向，顺风时才放舵下水。载量1～5吨。因吃水浅，故专用于小水滩河。为溆水、道水之常见。按船体肥瘦又有夹、单岩板之分。

秋船　客籍船。结构坚固，稳性好，载量大。其因保养精细，面洁舱干，多装细货。有浏阳秋、长沙秋、邵阳秋等名目。临澧也有秋船，称夹秋船或小秋子。

倒扒子　客籍船。又名湘壳子船。顺流浅载航行时习惯船尾朝前，以篙代舵，因而得名。船身窄长，首尾窄而翘。尾倾角小于首倾角，故而利于倒行。载量15～30吨。轻巧灵活，阻力小，易上滩。民间俗有"倒扒子，两头尖，有水上得天"的说法。有湘乡、醴陵、湘潭、长沙捞刀河等地方型。

小驳　客籍船，又名湖南炭船。体长而窄，篷矮而坚，首尾微翘，专用于载运煤炭等粗货。有衡阳、衡山等地方型。

乌江子　客籍船。为湘江支流沩水、乌水所行小木船。状似梭子。船体轻巧，板薄无橹。行驶以桨代舵，靠泊以篙代锚。有宁乡、武陵、湘阴等地方型。

鸦艄船　客籍船。以艄部流线略似鸦尾而得名。宜驶风打戗。但吃水深，货舱口窄肚阔，装卸不便。有安乡、湖北等地方型。

其他客籍船还有：长沙板驳，巴陵铲子，益阳七板子，邵阳、新化毛板，开艄永绥北河船，靖县猫船，宝庆宝鼓子，麻阳子，辰条子，下江船，四川船，松滋摇船等。

1960年代以来，机帆船广泛使用，按其造船材料又分为木制、水泥、钢板三类。

木质敞口驳 多就本地木帆船改制而成，载量15～40吨，装配柴油动力后，航速快，机动灵活，并置灯光等夜航设备，运载能力比原来提高很多。

水泥敞口驳 船体为钢筋混凝土结构，头尾宽平，体长仓深，稳定性好，造价低廉，保养方便。但船体笨重，航速慢，使用周期短，后陆续淘汰。

钢制甲板船 1970年代出现的新型动力船，体长且宽，头尾微翘，吃水较深，稳定性好，装卸方便，航速快，安全性强，载量30～120吨，且现代化航行设备配置齐全，是目前航运主要船舶。

此外，目前所从事货物运输的船舶中还有本地打造的小拖轮、顶推驳船、机动渡船等。非运输船舶则有趸船、挖卵工程船、航标船等。

二、津市的航道

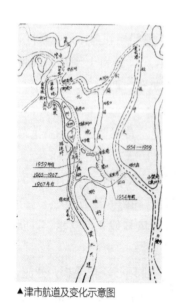

▲津市航道及变化示意图

津市水运航道大致有三条：（1）出津市循澧水干流而西，称澧水航道；（2）出津市穿越洞庭湖而东，称滨湖航道；（3）出津市逆松滋河、虎渡河而北，称荆江支流航道。由于山河变迁，自东晋南朝荆江南侵以来，澧水下游改道，洞庭湖变化，荆江九穴十三口出现，虎渡、松滋河形成，尤其是近数百年堵口筑堤、围湖垦殖，兴修水利，致古今航道支离漫漶，面目全非，现仅就近百年变迁大势记述如下：

1. 澧水航道

澧水上游航道，海拔高度在500～1200米之间，河水被束缚于高山峡谷，除近百年间修筑几处闸坝外，古今变化不大。而下游航道自明代起出现河水北移现象。如澧县城南澧水洪道即康熙五十四年（1715）自伍家凹故道北徙而成；津市青龙庙及附近的石制（挡水设施）现已没入水中。明清以后，大量筑堤，河床不断增高，一些小河也因此断航。据《直隶澧州志》载，清乾隆十三年（1748）大水，管公堤冲溃，"决出旧日堤身，正与今河身等"。所谓旧日堤身，乃指明万历二十二年（1594）澧州知州管宗泰所筑之堤。可见百余年间，澧水淤积之甚。1949年后，对澧水干、支流航道进行了多次整治，如1956年的普遍疏滩、炸礁、改道，1958年的涔水疏容，1966年溇水磨市至三江口整治，1978年澧县至小渡口的机械疏浚，1999年的平垸行洪工程等，对通航进行了改善，保证了澧水航道的畅通。澧水主要航线有：

津市至桑植 全线353公里，经过澧县城、张公庙、停弦渡、合口、易市、石门县城、三江口、慈利县城、柳林铺、岩泊渡、大庸县城、桑植县城、巴茅溪、五道水等30多个集镇街市，其间，津市至澧县航道枯水季节水深1.2～1.5米，能通行100～200吨驳船，澧县以上航道枯水季节水深0.4～0.7米，可通行12～25吨小船。此段航道，有九条支流小河可通航，如两夹拦至大沙洲可通行70公里，五道水至冬瓜棚可通行17公里，桑植至润保河可通行23公里。

津市至澧县 历史上共有4条水道。第一条逆澧水上溯14公里，经大洼、道口、宋家渡、邢家河、黄沙湾至澧县城。此航道为津澧主航道。第二条走澹水水道，从小渡口经董家堰、伍公咀、蔡家河、蔡口滩、邓家滩至澧县城，全长26公里。第三条由津市观音桥经落虹桥、大石桥、邓家滩入澹水至澧县城。第四条由津市观音桥至蔡口滩，再西行仁和铺达澧县城东。以上2～4条水道均为小河逆水，丰水季节可通行200担以下木船，枯水季节只能通行岩板船和划子，明清时为津澧间盐运的安全捷径水道。后因小河及各支汊自然淤塞、围堤堵口等原因逐渐断流，航道湮灭，至解放时，仅澧水、澹水可通航。1975年小渡口和黄沙湾堵口后，澹水亦变为内河航道。

津市至毛里湖 历史上有两条航道：其一由津市经观音港、窑坡渡、新洲、张板渡、马颈至石龟山，全长37公里，为今道。其二由津市经观音港、窑坡渡、至新洲后由孟姜垸走夹堤口、过三不管、李家铺、庙基至保河堤，此道因淤塞围垦而废置。船至石龟山后还可通行毛里湖湖内航道，湖内航道线路为石龟山—保河堤—毛里湖口—西湖口—拉鱼坝—八角嘴，共24公里。如再深入，由毛里湖口至白衣镇，14公里；至石板滩，16公里；由西湖口至棠华，10公里；由拦鱼坝至渡口镇，15公里。

津市至官垸、余家台　其航线为津市—观音港—新洲—马颈—三不管—彭家港—毛家渡—官垸—余家台，全长 49 公里。此段航道三不管以上为大河顺水，三不管以下北折入松滋河，水势变化顺逆时易，小水时为逆流，大水时因澧水倒灌又变为顺水。津市解放前，该线是经观音港到红庙，至南盘口后北折，再经东港出北河口至余家台；去官垸则至南盘口后东行。1959 年松澧分流，北河口、观音港围堤堵口，改走今道。

津市至石门官渡桥　此段为道水逆行航道，其航线为津市—道口—张家滩—大岩厂—临澧县城—王家河—佘市桥—白洋湖—蚂蚁潭—官渡桥，全长 107 公里。津市至临澧段可常年通行 30 吨以下船舶，临澧县城以上可通行 5 吨船舶。道水河原有诸多支流可通航，后因河床自然淤塞及上游修筑水库而陆续断航。

津市至清泥潭　此段为涔水逆行航道，其航线为小渡口—伍公咀—白杨堤—梅家港—周公渡—新河口—梦溪寺—曾家河—清泥潭，全长 59 公里。此线原至清泥潭后还可经竹根潭、大堰垱、羊古庄、王家厂至方石坪，1960 年王家厂修建水库后，致通航流量不足，因而全部断航。而清泥潭以下航道，也因 20 世纪 70 年代伍公咀和小渡口修建节制闸，成为分段通航河道。

澧水航道除以上主要几条外，还有涔水、溇水及其支流航道，其通航能力或大或小，均是澧水航道的主要构成来源，也是地方物资集散和经济发展的重要通道，限于篇幅，在此不作一一详述。

2. 滨湖航道

津市东，澧水尾闾河道属西洞庭湖水域，包括七里湖、毛里湖、目平湖，由于洞庭湖西南汇湘、资、沅、澧四水，北纳长江松滋、太平、藕池、调弦四口分流，湖面宽广，水路四通八达。近百年来，由于各水系挟沙灌注，河床日渐淤高，调蓄能力逐渐削弱，影响船舶航行。经 20 世纪 50 年代的集中整治，滨湖水道乃为之改观，但因未能统筹兼顾，伴生闸坝碍航问题。现滨湖航道主要由澧水洪道、四水连线航道及开湖航道等组成。其中津市至茅草街航线是澧水经岳阳出长江必经之道；由沅江白沙至湘阴临资口为四水连线，有滨湖咽喉航道之称；茅草街至鲇鱼口线（开湖航线）横贯洞庭湖中部，为津市入长江之捷径。其主要航线：

津市至茅草街　此线又称澧水洪道，共 97 公里，为常年轮船干线航道。其线路为：津市—新洲—石龟山—羌口—蒿子港—沙河口—牛旺咀—柳林咀—南咀—茅草街。整个航道处于澧水尾闾冲积平原上，两岸为防洪大堤，航道弯窄，淤泥易变，滩多水浅，每年要挖泥以维持 1.5 米水深。因此变化颇大。1959 年以前是走安乡循松、虎洪道至茅草街，是年松澧分流，改道由新洲经夹堤口、三不管、七里湖、保河堤至茅草街；1967 年又改道经张板渡、成家坡、陈迹坪、保河堤至茅草街；1970 年始改走现道。

此线岔道由石龟山经剅港东行 13 公里可至汇口。此线至茅草街后沿藕池河北行 43 公里，经三仙湖、青鱼口、小北洲可至南县城。

津市至安乡　此线为津市至安乡主要轮驳航道，河宽水深，共 115 公里，可常年通行 300 吨级轮驳船舶。此线前段 78 公里为澧水洪道，后段 37 公里为松滋河道，其线路为：津市—罗家湾—肖家湾—小河口—安乡县城。1954 年以前，津市至安乡水道为津市—新洲—夹堤口—三不管—彭家港—濠口—汇口—安乡，是年治理西洞庭湖，乃改走观音港、北河口、青龙窖入松滋河，经张九台至安乡。1959 年松、澧分流，观音港、北河口堵口，乃走今道。1959 年以前航线直入松滋河，不需绕行，相比今道要近许多，仅 62 公里。

津市至常德　此线由茅草街经杨阁老转入沅水至常德，其中德山至茅草街航道又称沅水洪道。长 112 公里，水量丰富，水面宽阔，可常年通航 300 吨级轮驳船舶，其线路为：津市—茅草街—杨阁老—周文庙—苏家吉（yue）—牛鼻滩—德山—常德城。民国以前，津市至常德航道不走茅草街，只需至汇口后西行经麻河、茄子窖、牛鼻滩到达；民国时期，改走汇口经凌家滩、中和口、马家吉达常德，史称凌马航道，为津常捷径水道。1959 年治理西洞庭湖后，多处水道断航，始绕行今道。

津市至常德线中含津市至汉寿航线。线路重合，不再赘述。

津市至长沙　共有两条线路：其一为走沅江县城过丁字湾线，全长 272 公里，其线路为：津市—茅草街—沅江县城—甘溪港—白马寺—临资口—铜官—丁字湾—三汊矶—长沙。此线中沅江县至临资口段为四水交汇处，航道弯、窄、浅、险，为洞庭湖危险航段，有名的阎王滩、油麻潭常发生海事。该航线中，至甘溪港后向西南趸入资江，过清水潭、东关可达益阳，此段航道为 12 公里。其二为走黄茅洲过濠河线，全长 267 公里，其线路为：津市—茅草街—黄茅洲—茶盘洲—营田—芦林潭—湘阴县城—濠河—长沙。此线由茅草街入草尾河至湘阴营田，逆湘江而达长沙，航道狭窄弯曲，多险滩，航行条件险恶。1958 年以前为季节性航道，后经疏浚整治，得以常年通行。

津市至岳阳　清朝以前，津市至岳阳航线为自津市 60 公里至安乡，又 45 公里至华容傅家圻，再穿洞庭湖 105 公里至巴陵，共 210 公里。是时围垸未筑，洞庭为一大湖，舟行可劈波斩浪，一帆而达，但茫茫数百里无可栖止，颇有风波之险。今航线有二：其一，津市—茅草街—沅江—临资口—芦林潭—鲇鱼口—鹿角—岳阳，共 296 公里，可通行 300 吨级轮驳船舶。其二，津市—茅草街—茶盘洲—鲇鱼口—扁山—岳阳，共 212 公里，此线经开湖航线至鲇鱼口，然后顺湘江直下岳阳，里程与古航道相仿佛，为津、岳捷径水道。

3. 荆江支流航道

与津市水运有关的荆江支流有三条：松滋河、虎渡河、藕池河。

松滋河因系荆江于旧松滋县城附近之分流而得名。清同治九年（1870），荆江新江口、沙道观两处江堤溃决，因堵塞不牢，十二年，复溃于黄金铺，遂冲成松滋河。现松滋河系松滋（马驿）、李家垱两口江流入洞庭湖的洪道。于瓦窑河入湖南后分为东、中、西三支。东支由黄金堤经安乡出午口长 96 公里；中支由黄金堤至张九台 38 公里；西支由青龙窖至毛家渡 22 公里；三支连线马颈至小望角，长 28 公里，与澧水洪道相通。

虎渡河是荆江太平口之分流，其地因汉代有虎渡河而名虎渡堤，宋后期堤溃，遂名虎渡河。明万历年间，宰相张居正为保江陵大堤，开浚虎渡河，泄洪入湖，后虎渡河被松滋河部分夺占，被迫东移，现由黄山头南闸流入安乡，于小河口与松滋河合流，长 41 公里。

藕池河为荆江于藕池口之分流。清咸丰二年（1852），马林铺江堤溃决，不塞，至 1860 年冲成藕池河，分东、中、西三支。

澧水东去，与松滋河交汇于汇口，又汇虎渡河于小河口，再汇藕池河于午口，三水成为津市北通长江，直达荆、沙、宜等地水路要道，历史上为湘鄂边经济发展、物资交流发挥了重要作用。其主要航线：

津市至沙市、宜昌 共有两线。一线：津市—罗家湾—安乡县—小望角—大湖口—马坡湖—甘家厂—黄金堤—南平镇—黑狗垱—弥市—太平口—沙市。此线沿澧水洪道出罗家湾，逆松、虎洪道至安乡，再循松滋河东支北上而达沙市，共 252 公里。此线除津市至安乡段可常年通航外，其余段仅丰水季节可以通航。二线：津市—新洲—马颈—毛家渡—汇口—张九台—夹夹—青龙窖—黄金堤—太平口—沙市。此线为帆船季节性航道，每年仅丰水季节可通航，共 171 公里，与一线相异主要在湖南省内，因不南趋安乡，故里程较为节约。经松、虎洪道进入湖北后，凭借荆江水道，自沙市东返 22 公里可至公安县城（陡湖堤）；西行经枝江、松滋、宜都，152 公里可达宜昌。走一线亦可在南平镇分道，在松滋河经蒲田咀、沙道观入荆江，过大口、松滋口、枝城、宜都直达宜昌，全程为 354 公里。

津市至石首 此线为津市—茅草街—南县—梅田湖—老三咀—藕池镇—藕池口—石首，全长 206 公里。民国及以前，津市去石首，轮帆均走三仙湖沿藕池河中支或西支出藕池口，为常通航道，后因藕池河流量减少，淤积严重，改为季节性航道。

津市去湖北航路各时都有变化，明清时去公安，由澧水东下至观音港即向东北折，至四水口北折入小河即可到达；去松滋则至四水口后沿虎渡河入长江，然后向西北溯江而达。另外经金雀咀、中和梁、五方咀、花畹岗，沿虎渡河北出长江达沙市、宜昌，为当时川盐入湘之要道。民国时去沙、宜，走观音港出北河口逆松滋河西支北上，于黑狗垱入虎渡河出太平口，为当时的黄金水道。若遇大水，从小渡口入涔水经梅家港出永镇河入松滋河西支出太平口，则为季节性捷径。抗战时期，太平、藕池二口不能通航，船民们又于松滋河开辟一条通宜昌的新航线，其线路为：津市—红庙—东港—瓦窑河—黄金堤—公安县—斑竹垱—米积台—沙道观—杨林市—松滋县—枝江—宜都—花套—宜昌，共 255 公里。该航线因弯多水浅，不能行驶大吨位轮驳，且其末段易遭日寇袭扰，只能聊为补充。

第二节 航运简史

一、帆船运输

明清时期，津市的帆船运输以货运为主，间或乘客，也只是买舟（包租）或捎带，民间无专门从事客运行业，民国后轮运兴起，包船载客也渐绝迹。货运主要是物资集散，其时，上下河船至津市后，因船体形制不同无法前行，卸货后即觅载回驶。其运输形式，除大批量物资需偶尔结帮、结组外，平时多为单船单营。民国时期轮船公司出现，帆船业主在遇大宗物资长途运输时，为节省时间，也向轮船公司租借拖船，用轮船拖带帆船，实行轮、帆合作运输，时称"买拖"。当时来往津市的船户，因信息不畅，无法在卸货后及时找到回载物资，往往只能泊船等货或空船打转，急切需要从事信息搜集、货物承运、组织船舶的专业机构，因此，带有"牙行"性质的"船行"便应运而生。20世纪30年代，津市已有船行十余家，较有名的有彭玉珊经营的"九澧船行"（设新码头，主要承揽澧水各点货运），吴菊初、李大毛合营的"华南船行"（设西河街，主要承揽长沙、湖北等地货运），孟松武经营的"××船行"（失名，设新码头，主要承揽澧水上游货运）。后因船业公会成立，船行的作用消失，遂逐渐淘汰。

民国时期帆船运输业务的来源有三种途径。一是长期往来形成的主顾关系，这些行、店与承运船主有多年的合作关系，彼此知根知底，一般不接受其他船只加入，此类方式以坐商老店居多；二是通过船行寻找业务，各商家运输货物只与船行联系，由船行出面雇请船只运输，船行从中抽取"佣钱"。因船行对托运货物全面负责，外来行商因人生地疏，多委托其代理；三是依托船帮代理，各地船舶俱有帮口，帮口把头称"帮代表"，这些"帮代表"多于该帮泊船处开有茶馆，有货待运者多在茶馆找船，生意谈妥，"帮代表"则两处收"佣钱"，也有不收"佣钱"而别收"帮差费"者，性质一样。

民国及以前，通过津市外运的物资以澧水上游山货、本地土产为主，其大宗为粮、棉、桐油；内运物资则多为生活日用品，如百货、南货、食盐、药材、锅铁、陶瓷、燃油等，其中以南、百货、食盐、药材为大宗。

抗战时期，因长江被日军封锁，北运受阻，津市货运除澧水流域外，仅有长沙（衡阳）至津市、津市至常德（桃源、汉寿、益阳）东南两线。北上货物皆转为陆上挑运。其时，各口帆船闲泊津市，船民生计无着，多改从他业度日，是津市船运史上最为惨淡的日子。

解放初期，帆运仍为个体单营，主要从事支前军粮运输，即将周边各县征购的军粮用小船运集津市，尔后换大船运往长沙。1952 年"湖南民船联合运输社津市分社"成立后，运输采取统一调度形式，帆船进港口先在"分社"登记，然后按次序配载，已初具计划分配、集体协作形式。1953 年以后，"分社"与"湘航津市办事处"合署办公，对轮、帆船进行统一领导，民船实行编组编队，除继续传统型物资运输外，还先后组织运力支援荆江分洪工程，治理西、南洞庭湖水利工程。1955 年后，实行"定港定籍"分段运输，即分不同河流，按行政区划对帆船进行分区管理，小河小船划归地方，大河大船划属航运局。前者负责小河短途运输，后者进行大河长途运输，对 30 吨以上木船，配以轮船拖带，实行轮、帆结合运输。

1956 年实行轮、帆分管，各地成立木帆船运输社，澧水流域各小河运输为各地合作社控制，津市船只活动范围缩小，仅限于滨湖航道、荆江航道周边各县，所运物资已由生活日用品、粮食、土产转为砂石为主。六十年代机动船兴起，帆船业务范围更加缩小，从 1962 年起，每年抽 500 ～ 1000 吨运力参与荆江大堤加固及葛洲坝水利枢纽工程运输。六十年代，为方便周边地区群众出行，津市曾开通至附近不通轮运的小港机帆船客运，当时有至夹堤口、梅家港、官垸、安乡、金狮挡、合口等几条线路，后随公路客班的开通而取消。

1972 年，组建溇水船队，每年三个月参加常德地区组织的磷矿石突击运输，直至 1978 年。1970 年代中期，支农运输兴起，澧水流域磷肥、石灰、烟煤由津市中转，恢复跨县市运输，各县船只来津参运，津市港一度热火朝天。1977 年津市帆船吞吐量达 99.8 万吨，1978 年本市航运公司帆船货运量 28.88 万吨，均为历史最高纪录。

1978 年以后，枝柳铁路开通，澧水上游大部分物资弃水走陆，帆运受到影响，在此情况下，津市航运公司着重从长途运输上做文章，发展钢板驳船，开辟上至南津关、下至南京、上海等长江运输航线，帆船逐渐退出历史舞台。

二、轮船运输

1. 轮运组织

光绪廿四年（1898），湖南绅士蒋德钧等发起内河轮船运输，是为湖南轮运之始。光绪廿五年（1899），岳州开埠，外轮始航岳阳。光绪廿八（1902）、廿九年（1903），"中英马凯条约""中日续议通商行船条约"相继签订，长沙定为通商口岸，于是英、日各公司轮船纵横湘、汉。时省内少数进步人士，痛感利权旁落，纷纷出资集股，或购轮、或造轮，开展内河轮运，长潭、长常、长津航路次第开辟。宣统元年（1909），湘北大水，为赈饥，清政府租英商太古轮船公司蒸汽轮一艘，载米，由长沙驶津，是为津市出现的第一艘轮船。

1917年，长沙日星昌绸布店老板吴伯熙，购得太古公司汽轮一艘，取名"通和"（即前次赈饥送米船），航行长津一线，从事客货运输。同时，长沙人王桂生，以一艘柴油动力浅水轮"快利"号，开辟津澧航路。继又有津市商人购一艘以木柴为燃料的蒸汽轮"津澧"号，往来于津市、澧县。此后，轮船日多，航线渐广，从事轮运的企业乃纷纷出现。其或合营或独资，或公司或轮局，形式不同，名目各一，其航政均属交通部长江区航政局管理。该局在长沙、常德设有办事处，行驶长津线的轮船属长沙办事处，行驶常津线属常德办事处，船籍归属，以此为准。

当时，津市乃湘西北重要商埠，各轮局、公司竞相来此设立机构。自1921年设"六轮公司"开始，于津市设立的轮运机构先后有12家。此外，外国公司如英商怡和洋行、日商日清汽船会社、戴生昌轮船局等，也派船或设立机构来津参与竞争（直至抗战爆发始退出）。1956年，各轮局、公司重新进行组合，后经社会主义改造，乃由私营、公私合营而国营，最后统一于湖南省航运厅轮运局。

六轮公司 1916年，长沙商人吴伯熙在长沙开设日星昌绸布店，时常至上海、汉口等处购货。当时长沙英商太古轮船公司有一艘轮船在长沙，经上海太古公司介绍，将此船售与吴伯熙，取名为"通和轮"。开始行驶长沙到津市一线，以带拖民船为主。1919年年遂自制拖驳，开始客货两用，行驶津市一线，由于经营独揽，别无他轮竞争，因此业务兴旺，发展较快，经济效益很好。同年有益阳矿山郭梅舫、张司耀等人合资购买轮船一艘，定名为"新安庆"，也行驶津市到长沙。尔后又有周友成、杨广元等共同购买"新安轮""新安泰轮"和"长泰轮"，于1921年在长沙联合成立了六轮公司，津市设分公司。其股东为吴伯熙、王桂生、张师佑、郭梅舫、杨广元、周友成等六人，当时他们分别拥有"通和""通泰""长泰""新安泰""新鸿安""新安庆"六艘轮船，故名"六轮"。总公司设长沙，负责人王桂生。津市负责人为杨广元。主要经营长津线客货运输，1923 年改组。

长津公司 1923 年，由原"六轮公司"改组而成，长津公司在原有六艘轮船的基础上，增置"强华""长安""新永丰"三艘轮船，成九轮八拖，并于长沙、安乡、津市设置趸船，航线也拓展为长津、津沙、津宜、津澧四条。由于长津公司业务兴旺，垄断了津、长航运权，在货运价目上经常上涨，引起津市货主客商的不满。这时有浏阳秋船卢东海等发起，与津市部分大商人合资组成福利公司，购买两艘轮船，定名为"鑫盛轮"及"杨子轮"，又租货轮两艘，行驶津市至长沙间，班次与长津公司相同。1923 由于竞争，互不相让，因而双方导致亏本。后由津市商会出面与长津公司商洽，长津公司主动提出两方合作，将运费降低，改为一家公司经营，定名为长津福利联合公司。1924 年又改组为长津轮驳股份有限公司。长沙为总公司，由王桂生负责。嗣后又成立董事会，董事长为郭梅舫、副董事长为胡德彪（津市商人）。这时拥有轮船 12 艘，拖驳 12 只，汽船 2 只，津市设分公司，经理黄庭瑞，副经理张司耀，营业日趋兴旺。仅一年多时间，将两公司所负债务全部还清，货运费也合理调整趋向稳定，按照长江航运局规定价格计算。航行班次，按时行驶，客货两用，班期稳定，两地客商满意，群众称便。

1943 年，日寇侵犯长沙，长津两地轮船损失殆尽，只有津市仅存轮船两艘，长津公司全部财产只剩下 20% 左右。处于这种极端困难的情况下，津市由黄庭瑞主持，将长途改为短途行驶，仅开设津市至毓德铺、津市至澧县两地轮班，借以维持员工生活。

1944 年，长沙公司负责人王桂生等来津，与常德鸿安公司、民众公司、津澧轮船公司合作，改名为"湘西轮船公司"，增设津市至常德航线。当时长沙仍在日寇盘踞占领下，长津班不能开航。1945 年 8 月，日寇投降，公司迁移长沙，业务各自分开，恢复长津轮驳股份有限公司原名，将打沉的轮船打捞，重新修理，所有轮船集中，向长江下游开放，行驶长沙到武汉、长沙到津市、津市到湖北沙市、宜昌等处班次，接着又与四川民生公司签订联营合同，开展长江一带航运，业务蒸蒸日上，逐步获得发展，并召回失业员工。1946 年 3 月，复改组为"湘西航轮联合局"；1948 年拆伙恢复原名，公司后来发展至 14 轮、14 拖，津市仍为分公司。其经理先后有杨广元、周友成、杨寿田、黄廷瑞。

1949 年 7 月及以后，津市、长沙相继解放，所有轮驳船只，均投入支前运输，后又运送军粮物资等。由于海损过大，1951 年长津公司在赔偿债务外，其余资产全部交公私合营新湘轮船公司经营。

太古公司　由英国商人所办，总公司设汉口，1931年在津市设立分公司，津市商人张锐泉为经理。主要经营津市至汉口货运，经常往来其间的轮船为"株洲""城步"二轮。1941年因战争导致航路中断，遂停办。

福利公司　1939年，经浏阳秋船老板卢东海、卢俊义、柳锡凡等发起，由退出长津公司的张友金等邀集津市人孟体仁、胡德彪、张思佑等集资组成，经理为张友金，董事长为胡德彪。有"杨子""鑫盛""鑫利"轮三艘，经营长津线客货运输。1941年，因股东意见分歧抽走资金，加之与其他公司拼班竞争亏损甚巨，经营已是捉襟见肘，难以为继，经津市商会斡旋，乃与长津公司合并。

省建设厅航轮管理处　1938年初，湖南省建设厅按敌产接收戴生昌轮船局后，以官办形式组建。在津市、安乡设立办事处，津市办事处主任为刘铁尊。有四轮四拖，经营长津、津宜两线客货运输，因亏损过大，于1942年停办。

国营招商局　于1942年初在津市设立办事处，以所属1～5号小型轮船及租用"民众公司"轮船经营长沙、衡阳至津市的货运业务。

津澧商轮局　1943年常德会战，轮驳毁损严重，战后为保证军民物资运输，航政处除动员抢修被损船只外，并要求利用现存船只组织开展运输。当时，停泊在津的"鑫盛""江永""馥记2号"三轮船老板李登科、宫幼泉、邵植钦遂组建此局，以邵为经理。经营津澧、津常、津桃、津毓（德铺）等线客货运输。1945年6月并入湘西航轮联合局。

湘西航轮联合局　为常德会战后，民众、长津、福利、宏安、津澧、和济、富利七公司联合组成。其时，因省内外残存轮驳集中在津市、常德一带，公司多、船舶杂，为避免业务摩擦，故采取联合。当时有轮船12艘，拖船、货驳6艘。王毓麟为总经理，津市、常德设分局，津市分局经理黄廷瑞。津市分局主要经营津常、津澧、津桃、津毓四线客货运输。总局抗战胜利后迁长沙，改组为"湘西航轮股份有限公司"，在汉口、常德、津市设分公司，津市分公司航线为津汉、津沙、津宜、津澧四条。该公司后因亏损大、意见分歧，于1948年3月拆伙。

新中公司　1946年成立于长沙，为一谭姓军官独资经营。1947年于津市设分公司，经理陈绍卿。有八轮八拖，经营长津线客货运输，1948年因经营不善倒闭。

湘津汽船公司　成立于1953年，为军粮转运处结束后，由彭孝、甘仁、李登科等就其船舶改组而成，总公司设长沙，津市为分公司。张瑶如为董事长，李登科为总经理，吴菊初为津市分公司经理，经营长津线客货运输。后购置"湘津"轮，

1954年公私合营并入湘江公司。

新湘公司　1951年9月，由长津公司等12家轮船公司联合组成，为公私合营性质。总公司设长沙，总经理孟毅臣。津市设分公司，经理师银阶，经营长津线客货运输，1952年底并入国营轮运公司。

湘江公司　1954年由湘津汽船公司等几家合并组成，为公私合营性质，公司总部设长沙，津市设分公司。1956年转入省航运厅轮运局。

湖南省航运局津市办事处　湖南省航运局1951年7月于津市设立的办事机构，初名"国营湖南航业公司津市办事处"，9月更名为"湖南省轮船公司津市办事处"；1952年精简机构，政企合一，又更名为"湖南省人民政府交通厅内河航运管理局津市办事处"；1953年9月，将"湖南省民船联合运输社津市分社"并入，并代管大庸、慈利、石门三县帆船管理站，1954年增加代管临澧帆船管理站；1955年改名"湖南省交通厅内河航运管理局津市办事处"；1956年1月又改名"湖南省航运厅轮船运输局津市办事处"，当年2月转入搬运工人245人，增设装卸大队；1958年省航运厅撤销，成立交通厅，复更名为"湖南省交通厅内河航运管理局津市办事处"，简称"湖南省航运局津市办事处"。"文革"期间，其名称随上级机构变化，曾加挂"革命委员会"等诸多称谓，1978年始复旧称。1985年，经济体制改革，实行港航分管、政企分家，更名为"湖南省航运公司津市分公司"，另成立"津市港埠公司"。

2. 客货运输

抗战以前，津市轮运多是客货混装，航线较多，仅津长、津常为定期航线，时间比较稳定，其余均为不定期航线，开班与否，取决于水情与货源。抗战初期，长江下游地区沦陷，流亡轮驳多集于津、常一带，继之武汉失守，长江水运中断，经津市至宜昌成为大后方物资进出通道，津市轮运曾繁盛一时。后来沙市、宜昌沦陷，日军封锁长江，津沙、津宜线相继中断，长津线也因几次会战时通时阻，轮运航线转向常、桃。1943年常德会战后，城阙成灰，轮运业务清淡，各轮运公司转向联合，开辟津毓、津黄（金堤）、津桃（源）等新线，轮运业可谓相扶于途，惨淡经营。抗战胜利后，流亡驳船返籍，本省公司迁长，本地船运企业改组重建，增补船只，调整航线，至1947年，战前航线方渐次恢复。其主要线路有：

津长班　战前主要由长津公司经营，起津市迄长沙，隔日一班，逢双日上午7时由津市开出，单日上午6时由长沙开出。抗战期间为大后方物资进出通道，虽屡因战事停航，但仍坚持不辍。抗战胜利后，由湘西航轮联合局为主经营此航班，仍为隔日一班；后新中公司亦参与运营，为每日对开一班。1948 年新中公司倒闭，此线仍由恢复旧称的长津公司经营。

津常班　起津市迄常德，战前由无公司之属的"津市""安乡""朗江""裕顺"四轮轮流承运。每两日一班，津市下午 2 时开出，次日拂晓至常德，常德上午 8 时开出，次日上午达津市。1943 年后，因商市西移桃源，此线西延至桃源，成为直达桃源航班，1945 年后恢复原航线。

津澧班　短途不定期航班，开航于 1917 年，每日往返一次。先后行驶此线者有"快利""飞鸿""津澧""郧平"诸轮。抗战时期因公路破坏，此线航运大为繁忙，津澧商轮局、滨湖轮局及部分单艘轮船都参与经营，航班由战前的每日一班增至三四班。战后恢复正常。

津安班　津市至安乡，此线为传统航线，抗战前以长津公司为主经营。抗战时期因战事影响，成不定期航班。当时经营此线的除长津公司外，还有民众公司及部分流亡于津的轮船。

津沙班　津市至沙市，战前由长津公司经营，属不定期航班。通航时间为每年丰水期的 5 月至 9 月，开航时为隔日班，津市开船为晚上 12 点，次日下午抵沙市。

津宜班　津市至宜昌，战前由长津公司经营，1932 年开航，属不定期航班。受内河水流影响，此线与沙市相同，常驶船只为"强华""重庆""通和"号。战后长津公司在宜昌设分公司，恢复津沙、津宜定期航班（津沙四天一班，津宜两天一班），并与卢作孚的民生轮船公司合作，长津公司所运物资集中于沙市后由其转运入川。1948 年，津市联安运输行也曾开津沙线航班，投入一艘"联安"轮运行。

津汉班　津市至汉口，战前由英商太古公司经营，为不定期货运航班。班次视货源而定，主要载入煤油和运出桐油。

津毓班　此线于抗战末期的 1944 年开辟，为津长线中新辟的备用航路，此线所运客货至汉寿县毓德铺镇后，改为陆路，经三堂街、江石坪、荣坪、道林、再由靳江小河入湘江，可北上长沙或南下湘潭，以绕开益阳、沅江等日军活动区。抗战胜利后，此航线停航。

津黄班　此线于 1945 年七月开航，终点为湖北石首县黄金堤，水路 60 公里，由湘西航轮联合局"楚大"轮行驶，每天一班，当日往返。

津草班　此线为抗战末期 1945 年初开辟的临时航班，终点为沅江草尾镇，由湘西航轮联合局"鑫盛"轮行驶此线，两天一班。抗战胜利后停止。

3. 津市解放后的轮运

20世纪50年代的轮运，在初期军粮转运结束后，各公司进行了新的组合。1950年开始，湘津、新湘、湘江与国营航业公司相继于津市设分公司或办事处，五十年代前期，津市轮运为此四家公司营运，此时各传统航班先后恢复，并新辟津市至梦溪航线。1953年实行客货分运，长津线首改客班为快班，其时航班有：

津市至常德　隔日班，1950年开航，1960年停航。

津市至安乡　隔日班，1950年开航，1960年以后改为不定期航班，1990年以后停航。

津市至沙市　每日对开，1953年开航，与湖北航班对开，1960年停开。

津市至澧县　每日两班，1950年开航，汽车运输恢复后停航。

津市至梦溪　不定期班，1953年开航，不久停航。

津市至汉口　不定期货班。

1956年后，全省轮船公司并入省航运厅轮运局，津市分公司也随之并入其驻津办事处，此后津市轮运乃由省航运厅轮运局驻津办事处统一营运。五十年代末，由于治理西洞庭湖与淞澧分流，河道发生变化，津长线也改由七里湖经澧水洪道直下茅草街，不再经过安乡。津常客班则因绕道沅江杨阁老、加之汽车运输已经方便而停航。六十年代，津沙、津安线因水小只能于洪水期开航而改为不定期航班。常年客运定期航班仅余津长一线。

1984年，改革开放方兴，人员流动更加活跃，后因公路客运班次的增加，便捷的汽车又成津市人出行的另一种选择。轮船公司因时制宜，增加长沙快班。快班上设施完备，辟有棋牌室和电视，且在时间上作了巧妙的安排；晚五点上船，翌日早晨抵达。也就是一晚的时间，乘客可睡可玩，各自选择。于是，因公因私出行，津市人仍愿选择乘船。此时客运航班情况是：

津长线慢班　每天一班，早晨4点由津开出，当晚23时抵长沙。

津长线快班　隔天一班，逢单日17时由津开出，次日上午抵长沙。

津安线　洪水期客班，每日下午由津市开出，傍晚抵达安乡。

20世纪80年代至90年代初，是津市的客运航班最为鼎盛时期，虽然常年仅存津长一条航线，但每年的客运人数仍达百万左右，是1950年代初期的5～10倍。当时，乘船出行已是津市人甚至是澧水周边区县人民生活中的一个常态。昔日的候轮厅早已焕然一新，七层楼高的大厦如图腾般的矗立在码头之上。因修了防洪大堤，人们乘船需从候轮厅的二楼途经一道天桥走下河边的趸船。人们提箱携包，从天桥上走过时，有如走向飞机舷梯，自有一番惬意。

这时的澧水，因上游多处拦坝，早已断了帆影。水岸沿线码头日渐减少，河面上仅过往些三三两两的驳船，长沙客班也就成了澧水河上独领风骚的景致了。

20世纪90年代，常德至长沙高速公路开通，津市至长沙的行程由原来的8小时缩短为4小时。改革开放的提速，人们视时间为金钱，多数人选择了乘车。为改变航运颓势，轮运公司又想法从俄罗斯购进飞艇从事津长线客运，这种在水面上如同风驰电掣般的交通工具一经出现，便吸引了津市人的眼球。它不仅在时间上与乘坐高速客车等同，更有那一片水帘般飞溅的浪花给人带来一种强烈的视觉冲击。一时间，人们乘坐快艇趋之若鹜。眼见生意热火，市邮电局也购置两艘飞艇加入竞争。但好景不长，一天一个班次且在价格上高于乘车的弊端终显出水运的劣势。俄罗斯快艇在营运几年后终于偃旗息鼓。

最后一班客轮停航于2008年，距离1909年蒸汽船首航津市，刚好是一个世纪。

三、船民组织

民船随水漂泊，行止无定，水上治安常无从稽查，为客货运输安全，清末实行登记制度。即船户于一定组织（如帮口）将其船名、业主、籍贯等进行登记，以备稽查，俗称"挂号"。其负责登记者与程序，各地不尽相同，有按"各船皆须归帮，各帮皆须归会"（《湖南商事习惯报告书》）办理者，有径直于"船总""埠长"处登记者，也有于"公会""保惠局"登记者。民国时又出现"水上保甲""同业公会"，或由政府推行，或由把头把持，目的在于控制、敲剥，船民利益，实无组织保障。1949年以后，航运业实行公私合营，所有制改造，船只收归国有，船民入社成为工人，生活始有保障。

船帮 船民之"帮"，犹如商民之"会"，通常以地域为归属，既是船的籍贯，亦是联系同籍船民的松散型社会组织。清嘉庆年间（1796—1821），湖南按水系设船帮十三个。但当时不计过往船只，仅以津市为母港者，即有帮口十八个。澧水流域船舶在外统称"九澧帮"，或合沅水船称"湘西帮"；在江淮一带又统称湖广、贵州船为"三楚帮"等。"九澧帮"在流域内又以县名或地域称谓，如"石门帮""慈利帮""安乡帮"。属外流域者有湘帮（湘乡）、宝帮（新化、安化、宝庆）、衡帮（衡阳、衡山、祁阳、耒阳、零陵等地）、五邑帮（长沙、湘潭、浏阳、岳阳、湘阴）、汉寿帮、荆宜帮（湖北）、四川帮、河南帮。客籍船中湘帮人多势众。

各帮于津市均有固定停泊区，有的还有会馆，如湘帮，上河帮。湘帮和上河帮还设有客栈、办有学堂。

杨泗会　是湘帮船户一种松散的组织。杨泗，即"杨泗菩萨"，是洞庭湖区人民对宋朝农民起义领袖杨幺的敬称，也称"杨泗将军"，传为船户保护神之一。"杨泗会"由旅津湘乡籍船民组成，在津建有庙（现建设西路），即其会址。该会兼有同乡会、同业会双重性质，主要功能是协调内部关系，调解内外纠纷，发动与组织对同乡中贫困、罹难者的帮助。其会首由全体会众推举。杨泗会在津市形成较早，是津市船民中最早出现的帮会组织。

津市船业工会　1926 年，国民革命军独立二师与九军一、二师北伐途中会师津市，积极组织工农革命，津市工人运动兴起，遂倡导成立津市总工会，各行业工会也纷纷成立，津市船民乃组织建立了船业工会。其时，船业工会工作人员张明振发生贪污行为，船民愤怒，总工会将其枪毙。

津市民船商业同业公会　成立于 1937 年，为津市船户行业组织。会址在水府庙河街，管辖民船 240 艘。主席为楚麟书，常委易善春、颜永福、执委易忠弟、李良炳、欧开科。楚在抗战时又任湖南船舶第六大队队副，兼管征调。其时，各行各帮开展业务俱仰赖船运，因此各帮为协调业务均派代表参加该会，故船业公会实际上控制着所有往来于津市的船只。

水上保甲　1936 年，政府为管控船舶，在整顿航政的名义下，实行船舶登记与编联水上保甲制度。津市于次年编成水保一个，其任务是掌握保内船只动向，协助水警维持水上治安，协助船舶大队征调船只。水保隶属于津市水警队，但镇公所、船业公会均能对其节制。1945 年改船帮为保，帮代表改称水保长，其全称为"津水民船水上第 × 保"，水保增至 18 个。1948 年，复整合 18 个水保为一个保，改隶津市镇公所，船帮改为甲，帮代表称甲长。津市当时陆上有 12 个保，水保乃称第 13 保。

湖南省民船联合运输社津市分社　此为津市解放后船民最初的组织形式，是根据中南行政委员会"中南区各省民船联合运输社组织章程"，于 1952 年底组建，社址初设五通庙，后迁新建坊。"联社"按地域、船型、历史习惯及运输需要对参社民船进行编组编队，并实行"运价、调度、配载"三统一管理。津市分社辖津澧直属大队与安乡、澧县、临澧、石门、慈利、大庸六个县支社，船民只要自愿申请，有两船户联保，不分地域、帮口均可入社。入社后船只仍归个人所有，收入归己，"联社"按月收取 2000 元（旧币）会费和 3% 的管理费。1953 年，轮、帆合并由湖南航管局津市办事处统一领导，"联社"乃与其合署办公。

津市船民协会　1953 年，水上民主改革开始，各港船只定港定籍，遂以港口为单位成立船民协会组织。协会宗旨为团结船工、劳动船民，遵照人民政府政策法令，进行反封建、反霸权、反把头的民主改革，保护船民的政治权利和利益，提高船民政治文化水平，为国家经济建设服务。协会成立后，依照"依靠船工、团结船民、争取船主"的政策，配合公安部门开展了反封建把头斗争，继而又领导船民开展废除陈规陋习、建立新码头秩序运动。船民协会与"联社"合署办公。

互助合作社　1951 年至 1955 年间，津市港出现了一些小型的船民互助协作组织，他们以采取"劳动、技术、资金"三互助方式，统一经营，统一价格，按吨分红，减少了行业内不良竞争的矛盾，体现了劳动者自治自理、平等互利的协作精神。比较典型的有"涔新运输互助组""涔安运输互助组"以及后来在此两组基础上成立的"先锋运输合作社"。

津市木帆船高级运输合作社　建立于 1956 年 3 月，系整合之前的各互助组、合作社而组成的船民组织，为澧水流域第一个高级运输合作社。入社船工、船民2438 人，有船 1235 艘，总吨位 6766.4 吨。数月之后，轮、帆分治，高级合作社解体，30 吨以上船只折价归公，划属湖南航管局津市办事处，部分船舶返回原籍。

津市木帆船运输合作社　此为高级运输合作社解体后，所余船只于 1956 年 5月组成的组织，与澧县木帆船运输合作社同时组成。当时 10 吨以下的帆船原则上划归澧县社；港籍在津或长期在津参运的部分外籍船划归津市社。津市社有从业人员 667 人（其籍贯包括 11 省 109 个县市），船只 229 只，吨位 2649 吨。同年 9 月，划驳运输合作社并入；1958 年，澧县社并入。

津市运输人民公社　1959 年，由津市木帆船运输社与渡务管理所、搬运服务社合并成立。1960 年初更名为"津市人民公社行星分社"，同年 5 月，原澧县木帆船运输合作社分出。

津市航运公司　1961 年 4 月，将"津市人民公社行星分社"更名为"津市运输公司"，同年 8 月，渡务管理所、搬运服务社分出，复名为"津市木帆船运输合作社"，直到 1974 年，定名"津市航运公司"，未再变动。1981 年常德地区航运公司撤销，转来职工 192 人及部分财产，至 1982 年，公司有职工 625 人，船只 189 艘，4469 吨，1550 马力。

第三节 航运轶事

▲澧水放排（徐立斌/摄）

一、澧水放排

千百年来，伐木、扎筏、放排是澧水上游山民的生计之一。上游桑植至中游石门段，河道长仅226千米，但水流落差竟达600余米，故而沿途险滩毗连，水流湍急，险象环生。木材以杉、枞为主。上年的冬月伐倒，来年趁溪峒发水，沿山涧溪流集于上游各条支流（俗称杀靶子），然后再串成大排汇入澧水，所谓大排，长者达50余米，宽近10米，远远望去颇为壮观，大排抵达津市，常吸引沿岸市民眼球。

人类的生存是在与大自然抗争中延绵至今的。放排是极其危险的行业，澧水上游下来的木排，要穿越激流险滩，其中艰险自不言说，作家叶蔚林先生的小说《在没有航标的河流上》描绘得相当细致。到达津市的木材，除满足沿途市镇的需求外，大部分再组建为一两百个立方的大排销往岳阳、汉口以及长江各大口岸，需要横穿数百里的洞庭湖。排过洞庭，若是遇到大风，便是一场"大劫"，排毁人亡的事时有发生。在这命悬一线的放排劳动中，排工们苦中作乐，面对高山激流，纵情歌号，于是创造了一种溶劳动号子与情感抒发为一体的特殊音乐，那就是放排号子。

澧水排工号子也称澧水船工号子，其乐调大量运用苗族、土家族原始音乐及澧水流域方言俗曲中的衬词，高亢有力，节奏明快，其唱词生猛粗犷，直抒胸臆，有强烈的艺术感染力。是澧水排工们对中国民族音乐的杰出贡献，已纳入世界非物质文化遗产名录。

二、津市板划

划子是长江中下游地区对小船的别称，"板划"的全称是木板小划子。板划不设帆篷，平底、舱面宽阔，上搁舱板以临时载货，其载重量一般在十吨以下，一人一桨，机动灵活，适用于短途运输。津市的板划多用来从事码头驳运货物，亦有用来渡人过河的，其形制略小，平时不搁舱板，留浅舱以坐人。

当时，货船一般只泊河中或市区两端，商家到货须用板划驳运至码头，然后运至仓库或店面。即便是可直泊装卸码头的盐船，起货时仍需以板划"垫档"（浮桥）。凡此种种，俱为津市码头不成文的规矩，由来已久。可见板划业的兴起既是码头装卸的客观需要，也是流寓津市之底层人民谋生的手段。

板划业与笼业一样，也以码头分。其所谓码头，乃指以该码头为中心的一定区域，即其默认的业务范围。凡属此范围的货物只能由此码头的板划转驳，其他码头的板划不得插手。当时有驳运码头5个，板划约110只。清末时津市码头有"九旱五水"，"九旱"指9个笼行，"五水"指5个板划码头，其分布为：

五通庙码头 包括杨湖口、甘家巷、龚家码头、关爷楼码头，其业务范围包括驳运货物及渡人。

大码头 包括观音桥、紫谷巷、水府庙码头。包括驳运货物及渡人。

新码头 包括祁家巷，只驳运货物。

新建坊码头 包括徐家巷、三元宫。只驳运货物。

汤家巷码头 包括拐子巷、油榨坊。包括驳运货物及渡人。

从事板划运输者，首先须向码头所有者"买股"或"租股"，其性质类似于笼行的"笼租"，同时须宴请码头同仁，否则，不仅无货可运，甚至码头边都不能停靠。当时全市码头共定180股，每个码头36股，从业者或数人1股，或一人数股，但最高者不能超过3股。拥有股份者方能从事此业。如改行也可出卖或出租其股，租股以年为期，民国时期租费约当谷十石。

板划业以码头为单位自行维持。码头负责人称为"总船头"，由股权所有者轮流担任，半月一轮换，公差也按股轮转，两月一期。业务则各船依次序轮档，运费以"位"计。南货、盐以100斤为一个"位"；百货无论包装大小，以一件为一个"位"；瓷器菜碗，以16筒为一个"位"……另外也有包船、包吨位形式的。每年农历三月十八，板划船民到"不二庵"举办"娘娘会"，祭祀喝酒，祈求平安，算是他们的节日。

1950 年 9 月，板划工人成立了"津市板划业工会"，乃合并五通庙、观音桥、汤家巷、油榨坊四个渡口的渡人板划，成立渡务所；编全市货运板划为 3 个队，由工会进行统一管理、调度，收入按业务量比例分成。至 1953 年，部分农村工人先后回家后，全市共有板划 70 余只。1953 年，板划工人加入"津市船民协会"，进行水上民主改革；1954 年，板划业加入"搬运联合办公室"；1956 年，成立"津市划驳高级运输合作社"，所有板划折价归公；1957 年，"津市划驳高级运输合作社"并入"津市木帆船高级运输合作社"。随着后来港口建设的发展，板划，作为一个古老的行业，逐渐淡出历史舞台。

三、汉口械斗记

码头是打出来的。在旧中国，各种势力充斥于社会之中，治安混乱，生活在社会底层的人民，为争得一栖之地，往往要付出血拼。"打码头"是常见的社会生态。

民国时期，湘西北船民多栖止于津市，跑长沙、跑汉口是其日常的路线。鉴于湖北人辨别不清湖南船的帮口，湘西北船民便自称为"湘西帮"或"九澧帮"。当时，九澧船只多停泊在汉口泊石码头，与湖南的永州船毗邻，永州帮船多载多，时常泊过码头，双方为此时有争执，几乎械斗。1946 年某日，永州帮邀集船民，手持器械，气势汹汹向九澧船杀来，九澧船民事先并不知悉，张皇失措。幸好此时湖北咸宁县长（慈利人）来船上看望其岳父，带有两名警卫，永州帮船民见船上有枪，乃铩羽而归。一场械斗虽被制止，但火种并未浇熄。

为安全起见，"九澧帮"经九澧驻汉口庄客（采购员）宴请在武汉三镇任职的同乡，有警备司令陈协谋（石门人）、宪兵团长龙波（汉寿人）、宪兵营长李柏州（临澧人）、平汉铁路主任袁炳凡（石门人）、第二航空大队长王育根（慈利人）等，请求支持。席上，龙波表态："湘西、九澧帮有事，只管来找我！"

1947 年冬腊之交，两帮船民又发生争执，慈利船民苏海宁挨了几耳光，未敢还手。当晚，有 21 艘九澧船运煤抵汉，得知此事，无不气愤。次日，一永州船因走滩打锚不住，想抛缆搭在九澧船上借力上行，石门船民陈文发见状，手持菜刀坚决不允，于是争端又起。不久，永州帮 400 多人，向九澧船泊船码头蜂拥而来。为首 3 人，手持铁剑，其余帮众提刀抢棒，丢砖抛石，一时间将孙福堂、刘海清等船砸得篷皮乱飞、千疮百孔。当时，孙福堂的妻子正在船中分娩，孙只能跪在船头磕头求饶；胡依卯等三只船正在开饭，其炉锅也被砸破。九澧各船慑于其人多势众，均躲入舱中不敢露面。围观群众，止于呼吁，连站岗警察，也溜之大吉。

此时，年已六旬、行伍出身的大庸船民徐达武挺身而出，大声招呼九澧船民奋起抗争，当时有周会栋、覃善芝、徐玉明、张三等 17 人踊身响应。徐当即吩咐妻子拿出 17 条白布发给众人，又从舱中取来铜锣递与刘海清（津市人），叫刘听其命令发锣，锣响则进，锣停则止。安排就绪，只听得一阵锣响，喊杀声大作，刀光闪处，17 人头裹白布、各持两把菜刀杀上码头。所谓擒贼先擒王，勇士们径直向 3 个首犯杀去，几个回合，3 个首犯便被砍翻在地。此刻，汉江两岸川帮船民也齐声呐喊，与九澧邻近的辰帮船民更是鸣锣助威，永州帮为声势所震，群龙无首，纷纷溃逃。张三等人一直追赶对方至汉正街，将其中一人耳朵砍掉 1 只。

这一战，九澧帮以少胜多，无一伤亡。永州帮为首 3 人被砍成重伤，轻伤无数。九澧民众果敢勇毅、决绝无畏的精神与性格可见一斑。械斗之初，有一个细节很是动人。起初，辰帮船见九澧帮只 17 人上岸，恐难为敌，便有麻阳籍船妇 12 人，头裹丝包头，手持船桨欲上岸助阵，后见九澧帮未落下风乃止。仅此一念，亦可见英雄美人，自古惺惺相惜，又岂止是乡关情怀！

事发当晚，为防止永州帮报复，遂请求宪兵营长李柏州派了八条短枪来船坐镇，以防不测。

械斗发生后，茶馆酒肆流言四起，有说九澧船帮都是贺胡子的刀客的，有说鹦鹉洲的湘西排古佬明天将来助阵的。永州帮原已斗败心怯，闻此消息，更加胆战，当天深夜，便有二三十条船悄然离开。

翌日，九澧帮仗有宪兵撑腰，组织人员进行报复。永州帮哪敢交手，纷纷弃船避逃。九澧帮乘势将对方船砸乱捣毁，铺盖行李抛入江中……正在此时，当地警察大批赶来，封锁江岸码头，将九澧船民捉去 32 人。宪兵团长龙波得闻消息，当即打电话给警备司令部："九澧船帮被捉去的人，如差一根汗毛找你们算账！"

刑警队将抓住的 32 人在汉口游街后送往水警队，水警队说："谁捉的人由谁处理！"又改送旱警队，旱警队说："水上发生的事我们管不着。"再送往市政府，也无人理落。无奈之下，只好放人。

此次械斗，九澧帮虽得理在先，但其后报复过甚，也属仗势欺人，政府畏于当权，虎头蛇尾，印证了民国末期乱象。当时，汉口各报纷纷报导此次械斗经过，都说九澧船帮雇请四川打手参与云云，其实不符。

四、长泰轮航难

"长泰轮"为长津轮船公司行驶长（沙）津（市）线的小火轮。1935年端午节前的一天，"长泰轮"从长沙返回津市，满载着一百多名乘客，并帮带有"浏阳秋"木帆船一艘，木船上也满载着津市"晏庆昌""刘润记""黄庶记"三家商店的面粉、糯米及赶节货物。经过一日一夜的逆水行驶，第二天下午二时左右，轮船已过了古镇新洲，津市在望。

因长时间待在船上，乘客们大多在舱室内昏睡，少数性急的人，开始收拾行李，作上岸的准备，只有几个长期来往于此线的庄客、水手，连轴转的一场"雀戏"还在鏖战……当船行至孟家洲时，突然一声巨响，船身断为三截。一时钢铁四飞、血肉迸溅，呼救哭号，如临末日。原来是轮船锅炉爆炸了，锅炉残体冲至半空，崩落在河岸之上；烟囱飞坠于两里外的田野，砸死耕牛一头；一少妇被烟囱带至空中，幸落水被救；浏阳秋木帆船也被炸毁，面粉货物，遍洒江中；而那些吞云吐雾、昏睡未醒之人，大多还在梦中便已成他乡之鬼；最哀谴的当数几位赌仙，尚有手捏幺鸡死不放手者。因事起仓猝，逃生不及，尸横当场、或落水溺毙，或受伤苟延，鲜血淋漓，惨不忍睹。一场横祸，共计死亡80余人，侥幸生还者只60余人，也多数伤残。

造成事故的原因，有说锅炉工赌牌而忘记给锅炉加水、导致烧干爆炸者，有说是装载过重引致锅炉不堪负荷爆炸者，因直接当事人多已遇难，无法弄清原委。据说该轮大副落水未死，但深感责任重大，事后潜逃无踪。

长津轮船公司因此事件，损失巨大，但毕竟是财力雄厚的大公司，赔偿事结后，运转如旧。留下永久伤痛的，是那些失去亲人的家庭，和捡回半条命的残躯。

五、汽笛一声到客船

澧水流经津市已是尽头，之后东入洞庭，北出长江，南往常德，津市实为江湖枢纽。水岸七里，大小码头鳞次栉比，满河舟楫，如同过江之鲫。然而，最吸引眼球的当属客运码头。这不仅是它具有搭物载人的功能，单就起航的形式也独具一格；轮船开时，鸣一长两短汽笛，船头徐徐朝西，逆时针在河中绕一大圈，尔后鸣一长笛径直向东驶去，船尾翻腾的浪花上，翻飞着几只白色的渔鸥，渐渐地，客轮在众人的目送下于远方凝缩成一个影子。

津市的客运码头，在20世纪六七十年代的仍是一副老旧的样子。候轮室设在水府庙内，坐在长条椅上，仰头能望到上面梁栋斑驳的油彩。外墙西侧的灰墙上，绘有一幅巨大的白色轮船，轮船的烟囱逶迤着一缕青烟，仿佛朝你驶来一般。这种带有广告形式的画面能激发人们无尽的向往。那个年代，乘船去趟省城是件很稀罕的事。每到上下船的时间，台阶两侧的栅栏处，便围观着许多人。这其中既有迎送客人的大人，但更多的是来看热闹的孩子。从岸上到趸船要下几十级台阶。乘船的人看到人们投射过来的一注注羡慕的目光，总会滋生出一股莫名的荣光。

每到征兵季节，来自澧水上游各县域的新兵云集津市，由此乘船去长沙。虽临时增派了船只，但仍有新兵需在津市滞留几天。那些日子，大街小巷全是新兵，虽然军装不是那么合身，但无不洋溢着青春的活力和走出家门的兴奋。多年后，他们中的大多数依旧循了这条去时的路返回到家乡。这种情形一直延续到1980年代，而津市大码头的繁华也就在他们的口中得以传播。

改革开放后，人们出行已开始选择汽车了，但仍有旅客绕道津市来搭轮船。个中原因，可能是会一会津市的老朋友，也可能是航行更能体现旅行的意义，或者干脆就是留恋津市的美食，难舍望江楼的佳肴。记得1982年，编者的几位好友去长沙，特意绕道津市，时逢大水，轮船不开，朋友们聚于津市吃玩一周，过后每每谈起，共视为天作之好。那时长沙班零点出港，下午五时回津，轮船靠岸，汽笛长鸣。汽笛声音，几乎成了津市人报时的钟表。每当汽笛响起，迟迟未眠的人会说该睡觉了，而沉湎于下午茶的茶客们也会放下手中的纸牌，说一声告辞。

然而终究听不到那汽笛了，时代的前进无人能违。或许是为了这座城市不至于失去这番记忆，在后来的城市建设中，大码头的近处，修建了一座钟楼，人们只有从夜半时分的钟声里，仿佛能咀嚼到旧时的光阴。

第五章　宫馆寺观

民国时期，津市有"九宫十八庙"之说，这是对津市市区宫馆寺观状貌之盛的概括。具体来讲，晚清至民国百年间，津市市区的会馆、宫庙何止"九宫十八庙"。这还不包括近郊的关山、窑坡渡、谭家湾。如果以如今津市辖区来统计，其数量则更加繁巨。津市宫、寺众多，并不是津市人特别佞神媚佛，而是有其特殊的经济和文化背景。

津市是九澧地区最大的移民城市，明清以来，汇集了来自全国多个省的商客和流民，数量有数万之巨。这些背井离乡的人民，来到洞庭湖滨的陌生津市，必然抱团聚类，这既是相互支撑的需要，也是情感交流的需要。如何体现团体意志、维系同乡风俗、宣示地方势力，传统的做法就是成立会馆，建设宫庙，于是江西人建了万寿宫、闽粤人修了妈祖庙（天后宫）、四川人造了川主宫、山陕人筑起三义宫……在修筑宫、馆过程中，大帮大会各不示弱，竞起高楼；小帮小口也不甘埋没，赁屋修缮，相互起到了推波助澜的作用。譬如江西人不仅建了万寿宫，其吉安、南昌等下五府人还修建了五府会馆，抚州人又租了昔华阳王行宫，辟为昭武会馆。这些宫寺，大多是会馆公所，具备祭祀、议事、接待等多重功能。主神祭日、年关节令，同乡们必齐聚一堂，备三牲大礼，礼拜禳祈，举酒分胙，聊叙乡谊。因此，我们可以把它视为乡愁之寄寓。

客观上看，津市的宫、馆、寺庙、教堂既以其建筑之美衬托了城市的繁华，更以其教化功能具备了文化上的影响。除了建筑工艺上的精工巧作、争奇斗胜之外，大多宫寺，本身就具备文化传播功能。如江西人之万寿宫，宫内建有戏台，逢会逢节必请戏班演出，所演剧目，必倡忠孝节义、对普通民众大有教益；宫旁设义学，聘名师执教，使阖籍商民子女，不因贫孤而失学，其意义更为深远；至于公设义渡、印送疫方，均以宫名操办，其惠济百姓、造福市民，影响可称巨大。嘉山孟姜女祠，特为贞烈旌表，其教化作用更为明显。而天主教堂、基督教福音堂，更是担负西方宗教文化传播使命，除布道讲经外，传教士们建育婴堂、办教会学校、医院，使民众感受到了平权观念和现代科学文化，为津市人睁眼看世界、肇立新风尚奠定了思想基础。从这一层来看，津市的宫馆寺观，又可称之为文化殿堂。

或因山川绮丽、或因民风淳朴，晚唐以来，津澧一带，佛、道二教枝繁叶茂，高僧大德云集于此，拓寺建观，讲学布道，是为中国宗教史、思想史上之一大奇观。药山慈云寺惟俨禅师、澧州龙潭寺崇信禅师、夹山善会禅师、关山古大同广澄禅师、清远观黄道冲、范灵隐道士，都是唐宋时期佛、道二派之大宗师，其学术思想声震海内外。当时，四方信众，摩肩接踵，名士显宦，追慕其踪。禅宗初祖达摩预言的宗风"一花开五叶"，竟然有三朵孕育于此，即曹洞宗、法眼宗、云门宗。其中惟俨禅师倡导的师法自然、离法自净、明心见性的禅风，经其再传弟子洞山良价、曹山本寂等人发扬，不仅成为了曹洞宗的法宝，更成为之后明代大思想家王阳明心学的源泉，引发了中国思想史上的一次大革命。于此，我们可以说，津市的寺观可称之为哲学和思想的高阁。

当然，因为时代的变迁、社会的发展，这些宫馆寺观现已大多不存，即使保留或重建的少数寺观，其形制也无法再现昔日的风采，但所幸其精神文化的根脉得以延续。追述其历史，赓续曾经的辉煌，是后来者应当的责任，也是不忘初心。

第一节　会馆

▲《万寿宫志》

1. 万寿宫

道宫，江西会馆。建于清初，光绪年间重修，地址在津市市区（今市人民武装部），所祭祀主神为许真君（许逊，别名许旌阳，晋代江西人，道教四大天师之一）。许生前为官爱民护民，政声清廉，后辞官修道，传白日飞升。许为江西南昌人，故历来为江西人所祀奉。旧时，凡江西人聚居之处，必建万寿宫。津市为江西移民之一大埠，所建宫制，规模尤盛。有《万寿宫志》一卷存世。万寿宫于津市解放后拆除。市辖新洲镇亦建有万寿宫，其旧舍至今犹存。

▲新洲万寿宫（彭淼／摄）

2. 天后宫

道宫，闽粤会馆。建于清雍正四年（1726），地址在市区（原织布二厂），所祭祀主神为天后娘娘（即妈祖）。妈祖，俗名林默，宋代福建莆田人，生前为巫，传有法力，屡保船民出海平安，死后被沿海船民奉为神祇。与许真君一样，妈祖被东南沿海人民视为家乡保护神，凡闽粤人聚居处，必修妈祖庙。每年农历三月和九月是天后娘娘诞辰和飞昇的时辰，也是春茶和秋茶采收的季节，天后宫必举办大型茶会，请商界同仁和社会贤达参加"茶邦拜妈祖"的活动，那时天后宫的道长会在"禅道茶房"为大家表演茶艺，讲解禅茶道意，带领大家以茶敬天地，以茶论道心。其唱词有："一探兰芷，初品流霞。二品云腴，嚼甘咀华。三斟石乳，神喉留甘。再品余韵，尽杯谢茶。""白云黄鹤道人家，一琴一剑一杯茶，羽衣常带烟霞色，不染人间桃李花。"解放初期，天后宫仍然十分热闹，可惜1950年代初的一场大火，宫观被烧毁。

3. 三元宫

道宫，苏浙皖会馆，又称江南会馆。建于清初，道光年间重修，地址在市区（原交通局院内），所祭祀主神为天、地、灵三元宝君。所谓三元宝君，源于老子《道德经》所述"昔之得一者，天得一以清，地得一以宁，神得一以灵"，是自然力量的人格化神祇。晋干宝《搜神记》中记载有东海人陈光蕊，生了三个儿子，后来得道升天成仙，分管天、地、水三界的记述，则是三元神格的进一步通俗化。津市民间传说"三元"为科举考试时的"连中三元"，应属谬误。历史文献有清安徽泾县籍人朱在其撰《津市重修江南会馆碑记》存世。三元宫在津市解放后拆除。

4. 荣华宫

道宫，桑植会馆。建于清代，地址在市区五通庙旁，所祭祀主神为财神菩萨。财神，在道教中有多位神主，津澧一带祭祀赵公明。民国时荣华宫的主持人是谷家三爹（谷铎三），他在津市开有花行（棉花商行），有能力操办宫事。《桑植县志》载："桑植旅外同乡会。初名桑植县津市同乡会。1936年左右更名。1925年4月，澧州镇守使贺龙委方裕震为警备司令，该会即同时成立。有砖木结构两层楼房一栋，在今津市建设街五通庙附近。于对河今'湘澧盐矿'附近置有'义山'，为旅津桑植人墓地。……会长先后为方裕震、谷铎三、石显臣，金慕如等。"1949年后，荣华宫曾办朝阳食堂（公社食堂），食堂解散后改作民居。

5. 三义宫

道宫，山陕会馆。建于明代，清代重修，地址在市区建设街中部，所祭祀主神为刘备、关羽、张飞。中国人对"桃源三结义"的传说可谓是耳熟能详，商业交际，诚信为本，义字当先，山陕商民在外，其会馆均名"三义"（成都亦有"三义宫"），既宣示其"诚信"之义，也沾关公乃山西同乡之光。1930年，三义宫曾拨出房屋四间出租，以租金资助澹津女校。三义宫后毁于大火。

6. 帝主宫

道宫，湖北黄州会馆。建于清末，地址在市区建设路（原州判衙署），所祭祀主神为道教紫微星君，亦是星座的人格化神祇。紫微星即北斗七星，道教称之为斗数之主，遇之能逢凶化吉，祛百疾、解百厄，是谓吉星。黄州商民祀紫微星君，也取其吉。帝主宫拆于何时，今已无考。

7. 杨泗庙

民间神庙，湘乡会馆。建于清光绪初年，地址在市区大码头（原湘乡码头上，今望江广场），所祭祀主神为杨泗菩萨。杨泗菩萨即南宋农民起义领袖杨幺，杨幺为龙阳人（今汉寿县），曾长期盘踞洞庭与官兵对峙，保境安民，为民众所拥戴，后兵败身死，被洞庭湖区人民祀为水神。民间有"杨泗菩萨不管天"之说。湘乡船民当年北上荆汉，历经千辛万苦，他们以杨幺为庙堂主神（汉口也有湘乡人建的杨泗庙），大有彰扬湘乡人吃苦霸蛮、百折不挠精神之意。杨泗庙于津市解放后拆除。

8. 川主宫

道宫，四川会馆。建成年代为清代，地址为市区，所祭祀主神为蜀主刘备。刘备以仁德著称，为川籍百姓所共祀，凡四川人聚居处，多建其宫。川主宫祭祀日为每年三月初三和九月初九，届时，会众聚集，喝会酒、唱会戏，甚为热闹。川主宫于津市解放后拆除。

9. 南华宫

道宫，广东客家会馆，也称盐商会馆。建于清代，地址为津市市区，所祭祀主神为南华老祖庄子。庄子著《南华经》，故有南华老祖之称。客家人数千年来迁徙流转，号称中国境内的犹太人，其行迹与庄子笔下抟扶摇而行九万里、出北溟而趋南海的鲲鹏相类似，因此，客家人尊庄子为神也就不奇怪了。津市解放后，南华宫被改作民居，后拆除。

▲禹王宫（网络图片）

10. 禹王宫

道宫，湖广会馆。建于清初，地址在市区，所祭祀主神为五帝之一的大禹。大禹是治水的英雄，其当年治水之地在安徽涂山。汉初，高祖刘邦见其遗迹，救刘长建禹庙，后扩为禹王宫，其规模宏大，至今犹在。而湖广商人在津市建禹王宫，属于本籍树帜，其宣示意义大于纪念意义。湖广之地，兴衰皆由水，祭祀禹王，以祈境内平安，也是理所当然。禹王宫毁于何时，无文献可考。

11. 昭武会馆

原为明代华阳王行宫，后租作江西抚州会馆，又称江西公园。建于明初，地址在津市澧水南岸皇姑山下。后改为武馆，相传大侠杜心武曾在此馆习武，1904年他从津市出发，东渡扶桑。民国初年，江西商人租得此所，改称昭武会馆。昭武会馆民国后期迁到了新码头正街，地址不详。华阳王行宫后被基督教会租作"津兰学堂"。津市解放后，此宫因建澧东油厂被拆除。

除以上宫馆外，还有桂籍宫（广西会馆）、列神宫（浙江会馆）、黔阳宫（贵州会馆）、五府会馆、吉安会馆（江西吉安商人筹建于南岸）、庸慈石会馆（澧水上游大庸、慈利、石门三县商民筹建）、辰沅靖会馆（沅水上游辰州、沅州、靖州商民筹建）、长郡会馆、衡州会馆、湘潭会馆等。这些会馆，大多建于清中期，曾兴盛一时，其历史命运也与以上述诸馆一样，在新中国成立后纳入封建迷信范畴，或被改为民居，或被充作公用，最后都被拆除。

第二节　寺观

一、明清时期寺观分布

寺观名称	所在地	建成年代	教派	主要影响
太子庙	市区	清末	道教	
品元宫	市区	清初	道教	盂兰盆会
二神庙	市区	清代	道教	祭祀钟相、杨么
水府庙	市区	清代	道教	祭祀龙王
洞庭庙	市区	清代	道教	祭祀洞庭君柳毅
土地庙	市区	清代	道教	
赤帝宫	市区	清代	道教	祭祀炎帝神农氏
元和宫	市区	唐代	道教	祭祀元始天尊
上南宫	市区	清代	道教	祭祀南宫之主灵宝君
五通庙	市区	清代	道教	祭祀五通神
大同寺	市区南岸	唐代	佛教	
七星庙	市区	清代	道教	祭祀紫微星君
青龙庙	市区	清代	道教	祭祀水神龙王
文星阁	市区	清代	儒家	
刘公庙	市区	明末		刘公息讼
城隍庙	市区	清代	道教	
朝阳阁	市区	清代	道教	即大观楼，祀吕仙
清真寺	市区	清初	回教	
天主堂	市区	清末	天主教	
福音堂	市区	清末	基督教	
雷祖殿	市区	不祥	道教	
华光殿	市区	清代	道教	祭祀华光大帝马王爷
宁极观	近郊关山	宋代	道教	黄、范二仙修炼处
不二庵	市区南岸	不详	佛教	曾为53军军部，遭日机轰炸
中武当	近郊关山	明代	道教	李觉重修
古大同寺	近郊关山	唐代	佛教	广澄禅师
观音楼	市区	明代	佛教	
灵官殿	市区	不详	道教	
龙法寺	市区	明代	佛教	
蟠桃宫	市区	不详	道教	祭祀西王母
三圣庙	近郊澹津	不详	道教	

玉皇阁	近郊关山	明代	道教	
海会寺	近郊关山	明代	佛教	
木林庵	近郊关山	明代	佛教	
功德林	近郊关山	明代	佛教	
白龙庙	近郊关山	明代	道教	
药山寺	药山镇	唐代	佛教	惟俨禅师与曹洞祖庭
大德寺	新洲镇	唐代	佛教	吴道子藏画
青峪观	新洲镇	不详	道教	
龟山寺	毛里湖镇	宋代	佛教	
白云观	药山镇	明代	道教	
钟灵寺	白衣镇	宋代	佛教	寒岩禅师
蒲山寺	白衣镇	不详	佛教	
天鹅庵	药山镇	不详	佛教	
贞烈祠	新洲镇	明代		又称孟姜庙
关庙	新洲镇	不详	道教	又称武庙

以上寺观等宗教场所共 46 座，集录于文史资料，其中郊区寺观，因文献缺乏、地名迁变和古迹灭失，未必尽录，但就所录数量来看，在一个总面积仅 558 平方公里、市区面积仅 11 平方公里的地域，当时宗教文化之盛，不可谓不令人感叹。

二、主要寺观简介

1. 元和宫

相传建于唐代，后屡有重修，地址在市区双济桥东。《直隶澧州志》载"元和宫在津市。创自唐时，迭毁迭修。嘉庆年毁，市人首事重修。"如果此说属实，则津市人文历史要上溯数百年。清光绪三十年（1904）是元和宫最后一次重修，其碑刻记载：

元和古刹创自前唐，殿宇三，前关帝，中祖师，后玉皇，此固我澧三十九里之香火庙也，而香火最盛者，唯祖师。自光绪己未，祖师殿火，后殿俱焚。其时庙无存款，市面复极衰败，欲事重修，亦甚戛戛其难。津市绅蓝田……等禀请道州各宪，在各行客货内每串抽取厘一文。越八年癸卯，积赀千余缗，合租息数百缗，捐三千余缗，共五千余缗，拟建祖师大殿。公议董事不派薪水，不备火食。请示定章，绘图重修，基扩八尺，土填一丈，大其殿阁，高其閟阁。建皇经钟鼓等楼，募铸祖师铜身，立塑四将。人或谓神灵之感应，吾则谓绅董等之洁以奉公，励志从事，不辞辛劳，不避讪毁，而后克成。此巍巍峨峨之巨观也，兹届大功告竣，谨志其事，用以告我澧之人，抑藉以劝后之重建后殿暨升修戏楼者。

可见此次重修为津市商民集资，其规模宏大齐整，是民国时期津市人民祭祀、游观的重要活动场所。20 世纪 70 年代，宫观拆除，改建为津市第四完全小学。

2. 青龙庙

青龙庙，相传始建于唐代，地址在油榨街，后屡有重修，最近一次重建是在清乾隆乙未年（1851）。原寺庙建筑坐北朝南，前后二进，庙中还建有一亭，名为文星阁，在九澧一带影响较大。《直隶澧州志》载："青龙庙，在津市下。文星阁，在青龙庙前，澧水至此急湍，冲啮为患，首事徐祖珩、徐宝瑶募修石制于其上流，以杀水势，又于庙前建阁以镇之。"可见修建青龙庙是为根除水患，以求龙神护佑。但吊诡的是 1935 年夏发生大洪水，将寺庙部分建筑冲毁，后河道北移，石制石坊，均湮没于涂，只留下部分残碑。1974 年津市澧水防洪大堤修建之后，洪灾始为制服。1999 年改建为青龙禅寺，同年 6 月批准开放为佛教活动场所。青龙禅寺现位于津市市人民路 117 号，占地面积约 700 平方米。今之青龙禅寺，其历史意义已经模糊，实为信众宗教活动场所。

▲刘公庙（彭淼／摄）

3. 刘公庙

　　始建于明末，1995 年重修更名为"金佛寺"，位于市区刘公桥路 12 号，旧时所供神祇为津市民间传说中的人物"刘公"，是津市昔日九宫十八庙中影响较大的一座寺庙，在九澧一带享有盛名。

　　相传明末清初，各地战乱不已，百姓相率避乱来津谋生。外籍人士与日俱增，经常与本地居民发生纠纷，甚至发生械斗，官司连年不断，官府则趁机敲诈勒索。是时，有一外地士人路过津市，得知此情欲加调解，但苦于初来，人生地不熟，难以进言。经过三思，遂在桥头摆下测字摊，挂上"刘公相命"布招，自称曾蒙神仙指点，能晓前生未来，善卜吉凶祸福。地方当事人入其彀中，分别前来测问官司胜负。刘公则抓住时机，常以"官司不利""二虎相争必有一伤""鹬蚌相争，渔翁得利"等警语一再晓以利害。双方为之动情，随即罢讼和好。久之，外籍人与本地人和睦相处，亲如一家。双方相约来至桥头酬谢刘公，但刘公早已不知何往。古人有"好人死后必为土地"之说，于是在桥头建刘公土地庙，后毁于火。重建时改名刘公庙。由于信众的积极要求，政府 1995 年同意开放刘公庙为佛教活动场所，更名为金佛寺。

4. 品元宫

　　道宫，建于明末清初，地址在今品元宫路，所供神祇为"天地水府三品三元三宫上帝"，即道教所称天官、地官、水官，是道教赋予客观物质世界的人格神。此宫最初为津市渔民筹建，主要用来祭祀因水而殁的亡灵。旧时，渔民长年在江河湖泊渔猎生活，难免风波之灾，船翻人亡是为常事，于是筹建此宫，以祈平安、超度亡灵。品元宫虽为道宫，但也兼做佛事，每年七月十五中元节时举行盂兰盆会。是时，僧人操办拜忏仪式，放焰口、河灯、羊灯，市民沿河追看，十分热闹。

▲朝阳阁大码头（摄于 1925—1945 年间）

▲新大观楼（彭淼／摄）

5. 朝阳阁

又名大观楼，始建于明末，在津市观音阁码头。楼为木结构的三层楼阁，因面朝东南，市民亦呼之为朝阳阁。清初，大观楼是津市第一楼。乾隆《澧州志林》收有张景"大观楼"诗句："一点轻帆万里回，绕城波色动楼台。珠帘绣柱围黄鹄，岩畔古碑空绿苔。荡桨远从芳草渡，绮罗留作野花开。山光积翠遥凝碧，更取峰霞入酒怀。"

道光廿三年（1843），澧州大水，津市富商吴醉碧设粥棚数十赈灾，遂得守道蔡家玕赏识。当时何绍基贵州主试归来，途经津市，吴在大观楼给其接风，蔡家玕与翰林编修胡林翼、胡焯等人特地从州城过来。楼列笙歌管弦，席上百般珍馐，主宾"叙饮极欢"。何绍基《津市行赠蔡玉山前辈》诗云："我行兀兀武陵口，贪看红叶穿林皋。翩然复上澧州船，相见狂斟津市酒。高轩远道来逢迎。如君古谊今安有？"在座之人，多为名士显宦，觥筹交错，佳句联翩，仿佛当年滕王阁事。

光绪年间，津市富户禹某赴岳州，途中感冒风寒，卧床不起，一道士趋前自荐诊治，施以熨、贴、推、拿手术，竟不药而愈，禹公叩问道长姓名及住处，回答姓吕，住澧州三洲村。后思及道人姓吕，疑为吕仙赐福，遂终年祈祷不已。民国初年，朝阳阁年久失修，摇摇欲坠，吕氏后人重修大观楼，并塑吕洞宾金身于阁中，并精刻匾额一块悬挂其上，题字"大观在上"。此时的大观楼，已不复当初形貌。1930 年，津市商民 60 户集资补修。

1974 年，因修筑澧水防洪大堤，大观楼被拆。2019 年，市政府打造沿江公园，重修朝阳阁与大观楼，楼阁分为二制。新建的大观楼是津市的新标志性建筑，楼前临关山，襟带澧水，左观洞庭千里烟波，右揽澧阳百里平原，市民游览其间，不胜赞叹。

6. 太子庙

▲太子庙（资料图片）

修建于清末，地址在今万寿路南，据说所供神祇为贬居澧州的明代华阳王朱悦耀，是华阳王的后代修建的庙宇。华阳王为蜀献王朱椿之子，因争嗣而诏徙澧州，死后谥悼隐，如称太子，必致僭越，太子之说似不能成立。故此说存疑。太子庙地处当时津市经济文化核心区域，影响很大。民间另一说法：江西人修建万寿宫后，财脉隆盛，津市人舒三嗲遂召集本籍商民集资在万寿宫南边修建太子庙，以镇江西人财脉。如此，财庙内所供之太子，则未必是朱姓子孙。民国时期，太子庙是津市市区宫庙修筑中最高的一座，有三十六级毛石台阶，"雄峭幽邃，古雅华贵，朱厅深广，斗拱飞檐"，门墙是由长沙籍工艺师周桂生雕塑的堆画，所塑之"梅兰竹菊""双凤朝阳"，栩栩如生。

7. 古大同寺

▲古大同寺（彭淼／摄）

▲古大同寺佛事（彭淼／摄）

该寺位于津市澧水南岸的大同山上，始建于唐朝咸通年间（860—874），原名慈云庵，相传为里人陈姓夫妇捐舍。据光绪二年（1876）《重修古大同寺》碑记载"广澄济祖开大同为九祖道场，取'大同无我'之意，直指人心，同归于一"，故名大同寺。为区别此后建于黄姑山下之大同寺，市民遂呼之为古大同寺。寺院依山而建，周围是古大同森林公园，重峦叠嶂，漫山古木，阴翳蔽日，云烟缭绕，有道藏第四十四福地之称。历代有不少高僧驻锡于此。如唐朝的大同广澄禅师、大同济禅师，他们分别是马祖道一和石头希迁的法嗣，与百丈清规的创立者百丈怀海禅师、曹洞宗始祖药山惟俨禅师是同门师兄弟，因此古大同寺又被方外尊为"九祖道场"（编者注：灯传，禅宗在六祖慧能之后不传衣钵，花分五朵，各派高僧不再称祖），是九澧一带佛教活动中心。唐以后有香岚和尚、空了和尚、镇海和尚、广福和尚、觉化和尚、宽莲和尚、蘧夫禅师等人，均学贯九流、名重一时。"文革"时期，僧散寺拆，仅存大雄宝殿半厦，塔林一座。改革开放以后，寺院得到重修，现有山门、天王殿、大雄宝殿、三圣殿、藏经楼、念佛堂综合楼、海会楼、塔林等建筑，院藏文物有缅甸玉佛、木雕大佛及佛学典籍等。

8. 中武当

中武当道观位于津市关山北麓，建成于明代初期，疑为华阳王朱悦燿所建。关山多松，此观建于山巅，有万壑松风之气象。1646年的一场风灾，"关山古松千本尽拔"。民国时，中武当由于年久失修，加之风雨剥蚀，毁损严重。1926年，由驻澧的湘军第十九师师长李觉发起，津市商户集资维修，始变旧观。

整修后的中武当有前殿、正殿、后殿、藏经阁等建筑，庙门门楣上有石刻匾额"中武当"三字，门墙上饰以浮雕，彩绘图案。进入前殿，左右两厢置钟鼓楼，穿过前殿，院中竖石碑一块，上刻"廉洁"二字，传系宋理学家朱熹手迹。正殿供真武祖师铜铸像，重五百斤。正殿中悬有一副木刻对联：利锁名疆，笼络多少好汉；晨钟暮鼓，唤醒无数痴人。神座前陈列黄色陨石一块，上布满黑色纹络。后殿供王母娘娘和九天玄女塑像，殿后为藏经阁，珍藏有道家经书。观前有相距仅尺许的雌雄二井：左雌井，明亮如镜，可以照人；右雄井，浑浊如泥，终年不洁。雌井水质清洌、甘甜，长饮此泉，可延年益寿。山上种有茶树，枝繁叶嫩，道士采撷茶叶制成"烟云茶"，取泉水冲泡，叶悬水中，三起三落，旋转游动，色、香、味俱佳。

"大跃进"时期，中武当被拆，松林被砍伐殆尽，古迹亦荡然无存。进入20世纪80年代，一些善男信女倡导集资修复祖师殿。1994年中武当道观正式开放。1996年，台北市三清宫宫主黄晓得先生一行到中武当参观考察，捐资重修垛儿口到中武当的人行道。至此，中武当道观再次雄踞关山之巅，成为津市旅游胜景。

▲航拍中武当道观（网友图片）

9. 药山寺

原名慈云寺，惟俨法师于唐贞元年间（785—805）建于药山（今药山镇），是禅宗五宗之一"曹洞宗"的祖庭，在海内外有巨大影响。相传惟俨法师当年别过衡山，一路北上，欲觅一方净土以传法济世，当行至药山，恰遇暴雨，只得淹留于此。雨住之后，忽见朝阳之下漫山芍药花开，灿若云霞，法师为之心动，决意于此驻锡。遂向村民借牛栏一间，以牛栏为基，扩充慈云寺，广开法筵，大振宗风，在此弘法 30 余年。当时佛门之内戏呼惟俨法师"药山牛"，即是对其精邃绵密禅风、筚路蓝缕精神的赞许。唐太和八年（834），法师圆寂于此，葬于啸峰山腰，骨塔曰"化成"，唐文宗赐谥"弘道大师"，名士唐伸为其撰写碑铭（载于《唐文粹》）。

药山寺山水环绕，景色绮丽，历代为海内士民拜谒、游赏之地，常有文人骚客、达官显贵来此问道。如唐代诗人李商隐、李翱、相国崔群、常侍温造等都在此留有诗作。李商隐在《同崔八诣药山访融禅师》诗中曾写道："岩花涧草西林路，未见高僧只见猿。"可见当时是访隐者不遇。

惟俨属禅宗南宗青原行思一系，惟俨大师弟子有云岩昙晟、道吾宗智、船子德诚、椑树慧省、鄂州百颜、泾原光宓、宣州落霞、药山藫、澧州高沙弥等，其中以云岩、道吾法系较为荣盛。经云岩昙晟再传至洞山良价，著《宝镜三昧歌》；良价弟子曹山本寂继承师法，大振洞门禅风，著《寒山子诗集》闻世，创曹洞宗。曹洞宗教以"正、偏、兼"三概念，配君臣之位，分析佛教真如与其派生之世界万有关系。禅风以"回互细密"著称。12 世纪初，曹洞佛法经僧如净、道元传入日本，成为日本一大佛学宗派。

新中国成立后药山寺已遭毁弃，近年来在明影法师等人的努力及社会各界鼎力支持下，已新建了典雅精致竹林禅院，开辟福田数百亩，寺院整体性迁建也正在进行；寺内学术交流活跃，佛事活动频繁，大有重振宗风、再树丛林之气象。

▲药山寺（彭淼 / 摄）

▲药山寺竹林禅院（彭淼 / 摄）

▲新修的嘉山禅寺（彭淼/摄）

10. 大德寺

位于嘉山脚下的津市新洲镇城内村，初建于唐永泰年间（765—766），由僧人普清募建；元大德元年（1297），僧人东山重建；明宣德癸丑年（1433），僧人普济翻修。《直隶澧州志》载："大德寺，州南三十里，明正德十四年（1519）建。内有吴道子所绘罗汉图十八轴，失其一。"可见这也是再次重建，之后再无修葺记录。民国时期，大德寺规制尚为齐整，寺坐北朝南，五间三进，寺左侧前有戏楼，后邻关庙，有小门相通，即所谓"一步两庙堂"。

大德寺寺藏之宝为吴道子所作"十八罗汉图"，明万历年间，文学家袁中道曾买舟嘉山，以观其画，其记述"大德寺在土城中，入寺，询僧寺中罗汉。云共十七轴，半为住持匄之他去。馀六轴，神采焕发，宛有生气，远视益逼人。其绢素已裂，实元绢也。衣褶用笔极遒逸，上作水纹如发。予展玩再四，真神物，不虚此一来矣。"可见当时原画已被寺僧偷窃，只存六卷，无补卷。清初，吴三桂造反占据澧州，曾将画卷掳至云南，后不知何故送还（民间有罗汉显灵于梦、惧而送返之说）。清康熙三十一年（1692），澧州知州何璘曾借观并作《大德寺罗汉图辨》，认定图为十七轴，其中十一轴近于真迹（元明间好手临摹），余皆为假。说明此时已有补卷聊充。但所谓真卷，为何从六增至十一，则扑朔迷离。

此地俗有"四月八，观天画"的庙会。是日，大德寺挂画一天，四乡民众集聚于此，以观"天画"。为避免画卷损失，寺内僧众遂与城内乡绅协商，组成护画会，民国时护画会有蒋葆玉、何筱村等18人。护画会以60担谷为基金，用于护画支出。1940年，护画会曾聘请名师对此画进行装裱。1943年冬，日寇烧毁东街，保藏画卷的蒋葆玉称此画毁于兵火。

大德寺在抗战时期曾被征为鄂西军粮库，后成为戏班住所，1958年被拆毁。近些年来，有释教团体在嘉山顶上募修嘉山禅寺，规模宏大，但寺名已非大德。游赏嘉山之人若遥想当年，只可聊作补阙。

11. 贞烈祠

又名孟姜庙，在新洲古城东嘉山之巅，明嘉靖二十六年（1547），监察都御史李如圭会湖广巡抚林大辂、澧州知州汪倬建，所祀神像为民间传说中的孟姜女。孟姜女传说，考其源流，始于《左传·襄公二十三年》齐国将领杞梁之妻郊野哭丧的故事，西汉刘向编《说苑》，在"烈女传"中加入了"昔华周、杞梁战而死，其妻悲之，向城而哭，隅之为崩，城为之阤"的内容，唐时，《敦煌曲子·捣练子》中出现"孟姜女，杞梁妻，一去燕山更不归"的句子，坐实了孟姜女即杞梁妻的人物身份。但在澧州，孟姜女却是土生土长的澧州女儿，其夫为华州秀才范喜郎，两人相逢于逃亡的危难之中，诀别于官差追捕之时，之后送夫、望夫、寻夫、哭城，演绎了一曲凄婉动人的爱情悲歌。其故事是自成体系的。明嘉靖辛卯年（1531）的秋天，李如圭从陕西延绥赈灾后回澧，途经西安府同官县，听到了当地流传的孟姜女故事，竟然与澧州传说分毫不差，只不过多出了后面的部分，即孟姜女寻得范郎骨殖后，因病逝于同官。这一下就解决了千年来澧州孟姜女传说中无法交代的困惑。李如圭遂向嘉靖帝奏请其事，得皇帝旌表，赐家山为嘉山，并敕建祠，春秋致祭。贞烈祠建成后，李如圭作了《贞节祠记》，朝野官绅名士，纷纷致诗作赋，澧州孟姜女故事，一时声喧海内。

贞烈祠圣迹显明，嘉山之下有孟家洲，为姜女故里；澧水之畔有望夫石，嘉山之上有望夫台，台下有镜石、相思竹等。寺内香火旺盛，每逢姜女生辰（六月初九），澧州士民，皆来祭祀。有传说婚后不育者，只要在姜女娘娘面前焚炷一香，必定人丁兴旺。则嘉山孟姜女又成送子观音了。1954年的冬天，因祠中老尼用火不慎，贞烈祠毁于火灾。迨至1981年，僧人涂可福重上嘉山，在原祠址搭建棚舍，重燃香火，之后积薪厝火，至1989年重建成庙。2006年6月，嘉山寺举办圣母像开光仪式，孟姜女祭祀活动恢复正常。

▲嘉山孟姜庙（罗斌/摄）

▲今日龟山寺（网友图片）

12. 龟山寺

位于毛里湖镇石龟山大桥北侧，建于宋太宗至宋徽宗年间（公元 1000 年左右），后屡有扩建，颇为壮观。宋时，高僧弥照住石龟山，为振兴禅风，在此广收门徒，终日篆炉香积，梵音盈耳，为九澧著名道场。《直隶澧州志·舆地志》载："南石龟山在州东南七十里，下临澧水，其西有镌石四枚，宛然石船，而莫知其自，人无敢犯，意古者镇水物也。"此即石龟之名的来由。石龟山实为高埠，现已不见其山形。

关于石龟山的来由，现龟山寺前的碑刻记载着一个美丽的故事。说当年秦始皇欲扩大陆地面积，遣石龟驼着石船装载白云山之土，去填塞洞庭湖，此事被施家垸土地菩萨得知，他为使本地老百姓免受填湖溢水之灾，便利用"雄鸡啼鸣，神龟禁行"之天规，在天亮前提早学鸡鸣，导致石龟骤停施家垸，岩船即止，而形成至今尚存的石龟山。

今修的龟山寺是一个佛道共祀的庙宇，其供祀的主神中也有武帝关公，据称石龟寺的诞生也与关公显灵相关。传说很久以前，澧水发大水，一截巨大的樟木漂浮到石龟山下，就像钉子钉着一样，再不动了。当天夜里，本地农民刘通照梦见关老爷对他说，此木是他特意送来为其雕琢影身的，要他次日去取。刘公遵嘱，用此木雕了关帝神像，建寺供了起来。据说抗战时日军曾侵占龟山寺，驻扎了一个中队。一天黄昏，门岗突然失魂落魄地向中队长报告，说有一手持大刀的红脸长髯大汉冲进门来，口中怒吼不止，他们呵斥不理，放枪不响，倏忽不见。日军即日全部撤离……

所谓神龟、石船，只不过是当年修筑的水制；而关帝显灵，也不过是重轭之下的民众想象。但澧水悠悠，龟山依旧，人们需要一些浪漫的寄托，是可以理解的。1998 年，女尼释元兰等人筹资，龟山寺得以重修。龟山寺现有 152 平方米的伽蓝殿、650 平方米的大雄宝殿和 5 间僧舍，2005 年正式向信众开放。

▲从马颈岭上观白云山峰（彭淼／摄）

13. 白云观

白云观在药山镇白云山巅，所建年代大约为唐代，据传民国时期尚香火鼎盛，至解放初期只存殿宇，大炼钢铁时拆毁。改革开放后，有道徒募资修建屋舍，供奉真武诸神，香火续燃。

说白云观必须交代白云山，其山又名白银山，西联药山，南与鼎城区双桥坪接壤，海拔438米，为津市境内第一高峰。晴日登顶，朗、澧诸城一览无余，据说为道藏海内第53福地。因此，乡民尝以"观"代山，习惯于把白云山称之为白云观。清时山上还建有佛寺。可见海内名山，譬如鱼山梵呗，亦为同吟道场。《直隶澧州志•舆地志》载："药山在州南九十里，上多芍药，故名。北接白云，南连经岩，金刚伏其下""白云山在州南九十里，群峰峭立，晴岚摩天，独中峰出云，当日雨；若群峰云，云返乃雨，有寺亦名白云""金刚山在州南小斗村，一曰红岩寨，前有净尘桥、白龙井、清凉亭、众中寺，唐时建"。红岩寨紧连白云山，相传宋时钟相、杨幺在此筑寨建营，阻击官军，其留下的故事较多。

14. 福音堂

建于1903年，地址位于市区后街，由芬兰教会创办。此地原为吴家花园，由道台吴经绸于1874年营建，格局古雅，月榭花亭，曲径回廊，颇具江南园林之胜。1902年，传教士苏布伦来津，先是赁屋为堂，后考虑教务扩展，遂以6000银元高价买下这座花园，改造为基督教福音堂。1908年，教会在此新建福音堂，建房屋8栋72间，占地面积3610平方米。所造建筑以北欧风格为主，充满异域风情。之后芬兰牧师、教师、医生70余人相继抵津，传教活动频繁，影响渐大。1915年，成立基督教湘西信义总会，隶属于芬兰教会，会址设津市福音堂。总会辖津市、慈利、大庸、永顺4个公会，各公会在津市、澧县、临澧、安乡、石门、慈利、桑植、大庸、

▲吴家花园（资料图片）

▲福音堂（摄于1902—1910年间）

▲新福音堂（网络图片）

永顺、龙山等地集镇和农村设37个区会，共有教徒1864人，中国籍牧师20人。

1920年，基督教湘西信义总会易名中华基督教信义总会，辖区不变。时津市公会辖澧县、临澧、安乡、梦溪、大堰垱、渡口、新洲等15个区会，教徒608个。教会先后创办津兰学校、津兰医院、信用合作社和信生染织厂。至1945年，津市公会教徒增至690人，其中津市市区教徒264人。

1953年，最后一任传教士白光明回国，教会活动停止，会产纳入政府管理。前后半个多世纪，芬兰共有89名传教士来津市工作，其中一部分人已埋骨于此，他们为中芬友谊、文化发展所做的贡献，被津市人永远怀念。改革开放之后，基督教恢复活动。1996年，教会重建福音堂。福音堂现有信徒300余人，在教牧师2人，义工传道人3人。教堂除定期礼拜外，每周三晚上举行祷告会、周五上午举行查经会，每年还举办复活节、圣诞节等宗教活动。

15. 天主教堂

天主教堂由西班牙天主教会购地兴建于1885年，地址在建设西路南侧。西班牙神甫是最早进入津市的外国神职人员，他们入津布道，开办育婴堂、收养弃婴，取得市民好感，当时入教者甚多，教务逐渐发展。1922年，主教堂迁往澧县，辖新洲、渡口、拖枪口、清化驿、顺林驿、大中堰、盖溪桥、张家厂、如东铺、永镇河等分堂。教会在津市会产较大，其房地产后及正街、前连河街，连绵整个街区。1945年7月，石门县船业公会曾因教堂将沿河五通庙至桃花桥地段给人修屋、影响船舶停泊而与之发生控争。

新中国成立后，西班牙神甫罗蕴丰回国，教务中断。1954年，澧县教区向世明神甫到津市管理教务、

▲新建的津市天主堂（彭淼/摄）

修缮教堂、恢复活动，"文革"时期教务活动停止。1982年，天主教堂恢复活动。2000年4月，成立津市天主教爱国委员会，先后有李、谭二位神父主持教务。1993年，教堂在建设路择地建设教堂。2015年，教堂再迁津澧大道东段南侧，为市区特色建筑之一，现有信众400多人，神职人员1人，爱国会管理小组6人。

16. 清真寺

　　津市清真寺位于三洲街58号，现"金城银座"步行街内，建成于清嘉庆年间。津市的回民聚居历史，最早可追溯于明初高昌回纥部落投明、明太祖朱元璋令其部落武装南下征剿苗傜洞蛮故事。清康熙年间，大小金川苗民叛乱，康熙御驾亲征，平叛之后，其屯兵卫所，亦安置有大批回民，后落叶生根，澧州遂有回民聚居。但伊斯兰教传入津市是在清嘉庆七年（1528），此年始建清真寺，当时形制较为狭小。清同治年间（1862—1874），阿訇向宏昌主持教务，化缘集款，清真寺得到扩建。1942年，湖南省地政局勘测的地形图上标明，清真寺有房地产两处，其主体建筑为前后三进木屋。民国期间，清真寺先后两次失火，仅存360平方米的两层木结构楼房。津市解放前后，先后有魏应山、唐源琪、李效之、海览臣等主持教务。1966年，教务活动中断。1980年，恢复民族宗教活动。1982年，落实党的宗教房地产政策，政府归还其寺产。2000年，新建具有伊斯兰风格、功能齐全的两层砖混结构的清真寺，建筑面积443平方米。

　　清真寺是伊斯兰教信徒举行宗教仪式、传授宗教知识、穆斯林之间交流情感的场所，也是全市回族、维吾尔族群众开展政治、文化和社会活动的中心，又是津市对外开放的一个窗口，是各地来津经商、旅游、探亲的穆斯林同胞落脚、换水、礼拜的地方。

▲津市清真寺（网友图片）

第三节 掌故

一、药山问道

在中国哲学思想史上,李翱与惟俨的交往被传为佳话。李翱(772—841),字习之,甘肃临洮人,贞元十四年(798)进士,官至山南东道节度使,是韩愈、柳宗元倡导古文运动的积极参与者。他与惟俨相见是在元和十五年(820)出任朗州(今常德市)刺史的时候。朗州与药山毗邻,李翱为海内名士,而惟俨又是禅宗大师,两人交集是势有必然。

《宋高僧传·惟俨传》记载,李翱到药山初访惟俨时,惟俨"执经卷不顾",侍者提醒他"太守在此",惟俨仍默不做声。李翱见状,便高声喊道:"见面不似闻名。"惟俨遂直呼李翱名道:"施主何必贵耳贱目!"李翱闻此,方执礼相见。

从韩愈开始,儒家学者重视探索"道""道统"的问题,李翱曾师事韩愈,自然也关心这个问题。他见到惟俨问:"何谓道耶?"是想探询佛教对"道"的见解。惟俨运用禅宗接引学人惯用的隐喻方法,用手指天,又指一指净瓶说:"云在青天水在瓶。"大意是道不可正面表述,但它真实自然,就像云在青天,水在瓶中一样。据载,李翱当即"警悟",如同"暗室已明,疑冰顿泮",立即作诗二首,其一曰:"炼得身形似鹤形,千株松下两函经。我来相问无余说,云在青天水在瓶。"其二曰:"选得幽居惬野情,终年无送也无迎。有时直上孤峰顶,月下披云啸一声。"两诗俱是赞颂惟俨禅师的修为与道行的,其中也透露了禅师的宗风色彩与生活行迹。药山有啸峰、披云岭,据传某夜惟俨独上啸峰,见月色如水,天地澄澈,禅师不禁长啸抒怀,声振朗澧九十里。翌日,乡民以为雷震,啸峰之名由此而来。

《五灯会元》载:"李翱问师何姓?师曰:正是时。李不委,却问院主:某甲适来问和尚姓,和尚曰正是时,未审姓什么。主曰:恁么则姓韩(与

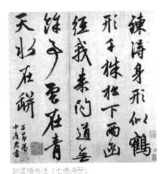

赵孟頫书法《七绝诗册》

▲ 赵孟頫《七绝诗册》

▲僧巨然《秋山问道图》

寒同音）也。师闻乃曰：得恁么不识好恶，若是夏时，对他便是姓热。"此则掌故，看似禅师的俏皮话，其实一语道破了"禅修之人四大皆空"的道理。

药山问道，不仅在中国思想史上有较大影响，而且对中国文化史有更多的贡献。晚唐以来，以此故事为蓝本，生发出了众多的文学艺术佳作，如元代书画大家赵孟頫、僧巨然、明清时期绘画大师石涛、朱耷（八大山人）的书法绘画等。这些作品，既体现了对药山禅法的追崇，也体现了对多重文化交融的颂扬，可谓千古之问，兰麝生香。

二、船子棹歌

世人皆以药山禅师为曹洞宗祖，但药山禅法博大精深，其成就岂能止于一门。惟俨高足满座，其中船子和尚德诚最为特立独行。灯传记载，德诚僧为四川武信（今遂宁）人，俗姓不具，早年受法于澧州药山，尽道三十年，与道吾、云岩为同时师兄弟，尽得师传心法。药山禅师晚年，见佛果已熟，便要求他们出寺住山弘法。离开药山时，德诚对两个师兄说，你们法力精进刚猛，应该各据一方，创山立庙，弘扬宗风。我这个人率性散淡，惟好山水，没什么能力。今后你们知道了我在什么地方，如果遇上伶俐的佛子，指示一个来，也许可以雕琢，我定将平生所得传授给他，报答先师恩德。于是自驾一舟，泛于苏浙松江、朱泾之间。

德诚到了秀州华亭，在江上摆渡为生，没有人知道他的来历，都叫他船子和尚。和尚平日与百姓相处，敦诚睦善，如遇问道之人，辄机锋频出，莫测高深。每至烟雨之夜，随舟漂泊，朗声吟哦，人莫辨其所在。松江是吴地渔歌的发源地，船子和尚长期生活在此，学习和掌握了渔歌创作技巧，以此为表达方式，写下了大量的"七、七、三三、七"句型的诗歌，用来吟咏渔夫生活和阐述释家玄理。其诗歌与前辈诗人张志和的"渔歌子"相类似。张志和祖籍浙江华亭，其代表作"渔歌子"被誉为唐诗神品，千年来脍炙人口。《景德传灯录》中载有船子和尚拨棹歌39首。《法苑珠林》和《艺林伐山》诸书引有他的歌词，并集有《船子机缘诗》一卷。今录其二，以觇其妙。

其一：别人只看采芙蓉，香气长粘绕指风。两岸映，一船红，何曾解染得虚空？

其二：独倚兰桡入远滩，江花漠漠水漫漫。空钓线，没腥膻，那得凡鱼总上竿？

后来道吾云游到京口寺，遇见一位叫善会的禅师在讲法。有人问："何为法身？何为法眼？"善会禅师答："法身无相，法眼无暇"，道吾便扑哧一笑。善会知道事出有因，便下坐虚心请教，道吾告诉他"你说的错倒没错，只是没有亲自证得，如果没有亲身体验过佛法的妙味，别人也不能通过你的说教证得佛法、体验佛法的妙味，你说的这些都不是当下能成佛的法啊！"善会还想继续求教，道吾禅师便指引道：你去华亭问问船子和尚吧。

善会到船子和尚处，一见面，船子连问几个禅修问题，善会都依教理作了回答。没想到船子和尚却把脸一沉，呵斥道："一句合头语，万劫系驴橛！"合头语就是圆满的答案，因为这些都是文字知解上的东西，心上未能悟到，不能切入大般若境界，这些知解上的东西，都是意识的境界，在实际禅修时全都用不上。船子又说："垂丝千尺，意在深潭；离钩三寸，子何不道？"是说像钓鱼一样放那么长的线下去，现在就差那么一点点了，也就是说，你下了那么多功夫，你想悟道，你想成佛，现在悟道，成佛的准备工作已经做得差不多了，你怎么不跟我说说当下怎么悟道，当下怎么成佛呢？

善会是有名的大法师，三藏十二部、唯识、中观什么都会，样样讲得通，正想对船子高谈阔论一番，刚要开口，却被船子一船桨打翻水中。人一入水要呛水，还要憋气，好危急。头刚一冒上来，船子和尚就催他"快说！快说！"气都喘不上来，人还在水里，善会却还想发表演说，就又被船子用船桨按入水中。又刚冒出水面，船子又逼他"快说！快说！"刚要开口却又被按入水中。如是三番，善会豁然大悟，乃向船子点了三下头。你想，人被按入水中，时刻有生命之忧，呛水之难，气都上不来，哪还有心思讲经说法，这时满腹经纶，无量才艺，早到九霄云外了，精神高度警觉，大脑空空，什么妄念都没有了，当下切入"明空双映"境界。船子和尚就是用这个方法硬是让善会开了悟。

然后船子和尚告诉善会："我在药山师祖那里参学三十年，只是搞清楚了什么是本来面目，你现在已经得到了，以后你不要再住在城市人多的地方，要到深山里人烟稀少的地方去保任这个境界。"善会便告别师父，边走边回头，一是舍不得离开师父，二是心中想，难道佛法就这么简单吗！船子和尚明白善会的心思，大喊一声。善会回头一看，船子竖起船杆说："汝将谓别有？！"是告诉他"你不要认为另外还有成佛的法！"于是就把船弄翻，自己淹死了。善会这回才死心塌地，头也不回地走了。

善会后来云游到石门夹山，开创夹山禅寺，大展药山宗风，创"茶禅一味"心法，成为一代宗师，史称夹山禅师。船子和尚用生命坚定弟子信心，充分体现了一代祖师的风范，憨山大师对此曾有评说："假如夹山那时还停留在文字知解上，船子如何为他舍得命来！"

三、姜女送哥郎

孟姜女的故事在澧州源远流长，有广泛深厚的文化基础，民间巫祝傩戏、说鼓道情多有采纳，其中影响卓著、流传至今的澧州大鼓，其精华篇章"送哥郎"，更是以孟姜女故事为蓝本，数百年未曾变易。

"歌郎"本系旧时澧州民众对鼓书艺人的昵称，因他们在表演鼓书"送亡"时，长期述说孟姜女送夫故事，民众便将本地女性对爱人的称呼"哥郎"与之叠合，"歌郎"也就成了"哥郎"。"送哥郎"在其他表演艺术形式中多称"送夫"，其实更贴近于故事本身，唯其在鼓书演唱中用此别名，可见其中包含着澧州民众对曲艺演唱者的喜爱。

古人通行不便，十里相送、长亭一别，包含着太多内涵，更何况是两情相好，一别永诀。这样的故事恰好表达了生死之别的难舍，这也是津澧地区歌郎之唱千年不绝的原因。数百年来，"送哥郎"所述故事虽无变化，但唱词本为口传，师传不一，已存差别。特别是进入新世纪以来，诸多民间文化爱好者参与创作，屡有修订，文采斐然，甚至唱腔，也相比传统更为婉转。这是文化发展之必然，也是民间艺术之幸事。数年前，编者曾转摘过"送哥郎"词，但感觉唱词不太完整，无法充分表现其悲怆情怀，今辑录艺人郭方惠先生现场演唱的《澧州大鼓·送歌郎》词一段，以飨读者。

送歌郎·十里送夫

送夫一里出门东，脚踏平地手捧胸；秦雪梅吊孝，穿得几多俏。我的哥哥我的姊妹呀，池塘堆水一场空。

送夫二里转门西，一对鸳鸯起翅飞；金银花的姐，紫银花的郎。我的哥哥我的姊妹呀，起翅飞千里。

送夫三里桃花店，返眼看郎心底寒；喊声店老板，给俺下碗面。我的哥哥我的姊妹呀，结账又要好多钱？

送夫四里到池塘，池塘一对巧鸳鸯；郎似高粱梗，姐似棉绞藤。我的哥哥我的姊妹呀，我缠了你的魂。

送夫五里黄土坡，坡上岩头瓦渣多；过来坐一坐，高低不平和。我的哥哥我的姊妹呀，我绣鞋都挺破。

送夫六里到桥头，手扳枝子看水流；桥是古人修，二人手挽手。我的哥哥我的姊妹呀，我越看越忧愁。

送夫七里放牛岗，放牛岗上好恓惶；岗上出猛虎，猛虎下了坪。我的哥哥我的姊妹呀，险些吓掉奴的魂。

送夫八里到大江，洪水滔滔起波浪；大浪弯难转，小船上了滩。我的哥哥我的姊妹呀，灾难它赶滩！

送夫九里到庙堂，夫妻二人两头忙；撞得钟鼓响，借火焚宝香。我的哥哥我的姊妹呀，菩萨你在上。

送夫十里到长亭，掰个柑子十二瓣；郎吃六瓣苦，姐吃六瓣酸。我的哥哥我的姊妹呀，酸甜苦辣都占全。

第六章 桥渡驿邮

自市镇形成以来，津市在漫长的岁月里，基本上是一个独立的存在，它既不是澧州的政治中心，也不同于其他市镇。它以兴隆的商业和繁华的市景而称胜。要说得天独厚的是它"宛在水中央"的位置，挥洒之间，商贾和行旅循水路而来，雍容与优雅与涛声共远。

当三洲拱托而出，水涨沙背、渔舟唱晚之际，为夕阳湖、桃溪河、太平河、双溪河等分隔的街市，渡船是洲岛之间的链条。此时，船舱里的酒是落雁洲的家酿，棋盘洲的脍炙是晒网洲的新获。喜炮声响，则见左邻登岸；炊烟相接，屡有醉人呼船。那是一幅典型的渔耕村居图。

但很快便有了桥。下江人的到来，不仅带来了软糯的昆腔，还带来了石工巧匠，惠政桥、刘公桥、观音桥、落虹桥，一座座精美的小桥把街市连成一片，为津市码头的繁荣奠定了基础。宫庙嵯峨，戏楼新筑，街市上是人声鼎沸的商事，小巷里是咿咿呀呀的琴声。当夕阳斜照在马头墙上，听戏的那碗茶已换过三道水，板船还系在桥下的石柱上，逛街的那位走进来，喊一声，梦溪寺，还有水路三十里！

而最终夕阳萎缩成了后湖，那些小河与石桥也被洪水带来的泥沙湮没于泥涂。津市的市区虽因此后展，但南北通行仍阻隔于澧水，人们往来，唯赖于河渡，津市人开始呼唤新桥。1989 年，津市人修建起澧水城市大桥，圆了数百年天堑化通途的梦；2019 年，津市澧水二桥建成通车，城市发展又添新路。

津市兴于水，也受制于水，陆路交通长期滞后于周边城市。数百年间，津市不通驿路，与州府只有一条蜿蜒的土路相连。1919 年，冯玉祥署理湘西镇守使，动员军民修筑由常德经临澧、澧县以迄津市的大路（路宽一丈二尺），津市始有陆行大道。1924 年，澧州镇守使唐荣阳拟修常澧、津沙、澧津、常桃、澧慈、常津 6 线公路，后唐荣阳被逐，事寝无声。五年之后，湖南省政府根据当局"筑路剿共"计划，再提筑路话题，津常线被纳入"七大干线、十三支线"公路计划之中，津澧公路为韶（关）洛（阳）干线湘鄂西线之支段。此项工程 1932 年 12 月动工，1935 年 10 月完工。路为土基，后铺以砂石，此为津澧一线真正意义上的公路。但此路在 1939 年秋因抗战需要而主动破坏。1945 年 10 月，澧县政府制订以县治及津市为中心的筑路计划。有关津市有五线：一为津梦路，津市至梦溪寺，30 华里；二为津大路，津市至大踪堰，30 华里；三为津东路，津市至东港，25 华里；四为津官路，津市经红庙至官垸，30 华里；五为津清路，津市至清化驿，30 华里。所修之路宽一丈，俱为砂石路面。1948 年 11 月，津澧公路修复通车。至此，津市公路网才初步形成。

鸿雁南飞，鱼传尺素。古时驿邮是国家治理、信息传达的主要手段，路通则驿置。津市虽不通驿，但津市的铺递设置历史悠久，驿道也离市区并不太远，闻名遐迩的清化驿与市区相隔不到 40 里。历史上驿马飞驰、官员往来，很多著名的政治家、思想家、文学家留迹于此。其中不少人在此写下了纪游诗文，更有不少人踅道市区，留连山水，交游访道，为津市的文化留下了丰厚的遗存。

第一节 昔日的桥

津市市区最初南阻澧水，北隔后湖，中梗沟港，由数个互不相连的小洲组成。往来全靠船只。后商业发展，人口日众，船只联系已不适应发展需要，因而开始架桥。后构者日增，桥便取代船只，成为连接整个市区的纽带。明清时期，市区半里一桥，十步一坞，流水潺湲，杨柳依依，是一个富有江南水乡特色的所在。后因南北两水夹击，市区常遭水患，洪水挟裹的泥沙淤积，旧桥大多湮于泥涂、埋入地下。所谓旧桥，至今仅存重修的双济桥、凤凰桥、万寿桥三座。这些消逝的桥，并非为了点缀风景而存在，而后人的怀念，却构成了一幅幅动人的风景。据史料记载，明清及民国时期津市市区的桥有14座，分述如下。

1. 惠政桥

建于明隆庆年间（1567—1572），为南北向石桥，其址在今仙桥商场。《直隶澧州志》作"会镇桥"。相传此桥由最先来津的江西商人倡议、富户捐资共建。桥名惠政，其意在示好当政。后传渔人牛一瓢桥上巧遇"八仙"，民间又呼为"会仙桥"。旧有碑，今与桥并埋入地下。

惠政桥如何演变成"会仙桥"，民间有如下传说。明末时期，津市有一鱼贩叫牛舜耕，无家无室，每日在街上贩鱼，晚上就在刘公庙借宿，赚点鱼钱便买醉街头，一口一瓢，灌得人事不省，人们都叫他"牛一瓢"。某年七月，鱼价陡跌，贩鱼虾者叫苦不迭。牛一瓢一担鱼放了三天无人问津，已腐烂发臭。晚上，他蜷在庙墙角，望着臭鱼发呆，迷迷糊糊昏睡过去。忽然一阵凉风吹来，把他惊醒，只见庙中红光烁烁，眼前一位白胡子老倌轻轻对他道："牛一瓢，你劫难已满，时运即到，明日辰时，八仙应东海龙王邀请赴宴，要路过此桥，从洞庭湖入海。机不可失，时不再来！"牛一瓢连忙起身感谢，眼一睁，原来是个梦。次日凌晨，牛一瓢便早早地将鱼担摆在桥头。不一会儿，只见桥上一行八人慢慢走来，打他身边过时，走在最后的又癞又跛的汉子对他一笑。牛一瓢心中一动，想起梦境，冲上前去，拉住那人拐杖道："铁拐李大仙，望带小人前往！"一时间，满街人都围拢来看热闹。牛一瓢不放，跛子挣不脱，便笑着对众人说："这个人有疯魔病，硬说我是大仙。好吧，我这个讨米的送你点东西。"说完，他把破裤子往上一提，手在长满烂疮的腿上抓挠几下，抠出一团脓痂交给牛一瓢。顺手一推，牛一瓢没防，跌了个四脚朝天，鱼担也撞翻在地。跛子头也不回走了。众人见牛一瓢的狼狈样，捧腹大笑。牛一瓢不管众人的讥笑，爬起来拾块烂菜叶一包，放在担子里，捡好沾满污泥的臭鱼到桥下冲洗。一会儿，牛一瓢哈哈大笑从桥下起来。众人一看，他原来的臭鱼变得活蹦乱跳了。众人省悟过来，齐声大叫："抢牛一瓢的宝哇！"牛一瓢见渔贩们一拥而上，心中着慌，不顾一切把手中的脓痂往嘴里一塞，慌忙之中吞进了肚子，众人只好干瞪眼。此后，牛一瓢成了半仙，他的身子一挨到臭鱼烂虾，便都鲜活了。渔贩再不怕渔霸压价，反正鱼死虾烂，牛半仙一点即活。津市一带的渔民都过上了好日子，惠政桥便叫成了"会仙桥"。

其实，牛一瓢确有其人，但不是鱼贩，而是个民间画师。清代徐沁《明画录》有"牛舜耕，初无姓名，隆庆中敝衣蓬跣，担筇竹，挂一瓢行澧中，自称为一瓢道人，与宋登春雅善。每画大龙游戏，风雨灭没，解衣盘礴，信手即成。"牛一瓢遇仙，不仅津市惠政桥有此传说，澧县丁公桥也有类似故事，考其真相，都不过是老百姓的美好愿望加以想象。

2. 刘公桥

约建于明末清初，地址在刘公庙（今仙佛寺）前，为南北向的一孔石桥，因傍刘公庙而得名。相传桥上有石栏杆，栏杆连接处有八根石柱，石柱上雕有精美的石狮子。旧时桥下可行船，四乡之人，顺水而来，系舟上岸，即入闹市。桥后来因洪水淤泥埋入地下，1958年附近居民积肥清淤曾掘出过桥身，据传深达两丈。

关于刘公桥的来历，也有一个传说。说当年津市有一对刘姓夫妻，长年在澹水河打鱼为生，但膝下无子，夫妻俩便时常驾船来刘公庙求神，虽多年求拜，但奇迹没有出现。夫妻俩也不以此为怨，不仅对刘公菩萨祭祀依旧，更以接济邻近贫苦人家为乐。往来于刘公庙期间，他们见两岸居民为河所隔，生活不便，心底便立下了捐修一座桥的宏愿。到了晚年，刘公夫妇一合计，估计攒下的钱差不多了，便赁工修建了这座桥。后人为纪念这一对善良的夫妻，便把此桥称之为"刘公桥"。

3. 观音桥

建于明代，为江西商人捐建，地址在今望江广场，昔太平河南端，为东西向石桥。桥西堍即旧义渡码头，当时桥侧有亭，过渡者多于亭中休息待渡。相传此亭刻有楹联一副："岩桥如何如如来大佛，石亭观乎观观音菩萨。"此桥解放初期尚存，后桥、亭俱湮于泥沙。

4. 落虹桥

始建年代不详，地址在三洲街北端（今澹津路），为南北向石桥，不设栏杆。此桥位于后湖西侧，游人如果雨后游湖，伫立西望，此桥恰如彩虹横卧于碧波之上，因此得名。也有说桥上可观落霞如彩虹者。古人有"香凝鸭鼎琴堂雨，木落虹桥酒市风"句，用在此桥，恰如其分。后因后湖淤塞，桥复不存。落虹桥也有落魂桥之称，虽说是市井戏谑之语，但也不假。津市冬夏河流落差大，冬天水浅时，桥离水面有数丈之高。因无栏杆，过桥者步步惊心，状若落魂。

5. 柳堤桥

建于明末清初，地址在后湖北岸（今职教集团北校区），旧时为津市一大胜景。《直隶澧州志》载："后湖，原名白杨，与街俱远，碧波断处，红桥通焉，沿岸垂柳千株，茶楼酒肆，间露于绿荫中，而晚艇芰荷，夕阳箫鼓，览胜者恒于斯。"其红桥即此桥。如称红桥，则可能为木制廊桥。今已湮灭。

6. 接龙桥

始建时间不详，为南北向一孔石桥，地址在今好润佳超市北侧。此桥形制宏伟。长达 6 丈，宽一丈有余，上有雕花石栏杆，非常美观。因此桥如长龙卧波，故名接龙。

7. 法华桥

始建于明末清初，州志上载为"发法桥"。为东西向木桥，因傍法华寺而得名。传康熙年间吴三桂据澧，曾于此每日发马巡营，民间又呼之为"发马桥"。今不存。

8. 桃花桥

始建年代不详，为东西向木桥，传为旅津徽商所建，地址在今建设西路南侧，昔州判衙署旁，旧时此地有桃花溪，故得名。今不存。

所谓"一叶桃花渡，江南旧板桥"，此桥取名桃花桥，有"桃源问津"之意。陶潜为安徽文擎，桃源乃武陵大观，徽商们寄寓津市而梦桃花，大概缘于绵绵的乡愁。旧时桥西为州判衙署，桥东为天主教堂，皆巍峨显赫。大凡路过津市的官员，如去看看后湖的风景，多从此处摇舟入湖。可以想见，当时州判陪着上官，带了食盒行厨，从桃花桥下船，进入后湖，欸乃声起，便慢慢地向沈家台摇去。

9. 一眼桥

始建年代不详，为南北向一孔石桥，位于今凤凰路接后湖处。1985 年重修，更名为凤凰桥。

10. 两眼桥

始建年代不详，原为南北向两孔石桥，位于今万寿路接后湖处。三湖公园改造时重建，更名为万寿桥。

11. 三眼桥

始建年代不详，为南北向三眼石桥，位于今雅梦苑小区北侧，昔为市区到谭家湾的主要通道。今不存。

12. 双济桥

又名汪家桥。建于清代，初为东西向木桥，位于今人民路与双济路交汇处，后湖节制闸北侧。古时，后湖与澧水相通，此桥为连接主街与油榨街的通道，相传为永顺籍富商某为求嗣而捐建，也有谓两岸商民集资而建者。"双济"，乃取东西两岸居民因桥得便、济人济世之意。1955 年，后湖入河处修建节制闸，此桥重建。当时由苏联专家设计，混凝土的桥墩，松木桁梁的桥面，典型的俄罗斯风格，使人耳目一新。1972 年，因桥梁腐烂，重建拱形混凝土桥面，后因桥身裂缝，1989年重建。2018 年市区街道提质整修，再次进行扩建加固。

13. 竹林桥

始建年代不详，为东西向石桥，地址位于后湖沈家台（今供水公司园内）。沈家台上竹林丛生，人从桥上过，远处望去，绿竹婆娑，如入画境，因此而得名。今不存。

14. 鄢家桥

始建年代不详，为南北向一孔石桥，位于今车胤大道东段北侧（原桑园路），今不存。

此外，据《直隶澧州志》载，当时市郊新洲、白衣、药山诸镇尚有东门桥（新洲梁胡氏捐资五百串独建）、画溪桥、朱梁桥、古堤桥、高桥、岩桥、罗家桥、小砖桥、胡家桥、李家桥等，因实物现已不存且史料记述不详，无法备述，在此只作提示。

第二节　古今渡口

津市渡口众多，古有官渡、义渡、民渡之分，今有轮渡、汽渡之别，均为方便行旅、联通道路之用。然渡口必设于往来频繁之地，人口聚集，则街市依渡而成，渡亦以市而名，万千故事，由此衍生。

1. 官渡

津市的官渡，明嘉靖（1522—1566）时已见于记载，其始设当在此前。官渡乃政府为便于执行公务人员往来之用，故多置于交通要冲的江河上，皆备有船只、水手，专渡人马。明初澧州、安乡分别设兰江、安乡（后改"南平"）二水马驿，津市位于两驿之间。大船至津市后不能上行，行旅多于此换船或改为陆行，故有官渡之设。今津市辖区内见于记载的渡口，明代有三：津市渡（有船 1 只，渡夫 2 名）、窑坡渡、车渚渡（新洲）。其中津市渡为官渡，其余两渡性质不明；清代亦有三：津市渡、窑坡渡，汇口渡。俱为官渡，各置渡夫 3 名，船只数不详。《直隶澧州志》载："外河渡：夫四名，与汇口、津市、窑坡，每名工食银减存一两五钱，闰二分半。津市渡，州东二十里，夫三名；窑坡渡，在州东二十五里，夫三名，咸丰年间，添设义渡。以上俱为官渡。每名银三两，带闰银五分。"可见当时渡工的薪酬相当低廉，每名渡工年薪仅 3 两白银，如遇闰月才能加 5 钱，以明清时期一两关平纹银相当于现在 500 元折算，年薪也就在 1500 ～ 1800 元之间。而且这份工食银还在此前预算上给予了削减。削减的原因是否因为渡工们有其他收入来源，则不得而知。既然官渡主要服务于政府公务，渡工于公事之余，就百姓之急，收一点渡钱，也无可厚非。

清末，因轮船出现，文书递送，则改由文报局办理，驿站、铺递撤销，于是，官渡乃废。

▲义渡船（网络图片）

2. 义渡

即免费供人过渡的渡口，多为私人或民间社团所设置，属社会公益事业，旧时称为义举，故名。如《直隶澧州志》载："陈湖滩渡，在州东八十里，道光六年，绅耆陈学乾、陈宗戴、廖南浦、何良佐等，设为义渡，捐置四十八亩。复经喻明昭、陈宏远、杨能洁等积增田十六亩五分"。

津市义渡始设于清咸丰元年（1851），为江西旅津同乡会设置，渡口初设大码头，置船两艘，一渡运，一维修备用，轮换驾驶。后迁观音桥码头。《直隶澧州志》载："咸丰五年，士民复倡设义渡三处，一在大码头，一在五通庙，一在汤家巷。"说明在1860年市区已增设五通庙、汤家巷义渡两处。咸丰年间（1855—1866），郊区又出现义渡四处，即窑坡渡、六冢口、新洲、汇口，其建置者不详。津市的义渡，以江西义渡所设时间最长，其大码头义渡至1957年始废，前后达一百余年。五通庙、汤家巷两渡次之，约废于20世纪40年代末。郊区义渡的废置时间不详。

在义渡出现之前，津市澧水过渡，是由南岸私人"板划"老板操纵，无钱休想过河。每遇洪水季节，过河费比平时超出数倍。有时水大，南北两岸过渡中断，来往行人只能望河兴叹。当时"江西会馆"在津市人多店多，财力大，又乐善好施，面对过渡难的问题，便主动筹划兴建义渡。当商定以观音桥码头为义渡地点时，引起了私人板划船主反对，几乎发生械斗，幸好本地人极力支持，事件得以平息。义渡码头初为毛岩垒砌，比较狭窄，因是"江西帮"所建，故称"江西码头"。1914年，"江西会馆"主持人喻瑞辉、王芝九、雷洪盛、熊良臣、聂春华、吴少梅等人发起改建南北两岸码头，全部用青石岩砌成，较原码头平整宽敞。1930年津市大水，"江西码头"南北两岸均被洪水冲毁。洪水过后，为修复码头，当时"江西帮"领头人李子洁、胡彬生、聂畅和、喻兰生、黄绥来、王紫芝、王德成、王兴财等成立修建会，由杨汇川（隆兴和药号大管事）负责总监修，采用长沙丁字湾麻石精工建造，历时一年建成。为便于待渡者歇憩，还在南岸码头上建立一座"豫章亭"，亭名由津市名书法家黄镜如（福泰瑞油盐号老板）所书，亭为两层木石结构，梁柱雕刻彩绘，亭侧植杨柳数株，临流迎风，傍绿席荫，环境颇称清雅。亭上下内外有楹联，分别为"道出荆沙，区连鼎朗；庭芬兰芷，荫合梗楠""晚道人归沙岛外；收帆风停浪花中""立定脚跟遵大道；放开眼孔看行人。"

江西商会所置渡船均为新船，船身较大，其壹号归南昌府，贰号归吉安府，叁号归抚州府，肆号归瑞金府。总管由杨汇川负责。船只修理及其他费用，由各府按自管船号承担。每条船雇请一苍老（即单身老船工）看管，行驶时负责掌舵，吃住俱在船上。划桨则由坐船人负责，不给过河费。遇有红白喜事过渡，略给苍老一点喜钱。每天摆渡时间从凌晨至二更前止，风雨无阻。每遇洪水季节，照常行驶。长此以往，义渡不仅方便了南北两岸过渡者，还较以往更加安全，为市民所称赞。

江西义渡还有一个传说。相传若干年前，有位渔夫在津市河里打到一尾金色大鲤鱼，被一位江西籍商人买去。那位商人见此金光闪闪、活蹦乱跳的鲤鱼，不忍煮食，就将它放了生。从此津市河常常翻船，淹死了不少人。后来附近"不二庵"的关帝显灵，说被放生的鲤鱼是龙王的小儿子，非常记恨捕捉它的津市人，只对江西人心存感恩。于是江西商人便买了两艘渡船在澧水河渡人，以保行人平安。开渡那日，江西人刑鸡鸣炮，虔诚祝祷："龙王菩萨，请保我们江西人平安！"，于是乎就安然的过河了。从此，每次渡河前必问："船上有江西人吗？"乘客中不论有无江西人，皆要回答："有江西人！"否则，是不敢开船的。后来换了新船，风俗依旧，也都一概称为"江西义渡"。

3. 民渡

即收取过渡费的民间渡口。民国时期，津市市区有五通庙、观音桥、汤家巷、油榨坊四处民渡。据 1945 年统计，此 4 处民渡共有船只 53 艘，载重量 1188 公担，渡工 53 人。各渡口渡运能力则因地而异，观音桥地处市中心地带，渡运能力最大，有船 17 艘；五通庙次之，有船 12 艘；汤家巷有船 19 艘（小船）；油榨坊有船 5 艘。1949 年，津市市人民政府成立，辖区扩大，至 1950 年市区渡口增至 9 处，增添了伍公咀、中渡口、小渡口、蔡家河、果园、青龙咀等渡口。1957 年，观音桥渡口改为轮渡，但其他木船渡口仍有保留，当时有 10 处。1985 年原澧县白衣乡划归津市，民渡数量骤增，当时全市统计为 37 处。改革开放以来，随着道路建设速度加快，澧水大桥和各乡镇公路桥的修筑，"天堑变通途"，民渡逐渐消失。

4. 轮渡

即以机械动力行驶的轮船渡口。津市于 1957 年始设轮渡，当时地方工业兴起，工业新区设南岸窑坡渡，客货流量显著增加，旧时人力渡运已不敷用，故有轮渡之设。轮渡设原观音桥渡口，初期以原义渡木船为趸船，以一自造 95 马力、150 个客位的木质轮船作渡轮。1959 年始建新趸船，并购置 270 个客位的渡轮一艘。1964 年增购小客轮两艘，改渡轮汽油发动机为柴油发动机；后因小客轮不适宜横渡，于 1967 年卖掉，另增由新购拖轮改装的 300 个客位的渡轮一艘。1969 年、1976 年先后购置 530 客位、760 客位渡轮各一艘，并于 1976 年开始用两轮对渡。其后又陆续购置钢制渡轮两艘、钢制趸船一艘、水泥趸船两艘、钢制水泥趸船一艘，渡运能力达到高峰。当时渡管所已有各类渡轮、趸船各 5 艘，板车渡轮 1 艘，码头 72 米，人与自行车日渡运量达 30000 人 / 次，车 8000 辆。但仍无法满足运输需要。20 世纪六七十年代，大码头轮渡虽已开通，但晚上 12 点之后、早晨 6 点以前，行人过河，还得依靠木船，直到 1980 年代，轮渡才 24 小时行驶。

等渡过渡，是津市人 32 年生活中的重要篇章。每至上下班高峰时刻，熙熙攘攘的人流挤满了渡船码头，挑担的、骑车的，夹在其中，免不了磕磕碰碰，有

▲津市轮渡（周献坤 / 摄影）

小青工笔挺的西裤被蹭了泥巴，刚开口"你瞎……"，就瞥见师父在前面望他，只得把后半句生生地吞进肚里；有电厂的小伙们遇到绸厂的女孩，就故意制造喧闹，嘻嘻哈哈不过是惹她们注目；若是街上出了什么新闻，也必定第一时间在这里发布，引得众人唏嘘评论；最悦耳的是下晚班之后、成百上千的自行车铃声，穿越凌晨的夜空，从窑坡渡清脆地响过襄阳街。在这一番青春的追逐中，一对对年轻人结成了伴侣，过了一个又一个十年，直到皱纹爬上他们的脸颊，当他们的孩子们也开始等渡的时候，终于有人说，我们有桥了。

5. 汽渡

20 世纪 60 年代以后，津市工业空前发展，而厂区多在南岸，经公路运输的货物，到南北两岸必须提驳，因此货物运输十分不畅。鉴于此情况，为打通南北两岸汽车通道，市政府遂决定建设汽车渡口。之前，为解决板车与行人过渡互相妨碍的矛盾，已于 1967 年添置板车渡船一艘，另建板车渡口。这是汽车渡口的前身。1975 年，津市向省、地交管部门提出报告，要求批准建设汽车渡口。经批准后于 1978 年 6 月开始修建汽运码头、连接道路、购置汽运船只，当年 9 月码头竣工，经试运之后，于 12 月 1 日正式开渡。汽渡开通之后，虽极大地缓解了津市南北物资运输不畅的矛盾，但也让津市人看到修桥才是彻底解决问题的关键。1989 年 12 月，津市澧水大桥建成通车，运行 11 年的汽渡停航。

▲津市汽渡（建设局／供图）

6. 窑坡古渡

窑坡渡始于何时，文史无考。弘治（1488—1505）《岳州府志》是记载窑坡渡最早的史籍，志曰："窑坡渡，在澧州东三十里，通安乡、桃源。"

窑坡位于澧水南岸大旗山前，离津市、新洲各七里，东滨洞庭，澧水环绕。如到市区，除溯澧水外，亦可顺茶炉河过清远观而北；至新洲则是澧水顺航，交通极为便利。此地依山傍水，出产黄黏土，是烧制砖瓦陶器的原料；对河巨大的滩涂，盛产芦苇，可作烧窑之燃料。因此，本地有开办窑厂的传统。有资料表明，明洪武二年（1369），先后有韩承斌等十一户建窑厂十七座，生产青砖布瓦，是为津市窑业之开端。据说窑坡兴旺时有窑百余座，所烧制的陶器和砖瓦，是为津市建筑材料的主要来源。直到清同治十二年（1873），当地商人王大有在此建起第一座青窑，标志着窑坡渡窑业的中兴重振。至清光绪二十年（1895），津市人田远开办田厚记窑厂，建窑三座，最高年产黏土砖七十六万块、青布瓦一百三十万片。倏忽百年间，窑坡渡依托窑业，已相当热闹。居民沿澧水筑舍，俨然成为街市，州府在此设渡，也是情势必然。官渡之旁，后又相继出现了义渡、民渡。

五十年前的窑坡渡，标志性建筑就是街口的贞节牌坊。康熙年间，窑坡渡人杨期远新婚不久病故，其妻孙氏终身守寡未嫁，抚养公婆及其年幼的小叔子，贞烈贤淑，为乡人共赞。为旌表其事，当政上奏皇帝，奉旨建坊。《直隶澧州志》载"节孝坊，为杨门孙氏，在三洲一里。"并称其"延师教读，出所积为奏名成均，娶娣江氏。雍正七年奉旌建坊。"此坊顶都有蟠龙浮雕，中刻"圣旨"二字，柱雕有狮、象、麒麟等物，造型之生动、工艺之精湛，令人称奇。

窑坡北临澹津故郡，南接新洲古城，东边沙洲芦叶青青，西边高岗杨树漠漠。丘岗之上多古墓，其中最出名的要数明道村的东晋古墓，墓中出土的铜伎俑，曾在香港展出，是国家珍贵文物。其次是华阳王府的陵墓。明弘治《岳州府志》载："镇国将军墓在州东三十里窑坡头。"明隆庆《岳州府志》载："镇国将军廓然子墓窑坡渡；辅国将军一庵子墓窑坡渡。"在窑坡还有悼康王朱申鍙、镇国将军朱宣封、辅国将军朱明心的陵墓。可见，终明一代，窑坡渡是华阳王室选定的风水宝地。

此外，窑坡渡还有南宋贡士蒲绅的墓。蒲绅祖籍阆中，为避民末之乱而迁徙澧州。蒲绅虽只一介书生，但阆中蒲家却是巴蜀望族。其曾祖蒲叔献，字勉道，举进士，后任成都府路转运判官兼提举学事。宋庆元五年（1199），蒲叔献举一家之力，集匠百余，刻《太平御览》千卷，被历代学者视为宋刻精品，是蒲氏一族对中国文化的巨大贡献。白衣镇至今有蒲山村，不知是否还有蒲姓后裔居住。

第三节　驿站与铺递

一、驿邮简述

1. 驿站

驿站是古代供传递官方文书、军事情报的人员及来往官员途中食宿，换马的场所，古称邮驿。我国是世界上最早建立组织传递信息的国家之一，邮驿历史长达 3000 多年，其渊源可以追溯到远古战争时的烽火台。

从秦至唐宋，朝廷规定每 30 里置驿。唐代的邮驿分为陆驿、水驿、水路三种，各驿站设有驿舍，配有驿马、驿驴、驿船和驿田。邮驿的行程也有明文规定,陆驿快马一天走 6 驿即 180 里,再快要日行 300 里,最快要求日驰 500 里；步行人员日行 50 里；逆水行船时，河行 40 里，江行 50 里，其他 60 里；顺水时一律规定 100 到 150 里。天宝十四年（755），安禄山在范阳起兵叛乱。当时唐玄宗正在华清宫，两地相隔三千里,6 日之内唐玄宗就知道了这一消息,其传递速度达每天 500 里。而杜牧作《过华清宫》，留下名句"一骑红尘妃子笑，无人知是荔枝来。"则是讽刺集三千宠爱于一身的杨贵妃滥用驿递的骄奢。

宋朝驿卒由兵卒担任，规模不如唐朝。沈括《梦溪笔谈》说："驿传旧有步、马、急递三等，急递最遽，日行四百里，唯军兴用之。"熙宁中又有金字牌，急脚递如古羽檄也，以朱漆木牌镶金字，日行五百里。南宋初年，抗金名将岳飞被宋高宗以十二道金牌从前线强迫召回临安，所谓金牌就是急铺递传递的金字牌。

明代置驿有了新的变化，驿站距离调整为 60 里设驿（特殊地方亦可按 80 里），同时在驿外设铺，驿有驿丞，铺有铺长，分工明确，从而构成了一张立体的通信网络。清朝疆域更为辽阔，但驿邮之政大体承继明制，全国有驿站 1785 处，京师设皇华驿，是政治军事信息的首发站。军机处公文上有如注明"马上飞递"，规定日行三百里，如遇紧急情况，换马换人不停蹄，可日行五六百里，甚最快速达八百里，往往到站时，已人仰马翻。此即俗称的"六百里加急""八百里加急"。

1878 年，时任大清海关总税务司的英国人赫德，提议设立官方的近代邮局，得光绪皇帝恩准之后，大清帝国逐渐改驿置邮。驿站，这个在中国历史上存在数千年、有过辉煌成就、令人无限遐想的机构，淡出人们的视线。

2. 铺递

▲清代铺兵装束

又名急铺递，简称"铺"，是传送普通公文的地方通信组织，始于宋，与驿并行。驿站以马、船为通信工具，而铺递则以步行为主。铺递的优势是以人（铺兵）为递送工具，可以不受通行条件的限制，到达舟车马匹无法通行的荒村野陬。形象些说，驿站是帝国的大动脉、高速公路，而铺递则是其毛细血管、自行车道。洪迈《夷坚志》载"自鄂渚至襄阳七百里间，每二十里置流星马铺，七八十里则置驿舍，以为兵帅往来顿宿处，士大夫过之者亦寓托焉。"

明代，铺递作为驿站的补充已得到普遍设置。清袭明制，但比明代规模更大、铺兵更多，网路纵横，几乎连接了各府（厅）、州、县的要塞要冲。光绪年间，全国铺递已达 13935 所、铺兵 44643 人，形成了与驿递相辅并行的步递通信网。《清会典》载"凡置邮曰驿、曰站、曰塘、曰台、曰所、曰铺""各州、县每十五里设铺一所，每铺设铺司一人，铺兵四人。铺兵从铺递附近有丁力且税粮一石以上、二石以下的农家征派，须要少壮正身者，并免去杂项差役。"铺递的主要装备与明代相同：每人夹板一副、铃攀一副、缨枪或红闷棍一条、绸绢三尺、软绢包袱一个、笠帽蓑衣各一个（件）、回册一本。铺兵走递公文，风里来雨里往，

▲光绪年间的铺票

不分寒暑，非常辛苦。

邮局成立后，铺递撤销。曾经的铺兵，有一部分成为了后来民信组织和邮局的工人。

二、旧津市的驿邮

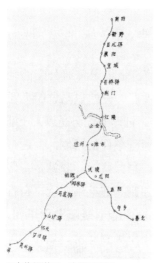

▲古代驿道干、支线示意图

明清时期，全国有五条主干驿道，驿道南北向，澧州处于中路线之交叉点。其一为自北京至贵州的驿路干线，此线横贯湖南西北部，起自北京皇华驿，于湖北公安入湖南境，经顺林驿、兰江驿、清化驿、大龙驿等 19 个驿站出湖南到达贵州玉屏县，湖南境内共 1150 里。其二为湖北公安县至湖南长沙的驿路支线，此线走向为孙黄驿（公安县）、顺林驿、兰江驿、清化驿、大龙驿、武陵县、龙阳县、益阳县、宁乡县、善化县（即长沙）共 745 里。其中澧州境内有三驿，州东一里为兰江驿（初分置兰溪水驿、澧州马驿，后并为一驿）；州北六十里为顺林驿，州南六十里为清化驿（现属津市），均创于明洪武年间。

津市古隶澧州，不当驿道，当时属于无驿区。但地处州东塘铺线上，既是州东水路塘讯的第一站，又为陆上铺递的第二站，且澧水上设有官渡，其往来于省府州县间者，多走水路，津市是必经之地。而且津市素具盛名，即使是循驿路而行的士宦，往往也踅行津市，游赏之后买舟嘉山，循山道至清化驿，在双松山馆听涛一宿，再入官道，继续他们的旅程。因此，津市驿邮之事亦称繁忙。历代路过津市且留下文字的大家有宋褧、何景明、公安三袁、杨升庵、徐炯、何绍基、林则徐、胡林翼、胡焯、李续等。而距市区四十里之遥的清化驿，留下的游记诗赋则更多。

宋褧（1294—1346）是元代泰定年间进士，官至翰林直学士，卒赠范阳郡侯，同时也是元代著名的词人，他所作《津市留题》，是历史名人所遗文存中第一个以津市命题的诗作。

1. 清化驿

清化驿位于市属白衣镇清化驿村，此地古称清化镇，驿舍又称双松山馆。宋《元丰九城志》载："清化镇，居二百户"。元移名清化站，《析津志辑佚》载，澧州路有"顺林、兰溪、澧州、青化"四站。洪武二年，朱元璋颁诏，将"站"改称"驿"，始称清化驿。清化驿原设驿丞，乾隆四十年（1775）改置为巡检司，有驿马45匹，排夫75名，义田470亩；同治十三年（1874），《直隶澧州志》载："清化驿。州南六十里，约二百余户，巡检驻此。"又"清化驿，驿丞一，皂隶二名，弓兵十名，馆夫两名，马五匹，所有岁支，应给工食银两，议于各属抽拨支给。"可见百年间，清化驿街市虽然变化不大，但驿站规模已经萎缩。

从古驿道干、支线图中可以看到，中路线从孙黄驿至大龙驿一段，为主、支两线共用路段。驿道出澧州后，由兰江驿南行至宝塔湾（古名黄沙河）渡澧水，再经海汉铺至清化驿。清化驿虽然只是一个普通的驿站，但因其山色秀美，民风淳朴，而屡为小憩于此的流官、骚客们所记咏。

嘉靖三年（1524），状元杨升庵贬谪云南，途经清化驿，他说"自兰江驿济澧水，再济道溪六亭而达清化，上观、新渡、东山、五泉、新添，陂首东山，树多松。清化驿七亭而遥。"万历三十七年（1608），著名文学家袁中道游历鼎澧，他在《过药山大龙山记》中记述："将为鼎州之游，渡河十里许，渐入万山中，青松拂面。过清化驿，见山色，波头起伏，远黛可餐，如拨笋解箨。经药山，山尤竦秀，一其上多芍药，故名。即李太守翱问法俨师处也。"李绂康熙五十六年（1717）主云贵乡试，过清化驿，他记道"初八日，早起，行里许，渡兰江，土人名为里河，下流东入江水。又里许，渡一水，土人名为外河，下流南入洞庭。行二十里，至新渡铺，所渡水疑即所谓绣水者。又十里，至东山铺。又五里，至檀木堰。观捕鱼者，数人持网立湖中，一人骑水牛绕湖行，驱鱼。水甚深，牛仅露鼻脊。又五里，至五泉铺。又二十里，至清化驿止焉。"其笔下风土人情，历历在目。乾隆元年（1736），七十五岁高龄的杨名时东山再起，从云南召回京城，路过清化驿，自然和赴黔时不一样，眼下一切充满了诗意，"初十日……清化驿歇。此七十里间，山势高下起伏，绵软秀劲。土色红黄，无石。松树茂密极多，但坡间未见流水。数里外见高山，其上有石，有泉。村园望见梅花两树，菜花到处遍开，但棵叶小耳"。同治十三年（1874），36岁的钱衡背负行囊，赴京朝考，他的《北上日记》有"十八日，晓发，七十五里，住清化司驿站。此处离水路较远，民间似不甚丰裕。是日，节届立春，天宇晴霁，温和之气，自然移入。十九日晓发，行三十里，已近澧州，一望平畴，绣壤鳞次。"在他们的笔下，清化驿以松色占胜，而周边景致，平畴沃野，生机勃勃，实为一幅江南好风景。

此外，查慎行、林则徐、王昶、蒋攸铦、戴逢裕、郑珍、谈安定、许缵曾、华瑞安的日记也记载了他们的清化驿之行。在他们之前，屈原、宋玉、李白、杜牧、李商隐、朱熹、黄庭坚来过，遗憾的是他们留下了周游的痕迹，却没有留下纪实的诗文。

明清以来，更多的诗人选择在驿馆的墙壁上涂下了他们的忧愁。嘉靖七年（1528），戴暨任广西兵备道，夜《宿清化驿》"竹巷初栖翼，篮舆暂息肩。楼低频问夜，树老不知年。"驿站古貌，跃然纸上。嘉靖十八年（1539），兵部尚书毛伯温奉旨征讨安南过此，也留下了"黄叶空中残，青山马上看"之句。兵部尚书、嘉靖五子张佳胤的《清化驿》则是"三湘客路尽，七泽楚山清。雨色寒春夕，松声过晚亭。"万历中，翰林唐应运奉使百粤，《题澧州清化驿壁》"巴岭夜深飞雁过，武陵人去落花残。青山有意供诗草，彩笔凭谁问芷兰。"惜别之情跃然纸上。崇祯十九年，堵胤锡兵败荆州，坠马折臂，呕血不止，夜宿驿站，题诗壁上："不眠灯火暗孤村，风雨萧萧杂夜魂。鬼定有知号汉关，家于何处吊荒原？三更鸟化千年血，万里人悲一豆恩。南望诸陵迷野渡，钟山肠断可怜猿。"对小朝廷的虚弱无能，哀其不幸，怒其不争，字字含血，满腔悲愤。诗人王弘高隐不仕，流亡江南，书剑飘零，来时已是冬天，面对劫火，"野庐唯剩壁崔嵬，风雨萧萧涤晚埃。借问主人何处是，梅花今日为谁开。"故国极目，寒风苦雨，唯余梅馨。顺治八年，局势稍定，楚雄知府姚文烈眼前的驿站，不过是一客栈，故云："马嘶古驿残阳里，燕啄新泥旧酒家。"乾隆五十七年（1792），蒋攸铦奉旨贵州典试，一路游山玩水，四月出发，到清化驿已是六月底了，他的《清化驿》："芭蕉影里候西风，积翠低迷晚照红。云气界成天一抹，山光恰落小园中。"早已是一派盛世祥和之气。

嘉庆二十二年（1817），澧州知州安佩莲"见属驿清化驿馆后有古松二，因效莲舫意，置一亭，题曰'双松山馆'"。适逢乡试，各省学政途经此地，主客唱和，《州志》刊其诗十余首。其中林则徐《双松馆记》诗云："署邮特地送秋涛，山馆双虬对影号。"有趣的是，道光二十三年（1843），何绍基黔省乡试主考归来，经清化驿至津市，题写《桂柏》，诗中道："大龙驿前古双桂，清化驿前古双柏。"看来这位晚清书坛第一人，是把松柏弄混了。最写实的是御史张德懋的《清化驿早行》二首。

其一

兰江渡后又涔河，复岭重冈策马过。

蟋蟀咽凉秋思早，棕榈战叶晓风多。

其二

萍花一亩分鸥鹭，松径千山暗薜萝。

我欲扬舲问湘浦，大江渺渺洞庭波。

如今，昔日车水马龙的驿舍和镇街已不存在，古驿道畔，仅居二、三十户人家，居民有唐、王二姓。据族谱载，唐姓人是唐开国功臣唐俭之兄的后裔，在明成化间由江西南昌府新建县迁来，原总仓不远有唐氏祠堂。王姓族谱则载："始迁祖世科公，随父宦游湖北郧阳，父殁于官，后避张献忠乱，携仆从由安陆奔武昌，走巴陵，至澧州清化驿。"那是巴蜀旺族遗脉。村西的安梓桥通往牯牛坝，是一座简易的公路桥，古桥基横卧水中。乾隆初，澧州知州何璘一篇《书〈李自成传〉后》，石破天惊，朝野震动，文记："闻自成由公安奔澧，其下多叛亡，至清化驿，随十余骑走牯牛坝，在今安福县境。复乘骑去，独窜石门之夹山为僧，今其坟尚在"，三百多年过去了，闯王是禅隐夹山还是命归九宫山，史学家仍争论不休。

村北的山上有烽火台，这里自古是兵家必争之地，历战无数。省博物馆收藏的1942年日军军用地图，上面标有清化驿。1943年11月，第44军在清化驿、拾柴坡一带与日军展开殊死决战，以4个师的兵力，阻击日军两个主力师团的猛烈攻击，战斗进行得极其残酷，双方伤亡惨重，我军第161师仅剩兵力不足4营，第150师几乎全军覆没，师长许国璋率兵诱敌深入，身负重伤，壮烈殉国。

青山有幸埋忠骨，七十多年过去了，硝烟已散，城郭依旧，山花无限，溪水长流。

2. 津市铺递

澧州清初编户38里，康熙三十五年（1696）奉文新编1里，为39里，雍正八年（1730）裁卫设县，里、所调整，至同治年间，存34里。归入今津市境内的有：

三洲一里（津市、谭家湾、汤家河、胡家河、西江咀）

嘉山一里（新洲、杨马台、上家山、大德寺）

嘉山二里（鲁家坪、张泮渡、嘉山、玉皇庵）

桃林东里（铜盆岗、黑沙湾、山港、土桥峪）

桃林西里（青山峪、牯牛坝）

北隅里（道口、皇府山、新斗铺、阳由垸）

新民里（清化驿、檀木堰、望城坡、凤虎山）

清制，各州、县每十五里设铺一所，每铺设铺司一人，铺兵四人，另给充水（杂役）名额。澧州共设铺递29处，现属于津市辖区的大概有9所，分别为津市铺、嘉山铺、张师窖铺、汇口铺、东山铺、五泉铺、清化铺、新添铺、八里铺。其铺递线路主要有四线，俱沿河岸垸堤、或循塘铺小道而行。

一为津市至常德。津市铺—仁和铺—澧州总铺—上观铺—新渡铺—东山铺—五泉铺—新添铺—清化铺—八里铺—畬溪铺—虎踏铺……至武陵总铺，共220里，其中在现津市境内的铺递有津市铺、五泉铺、新添铺、清化铺、八里铺。此线途中要经过4个官渡，即内河渡、外河渡、伍家洼渡、新渡河渡。其线路方向为先往西行，至澧州城后东南折，再向西南。

一为津市至长沙（善化）。经津市铺、仁和铺至澧州总铺后上驿道，经清化驿、大龙驿、武陵县、龙阳县、益阳县、宁乡县至长沙。共625里。

一为津市至安乡。津市铺—嘉山铺—张市窖铺—汇口铺—窑溉铺—安乡总铺。全线100里，其中津市铺至汇口铺为现辖境内，此线途中要经过官渡3个，即津市渡、窑坡渡、汇口渡。

一为津市至公安。津市铺—仁和铺—澧州总铺—锁市铺—新市铺—湘堰铺—合同铺—涔河铺—顺林铺—杉林铺—关山铺。共100里（旧公安县治在南平镇）。

以上四线，其四向铺递路线除南下安乡外，均须西至澧县城，或再走驿道，或依铺递小道，然后通达各处。

第四节　民国邮政

清同治年间（1862—1874），津市民间已有经营信函、包裹邮递业务的行、局，至光绪二年（1876），已发展为三家（曾森昌，全泰盛，另一家名字不详），其所称信行、信局，俱无行政职能，皆为私人应民间通信需要而开办牟利者。光绪廿七年（1901），清政府于津市设邮局，津市始有官办邮政。其后，官办邮政与民营信业同时并存。1930年，政府以民营信业纯为牟利，且影响官方邮务，予以取缔。此后，津市仅有政府所办之邮局。自民国政府主办邮政、电信业务以来，津市即为澧水流域邮电业务的中心，是管理局的所在地，一直管理澧水流域各县业务，直至新中国成立初期。

1. 民信局

即民间通信局或信托局，是有别于官办驿站的民间通信、货包运送、财物信托组织，起源于明代初年。史传明永乐年间，沿海商埠如绍兴、宁波等地先后有了民信局出现，后沿长江逐渐向内地发展，兴盛一时。清同治至民国初年，是民信局业务旺盛时期，全国各地已形成一个松散性的民间邮政通信网。

光绪二年（1878），曾森昌看中津市这块商业宝地，遂委托曾云程在谷家巷开设民信局，挂牌曾森昌民信局，办理通往沙市、宜昌、万县、涪陵、重庆、汉口、芜湖、九江、上海、长沙、湘潭、湘乡、衡阳、湘乡、宝庆、新化、益阳、常德、大庸、澧县等地的业务，主要为银票、书信邮寄和货包托运。每月逢二、五、七、十的日子开班。收费标准挂牌公布，贵重物品按送达距离远近计算费用。当时托运汉口的包裹，公开的计费价格是每斤160文。一般信件收费比较灵活，由寄件人支付，或标明收件人支付，也可寄件人和收件人各付一半，老主顾可以记账，在年关或规定的节令时间一次结清，并有折扣优惠。

谷家巷原本比较清寂，自从有了曾森昌民信局便热闹起来。大小商号的老板、读书识字的文人都喜欢到这里走一走，看一看。其原因是民信局网点遍布、信息灵通，既可以了解各大码头的商情，又可提供中外时局消息等。

光绪十六年（1890），清政府开办大清邮政局，聘请英国人赫德爵士为邮政总监，一改过去的驿传模式，开始经营信函邮递、银票汇兑和货物托运业务。光绪廿七年（1901），"大清津市邮局"正式挂牌，地址位于谷家巷北端。由于民信局与邮局地址相邻，业务重叠，难免产生摩擦。官、民争利，胜负已判。邮局遂以官方名义，要求民信局到邮局登记挂号，否则予以关闭。自此，民信局的地位渐次式微，其业务每况愈下。

1912年，大清邮局更名为中华邮政。其时，运行了几千年的驿站彻底废置，官办邮政局开始垄断邮传业务。之后，湖南邮务局三令五申，要求取缔境内的民信局，并通知省内各邮局查报民信局私运邮件情况。各地查出不少民信局有私运邮件行为，受到处罚，曾森昌民信局也难逃其厄。1920年，津市谷家巷的曾森昌民信局已日薄西山，苦苦支撑。是年，经理吴瑞卿、赵荣贵向省邮务局报告，全局仅剩办事员、苦力各3名，业务萧条，收不胜支，难以维系。

谷家巷曾森昌民信局经营多年，为津市商业往来、民众通信带来过许多方便，但与新兴的官办邮局相比，无论在网络资源、设备能力上，还是在经营策略、管理方式上都不可同日而语，随着社会的发展，其被淘汰的命运不可逆转。1928年，国民政府全国交通会议决定，到1930年止，全部取缔民信局。谷家巷那块黑底烫金的"曾森昌民信局"招牌，终于完成了它的历史使命，在一个秋风萧瑟的傍晚，被锁进了老旧的库房。

曾森昌民信局开办后，全泰盛民信局和另一家民信局因规划较小，竞争力较弱，早于1920年前即已停办。1920年，津市又新成立了一家李永隆民信局，地址在新码头正街，专营民间信函、商务包裹等邮递业务。当时有办事人员2名，苦力8名。亦因实力不济，于1930年左右停办。

2. 津市邮局

最初为清政府所办，始设于光绪廿七年（1901），初名"津市大清邮局"。当时，政府邮务由海关总税务司管理，津市邮局隶属于岳州海关税务局。光绪三十年（1904），划湖南为长沙、岳州两邮界，津市局改隶岳州邮界邮政总局。宣统二年（1910）改长沙、岳州邮界为副邮界，次年又改岳州副邮界为常德副邮界，副邮界总局改为邮政分局，津市改称邮政支局，改隶常德副邮界邮政分局。1914年取消邮界与分局名称，改按省划邮区，湖南划为一邮区，于长沙设邮务管理局，所属机构设局与否及等级以业务收入划分，津市为二等邮局。1929年重订邮局等级，等下再分甲、乙、丙三级，津市定为二等甲级。1949年8月5日，津市市人民政府成立，邮局由市建设科和常德专署第四接组接管，改名"中央邮电部湖南邮政管理局津市二等甲级邮局"。1951年，邮政与电信合一，成立"邮电部津市邮电局"。

津市邮局自清末即下辖十数个代办机构，主要有：

（1）新洲邮政代办所。始设于清光绪廿九年（1903），初为邮政代办支局，1914年改为代办所，1953年改为营业处。1956年随行政区划改隶澧县邮政局，后几经变更，1986年起复隶津市。

（2）澧州邮政代办所。始建于清光绪三十年（1904），初为邮政代办支局，后改为邮政代办所，1915年因营业收入达到升格标准，升为三等邮局，改隶省邮政管理局。1948年，改为澧县电信营业处，复属津市邮局。1949年后改为澧县邮局。

（3）安福（临澧县）邮政代办所。始建于清光绪三十一年（1905），1921年升为三等邮局，改隶省邮政管理局。1948年改为临澧电信代办处，复属津市邮局。1949年后改为临澧县邮局。

（4）合口（临澧县合口镇）邮政代办所。始建于1914年，1922年改隶澧县邮局。1948年改为合口电信代办处，复属津市邮局。1949年后改属临澧县邮局。

（5）石门邮政代办所。始建于清光绪三十一年（1905），初为邮政代办支局，1922年升为三等邮局，改隶省邮政管理局。1948年改为石门电信营业处，复属津市邮局。1949年后改为石门县邮局。

（6）安乡电信营业处。1948年划属津市邮局，1949年后改为安乡县邮局。

此外还有焦圻、梦溪、张家厂（盐井）、花畹岗（宜万）、官垸、理兴垱等邮政代办所，民国时期均隶属津市邮局，新中国成立后按其行政区划分别改隶安乡县邮局和澧县邮局。

3. 电报局

清光绪廿二年（1896），湘鄂间开始铺设长途电缆，次年，长沙设电报局，收发官、商电报，是为湖电电报业之开端。辛亥革命成功，湖南成立都督府，改长沙电报局为电报总局，监督全省电政。1912年由常德经安福、澧州至津市线路架通，津市设电报局，为三等局，隶属于长沙电报总局。局址在筲箕洼。1913年，电信实行分区管理，津市改隶鄂湘电政管理局（局址在汉口）。1916年，改隶湖南电政监督处。1928 年又改隶湖南电政管理局。1934 年实行邮电合一，津市电报局于是年 9 月迁后街财神殿，与邮政局合署办公。1940 年，为防空袭，报话房暂迁谭家湾。1942 年至 1943 年，日军侵扰湘北，为便于机动，电报局改为 27 通讯队，负责管理与监督津市、澧县、石门、慈利、大庸 5 地通信工作。1943 年 12 月，撤销 27 通讯队，恢复电报局，报话房迁天后宫。1944 年 7 月 1 日，改名为"津市一等电信局"，隶湖南电信管理局。1945 年 1 月，电信改划区管理，乃改隶第三区电信管理局（局址在贵阳）。1947 年，津市电信局定为二等局，次年降为三等甲级局，辖澧县、石门、安乡三个电信营业处和合口、临澧两个电信代办处。1949 年 11 月，新政府将津市电信局与电话局、第十设线工程队合并，改为"邮电部津市电信局"。

清末及民国时期，电报业务分官报、私报两类，当时发送电报按字收费，价格不菲，私人非紧急事务不会到电报局，一般平民也不会上电报局，因此上电报局不是官员就是富商，真所谓"谈笑皆鸿儒，往来无白丁"，那是一件神秘且荣耀的事。1927 年，电报业务扩展，分为寻常电、加急电、官军电、全价官电、新闻电五类，其中新闻电为津市报业所特有，当日国际、国内发生的新闻，次日即上报纸刊出，津市士民，先睹为快，惊呼神奇。后电话业创办，电报才卸下桂冠，开始走入民间，直至 20 世纪 80 年代，仍为普通民众传达紧急消息的重要通道。

4. 电话局

1933 年，湖南省政府及四路军总指挥部（何键部）为加强剿共，开始在全省铺设长途电话线，1935 年，长沙到常德干线延伸至津市，乃于津市城隍庙街设"湖南省长途电话工程处津市营业分处"，开始营业。1938 年，为适应业务不断扩大的需要，湖南省成立"湖南省长途电话局"，津市营业分处也随之更名为"湖南省长途电话局津市营业处"。当时规定，经长话营处注册并缴纳保证金的专线用户始可转线通话，无电话者可至长话零售处购票通话。当时安装电话的用户，除官署外，基本上为各大商行老板，洋行买办，一般中产人家都难以想象。1941 年，津市仅架设专机线路 19 对。但电话毕竟是新鲜事物，民众跃跃欲试，因此电话局购票通话处人满为患，那种通过细细的电线传来的亲切声音，让人紧张、兴奋，欲罢不能。时值抗日时期，军政、商务电话壅塞，占线久，商民使用不上，电话局想出奇招，开办"笔录电话"业务。所谓笔录电话，即通话人把需要向受话人说的内容以文字的形式交给电话局职员，俟电话线空闲时，由职员代为拨打，且将回话记录在册，再交给通话人。实际上是一种文字转达形式，津市人戏称为"电报电话"。当时规定，笔录电话以十个字为一次通话计费，内容不得超过 30 个字，基本上是"字字千金"。除了商家，一般市民是不大可能以这样的电话方式来闲谈风月。1943 年，营业处改称"湖南省电信局长途电话津市二等局"，当时的月营业收入接近于 5000 元（银元），而之前的 1941 年，全年通话次数为 11744 次，尽管两年之后的通话次数可能翻番，但计算下来，每次的通话费用也大约为银元两角，是非常昂贵的。1946 年，电话二等局又更名为"湖南省电务局津市二等电话局"，1949 年 11 月，并入"邮电部津市电信局"。

5. 秘密邮路

　　抗战后期，日本侵略者侵占了粤汉铁路、荆江航道，湘鄂川赣交通被截断。接着，日军又占领了湖南内河航道和陆上交通干线，省内大部分地区相继沦陷，交通阻隔，邮路不通。抗日军民书信往来、物资递送不畅，邮政经济陷入停滞。湖南省邮政局为了沟通邻省之间的邮件运输，争取邮政经济收入，遂因势调整，把原先由汽车、轮船捎带的邮件改为人挑牲驮，相继建立了秘密邮路，由步班邮差将收寄的各类轻型邮件伪装后，偷越日军占领区和封锁线，运送至相关邮政局或邮政所。

　　1945 年初，省邮政局根据津市地处湘鄂边境、又是后方交通要道的特点，指令津市邮政局建立从津市出发、通往湘东浏阳县官渡镇和通往湖南武冈县金秤寺的秘密邮路。三月，津市邮差吴镕演、邓绪枝受指派，按预定通达的地点探测路线。吴、邓二人从津市出发，沿澧水过洞庭，穿越粤汉铁路，避开敌军炮楼，偷越层层封锁，探测到津市到官渡镇的两条道路。其中一条经安乡、草尾、南大膳、营田、桃林、白水、川山坪、李家塅、金井、赤马殿，到达浏阳县邮政局所在地官渡镇，全程 300 多公里，虽路途遥远，但相对比较安全。还有一条是经谷水到达武冈县邮局所在地金秤寺。

　　邮路探出以后，接着从常德、桃源、汉寿、慈利、大庸、石门、华容、安乡、南县、澧县、津市抽调邮差数十人，在津市集中，编组结队运送邮件。每队由 12 至 15 人组成，全部身着便装，作挑伕打扮，箩筐上面，覆盖商民包裹，底下放信函，军政信件还须随身隐藏。送邮途中，如遇敌占区，则昼伏夜行，进入抗日游击区后，方着绿色邮差制服。在这条秘密邮路上，邮差们往返奔波，跋山涉水，历经艰险，连续数月。1945 年 10 月，粤汉铁路收复，月底，秘密邮路撤销，走班邮差均记功嘉奖。被嘉奖的津市邮差有吴镕演、邓绪枝、李启云、李学连、李学文、韩绍榜、夏传清、田家宏。

津市邮政局开辟的秘密邮路虽然没有挑运工人跑三斗坪那么宏大和漫长，但其危险程度则更加险恶，邮政职员的牺牲精神更为高尚。国家兴亡，匹夫有责，曲折的秘密邮路，正是津市邮政人谱写的一曲爱国颂歌。

6. 红军护邮

1930年11月初，贺龙同志领导的中国工农红军二军团第一次向津市进军，王炳南率领红二军四师、王一鸣率领红六军十六师，从东北、东南两个方向逼近津市，与当时津市守敌川军二十二军张英、马坤山旅展开军事冲突和政治攻势，相持八天八夜。

两军相持期间，省辖津市二等邮局局长彭鉴弃局潜逃安乡，十一日搭乘川军船只返津，在汇口遇红军阻击，只得又回安乡。

局长逃命远遁，邮局工作瘫痪。红军在11月4日进城后，立即采取措施保护邮政通信。为了防止敌特破坏，红军政治部在邮政局门口张贴布告。布告上写着："重视邮政业务，关系信息非轻，本军应予保护，照常办公毋惊，倘敢故意违抗，拿办决不徇情。特此布告，请各界一体凛遵！"邮局职员读了布告，一个个欢欣鼓舞，邮递业务马上恢复起来。

为了确保邮局安全，红军派来战士站岗，入夜，还加派游哨巡逻。为防敌特通过邮件破坏通信、伤害人民，红军派来干部对邮件和存放场所进行安全检查。他们身挎短枪、手持电筒，对库房犄角旮旯逐一检视，对存放的包裹、信函逐一查验，尤其对盛装邮件的邮袋检查得格外仔细，生怕敌特寄递或暗藏爆炸物品。见红军对邮局用心保护，员工们也自觉加入进来。信差黄振德特地从家中搬来铺盖行李，日夜守护在邮局。

因为战事，当时从津市经澧县八里铺、鳌山铺入常德的邮路受阻，双方邮件只能在鳌山铺中转递接。红军为了保障防区内邮路畅通、邮件不受损失，特地给邮差发放通行证。邮差们带着盖有中国工农红军第六军政治部印章的通行证，奔走在邮路上，最早体验到工农革命邮政的愉悦。

后来红军撤离津市，川军又来，旋即湘军入驻，川军败退。川军败退时，扬言要烧毁津市，黄振德把家中老母、妻儿安置到乡下，独自一人冒着生命危险继续守护在邮局，其行为受到全体邮政人员的嘉许。后来有人问他为何要舍家护邮，他私下说，是受到红军护邮行为的鼓舞。

第七章　琅琅书声

《礼记》曰:"鹦鹉能言,不离飞鸟;猩猩能言,不离禽兽。"而人之所以异于禽兽,得益于教化之功。教育是一个宽泛的概念,从组织形式、知识类型、学龄结构等方面有不同的分类,但古往今来,学校教育是其主要形式。

中国的学校组织,大体上可分为官学(太学、国子监、学宫)、书院、私塾、学堂、学校等几种。西周称学校为"辟雍",是少数奴隶主贵族读书的场所;地方则有塾和庠。当时,学校设在官府,官师合一;塾的主持人则是年老告归的官员,负责在地方推行教化。东周时期,诸侯并起,国家呈割据状态,教育为思想统治的目的还不是十分明确,知识分子面对社会的不同认识尚能自由表达。因此先秦时期,诸子百家并出,成为中国思想史上最为活跃的时期。

随着封建社会形态的成熟,汉武帝采纳董仲舒的建议,实行"罢黜百家、独尊儒术"的文教政策,帝国设立太学,儒家思想被封建帝王定为一尊,变成了重要的社会统治资源。以传递儒家文化为己任的私塾从此也在历史上站住了脚跟。隋唐时期,科举制度出现,除太学为国子监,是为官办最高学府。科举制又进一步推动了私塾的发展。玄宗时期,官办书院萌芽。当时,科举考试主要是围绕儒家经典"五经"展开,教育的政治性凸显,"学而优则仕"等观念开始植根于知识分子的头脑中,重文轻理,重农抑商,官家实行思想统治。自此,科学的这根翅膀被剪去了羽毛。

唐末至五代,战乱频仍,官学衰败,许多读书人避居山林,模仿佛教禅林讲经制度创立书院,形成了中国封建社会特有的教育组织形式。北宋时期,范仲淹执掌南都府学,书院之设兴起,特别是庆历新政之后,盛极一时。至南宋,以讲学为主的书院日渐增多,书院逐渐成为学派活动的场所。宋代最著名的四大书院有河南商丘的应天府书院、湖南长沙的岳麓书院、江西庐山的白鹿洞书院、河南登封的嵩阳书院。明朝初年,官办教学机构更加庞大,朝廷设南北二监,地方政府大修文庙,分置提学,教谕,书院转衰。直到王阳明出,书院再度兴盛,全国曾发展到1200多所。随后书院因批评时政,为当道所忌而屡遭封禁。明朝曾先后4次毁禁书院,明世宗朱厚熜、内阁首辅张居正俱毁过书院。尤其是东林党祸,魏忠贤尽毁天下书院,书院教学跌入谷底。

清代人口猛增,在官办学校的无法满足需要的情况下,全国书院达到2000余所,私塾也得到空前发展。但书院的官学化也达到了极点,大部分书院与官学无异,如张之洞在武昌建立的两湖书院、广州越秀书院等。到了光绪三十二年（1905），废除科举，新学开办，各省的书院改为大学堂，各府、厅、直隶州的书院改为中学堂，各州县的书院改为小学堂。至此，书院退出了历史舞台。1910年，学部颁布《改良私塾章程》，鼓励劝学所对私塾进行改良，调整私塾的课程、教材、教法，促使私塾向近代小学靠拢。延至民国，私塾逐渐过渡为国民小学。

津市作为九澧经济和文化荟萃之地，重视文化教育是史有明载。在晋代，新州城（当时的郡治）就因车胤"囊萤照读"的故事而闻名，唐代晚期，即建有书院性质的"萤渚读书台"。元大德年间，监察御史李庭咏与总管杨国祯等筹资修建了"车渚书院"；明正德年间又得以重修。清初，知州汤调鼎等在津市市区修建"延光书院"，取"车胤精神，以延其光"之意。康熙二十一年（1682），津市士民又在延光书院西侧创建了澹津书院。但津市的书院以基础教育为主，倡扬的是勤学之风，与同时期一些著名的书院略有区别。

与此同时，"私塾"作为民间常见的一种教育形式，在津市已然普及。一般富商，为造就子弟，进取功名，或继承商务，掌管财产，都不惜重金，千里迢迢，延聘蒙师，设馆讲学；而同乡会馆，也纷纷兴办义馆、义学，不使子弟蒙尘。清末至民国，新式学校兴办，国民小学分保在市区设立，一些私塾改设为小学，先后有大成两等学校、澹津女校、豫章小学、长郡小学等学校出现，其中，澹津女校的出现，主张男女平权观念，肇立九澧新风尚。同时期，芬兰基督教会在津市兴办津兰学校，开设外语和圣经课程，也为津市青少年打开了海外文化的窗口。1909年，教会开办津兰中学；至三四十年代，又先后出现了明道中学、翊武中学，一下子把津市的教育水平提升到了新的高度。这几所中学培养出了一大批优秀学生，他们相继进入国内外名牌大学学习，不少人后来成为国家科技、教育、军政界精英，改变了历史上津市教育"寓教于商、不求高广"的形象。至1949年，津市已有各类学校19所，在校学生3215人，教职工187人，教育况貌，盛于九澧。

第一节　书院

1. 车渚书院

建成于元大德五年（1301）五月，由官办民助在原"萤渚读书台"基础上重修，位于今津市新洲镇车渚村，当时为三间两进书院，又名"萤渚书院"。至清末改为彭山学堂。

在中国教育史上，车胤是一个光芒四射的典范。主要是他年幼之时，在家里穷得连灯油都无法置备的情况下，创造了"囊萤照读"的苦学之法。车胤官至吏部尚书，晋隆安四年（400），车胤为国捐躯。东晋末年，车胤故里建起"车胤祠"和"萤渚读书台"，以祭祀并弘扬其刻苦为学的精神。《直隶澧州志》载："车渚书院，州东四十里，一名萤渚，云晋车武子囊萤读书处，教授李寓及州人梁宝有记，寻废。"李寓是当时主董澧州儒学的学官，其《车渚书院记》写于元大德辛丑年（1301）。李寓记述：肃政恒庄李御史李庭咏，曾担任鼎、澧地区的监察御史，因其父李慧（梅轩公）致仕后寓居于新洲车渚，李庭咏常回家省亲，便与州守杨国祯谋划修建车渚书院事。杨国祯即遵奉其意见，并在梅轩公的赞襄支持下，花去近一年的时间，建成澧州车渚书院，而且是一座一般的"支郡下州"即三类小州郡无法与之媲美的书院。他还将此记镌刻成石碑，立于车渚书院内，告诫后来者。

217年后的明正德十三年（1518），澧州人梁宝（建始知县），又写了一篇《重修车渚书院记》，比较详细地记述了明代重修车渚书院的情况。车渚书院"在州东三十里，唐李泌所筑新城内。毁于兵，遗址仅存，百余年竟无一兴废举坠者，足为太息。"正德十二年（1517），时任侍御史的李如圭（字国宾）内艰（丧母）家居澧州时，即将车胤的官衔姓字镌刻了一块碑表，竖立在通衢大道。适逢时任御史的凤阳人高越（号抑斋）按察澧州，见到武子碑表，"惊曰：有是哉！囊萤故事，虽五尺童子犹乐称之，为其处贫窭而向道义也。乃故土无祠，不大为缺典乎！咨诹之事急孰甚此？"这位御史高公感叹之余，即以尽快修复车渚书院事嘱托澧州当局。当时的澧州同知欧阳席,正以"贰守"身份署理州府,对御史高公的嘱托"毅然任为之。即其旧所崇台辟址,经始于是岁季冬,明年春乃落成。"

只一个冬春,颓败荒芜了百余年的囊萤读书台上,再次耸立起一座崭新的车渚书院,"但见崇门揭扁,朵翰惊龙,庙貌森严,肖像俨若。缭垣墙以植松竹,砌砖石以除草莽,严关键以远秽浊。"特别值得一提的是,如此一座新兴的车渚书院重建完成,一未动公款("不动公帑"),二未向民众要钱("民不知兴作"),三没摊派民工("非赎罪人"),而是通过父母官"捐己俸"成就的一项公益事业。

梁宝说,澧州学子有了车渚书院,即可以"考德问业""崇德象贤",又可以在车武子精神的熏陶激励下"论时尚友""感发兴起",深造甚至超越成具有车武子志节式的贤俊之才。他坚信:车武子的"高风硕节",将永远成为"后学模范"。

康熙五十年(1711),新洲镇修葺和恢复了车渚书院;晚清时,车渚书院又与新洲小彭山思王庙堂合一,供奉车胤、李元则画像,更名为彭山书堂(亦称彭山学堂),并镌"山思唐刺史,渚祀晋尚书"门联,以示对先贤的纪念。

2. 延光书院

建成于清顺治七年(1650),为澧州知州汤调鼎倡建,地址在今一完小东侧。后随州治迁往澧县。

清顺治三年(1646),南明的抵抗主力刚刚溃出澧州,清政府为了加强对江南的占领和统治,十分重视澧州的治理。未等州城得手,即委派道、州官员驻屐澹津(今津市)。百废待举之际,守澧官员认为,作为"王化之本,人才之所由出"的州级书院,不可能长期废缺。于是。在大量裁并其他官员的同时,却对澧州"州、县教授、学正、教谕、训导等员一如前代"配置。顺治五年(1648),有"宇内名硕"之称的汤调鼎知澧州,一方面"追剿、恢复澧城",一方面"捐俸筑延光书院,橄萃多士,课文析义,供给膏火……"据清初澧州文人龚之茗写的《延光书院记》记载,"清河汤钧右先生"于清顺治七年(1650)筑成的延光书院,址在澹津(今津市)。龚文说,之所以名为"延光书院",是"先生(指汤知州)之言曰:'澧之先,屈、宋尚已读书博雅,又有武子胤其人者,能使千年后澧州人士犹称囊萤故事不衰,其光可延,是宜名延光。'"延光书院要求"来尔诸士",应当"追踪屈、宋,步武车、李(如圭)",通过"笔之,削之,磨之,砺之","宜人人握灵蛇之珠",个个成"绣粲胸次",即胸怀锦绣才华的治国之士。明末诗人刘嘉善有《题延光书院》诗:

藜阁光涵澧水隈，文心慧业总堪推。

草痕结绿牵裙入，萤抱明珠逐夜来。

三五典坟追往哲，东南竹箭集今材，

千秋此日归风雅，槛外长虹覆酒杯。

囊萤故事通过中华经典《三字经》"如囊萤"，早已深入人心。时至今日，遍布津澧等地的车胤遗迹如车城、车渚村、车家铺、车公山、车公亭、车溪河、车公桥、武子宅、武子墓、囊萤台、萤渚台等，乃是澧水之子车胤"声名藉盛于乡里"的明证。千百年来，澧州人传说，凡是萤火聚集之地，都是文昌盛会。这是因为宋人王齐舆的《车武子墓》"儒生骨朽名犹在，高冢相望已乱真。只认夜深萤聚处，便应冢下读书人"久传不衰的结果。数年前，有学者在偏远的澧北山村，见到一位90岁老翁，他似乎对很多往事都不甚了了，但谈起车胤却滔滔不绝。特别令人感动的是，他竟一口气背出了叙说车胤故事的"宵烛出腐草，微质含晶荧。收拾练囊中，资我照遗经。熠耀既不灭，吾呻宁暂停？毕竟齐显地，声名炳丹青"的《囊萤诗》。真可说是"其光可延"的一则轶事，也可说是车胤的事迹与精神，为澧水子孙代代相传的一则佳话。

3. 溪东书院

相传建于南宋时期（1127—1279），地址位于关山西麓大洼（今白龙泉水厂），南临道口，古有小溪自此入澧水。因此叫溪东书院。

有关溪东书院的史料，其一为《直隶澧州志》记载："在治东一里许，宋范文正公（范仲淹）尝读书于澧，后人慕之，建院祀焉。明正德间，州同欧阳席修，李如圭为记，明末废。今澧阳书院，其遗址也。"显然，州志中记述的溪东书院在澧州城，与津市关山无涉。其二为南宋宝庆元年（1226），承直朗澧军事推官任友龙的《补范文正溪东书院记》曾对书院环境描述为："乃卜澧之阳。唯东彭山突兀，其前诸峰环列左右，旁挟两水，东西来朝，气象轩豁，胜景毕露，岂地灵显晦自有时耶？于是度材鸠工，分画经始，中建一书十年，大通六经之旨意；立文正公祠于堂之东。偏外又辟一门，缭以周垣，克壮形势，栋宇华丽，轮奂鼎新，实一郡伟观也。"其景色描述似乎与关山相似，但说澧之阳则相悖，何况所载之东彭山，是否即关山存疑，即或是，也在澧水之阴，可见所载之地理位置与今不符。这一段记载与州志中溪东书院在"治东一里"的说法也相悖。

今有学者考证，津市大洼为溪东书院原址，其兴建时间比任友龙记载的溪东书院重建时间要早一百多年。其考证之说为：南宋绍兴十九年（1149），范浚慕泉州人苏庠等文人结社于江西，并在澧阳（故澧州地）筑别墅游憩讲学，来到澧阳，遍游兰澧，爱上澧浦道家第四十四福地关山的秀丽景色，结庐于大洼小溪之东北，研修理学，开讲授徒，号溪东书院；称小溪为濂溪，并自任山长。一时声名鹊起，时传"澧阳有香溪"，学界争相赴澧阳溪东书院受教，也惊动了当时颇有名气的后学朱熹。年轻的学子朱熹非常崇敬范浚，曾数次去婺州南溪拜见求学，但因缘不就，没有见到，只抄到范浚的"心箴"一章，击节叹赏。范浚于绍兴二十年（1150）去世，后来有道士莫元良在道藏第四十四福地彰观山上重建宁极观，被南宋皇帝敕赐为"银溪观"，遂改濂溪为银溪，仍号讲堂为溪东书院。

南宋乾道三年（1167）八月，朱熹在林择之、范念德的陪同下到潭州（现长沙）访问湖湘学派的理学大师张栻。闻听范浚在澧阳溪东书院开讲授徒，特地来澧阳溪东书院，没想到范浚已去世。在祭奠心仪的师长范浚之时，欣然登上溪东书院的讲堂开讲。结合澧人熟悉的文人苏庠、理学大师范浚等的学术思想，接引学者，受到澧州官吏、士子的青睐。

南宋淳熙十年（1183）秋，朱熹应澧州州牧的邀请第二次来到澧州，把上年编著的《孟子集注》带来澧州，此书收录了范浚的《心箴》，还特地为范浚作了小传（《香溪范子小传》）。并指出澧州是楚南名郡，嘱咐澧州官员要像修建白鹿书院那样，修好澧州的学院，还要把苏庠主讲过的文山书院修好，认为范浚创建的溪东书院过于简陋，应该好好翻修。并当场为澧州书院题写"廉节"二字，澧州学官立即为此二字刻碑保存，筹措资金开始备料准备修建文山书院和溪东书院，以待来日朱熹再访。

南宋绍熙五年（1194），朱熹任潭州（今长沙）知州、荆南安抚使，陪同朝廷御史范处义巡视环洞庭湖十五州，第三次来到澧州。由于范处义本是范浚的私淑弟子，敬仰香溪先生范浚，一路走来情趣相同，十分投缘。他们登宁极观，再访范浚溪东书院。离别前，在持节侍御史范处义的支持下，朱熹促成了两件盛事的兴办：一是建议当时的州守和安乡县令，分别修复范仲淹幼年在安乡兴国观的"读书台"和游学澧州的遗址。二是商定修葺溪东书院，并确定溪东书院专辟一室，供奉范浚和范仲淹肖像，按规制"同祀二范公"。州、县官吏遵从了朱熹、范处义的意见。使溪东书院享受州级书院的待遇，为澧州的人才培植做出了巨大贡献。

这一段推论看似合理，但今人并未发现历史文献中有朱熹讲学澧州的记载，而范浚为婺州兰溪（浙江金华兰溪）人，高隐不仕，一生讲学于兰溪（一名香溪），为浙东学派之长，不大可能远涉千里而择澧州之关山开辟讲堂，何况在他1150年去世之际，朱熹曾亲往吊唁，而1167年朱子又来拜谒，只能说是一场梦游了。今录此一说，以添家乡趣闻，亦见拳拳之心。

4. 学殖书院

学殖书院始见于清乾隆十五年（1750）刊刻的《直隶澧州志林》："在新城镇，元大德间，杨国祯建。"清同治《直隶澧州志·学校志·书院》也载有："学殖书院，在新城镇。元大德间，杨国祯建，今废。"考"学殖"二字，《左传》释为"夫学，殖也。不殖将落"，本意为学业积累。明清两部澧州志，均记载有在元大德年间（1297—1307）杨国祯在新城建书院之事，均以"学殖"赋名，恰好与"车渚书院"的建置处于同一时期。根据"车渚书院"的建成年代和地点分析，这个学殖书院极有可能就是"车渚书院"的重记，所谓学殖，不过是车渚或萤渚的别称。另光绪《湖南通志》载："学殖书院在州西南六十里，元杨国祯建。"则学殖书院大约在今临澧县合口镇了。

5. 崇实书院

《直隶澧州志》载："在州汇口，嘉庆八年（1803）建。"书院为谁肇建、规模大小、废置时间不详。汇口今属市辖毛里湖镇。

6. 澹津书院

建成于清康熙二十一年（1682），地址在今津市一完小东侧（旧延光书院旁），为津市士民公建。从其建成年代来看，是在延光书院迁澧州之后。但此书院是否由延光书院旧址改建，未见史料记载。关于书院名称的由来，应该是源于津市的古称"澹津"。

有关澹津书院，乾隆十五年（1750）刊刻的《直隶澧州志林》载："在延光书院西，康熙二十一年（1682），津市士民公建，以祀文昌、神会、文艺，重修三次，称义学之能有永者"。同治《直隶澧州志》载："澹津书院在延光书院西。……乾隆四十五年（1780），贡生翟镜、周景荣等复立文星阁，重修堂宇。生员翟枝、高传礼等劝捐水田三石一斗，每年收租谷二十石零，房屋地租钱四千八百，为延请蒙师薪俸之资，俾附近子弟就学。嘉庆十五年（1810），职员翟宝瑶、生员徐镛、刘祖峤等，因寒士逢科试阻于资斧，倡义起宾兴会，邀市中有力之家捐买本市基屋一所，每年收租钱九十八千，入书院掌管。乡试之年，诸生赴院饮饯，分赠盘缠，亦盛举也。有碑志，院中奉至圣及文昌牌位。每年首事率诸生虔修祀典，凡地方有关风教者，规劝咸于其中"。

当时的澹津书院只是一个供祭祀孔孟等儒教诸圣、学习交流文艺作品和心得、倡导良好社会风俗的文化活动场所，起初为津市陈、吴、汤、樊、黄五大姓筹资兴建。康熙廿八年（1689），书院修改章程，接受捐资达一定额度者入会，五姓之外的人士开始加入。乾隆四十五年（1780），生员翟境、周景荣、高传礼等重修澹津书院，新建文昌阁，并添置田地房产，聘请老师，始招收子弟在此读书。嘉庆十五年（1810）生员徐镛、刘祖峤等组成"宾兴会"，并募捐房产，增建宾兴馆，年收租钱98千文，以保证每逢乡试"饯饮诸生，分赠盘缠"。光绪初年，创建者后裔又组成"大成会"，管理田产和院务，规定"非大成会子弟不得入学"。"大成会"每逢春秋隆重举行祀孔大典，激励子弟发愤读书，争夺功名，凡考中秀才、举人者均分别给予金钱奖励。清光绪三十二年（1906），废科举、兴学堂，各地书院纷纷改为学堂（校），于是陈裕嗣、樊寿乔、汤惠卿、吴端华，黄觉身等发起对书院进行改革。为了纪念"至圣先师"，袭用大成会之名，于1912年创办"私立大成两等学校"，聘请教师，改革课程，招收新生。

第二节　私塾

　　在民国建立以前，津市没有设立正规的"洋学堂"，一般商民，对子弟教育依然以"私塾"为主。津市当时是一个繁华的商业城市，因此其教育也带有深刻的商业痕迹。当时的私塾有三种主要类型，一是富商巨贾的"家塾"，即不吝资斧延聘名师，在自己家中设馆讲学。这些塾师中，有入过学的秀才，也有功名不遂的文人，学生则是富家自己的子弟，间或也有亲友子弟附读，总之人数较少，基本上以一对一形式。这一类私塾因有功名之求，其课程循规蹈矩，管理较为严格。二是以同乡会馆为主的"义塾"（在郊乡则为"族塾"），即以同乡会馆为载体，通过馆产孳息或募捐开办的私塾，塾师由会馆聘请，也不必一定非得名师，学生则为同乡商民子弟，这类私塾人数较多，所学课程除一般蒙学读本外，还夹以珠算、薄计等实用知识。其学习目的是让学童掌握一定的文化知识，为经商创业打下基础。当时庸石慈会馆、江西会馆、湘乡会馆等都有"义塾"。三是塾师自己开馆、向社会招生的"馆塾"，主要面向本籍普通商民子弟，塾师必须以自己的口碑招徕学生，其所教课程界于"家塾"与"义塾"之间，既不能让才俊埋没，又得让学生学到"本事"。

　　清末时期，津市私塾每馆学生少在七、八人，多至二十余人。就读时间，一般为三五年，学生辞校后，或学徒就业，或自学深造，求取功名。教师待遇由主宾双方议定，一般年俸大谷一二十石左右。逢年过节，还要向教师奉献节礼。当时私塾教师中有声誉者为杨大炎、苏佩禄、匡南浦等人。

　　私塾陋习根深蒂固，讲学前，须向孔子神位叩头以祀圣灵，对老师也同样毕恭毕敬叩头拜师，塾师体罚学生的事也十分普遍。学生课业讲授偏重于灌输，以"敬孝悌以重人伦，笃宗族以昭雍睦……"的封建文化为宗旨，从三字经、百家姓开始，继学四书五经，诗、词、歌、赋，以至诸子百家。私塾讲究习字，每日大小字各一篇，交教师评阅；每月作文二篇，由教师圈改；民国初年，也有加授时事论文以及算术等课的。三字经的内容也由"人之初、性本善"的旧本改为"今天下，五大洲：亚细亚、欧罗巴，南北美、与非洲……"等。

　　1900 年，在反帝反封建的革命影响下，津市开始兴办新式小学，社会上称之为"洋学堂"。但因浓厚的守旧意识，直到辛亥革命后，私塾仍是津市子弟求学的主要形式。"五四"运动后，社会上新制学校先后设立，而守旧者则认为这类学校误人子弟，只有读私塾才有出路。这种新学与守旧的争夺，直到私塾被勒令关闭之时。但有钱有势者，仍私下聘请教师设馆教授子弟，还有把子弟送往外地就读的。更有采取阳奉阴违的办法，政府视察一到，就讲国文、史地、算术，而视导离去，仍然是"子曰：学而时习之……"。这种新旧文化的斗争，随着社会的不断发展，人们认识的逐渐提高而结束，私塾逐步由盛到衰，终于被各种新式学校所取代。

第三节　学校

一、民国时的小学

在变法维新的影响下，津市初等教育在与私塾的争夺中，逐步兴办起来，因而不少学校先后创立。1922 年，县立第二高级小学在津市元和宫创立，校长张云帆，这个学校专办高小班，以解决各类初级小学学生的升学问题，教师十余人。共设 4 个班，有学生 120 人左右，办校经费由县教育局筹办。1936 年，该校更名为县立澹津高级小学，校长为李祖灵。教员 13 人，设 4 个班，学生 132 人。此外，还有区立初级小学六个，分别为禄保小学，校址元和宫，校长李祖灵；汤石保小学，校址汤家巷，校长滕开元；保合小学，校址太平街，校长樊生强；师益小学，校址城隍庙街，校长金壹元；三义小学，校址龙法寺，校长徐镇武；镇福小学，校址川主宫，校长朱务敏。区立学校经费由区教育筹款、校产孳息、学生学费几方面解决。

此外还有兴办的私立学校。如长郡初级小学（1926 年创办），校址保合后街，校长黄永祥，教师 4 人，3 个复式班，学生 105 人。庸石慈初级小学，校址一文拐，建于 1927 年，校长龚光华，教师 5 人，2 个复式班，学生 68 人。豫章初级小学，校址万寿宫，创立于 1934 年，校长王士彬，教师 5 人，2 个复式班，1 个单式班，学生 137 人。津兰小学，校址津市福音堂，校长田德贞，教师 7 人，3 个复式班，学生 125 人。此外，还有第七短期小学，校址元和宫，1936 年设立，校长张文武，开一个班，半日二部制，学生 51 人。凡私立学校经费，均由各校董会筹办。

1936 年，当时津市有县、区及社团开办的公私立学校 12 所，46 个班，学生 1309 名，教师 86 人。

抗战时期，津市这个九澧物资集散地的商业城市，因外地难民涌至，人口猛增。城市财政活跃，商业更为兴旺，这不仅带来了日益增多的学龄儿童入学的要求，而且为往后的津市教育发展奠定了基础。

解放战争前后，津市行政区划又有了改变，因而教育管理机构也随之而变更，直至 1948 年，除私立学校外，公立学校均由镇教育股管理。这时，原县立澧津高级小学校改为津市镇中心国民学校，校址元和宫，校长杨文敏，教员 16 人，高级班 3 个，初级班 6 个，学生有 470 人。原区立学校先后分别改为保国民学校，如三、四联保国民学校，校址牌楼口，校长方德夫；五、六保国民学校，校址城隍庙，校长禹湘帆；一、七、八保国民学校，校址保合后街，校长周浮沧；二、九、十保国民学校，校址三元宫，校长褚东之；十一、十二保国民学校，校址汤家巷，校长曹友钦。此外还有吉州半日学校、私立澧津女子学校、私立津兰小学、私立长郡学校、私立豫章小学等，这个时期全市（镇）公私立学校共 11 所，教员 107 人（管理人员除外），高初级共 64 个班，学生 3093 人。

津市初等教育，随着时代的要求、民众的愿望，在不断发展中逐步充实提高，为提高国民素质、教育培养人才、淳化社会风气，发挥了积极的作用。

二、名校留影

1. 大成两等学校

大成两等学校，1912 年由樊友云发起兴办，是津市第一所新制学校。所谓两等，即初等和高等，相当于后来的初级小学和高级小学。该校以津市"大成会"会产为基金维持。1915 年，因校长樊友云出走避祸，学校停办。1923 年，经"大成会"同人集议，学校恢复，更名为"津市大成学校"，由樊友云之弟樊友松任校长。1927 年，大革命时期，因提倡女子教育，该校合并为澧津女校，大成学校宣告停办。

清朝光绪末年，经过百日维新，清政府被迫在教育体制上实行变革，废科举、立学堂，各通都大邑仿效欧、美、日本新制，先后建立了一批新制学堂。当时津市有志之士，负笈出外求学者渐多，有樊友云、李斗青、崔振球等考入上海中国公学，胡毓桢、杨道馨、樊友松等考入长沙湖南高等学堂。辛亥革命成功后，在外学生陆续毕业回乡，见津市风气闭塞，社会教育仍以私塾为主，遂锐意进行改革。

是时，樊友云乃召集"大成会"会董商议，将原澧津书院更名为"津市大成两等学堂"，樊友云自荐担任校长。樊之努力，得到了一帮同学的大力支持，李斗青、朱渭川、樊寿乔、赵壁城等欣然应聘为学校教师。学校开办静级（初等）和诚级（高等）两个班级，招收学生百余人，设置国文、英语、算数、格物、修身、历史、地理、音乐、美术、体操等课程，一改过去私塾专攻四书五经的旧制，津市市民呼之为"洋学堂"。由于学校教学认真，师生思想进步，在社会上影响较大，引发了一股求学新知的热潮。

但大成两等学堂只开办了一届。1915年，袁世凯阴谋帝制，汤乡铭为湘省都督，大肆残害革命党人。樊友云因与国民党关系密切，在其通缉之列，不得已潜离津市，避居北京（后在京病故），大成两等学堂随之解散。这一届毕业学生中，很多都得到升学深造，如朱务善、孙世灏、黄承鼎、彭天柱、孟体仁、樊生佐、文燮禄、孟雨膏等，均考取国内知名大学。朱务善考入北京大学，与李大钊结识，成为中国共产党早期党员，留学苏联，为革命作出过较大贡献；孙世灏留学西欧，成为国内著名画家；黄承鼎留法勤工俭学，成为上海纺织界著名工程师；樊生佐专攻铁路管理，是陇海铁路的主要设计者之一。一时人文蔚起，实皆与早期培育有关。

直至1923年，由大成会同仁集议，筹备恢复学校，乃更名为"津市大成学校"，仍以原澹津书院为校址，并在大殿后坪扩建教室三间，教员住室四间，朝会坪一块，公推樊友云之弟樊友松为校长，重资选聘教师。当时教师中，龚子中、李雪舫、莫少铭、张俊民、王楚痴、薛三鑫等，在九澧一带均名声卓著。学校改诚、静两级为高级、初级两部，学生除津市子弟外，还有邻近各县及附近乡镇学生。高级部实行寄宿制，共有学生百余名，设有国语、算术、英语、历史，地理、工艺、体操、音乐等课程，除讲授部颁课本外，还增授《古文观止》和英语会话课程。高小三年毕业。1925年，学校组织参观团，派吴式曾、陈裕嗣、朱渭川、龚子中等赴长沙、上海、杭州等地，参观考察各名校，进行教学革新，改注入式教学方法为自学启发式教法，建立学生自治会，举行起诉、辩论、公审以及游艺竞赛等活动，食堂实行分食制，全校划分整洁责任区等，一时开九澧各校风气之先。

首届学生于1926年毕业，大部分考入长沙明德、岳云等名牌中学，其中李汉身、陈克绍、陈克纯、胡友成、龚道广、熊应栋、朱振炎等，均继续考入大学或出国深造。1949年后，李津身、熊应栋当选全国人民代表，成为津市后起之秀。

2. 澹津女校

1917年，澧县办起了九澧女子师范学校，开始提倡女子教育。"五四"运动以后，大成会成员受新思潮影响，认为妇女教育势在必行，为了满足和照顾大成会成员女孩们的读书要求，于1920年2月办起了澹津女校，又名澹津女子小学，由汤惠卿任校长。在书院旧址与大成两等学校隔墙同时开设，均脱胎于原"澹津书院"，实际上由大成会统管。

澹津女校是津市解放以前唯一的一所完全小学，采用复式教学的方法，初小一、二年级与三、四年级各开一班，男女兼收；高小专收女生，除小学课程外，还有缝纫、刺绣等课程。所授课程（除工艺外）由原大成学校男教师兼任。

由于社会的发展，要求入学的儿童日益增多，于是大成会负责人陈裕嗣、吴端华等以该会成员为基础，扩大吸收一部分殷商富户参加组成校董会。为了集中精力办学，1927年合大成两等学校入澹津女校，由周文定任校长，学生达200余名。学校影响进一步扩大，为配合大革命运动，争取妇女解放，起到了积极作用。

1933年，同盟会名宿杨道馨出任校长，樊生龙担任教务主任。由于校舍多年失修，当时学校面临的最大的困难是校舍建设问题，但经费无处筹措。后来樊生龙继任校长，一面筹备秋季开学事项，一面恢复建筑进程。通过社会募捐，使新屋建设得以完成。

1935年，特大洪水成灾，津澧发生战事，学校经费来源枯竭，几乎难以为继。为使学生学业不致中断，教职员工同心协力，同甘共苦，全靠少量学费敷衍，维持日食，但仍然兢兢业业，热心教学，毫无怨言。至1936年，农业丰收，市场活跃，学校始得恢复正常。

1937年，学校再图发展，扩充初小高小为十二个班级，学生达到560余名，并开设幼儿园，还拟增设女子职业班级，开始谋划校舍扩建。当时津市周围旧碉堡系用城砖修造，修后并无作用，日久残缺散失，实属可惜。经常澧保安司令王育瑛批准，由学校拆除作为建修校舍之用。但校舍准备施工之际，抗日战争爆发，一切计划终成泡影。

此年开始印行《澹津校刊》，刊内选登学生作品，兼作学校与家长联系渠道，一学期发行4期。教学方面随时召开教学会议，研讨教学效果，坚持学生晨读制度，除路远学生以外，每日清晨六时至七时半为晨读时间，由教师在场督导，虽严寒酷暑，亦无间断。常常学校还未开门，已有学生在门外守候，勤学风气较为浓厚。课外活动为适应女生要求，组织口琴队、乒乓球队，均能一时成为风气。其他如设立图书室，开展文艺演出等活动，均为学生所喜爱。在地区运动会上，多次有项目夺冠。澹津女校是当时津市各学校中规模最大、设备较好的学校。在教职员方面，学校注重情感沟通，队伍较为稳定。如杨诗科、毛懿青、周用让、章祖裔、何步云、朱务道、陈淑兰、韩克珍、左钰明等老师，均终身献身教育事业。

1939年，在樊生龙的主持下，大成会章程得到修改，废除了过去校长人选必须为大成会员的限制。此后十年间，继任校长有樊凡介、孟体仁、杨诗科等，均非大成会员，他们利用各自的社会影响来支持教育，为学校的发展作出了贡献。

1949年津市解放后，澹津女校由津市人民政府接管，1952年更名为津市市第一完全小学。

3. 津兰学校

民国初年，芬兰基督教湘西北信义会在津市先后创办"津兰小学""津兰女校""津兰幼稚园""津兰中学"，统称"津兰学校"。校名取津市与芬兰各一字，既表明其地域国别，也取"育德树人，兰芝流芳"之意。

当时，市民对外国人办洋学堂的动机揣测较多，疑虑较大，不敢把孩子送入学校，所以入学学生多系教徒子女，学生人数不过十多名。经过一段时间，未见异常，始有非教徒子女陆续到来，学校规模得到发展。当时两校的负责人分别为芬兰籍牧师石约翰和石仲兰。男校任教老师有何恒久、鲍长轩、樊纯武、何仲兴等，女校老师有吴君华、雷国翠、张景云、樊承恩、汤香铭、杨普生、田信贞等。与此同时，信义会还开办了"津兰幼稚园"，园长为王来英。1937年抗战军兴，一部分芬兰人回国，学校停办。

1941年，应市民请求，津兰学校选出新董事会，申请复课。董事会由郭峥嵘任董事长，校董有李松声、朱超我、雷冠云、王默曲、杨复科、田德珍等。复课后的学校将男女二校合并为"津兰小学"，规模得到扩充，在校学生达280名。学校经费来源除信义会每年贴补国币1500元外，还将位于澧县永丰乡的会产80亩水田划归学校（每年可收租谷96担）。据津兰医院芬兰籍护士席安琪回忆："1943年，战事激烈，其他医院迁走后，津兰医院一枝独秀，我们也从不同渠道获得来自国际社会的捐款和国际教会组织提供的财政援助。医院的经济状况良好，甚至能拿出5万美元帮助津兰学校。"此外，学校也收取一定学费，初小每生3元、高小每生6元。当时校长为李木柏，教师有樊伟华、张伯夫等。课程除开设国文、算术、音乐、国画外，还有圣经课。学生须按规定听牧师布道、做祷告。

津兰小学自创办后，随着学生逐年升级，渐渐发展为具有初小、高小班级的完全小学。为了解决学生继续升学的问题，信义会决定开办津兰中学一所。担任校长的是芬兰牧师高果能（也译葛纳仁），教员有何恒六、鲍其轩、傅鼎武，外语教学则由芬兰神职人员负责，所开设课程除国文、英文、数学、地理外，和津兰小学一样，圣经是其必修课。

当时，津市有公、私立完小多所，但中学仅津兰中学一所，照理是不缺乏学生来源的，但津市是个商业城市，学生家长重商轻学，孩子高小毕业便辍学入店当学徒，极少升入中学；又因家长对津兰中学办学宗旨和所开课程有看法，即使继续升学者也纷纷送往澧县县城或长沙。这样，津兰中学生源无法稳定，难以持续发展。1937年，因战争爆发，津兰中学一度停办。1940年，津兰中学复课一年后，又因种种原因宣告停办。津兰中学的开办，是津市中等教育之滥觞。

在津兰中学停办后，津兰小学一直坚持到津市解放。1950年，芬兰籍牧师大部分回国，教会事务中止，学校停办。

津兰学校的开办，充分体现了"上帝爱世人"的基督精神和中芬人民的深厚友谊，值得纪念和称颂。

4.九澧平民学校

津市素称九澧门户，清中期以来，上游诸县文化名人、乡绅大户、致仕官员，大都寓居津市，而劳作工匠、船户排夫，更是把津市视为十里洋场，在此奋斗拼搏，演绎了许多故事。当时上游诸县人物，无论是上行京城，还是远涉重洋，其归乡之旅，至津市便是到家。他们在津市的所作所为，也真的是倾心尽力，令人感叹。

1922年，熊世锟随部队来津市，因响应湖南省政府发展职业教育之号召，遂与商人金大用等集股，筹办九澧民生工厂，由熊世锟之弟熊世风为厂长，罗甸原（驻军湖南陆军第二师第四旅军需官）为经理。工厂以招收贫民、乞丐为主。当时筹划设机械、纺纱、织布、织袜四科，未及一年，因资金困难，计划未能实现。当年底，湖南陆军第二师第四旅旅长兼澧州镇守使唐荣阳来津，以原九澧民生工厂为基础，组建九澧第一贫民工厂，委任向瑞泽（当时津市商会会长）与罗甸原为经理。有染织、缝纫、织袜、碾米、纺纱、竹工、编织、化学、藤器等科，产品有布匹、呢绒、棉纱、服装等数十种。后贺龙继任澧州镇守使，兼任该厂名誉董事长，改名九澧平民工厂，由其副官长聂佐泉及津市人胡毓桢主其事，业务得到扩充，职工最多时达六百余人。

九澧平民工厂以"济贫扶弱，习文学艺"为宗旨，采取工读形式，同时创办了平民学校。艺徒白天习工，晚上参加平民学校习文，其课程有国文、英文、算术、图画、修身、簿记、体操、音乐等，教师由工厂管理人员和技师充任。艺徒以学成出师为期，在学习期间不发工资，由工厂提供伙食，凡学习成绩优良者，发给奖品。毕业的艺徒，除部分留厂就业外，大部分都走向社会，在各县市镇自主创业，建立织布、制袜、印刷、缝纫、竹编等作坊，为发展地方手工业生产带来了显著影响。

九澧平民工厂在贺龙撤出津市后，聂佐泉继任厂长至1928年（以涉共在长沙被枪杀），后有津市商界名人彭步皋、任葆元、杨道馨等人继任，因缺乏军政要员支持，业务有所萎缩。1938年，常澧保安司令王育瑛兼任厂长，推荐欧洲留学归来的李静安代理其事，无奈日寇扰袭，工厂被迫迁至慈利县杨家溪，后遭匪患，再迁石门县江家湾。因战事影响，振兴乏力。后津市富商禹禹三投资法币10万元，勉强维持。

1943年日军攻陷石门，人员逃散，工厂倒闭，再未恢复。

5. 明道中学

1940年代，国家正处于危亡之际，兴办教育，拯救国魂，是明智之士的共识。当时，津市教育界人士胡丕顺等倡导在市区附近创设一所私立中学，得到了各界人士的赞同，遂由胡丕顺、杨体先、胡子元、刘用光、覃程杰五人为创办人，聘请胡毓桢、向郁阶、彭明宗等人为校董，筹资办校。经校董会推选，胡毓桢、刘用光为正副董事长，胡子元为经理。

组织成立后，即筹募办学基金。首先有胡丕顺、胡子元捐献田产37.6亩，校董孟庆朝捐献大瓦屋一幢（计20余间）为校舍。其余校董也纷纷解囊，共计捐得田地943.27亩，年计收租谷1200担。并以校产为质，由胡毓桢出面向湖南省银行津市支行贷款10000元为活动资金。1942年7月，校董会具文呈报省教育厅备案，10月获得批准，准予开办一所6个班级的初级中学，1943年春季招收新生两个班，以后每学期增加一个班。得到省厅批准后，校董会即推举向郁阶为校长，组成工作班子，同时公开向社会聘请教师、印发招生公告、购置教学和生活设施，开始紧锣密鼓的筹备工作。

1943年1月，私立明道中学组织招生考试，择优录取新生120名。3月1日正式开学，新生学费为稻谷七担半（含学生膳食费），书籍课本自购，学生实行寄宿制管理。开学后，仍有很多学生家长恳求增设班次，学校只得采取变通办法，暂时增开一个先修班，录选学生110名，借邻舍孟凡芷私宅作教室。此期实际招生230名，共聘请教师16人。

1943年5月，日寇进犯津澧，屡有敌机袭扰，学校被迫停课，学生疏散回家。教师则集中疏散到南乡山区，骆仲藩先生在返回老家途中，遇日军追赶躲入水塘，不幸罹难。6月复课，所耽误课程利用暑假时间得以补齐。当年下学期正常开学，新增一个正式班。但因时局危殆，部分学生退学，三个正式班只有学生130余人。

10 月下旬，日寇大举进犯湘北，九澧各县沦陷，学校再度疏散。12 月敌军逃遁，教师们才陆续返校。迨至次年春节后，学校再召集学生、恢复上课。

学校创办的第一年便迭遭日寇摧残，险些使这个未满周岁的"婴儿"被扼杀。在日军第一次进犯时，向郁阶校长携家眷逃难回到大庸老家，未及时返校，向校长便向校董会函请辞职，校董会遂改任杨体先为第二任校长。局势稍见安稳，学校扩建木楼两栋，并添置了一批教学设备。1945 年下学期，杨体先校长却因积劳成疾，终告不治，校董会又选胡子元为第三任校长。1948 年下学期，校董孟庆国以收回私产相挟，出任第四任校长。

从 1943 年 1 月至津市解放，明道中学的开创者们可谓筚路蓝缕，历尽艰辛，虽然物质条件有限，但"明其道不计其功"的办学精神得以发扬。校董会捐资助产，不以营利为谋，选贤任能，倾心尽力；教师们尽管薪俸微薄，仍致力教学，不计个人安危；学生们潜心学习，学习风气浓厚。每届学生升学率都很高，在九澧一带名声卓著，为国家培养出了一批优秀人才。如哈尔滨军事工程学院教授吴泽其、人民大学教授皮肩协、湖南大学教授许孟和等，都曾经是明道中学的学生。创校 8 年间，在校老师有胡丕顺、伍龙章、骆仲藩、秦文生、张文达、黄承汉、胡在忻、吴传德、毛冠鼎、万培南、田芬等 30 多位。

津市和平解放后，原校长孟庆国私自离校逃离津市，1950 年上学期校董会推选胡友成为第五任校长，伍龙章为副校长。后来覃程杰接任校长，因不谙教育，学校管理也矛盾丛生，应广大师生的强烈要求，1951 年 1 月，明道中学由津市市人民政府接管，更名为"津市市立中学"。

6. 翊武中学

相传辛亥革命前，蒋翊武先生与友人归乡途中经过渡口古镇，见山川秀丽，不胜感慨，遂与友人言，待革命成功则归隐乡里，择此地办一学校，造福家乡，以慰平生之志。后蒋先生武昌起义失败，罹难桂林。

1943 年秋，许和钧受著名教育家、生物学家辛树帜指点，为纪念辛亥革命先驱、武昌起义总指挥蒋翊武烈士而创办"湖南私立翊武中学"。原国民党中央执行委员覃振出任董事长、黄贞元（蒋翊武生前好友）任名誉校长，许和钧为校长，其余董事皆为九澧一带名流。国民党元老程潜先生曾担任私立翊武中学第二任董事长，为学校题写了"亲爱精诚"的校训。

该校为国内三处以"翊武"命名的早期纪念地之一（另两处为广西桂林的"开

国元勋蒋翊武先生就义处"及长沙岳麓山的"蒋公翊武之墓"),具有重要的历史纪念意义和现实统战意义,是弘扬翊武精神,进行爱国主义教育和革命传统教育的优良场所。

1951年初,学校易名为省立翊武中学,并一度跻身于全国五百所重点中学之列。

1951年,省立翊武中学更名为澧县第三初级中学。1968年,改称澧县渡口公社五七中学。1969年,更名澧县渡口公社中学,设高中部。1981年易名澧县渡口翊武中学。1983年,更名为澧县翊武中学。1985年,学校改称津市市翊武中学。学校现在为初级中学,校内现存名胜有1954年苏联援建的两幢教学楼——红楼,一口自建校使用至今的以日寇所扔炸弹壳制作的警钟(校钟);纪念性建筑及标志有"翊武亭"和蒋翊武先生塑像。

1988年,翊武中学45周年校庆之际,费孝通先生题写了"艰苦办学,泽被乡里"的贺词。1994年,学校被常德市命名为爱国主义教育基地。

建校70多年来,翊武中学为社会输送了近两万名人才,其中专家、学者遍及海内外。知名校友有中国人民解放军济南军区副司令员朱远斌,世界自然基金会长江项目部主任、北大教授雷光春,国家计委干部杨合湘,湖北省卫生厅厅长雷光初,华光集团总经理向才佳,兰州军区某部政委刘学理等。

7. 津市高级农校

湖南省立甲种农业学堂,创办于1905年,地址为长沙市北门外铁佛寺东街文昌阁。后该校屡停屡复,至1927年与省立湖南大学高中部、湖南第二甲种农业学校、湖南蚕桑学校合并,组建为湖南省立农业学校;1930年更名为湖南省公立高级农科职业学校,迁址长沙岳麓山左家垅;1938年长沙文夕大火后,学校疏散西迁至泸溪县浦市镇;1941年更名为湖南省立第四高级农业职业学校(简称"四职")。

1945年11月底,国民政府中央教育部简任各省教育复员专员,分赴各地主持收复地区教育机关和学校的安置工作。当时湖南省的教育复员专员为辛树帜(临澧人,植物学博士,后曾任兰州大学校长)。辛受命后,到重庆沙坪坝中央大学会见湖南籍的一些教师,征求有关湖南教育复员方面的意见,其中九澧籍人士占多数。他们当面向辛建议:"湖南教育,湘中为盛,湘西落后,澧水流域最差。光复之后若要振兴湖南教育,必须均衡教育资源,着力发展湘西,重点是澧水流域。"辛专员听取意见后,琢磨再三,觉得可以把省立农校迁建于此。在谈到学校选址问题时,多数人主张选在津市。当时的理由是:津市是九澧水陆交通枢纽、物资集散转运中心，经济富裕，市场发达，而且西连丘陵山地，东滨洞庭湖区，周边是绵延数百里的大平原，农校迁此，必将有利于湖南农业科技的发展。

1946年春，"四职"从泸溪县迁来津市，更名为湖南省立津市高级农业职业学校，校址在原九澧平民工厂。学校当时开设有畜牧、园艺、蚕桑、植保等专科，基础课程有语文、西文、数学、物理、生物、化学等，所招学生以湘中、九澧一带初中毕业的男生为主，所招学生以农家子弟居多。学校不收学费，只收取一定的生活费。如家庭困难者，经学校与学生签订合约后，由政府负责垫付"学生生活贷金"，学生毕业工作后两年扣回。学校原本不招收女生，迁至津市后有所改变，但亦应者寥寥。1951年，更名为湖南省立津市农林学校，校址迁津市澧水南岸皇姑山南麓；1953年，又更名为湖南省津市农业学校。1958年，湖南省津市农业学校与常德专区农业合作干校合并，组建常德专区农业学校，学校迁往常德。

在津期间，魏泽颖、谭徽岗、左承统等中共党员来校任教，学校教职员工思想活跃，进步书刊在师生之间广为流传。1947年，学校成立秘密中共党支部，党组织活动得到有计划地开展。先后在教职员工和学生中发展了粟德忠、贺敏功、陈汉、赖治等一批党员，团结了教师中郭荫人、余光炳、宋泽启、毛冠锦、廖白皋等爱国知识分子，为反抗国民党反动派的镇压、支持津澧地区人民革命斗争、迎接湖南和平解放做出了较大的贡献。临近解放时期，左承统、谭徽岗等同志直接领导了津澧人民武装暴动，成立了"湖南人民解放第四突击大队"（简称"四突"），学校部分党员是其骨干，与国民党顽固派开展了顽强的斗争，谱写了津澧地区一曲动人的红色战歌。

8. 群毅中学

20世纪50年代，随着群众对教育的认识提高，家家都想送孩子读书学习，公办学校无法满足学龄青少年的升学需要，津市教育科施行"两条腿走路"办法，即允许兴办私立学校，以分担教育压力。1957年下半年，遂有王道宣、苏先麒等过去从事过教育的知识分子联合创办"私立群力补习学校"，校址在新建坊巷。

学校于1957年秋季正式开学，所招学生多为未被公办中学录取的高小毕业生和流失生。共有学生100名左右，其中一个班为高小补习班，一个班为初中班。学校收费相对低廉，学生的生活费也多以劳动来弥补，因此，学校为半工半读性质。学校经费窘迫，无力拓建活动场所，所谓体育活动，多是在劳动中得以锻炼。1958年，学校迁至三洲街，更名为"津市民办群毅初级中学"，市教育科委派张儒和、周松轩为正副校长。原高小补习班的同学全部编入初中年级，管理渐趋正规。

民办群毅初级中学虽然教学条件较差，但师资水平不弱，学校的学习风气也很好。当时，正值"大跃进"时期，很多被打为"右派""反革命"的饱学之士被下放到学校教书。如王道宣、唐成章、吴远木等老师，都扎扎实实扑在教学上，努力为这些"先天不足"的孩子扶苗灌浆，使他们得到茁壮成长。1960年，全市举办初中毕业生统考，全市9所中学参加，统分出来后，群毅中学位列第一。

1960年代初，群毅中学迁至市郊蔡家河，后根据国家教育政策，并入公办向阳中学。该校存在的时间虽仅十年左右，但办学者发扬武训精神，为贫民办学，有教无类，向社会贡献了不少优秀人才。如郭绍卿、梁崇华等成为了人民教师，曾宪悦、方资中等成为了科技工作者，袁春炎、伍学萍等还走上了领导岗位。而更多的学生，在社会主义建设事业中兢兢业业，在平凡的世界里脚踏实地，让"群毅中学"的名字，历久弥新。

9. 湖南机电学校（院）

1975年3月，原湖南省拖拉机制造厂为培养技术工人，经湖南省机械工业局批准，创办厂技工学校，校址设在窑坡渡厂内，首任校长为胡宏普，时有教职工12人，开设车工、冷作、锻压3个专业，在校学生100人。

1976年3月，学校迁至原澧县一中旧址，翌年扩招新生303人。1978年年末，学校改名为"湖南省机械工业局津市技工学校"，归省机械工业局直接领导。

1984年7月，经湖南省人民政府批准，湖南省机械工业局津市技工学校改为中等专业学校，定名为"湖南包装食品机械学校"，设置食品机械、包装机械、金属表面处理3个专业，面向全省招生。

1989年更名为"湖南机电学校"，学校以培养应用型、实践型、工艺型中级技术人才为目标，培养、输送专业人才3668人。2002年升格为高等职业技术学院，更名为"湖南机电职业技术学院"，面向全国招生。同时，学院被确定为湖南省数控技术技能型紧缺人才培养培训基地，2004年，被教育部、劳动部等部委确立为制造与服务业技能型紧缺人才培养培训基地。2005年，学院迁往长沙。

湖南机电职业技术学院在津时期，属境内唯一的省办全日制大专院校，不仅为省内外特别是周边县市培养了一大批工业技术人才，更为繁荣地方文化、发展津市经济作了不少贡献。

▲津市师范（网友图片）

10. 津市师范

1959 年，津市市人民委员会为加速发展小学与幼儿教育，以适应经济发展的需要，决定开办师训班。翌年 2 月，市文教科从民办群毅中学三年级学生中挑选 51 人，在市二中开办短期师训班。8 月份结业后，将学员分配到市内小学和幼儿园任教。同年 9 月，根据省订《中等师范教育事业计划》，在三洲街后唐家台创办津市幼儿师范学校，开设 3 个幼师班，2 个中师班，招收学生 250 人，1961 年停办。这是津市开办师范学校之先河。

1981 年，常德地区行署向省人民政府申请恢复津市幼儿师范学校，1985 年获准。1986 年，按"200 万人口建一所师范"的要求布局，湖南省教育厅遂将津市师范纳入议事日程，委托津市人民政府拓地筹建。1988 年，津市师范学校建成，位于市南区大同路。湖南省著名作家、首届茅盾文学奖获得者莫应丰先生题写了"今日津市师范，明日湘北大学"墨宝，镶嵌在校门背面，以展示津市师范的愿景。津市师范 1988 年秋季首招新生，当年招收 4 个班，至 1998 年下学期，共开班 60 个，招收学生 3000 余人。1999 年，津市师范并入常德师范学校，学校撤销。马训岩、王志安、游进初先后担任过津市师范校长。

津市师范的招生范围为常德市各区县，但当时张家界市刚刚成立，来不及建立专门的师范学校，经省教育厅协调，张家界的师范学生委托常德培养，故而津市师范的学生又扩招到张家界，入读津市师范的张家界学生也有不少。津市师范当时为普师（普通师范班）与民师（民办老师培训班）同招，直至 1997 年湖南省民办教师按相关规定直接转正，民师班才停止招生。普师班学制三年，招收优秀的应届初中毕业生；民师班学制两年（一年在校就读，一年回校实习），招收优秀的民办教师。普师、民师实行错杂编班，即1、2班普师，3、4班民师……以此类推，最后一班定格在1998年招生的60班。因有民师班在，那时候，父子（女）同校，师生同校，兄弟同校的大有人在，是为师范学校轶事。

据一些师生回忆，彼时的津市师范，没有升学压力，师生关系融洽。茶余饭后，师生一起打篮球，侃大山，散步，看电影，心情相通，其乐融融。记得那些年师生经常一起包场看电影，地点是窑坡乡电影院，一辆大巴车载着老师在前，学生在大巴车后面或步行，或跑步，或骑单车，浩浩汤汤，甚为壮观。

津市师范虽小，成绩却不小。一是毕业的学生基本功过硬。师范生"三字一话"（钢笔字、粉笔字、毛笔字，普通话）是基本功；风琴、舞蹈、体育等，要一个一个地等级过关，容不得半点人情。毕业生无论是在教学还是其他岗位上，都能独当一面，社会评价普遍较高。二是文学创作活动氛围热烈，激发了学生们对真、善、美的追求。当时有文学社，名曰"新月"，文学社编印过社刊《杏雨》，也自印过文学社成员作品集，不少学生在《中师报》等报刊发表文章。三是文艺活动频繁，锻炼提高了学生们的综合素质、艺术修养。如该校14班同学们充分发挥聪明才智，自导自演话剧《雷雨》，在上千人的大礼堂作汇报演出，效果非常成功。演出后，学校副校长王联松说，他在省话剧团看《雷雨》没哭，这次却流泪了，学生天生的表演才能超过专业演员，太不简单了！

津市师范开办仅11年，在办学史上属昙花一现。但11年间，津市师范为常德市和张家界市培养了3000多名中小学教育主力军，更有许多优秀学子，从"津师"出发，到各高校、各机关、各企业、各文化部门施展才华，或自主创业开创一片天地，扬花结穗，让津市师范之名永葆青春。

第八章 报业兴衰

中国是世界上传媒历史最悠久的国家。中国古代报刊是帝国刊载官方文件、官场动态和宫廷消息为主的各类书报，如进奏院状、邸报、朝报、京报等，很少有办报人自己采写的消息，也没有评论和广告，和近、现代报纸有明显的差别。

北宋始有非官方的"小报"出现。小报是当时人们对这类报纸的泛称。有时也称之为"新闻"，这是"新闻"这一名词与报纸联系的开始。小报已具备现代新闻媒体的雏形，但其出版触犯了新闻泄漏的禁令，因而被封建统治者加上"撰造浮言""乱有传播"等罪名，受到严厉查禁。

明代中叶以后，政府默许民间自设报房，选印从内阁抄录的谕旨、奏疏和官吏任免消息，公开出售。报房大多设在北京，所发行的报纸通称《京报》。中国古代报纸从《京报》开始印有报头。报房出版的《京报》，可以公开叫卖和接受订户。读者主要是官吏、士绅和商人。内容和官方的邸报区别不大，但偶尔会刊登办报人自己采写的社会新闻。清王朝入关后，《京报》继续出版，仅北京一地的报房，就有聚兴、聚升、合成、等10余家。

▲《京报》

1815年《察世俗每月统计传》的创刊（威廉·米伶在马六甲创办），标志着面向中国的近代报刊的诞生。1822年9月葡萄牙人安东尼奥创办的《蜜蜂华报》，被称为由外国人在中国创办的最早的一份外文报。然而外国人在中国创办的外文报中影响最大要数《字林西报》（1850年创办），他的历史超过一百年。国人自办的中文报中，最早的是1858年由黄平甫创办的《中外新报》，而影响较大的要数1872年创办的《申报》，直到1949年上海解放后才停刊。中国共产党中国劳动组合书记部于1921年创办的《劳动周刊》，是我党最早的报纸。

▲《申报》

清中期以前，津市的经济呈自然发展状态，文化相对闭塞，敦化社会风气主要依靠行政、宗教、学校等手段，商民主动干预社会的意识和能力尚不具备，史籍中很少见到相关记载。清后期，士子出贡，津市有了士绅、官商阶级的出现，这些走出津市的人，其视野自非旧时一般商人可比。他们睁眼看世界，认清了时代发展的大趋势，也感觉到了作为"成功者"报效乡里的责任。当时，以吴经采为代表的一批乡绅，开始自刻医书、文藏，向市民免费发放，虽然这还算不上现代意义上的新闻报刊，但其自编自印、广为传发的形式，对其后的报刊兴办有启发意义，而书籍的教化、救济功用，则与现代报刊的宗旨义理相同。

津市的第一份报纸诞生于 1912 年，报名《九澧共和报》，当时辛亥革命刚刚成功，政权归民、民族共和口号震天，它横空出世，便带有鲜明的政治色彩，代表了津市人民在历史洪流中的呼声。而之后的《西声报》《澧光报》《铎报》等报刊的相继开办，如一股股清风，吹拂着亘古的九澧大地，让人们感受到了世界的温度，也看到了批评的武器。抗战时期，《铎报》坚定地与人民站在一起，开辟"怒吼"周刊，传达抗战呼声，反对阶级压迫，遭国民党驻军 53 军镇压，报社被查封，记者遭枪杀，但四个月后，原班人马又顽强集结，再创《津市日报》，充分地体现了新闻媒体这支"自由之花"的坚强生命力。

报刊的兴办，开化了津市的社会风气，也带动了津市书纸业、印刷业、图书业的发展，加速了津市走向现代文明的进程。迨至解放，在人民政府的支持下，津市的报刊、通讯、图书出版事业更加活跃，1958 年，新的《津市报》创刊，之后，广播电台、电视台相继建立，成为传达党的声音、表达群众意愿的喉舌；群众自由结社，《津市文艺》《朝阳》《兰草》等自办刊物如雨后春笋，精品佳作屡屡问世，文化艺术活动空前繁荣。改革开放以后，现代传媒业日新月异，因特网的普遍应用，信息的传播无以量计，已经成为人们日常生活中的不可或缺。

第一节　吴家刻书

　　九澧地区民间有一句俗语，原本是说津市吴家与临澧蒋家家道殷实、富可敌国的景况，叫"吴蒋家的家务"，歇隐着"家大业广，浮浪不尽"的意思。晚清名臣郭嵩焘为津市吴氏族谱作序，曾写道："澧州吴氏，其传自宋、元之交，至明时乃贵盛。凡历三百余年，有迁居澧之津市者，曰廷章。传又百余年，繁衍殷厚，自湖以南言望族，以津市吴氏、安福蒋氏称首，盖澧产也。"可见民间所传不虚。

　　津市吴氏至吴经采（字莱庭，号醉碧）这一辈可谓荣华富贵，盛极一时。不仅家族财富累积巨万，海内名埠，遍置商号，京城阙下，也置别业，而且五兄弟个个都到国子监深造，后来援例出贡，都有官身。咸、同年间，吴经采、吴经邦曾带兵作战。吴经采历任汉阳经历、东莞同知、香山知县，官至观察（四品）；吴经邦历候补盐提举，四川龙安、顺庆知府（五品）；吴经缃官至守道（四品）；吴经焕曾任荆州府同知（五品）；吴经训为候选光禄寺署正（六品）。吴经采的女婿王楷为咸丰二年两榜进士。当时，吴家往来者有彭玉麟、胡林翼、郭嵩焘、何绍基、王文韶等，皆为当时显宦文擘。可见吴氏兄弟才调品位，已自不低。

　　吴家虽为津市首富，但秉承儒门"仁义"为本，视传承民族文化、兼济苍生贫窭为己任。道光十八年（1838），津澧大水，冲决堤垸无数，灾民嗷嗷待哺，吴经采施粥棚数十座，解民于倒悬；咸丰二年（1852），吴经采女婿王楷高中进士，又复修大观楼（或称状元楼）于大码头，为市区添一胜景。更多的是多次出资刊印古籍图书。至今存世的吴家刻书有两部。

　　其一是道光廿三年（1843）刊印的妇科医书《傅山医书》。傅山号青主，是明末清初著名的道家学者，哲学、医学、内丹、儒学、佛学、诗歌、书法、绘画、金石、武术、考据等无所不通。他被认为是保持民族气节的典范人物。傅青主与顾炎武、黄宗羲、王夫之、李颙、颜元一起被梁启超称为"清初六大师"。吴经采从拿到这个版本到后来出版，前前后后最少用了24年的时间。他苦心孤诣，四处求证，联络了众多学者、医家和官员，最后才刊刻出版。该刻本版面精美，纸质上乘，属同时代书籍中的精品。值得称道的这本医书经广为赠发后，为普及民众医学知识、及时施治疾患起到了针指镜鉴的作用。该书由当时澧州州判宋仿祁作序，序云："……穷乡僻壤，家置一册，对症验方，较胜盲医。……俾先生之遗泽，流被于千百世而无穷。而吴君乐善之心亦与之俱传耳。"道光廿五年（1845），吴经采再次重刻《傅山医书》。

▲《傅山医书》

其二为《唐李文山先生诗集》三卷。此集为唐代澧州大诗人李群玉的诗歌集，是澧州珍贵的文化瑰宝。湖南图书馆收藏有光绪十八年（1893）朱梦庚刻本，朱梦庚序云："唐李文山先生群玉因进诗授弘文馆校书郎，当时群推重知，比其作为玉白花红。……乾隆时何十樵（何璘）直刺，曾刊行之。其后州人吴醉碧与吾县（慈利）康子润又各为付雕焉。予闻而求其书，皆不得。"吴氏刻本雕、印、装帧精美，是古籍善本中的精品，影响颇大，当时已经难觅，现国内已不存。

▲《唐李文山先生诗集》

在吴家刻书的带动之下，清末，津市富商刻印医学书籍成风，光绪卅四年（1908），同知彭锡龄、王觐光（均为江西籍）刊印《伤寒浅注补正》，唐宗海刻印《中西医学十二种》，黄钟骏刊印《畴人传十一卷》，同期刻印的还有《中西医学劝读经典》《医方折衷纂要录》等书。

吴经采与郭嵩焘、何绍基等人常有诗词唱和，奇怪的是，吴家刻书甚多，居然无著作传世，如果不是毁于战乱，就只能说是其家风谦谨了。

第二节　民国时期的报刊

　　津市创办报刊始于 1912 年。现知 1912 年已有《九澧共和报》，1922 年已有《西声报》，1931 年，《澧光报》创刊。此后，津市报刊此停彼兴，未曾中断。截至 1949 年秋，津市先后共计创办报纸 7 种、旬刊两种、通讯社一家。其时报刊均为民办。其中《铎报》在抗战时期以积极宣传抗日，影响较大；《津市日报》以规模大、时间长为人所熟知；此外，当时津澧青年创办的《晓报》社址虽在澧县城内，但报社活动及发行多在津市，影响也较大。其他报刊，因经济或其他原因，大都规模小，为时短暂，不为人瞩目。

1. 九澧共和报

　　1912 年创办于津市，创办人为顾昌荣，当年 12 月易名为《九澧民报》，石印，16 开本，每周日出版，报纸栏目有社论、浅说、学术编、记事、中国之部、世界之部、世评、谐铎、文苑、杂记、小说、商情。其停办时间不详。有资料记载《九澧共和报》的"文苑"曾刊登过早期国民革命领袖林修梅（临澧人）的《和友人红叶诗二首》，戎马征衣，铁血精神。

▲《九澧共和报》

　　其一

　　二月花光谁染成？趁霜漫作看花行。

　　夕阳满树樵归晚，寒舍孤灯客梦惊。

　　枫冷吴江秋欲老，蓬飘楚塞月空明。

　　征衣已薄君知否？惊听西风落叶声。

其二

东亚黯雾几时开？血雨腥风匝地来。

徒使将军悲大树，忍逢故友问寒梅。

边城木落霜威紧，刁斗声残画角催。

一梦辽东成底事，而今烽火有余灰。

2. 西声报

1921年创刊，经理为大庸县人熊世锟（省议员，九澧平民工厂创办人）。其社址、报纸内容、开版、停办时间等情况不详。

3. 澧光报

1931年创刊，禹彦平创办。社址初设谷家巷口，后迁观音桥正街（今澹津南路）。报纸四开铅印，双日刊（也说三日刊），由澧县澧兰印刷厂印刷。内容以地方新闻为主。兼载国际国内新闻，也刊文艺小品。但发行量小。经济上主要依赖津市特业公会（鸦片业行业公会）支持。禹彦平病故后。1933年由刘萍、刘剑武接办，因经费困难，当年停刊。

4. 澧声报

1933年5月19日创刊，为张一胤等就停刊的《澧光报》改组而成，社址初设《澧光报》旧址，后迁财神殿（今电信局内）。双日刊，四开铅印。内容以地方新闻为主，辟有文艺副刊。每月定价二角五分（银元），但销路不广。1936年，因所刊消息触怒省府权贵，令澧县县政府出面，以未登记领取许可证为由勒令停刊。

5. 津市通讯社

1933年，国民党澧县县党部委员文震烈创办于津市。社址设旧大同医院楼上（今老干局后边）。文震烈任社长，樊凡介任编辑兼记者，主要采访津澧地方新闻，供长沙、澧县各报采用。经费除稿费外，靠募捐以补不足，后因经费困难，于次年停办。

6. 民进旬刊

又称《励进旬刊》，1934年创刊。龚道广任社长，樊凡介任编辑，周文定、樊生龙任撰述。系综合性刊物，内容偏重于对地方事务评述，16开铅印本，经费靠筹措。

后因所刊文章涉及九澧联立女子师范学校办学缺点，学校以"诽谤"向法院提出控诉。诉讼经年，亏损颇巨，以经费不继停刊。

7. 晨曦旬刊

1934 年 7 月创刊。为豫章学校教师傅鼎武、敖卓明、唐润华、王亦黎、刘剑石等发起创办，社长周浮沧。16 开铅印本，每册八页，发行量千余份，经费为发行收入和私人筹措。次年，因遭水灾停刊，后未再复刊。

8. 铎报

1936 年，津市《澧声报》停刊后，原负责人不甘寂寞，经一段时期筹备，改办《铎报》。于 1937 年 1 月 1 日"摇铎迎年"声中，在《澧声报》原地址正式创刊发行。

《铎报》为地方性小报，没有官方津贴，力求以报养报。报社便游说津市商界大亨，筹设董事会，由津市商会主席孟体仁任董事长，商会常务理事、祥

▲《铎报》

和油行经理胡毓桢为副。董事会虽为报社最高决策机构，但除选举正副社长外，一般不参与社务，实际上是解决报社经费问题的工具。创刊以来，社内日常工作均由社长詹钺、副社长张一胤负责处理。

《铎报》起初规模很小，仅编辑、经理两部，日出铅印四开一张，员工 20 余人，版面内容分社评（含广告、启事）、国际新闻、国内新闻（含地方新闻、市场行情）、副刊（初名"余音"，后改"战号"），各占一版。创刊之初，没有新闻通讯设备，大多剪录外地报纸以充实篇幅。报纸消息迟缓，新闻已成旧闻。且印刷器材简陋，铅字模糊，残缺不全。如一版某字用得较多，则往往以"○"或"X"代之，不忍卒读。订户不多，销量有限，报社入不敷出，处境维艰。有时虽通过董事会向社会筹措经费，亦仅解燃眉之急。幸得员工同甘共苦，各方援手，在艰困环境中，勉力支持报社继续出版，未尝停刊。

1937 年，全面抗战爆发，津市油业同业公会首次购得收音机一台，供同行收听战况。报社获此机会，经该会同意，每天派两个编辑按时前往收录中央广播电

台的纪录新闻，归来编辑后，在次日报纸登载。从此开始改变了"新闻不新，乞灵剪刀"的落后局面。因长期在外收录不方便，报社便于年底购置收音机一台，收录中央社新闻，报纸有所改进，销量逐月增加。

1939年，武汉撤守、长沙"文夕"大火后，《铎报》为报道战局发展的需要，在经济好转的情况下又添置了一台收报机，聘请报务员，培训译电员，在编辑部下设立了电务室，日夜抄收中央社新闻电讯，既充实了稿源，也克服了收听广播记录错误的缺点，进一步提高了报纸的质量。与此同时，报社为扩大营业，新购各号铅字和其他印刷设备，成立了营业部，对外承接各种铅、石印刷业务，经理部人员也重新作了调整分工，全社员工增加到近50人。其后，报社和部分同仁集资，开设了"现代文化商店"，经营书刊，以补津市书店之不足。这年夏天，桂林国际新闻社（简称"国新社"）记者高泳采访路过津市，造访《铎报》，允诺按期寄送该社印行的《国际新闻通讯》。此后，报社又开辟了第二条"国新社新闻"渠道，丰富了内容。当时"国新社"为胡俞之、范长江等主办，撰发的通讯内容正确、广泛、立论公允、精辟，报社摘要刊出，很受读者欢迎。

这时，敌骑深入，国土日蹙，沙（市）宜（昌）沦陷，敌我隔江对峙，各地难民大量涌入津市，人口骤增，市场形成畸形繁荣。当时，澧水流域各县均无报纸，仅澧县有《澧县民报》《晓报》与《铎报》鼎足而三，《铎报》以消息迅捷见长，一枝独秀。因而市内读者激增，九澧各县和澧县乡镇纷纷订阅，报纸发行量直线上升，突破千份大关，创造津市地方报销售额的最高纪录，成为九澧一带较有影响的报纸。

怒吼歌咏队是一个临时性的群众组织。1940年夏天，津市在外地求学的青年先后回到了家乡，当时，几个志同道合的同学李西园，宋叔铭、彭次林等在驻军第53军政治部干事韦来宽的鼓励下，出于抗日救国的义愤，商量组织了一个歌咏队，以表达反击侵略的昂扬激情。他们向澧县县政府和驻军政治部写了报告，并得到了批准，取名"怒吼歌咏队"。应李西园的邀清，韦来宽前来指挥教唱。开始发起者仅有李西园、钟大梅、陈克强、宋淑铭、陆人桂、彭次林6人，临时在宋淑铭家编排练唱。后来，影响扩大，有部分小学教师、在校学生加入，如贺肯堂、谭维槐、徐小曼、吴家谟、贺家乐、朱莹、黄敬等，人数逐渐增加到40余人。人多了，宋家容纳不下，就借长郡学校、豫章学校、汤石学校教室轮流练唱。每天，人们远远就听到《祖国进行曲》《义勇军进行曲》《大刀进行曲》《到敌人后方去》《怒吼吧！黄河》《淡淡江南月》等雄壮嘹亮的歌声，激动心弦，引人奋起。

韦来宽是江苏省镇江市人，当时只有 19 岁，据本人透露在"抗大"毕业。他为人豪爽热情，善于指挥乐队，又擅长写作、表演、体育，是一个多才多艺的爱国青年。1938 年 8 月，镇江沦陷，他毅然与 9 个同学走上了抗日救亡的万里征途。他们由镇江步行到上海，坐船绕道香港、广州到长沙。正逢国民党 52 军 195 师政治部招考政治队员，他们被录取了。1939 年夏天转到衡阳，参加七七剧团学习，教唱士兵歌曲。不久，韦来宽等从衡阳到南县，又调来驻津市的国民党 53 军政治部工作。1940 年夏，他担任津市爱国青年组织的"怒吼歌咏队"指导员，指挥和教唱抗日歌曲。与此同时，他借《铎报》副刊为阵地，主编"怒吼"周刊，带头并发动"怒吼歌咏队"成员写稿，运用各种体裁，配合当时形势，宣传抗日。

怒吼歌咏队正式成立后，积极开展活动，歌唱在津澧城乡。1940 年"七七事件"纪念日，他们在万寿宫后坪搭台，举行了纪念抗战 3 周年的大合唱，听众达数百人。他们还组织了抗日宣传和慰问出征军人家属的下乡演出，前往澧县所属陈古垱、大堰垱、张家厂、梦溪寺、新洲等地。每到一地，都举行两三次售票演出，并将所得票款按各乡出征军人名册慰问到户。为了扩大影响，他们还以抗日歌词为内容，在街头墙壁上绘制大幅宣传画（共 32 幅）。"怒吼歌咏队"没有固定的经费来源，都是队员们自掏腰包。他们出钱又出力，高歌猛进在抗日救亡的大道上。

怒吼歌咏队的宣传活动，不断地鼓舞了津市人民的抗战激情，同时也引起了国民党 53 军的注意。1940 年 8 月，国民党借口"怒吼歌咏队是共产党组织，《铎报》是共产党掩护机关"的所谓罪名，一举逮捕了韦来宽、津市可大卷烟店工人王正德、《铎报》编辑部主任胥远鹏、记者彭仲和"怒吼歌咏队"队员肖荣镇、高本复等人。驻军政工人员拿着"怒吼歌咏队"队员合影的照片，四处搜捕，在家的宋淑铭（当时年仅 15 岁）、贺肯堂两人锒铛入狱，其他队员逃亡他乡。贺肯堂因在押期间身心备受摧残，惊恐过度，保释后精神失常，一度失去工作能力。

国民党 53 军军长周福成亲提审韦来宽、彭仲等人，他们不为酷刑所逼，据理抗辩，大义凛然。被关押 18 天后，韦来宽、王正德、彭仲三人惨遭杀害。同时查封了《铎报》和"现代文化商店"，社长詹钺远逃浙西。在那个"抗日有罪"的日子里，这个为抗日而歌唱、呐喊的"怒吼歌咏队"，随着队长韦来宽的被捕牺牲、队员的被通缉追捕，存在不到两个月便被迫解散。

《铎报》之殇，最终以其玉碎成就了"警钟的绝响"，这种精神，延续的是齐太史秉笔直书、南史氏抱简而继之精神，也是新闻从业者"不对权贵夸风流，只为苍生说人话"之懿范。

9. 晓报

1937年，日寇的铁蹄踏过了卢沟桥，中国全面抗战的大幕拉开，无数热血青年都投身到反抗侵略反抗奴役的洪流之中，当时，在北平读书的澧县籍青年郑翼承刚刚大学毕业，眼见北平已不是爱国人士寄身之地，遂婉拒各方邀约，决意回到澧县，服务家乡，支持抗战。1939年，澧县政府委任其为民众教育馆长，遂往来津澧，积极开展社会教育与宣传工作。为适应抗战救国的形势，郑便以民众教育馆为据点，联合津澧回乡文化青年百余名，组织"澧县青年战时服务团"，公推郑翼承为团长，张群范为副团长。团内设宣传、服务、戏剧、歌咏、总务五组，分别由鲁华彬、侯祚照、陈本章、颜家勉、龚光衡任组长，各自开展工作。

战时服务团成立后，首先便成立了"晓报社"，由郑翼承任社长，侯祚照任编辑。《晓报》以宣传民族团结、勠力抗战为宗旨，参照正规报刊管理办法，由股东合伙，定期出刊，自办发行。报章辟有新闻、时评、文艺等栏目，因撰稿者多来自于服务团内的热血青年，故所刊文章即时传达民众呼声，观点新锐，受到了读者的欢迎。津澧两地，争相传阅，一时洛阳纸贵。所谓木秀于林，风必摧之，《晓报》开办不久，因接连刊登征兵舞弊和县政府贿卖镇长职位的新闻，惹恼了县团管区司令和县长，县长张之觉等人遂责令停办。服务团以报纸属私人合股开办为由，力争保留，斡旋之下，澧县政府以免去郑翼承民众教育馆馆长作结，《晓报》得以暂时保留。受恶势力的影响，之后一段时间，编出的报纸被印务馆拒绝排印，报人们不畏强暴，坚持油印出报，但终因困难重重而被迫停刊。

除创办《晓报》外，战时服务团还组织开展了大量的宣传鼓动、民众教育、劳军慰问活动，如经常到古大同野战医院慰问伤兵、与过境部队举行联谊晚会、救治敌机轰炸受伤民众、设立成人补习班、举办街头演讲活动等。战时服务团还设计制作了团旗团歌，团歌经服务团传唱，极大地振奋了津澧民众斗志。1940年，澧县成立国民党三青团，青年活动纳入其管理，战时服务团被取缔，其活动随之结束。

附：《澧县战时服务团团歌》（龚光衡提供）

> 听！大众的吼声，已经鼓起了抗战的巨浪。
> 看！救国的烽火，已经燃遍了祖国的四方。
> 我们是战时的青年，大家一起武装，走向救亡的战场。

我们要用热血，去洗好已受的创伤；

我们要用热汗，去争取未来的荣光。

我们要流血流汗，才能消灭敌人的凶焰；

我们要埋头苦干，才能做民族的好汉。

我们是时代的青年，我们要统一意志，争取胜利的明天！

10. 津市日报

1940年12月12日创刊，为津市地方人士利用发还的《铎报》器材，就原铎报董事会改组而成。报纸为日刊，四开铅印。内容以国内外新闻为主，兼刊本地新闻、商业行情。并辟有文艺副刊。国内外新闻采用中央新闻社广播稿，地方新闻为自行采访。言论持平，也经常为群众说话。1943年，日军侵扰常德、桃源、澧县一带，一度停刊。日军

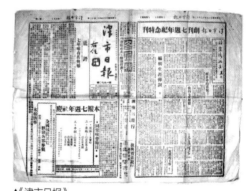

▲《津市日报》

撤退后，第二年秋复刊，此后直至1949年津市解放，为人民政府接管。报社有铸字、印刷、通讯等设备，设三部九室，有工作人员60余人，为当时津市报刊规模之最大者，但发行量有限，经济往往不能自给，常向津市商界筹款。为增加收入，1947年设营业部，开展印刷业务。先后担任社长、副社长者有胡毓桢、樊生龙、孟体仁、张一胤等，任总编辑（主编）者有胥远鹏、禹洪等人。

11. 正风报

1948年11月创刊，为津市正风学社创办，设祁家巷内，经费为学社成员私人筹集，工作人员无报酬，全为义务性质。报纸为日刊，八开石印，内容以地方新闻为主，兼载国内外大事，亦刊登文艺作品。前期以大胆泼辣敢于揭露社会黑暗现象见称，为此报社曾被捣毁，并有两名工作人员被打伤。后期揭露性文章减少，多刊社会上之奇闻异事，发行量初200余份，后增至500余份，末期复减至200余份。先后担任总编辑（主编）者有刘恩铭、童礼泉。名誉社长为余子述（当时澧县县长）。报纸于1949年6月停刊。

第三节　新中国的报刊

　　1949 年 7 月，津市和平解放以后，新华电讯社成立，《津市报》《津市瞭望》《澧水银屏》《津市广播电视报》走过了一段曲折而热烈的历程。与此同时，津市民间文艺团体更加活跃，先后创办了《津市文艺》《说演弹唱》《剧评》《朝阳》《收获》《兰草》《文学青年》《关山》《银杏》《兰津诗词》《兰津科苑》等杂志刊物。大量刊发文学文艺作品，充分反映了津市人民火热的社会生活和丰富的情感世界。

1. 津市报刊

　　1958 年，《津市报》创刊，是为新中国成立后津市的第一份报刊，由津市人民政府主办，社长郑毅，以地方新闻报道为主，开辟有文艺副刊，每期发行 300 ～ 500 份，1959 年 7 月，因行政建制变动停办。

　　1984 年 8 月，中共津市市委主办《津市瞭望》半月刊，由市委办公室主任李建新兼任总编辑，8 开 8 版，每期发行 1000 份。

　　1985 年 10 月，经湖南省委宣传部批准的，以报刊合一形式在《津市瞭望》基础上改为四开版面的《津市报》周报，以登载新闻、理论、科技、文艺等稿件为主。报社先后举办了"十佳农民企业家""十佳医护人员"评选活动；发起了"《津市报》读报知识竞赛""兵役法知识竞赛"等活动。1986 年，《津市报》交邮局公开发行，发行量 13000 份。1990 年 3 月奉令休刊。共出版 248 期，有 34 件作品 54 次获省以上奖励。先后担任津市报社长的有周奇、石嘉林。

2. 津市广播电视报

　　1992 年 11 月 1 日，津市电视台《澧水银屏》电视周报正式创刊，四开四版，以服务广播电视事业发展为宗旨，依托广电资源，进行立体化的宣传报道，共编辑出版 40 期，每期发行量为 5000 份。贺显德同志任总编辑。

1993 年,《澧水银屏》报改为《津市广播电视报》,贺显德任主编。该报集党报、节目报、社会生活报于一体,是传达党的声音之喉舌,是联系党和人民的桥梁,是广大读者的良师益友,是收听收看电视、广播的指南。该报分为四版:头版为市内新闻,二版为电视预告,三版为节目推介,四版为文艺副刊。每周一期,发行量初定为 5000 份,鼎盛时期达到 6000 份以上。先后担任采编人员的有钟芝兰、陈君章、贾开志等。1996 年年底,《津市广播电视报》停刊。该报发行 3 年多,共编辑出版 182 期。

3. 津市广播电台

1950 年 7 月,津市成立收音站,为津市最早的新闻单位。1983 年 1 月,津市广播站改为津市市广播电台,成为全国最早的县级市广播电台。1983 年 2 月,津市建立定向发射 3W 小调频台,供给工矿区和农村的广播信号源。同年,国家广播电视部组织全国 8 省、市、自治区广播电视厅、局的领导 20 多人,专程来津参观指导电台工作。之后,又有 3 省 8 地区 34 个县市广播电视部门的同志前来津市参观、交流工作经验。1978 年以后,电视差转台、业余广播文工团、广播电台、无线小调频台、广播电视服务公司、音像管理站等机构相继建立健全,形成一个以市广播电台为中心,以乡镇广播站和城镇工矿企事业单位广播室为基础的广播宣传网。长期以来,坚持转播中央和省台部分节目与自办节目相结合,仅市业余广播文工团就先后为广播宣传演出 240 多次,节目达 900 多个,占市广播电台播出文艺节目的 42.8%。其中,《婆婆书记》1982 年在湖南省广播文艺听评竞赛中获一等奖,广播剧《局长的婚事》1984 年获湖南省广播文艺节目评比三等奖。市业余广播文工团的经验在全国第 10 次广播工作会议上得到推介。

4. 津市电视台

1978 年 10 月,津市皇姑山电视差转台开播发射,录制的专题电视片《前进中的津市》《古埠新姿》先后在中央电视台和湖南电视台播放。1993 年,津市电视台获国家广播电视部批准,在皇姑山顶建成一座钢筋混凝土结构、78 米高的电视发射塔,配套建成卫星地面接收站两座,安装 4 套广播电视发射设备,开播后,电视转播信号增强,覆盖至周边各区县,给津市及周围地区的人民群众生活增添更丰富的情趣。

第九章　美食寻踪

"民以食为天"，班固的这句话道出了社会政治、人类生存的大道。食不果腹，焉能称治？《道德经》说："治大国若烹小鲜"，可见在老子的心目中，所谓治大国与烹小鲜是没有根本差别的。黎民若有闲暇烹得小鲜，说明大国已治；若鸡黍又具，小鲜味美，则离文明不远。

所谓"井田通楚越，津市半渔商"，一语道出了江南城市特点——水陆通衢，渔业和商业著称。当然，诗中的"津市"不一定是特指，但当时或之后的津市，一定已包罗其中。李群玉自称"非思鲈鱼脍，且弄五湖船""八月还平在，鱼虾不用愁"；白居易写信给澧州刺史李建，称"泥中采菱芡，烧后拾樵苏。鼎腻愁烹鳖，盘腥厌脍鲈"。可见当时的澧州或者津市，即以湖产之美而扬名天下。

明末清初，津市是九澧物质集散中心，十三省商人聚集津市，带来了各地的饮食文化。商人闲暇之余，除了风花雪月，离不开美酒佳肴。江西人带来了藜蒿炒，四川人带来了麻辣烫，淮扬人带来了烧炖蒸，闽越人带来了生鲜甜，还有上河人的腊货、苏杭人的甜点，焉能不令谦谦君子成饕餮，寺中神佛夜跳墙？抗战时期，各省难民聚集，长达八年之久，津市餐饮业空前繁荣，各地美食小吃在津市流行，互相取长补短，逐渐融合，又形成了津市独特的风味小吃，其品种之繁杂，口味之多样，极一时之盛。

津市历史上名店名厨辈出，不胜枚举，近年来虽以牛肉烹饪闻名海内，但确实只是冰山一角。没人统计过，1949年以后，有多少津市名厨坐镇省城宾馆，有多少津市名厨曾为共和国的领导人掌勺，有多少津市名厨在中国驻世界各大使馆展示自己的厨艺，有多少津市名厨在学院神圣的讲坛上传业、授道、解惑。

湘西有《竹枝词》唱："映山红放女儿忙，岭上挑葱菜味香。歌唱相恋凭木叶，娇音吹断路人肠。"道出了九澧民间采食野蔬的景况。津市地处洞庭湖畔，气候温暖湿润，野菜丛生，皆为佳品，藜蒿、莲藕、胡葱儿、椿天芽、地米菜、枸杞子、山菌子、地木耳、蕨菜……数不清的野菜，既装点了百姓的餐桌，更是宴席上令人欣喜的佳珍。

昔有陶弘景恋家不出，被人称为山中宰相，又有张季鹰莼鲈之思，遂作归乡之举；今有旅台、旅美同乡，集《澧水乡谈》，追忆津澧文化。古今之人，爱恋家乡，萦怀最多的是家乡的味道，可见饮食之道，是文化最直截的载体，值得一书。

第一节　名店名厨

一、名店

1. 刘聋子粉馆

一个地方人文荟萃，一定是得益于这个地方具备了承载它的条件。津市以饮食闻名于大江南北，那也是津市商业历史厚重、多重文化交融的外在表现。在津市，川湘口味杂糅，皖苏香鲜互佐，好吃的东西不只一类，但却以本埠"刘聋子粉馆"独树一帜。

"刘聋子粉馆"的出名与回族烹饪有莫大的关系。其开办人刘松生，汉族人，1898 年生于常德，幼年时因中耳炎导致耳聋，于是刘聋子便成了他的绰号。15 岁时，刘松生父母双亡，他便到常德沙河街（现民族街）帮几家宰坊看牛，打扫牛栏。那时的宰坊都是回族人开的，他们都有烹饪牛肉的诀窍和秘方。宰牛时，刘松生喜欢在旁观察，煮焖子汤时，他爱闻那股香味，老人议论牛肉优劣、放哪些佐料，他便记在心上，特殊的环境和喜问好学的精神，使他对牛肉的性能颇有了解。成年之后，刘松生便利用所掌握的烹饪牛肉技术，开始做小饮食生意。他挑一付熟食担子，早出晚归，串街走巷，专卖牛肠牛肺汤锅和米粉。

1930 年，刘松生与李才三结婚，婚后在姐姐的帮助下，在常德高山巷租赁了一个小门面开起馆来，命名为"刘聋子粉馆"。馆子规模很小，一副挑担放在门口，里面仅能摆两张桌子。1931 年，迁常德果行泉（现青年路）营业，规模有所扩大，生意日渐兴旺。然而，好景不长，1938 年日军飞机轰炸常德，刘聋子粉馆被炸毁。次年，刘松生夫妇带着一个养女来到津市，投奔于姐夫彭思明，姐夫将坐落在夹街住家用的一个小门面让与他开店，刘松生便在里面摆上两张桌子，门前摆开一副担子，挂起"常德刘聋子牛肉米粉馆"的招牌，开始在津市营业。后生意越来越好，1943 年，又租了对门的地皮，修了一幢简陋木瓦房，迁至新居营业，规模有所扩大。刘聋子虽是汉族人，但他与回族人交往甚密，从而积累了加工牛肉的经验，经他制作的牛肉米粉和牛肉钵子，具有辣、滚、香、鲜的特点，烂度适中，咸淡适宜，与其他牛肉馆比较，确实独具一色。时间一长，刘聋子粉馆不仅在津市有了名气，而且名扬九澧。

1943年冬，日军进犯津市，刘松生一家三口避难至合口，在维吾尔族朋友蔺伯川家借住两个多月。次年蔺伯川因房子被日军烧毁，来到津市求助于刘松生，刘感念其照顾，于是将门面、招牌和炊具租给蔺伯川经营，继续用"刘聋子粉馆"招牌。1945年8月，刘松生收回店面自己经营。1949年下半年，津市解放，刘松生想观察时局，有意歇一歇，便将店子同招牌租给李旭成经营，但生意萧条，经营亏损。1950年下半年刘松生又收回自己经营，直到1958年，刘松生调往三洲街回民小吃部，刘聋子粉馆停业。1961年恢复店名，刘聋子粉馆重新开业，刘松生两老进店掌作。1963年刘松生病故，牛肉粉特色受到影响。1966年5月，生产街回民饮食店和三洲街回民小吃部合并到刘聋子粉馆。其时，回族人认为刘聋子是汉族人，不能代表回族，且本人病故，不同意打"刘聋子"这块招牌，于是改为西河街回民饮食店。1969年元月大砍合作商店，人员下放农村或街道，西河街回民饮食店也被取消。年底恢复合作商店，改名为西河街饮食店，取消"回民"二字，经营汉族业务。1973年4月又恢复"西河街回民饮食店"的招牌，但群众仍习惯于叫它为"刘聋子粉馆"。

刘聋子粉馆的牛肉食品汤鲜味美好吃，关键在于煮牛肉的香药与众不同。刘聋子在这个问题上也往往故弄玄虚，他购买香药总是不在一个药店配齐，而是东买一样，西买一种，神乎其神，店伙求教于他，他总是笑而不答。据他的老伴回忆，原来刘聋子用的香药有20多种，究竟哪20多种，她也搞不清楚。现在人们知道的和使用的仅有13种，即：大茴、砂仁、中安、桂枝、甘草、陈皮、公丁、母丁、花椒、三奈、十景香、甘松、小茴。

刘聋子使用香药增加美味是一个重要方面，然而精工巧作却是最基本的功夫。牛肉进店不能让它沤在窝筐里，而要立即用铁钩挂上，分老、嫩、肥、瘦切块放在清水里浸泡，冬天时间稍长无妨，夏天只能泡一小时左右，清洗干净，挤出血水，反复漂洗，直至水清，然后才能放入炉锅煮熬，煮熬时先将炉锅洗净上水，把香药用纱布装好，放在底部，上面加放牛肉，不要加盖。这样在煮时，牛肉的血腥散发出去，香药的香味渗入肉中。由于清洗时不可能将纤维中的血水全部挤出，所以煮熬时汤中有血沫浮起，这时要将血沫舀出，同时根据牛肉的肥瘦加放适量的牛油以增加鲜味。牛肉煮到手指能捏烂时便捞起，摊放在盛器内，然后视其原

▲拆除中的西河街原刘聋子粉馆（彭淼／摄）

汤分量加入二分之一的清水，再行烧开，端下炉锅，逼尽浮油，澄清汤汁，使之透彻、晶莹，再将清汤舀进另一只炉锅，作为原汤，沉底的残渣骨屑，清除干净。

一"滚"二"净"是刘聋子粉馆的又一特色，俗话说"一滚当三鲜"，刘聋子下的米粉总是烫得滚滚的，吊的汤总是烧得开开的，一碗米粉端出来热气直冒，香气扑鼻，在下粉时他特别注意碗的清洁，下粉的碗先是一洗二清，临下粉时还要专用一白晶晶的抹布抹干余水。米粉在清水里淘洗二至三次再装入筲箕里，放在沸水里烫热后，沥得干干净净的，倒入碗内不见清水，再吊原汤、盖码子、放佐料。刘聋子粉馆的原汤非常珍贵，每碗粉就那么一小瓢，刚好把粉打湿，多要不给，而粉的鲜味也就正来自这一小瓢原汤之中。

编者是 1981 年毕业分配到津市的，尚记得当时西河街刘聋子粉馆的状貌，那是一幢只有两间门面的店子，进深较大，靠里边是操作间，临门放几张方桌条凳供食客们用餐。那时的牛杂是两元钱一大钵，可供三五人喝酒吃饭，吃完如需再加，收一元钱，加一水瓢牛杂。如果在冬天，店外雪花纷飞，炉内炭火融融，牛肉的香气、米酒的香气、朋友的义气混合在一起，很容易就醉了。

1983 年，刘聋子粉馆从旧店迁出，在人民电影院对门一座新修的商住楼中重新营业，一楼经营牛肉粉，二楼经营饭菜，但仍以牛肉粉和牛肉包子闻名。当时全市的大型会议多在人民电影院召开，为解决参会人员的中餐问题，各单位都会事先集中购买牛肉粉牌，参加会议的人，一人发一张粉牌。所以当时津市人有一句口头禅：拿到粉牌牌没？这个刘聋子粉馆的前身是回民饭店，所以店员是非常忌讳猪肉的，如果有人手里拎着刚称的猪肉进去吃粉，会被店员请出去的。现在的"刘聋子粉店"就不存在这种现象了，不仅可以提肉进店，店里自身还经营起了汽水肉之类的猪肉菜肴。

企业改制之后，刘聋子粉馆亦灰冷灶熄，其牛肉制作工艺，流落民间。先是有贺记牛肉粉馆、黄记牛肉粉馆相继问世，之后社会青年黄震再拾刘聋子衣钵，树"刘聋子粉馆"品牌。三家联手，在传统盖码碗粉的基础上发展钵子炖粉，把津市米粉推向大江南北，闻名海内。贺记、黄记和新刘聋子粉馆是如何掌握到刘聋子牛肉米粉的制作要诀的呢，编者曾听人道说过缘由，是否属真，只作一记。

贺记粉馆创始人贺老大的父亲原为工程公司的老泥工，长年为刘聋子粉馆打灶；黄记牛肉粉创办人是回民，其父亲老黄原为宰场的老职工；而黄震先生的父亲是刘聋子粉馆的老店伙。这三人因与刘松生有长期生意和工作上的交往，遂成为朋友，经常聚在刘松生的粉馆内喝酒。酒后闲谈，大家都说老吃你刘聋子的"横"也不好，不如你也教我们两手，等我们自己弄点好吃的，也可做东回请一下你。时间一长，刘松生便多多少少教了些诀窍和药方给三位。原本是厨房手艺，只服务于家中餐饮，哪知道后来企业改制，三家子女大都买断回家，创业无门，只得架起锅灶，纷纷开办牛肉粉馆。因此，津市以这三家的牛肉，最接近老"刘聋子粉馆"的味道。

当然，食不厌精，脍不厌细，任何名吃名品的创立，都离不开精选原料和用心操作。格物以致知，饮食不是高科技，有继承，就会有发扬。就牛肉饮食这一类来看，在津市呈多家并举态势，米粉店除上述三家以外，近些年来又涌现出了曹记、杨记、清香等，品种除牛肉粉外，还有云露麻辣牛肉干、张老头五香牛肉干等，都各具特色，为人称道，远销他乡。一花独放不是春，百花齐放春满园，树立津市品牌，扩大津市影响，才是我们探寻饮食文化的初衷和愿望。

2. 企园酒家

企园酒家是津市最负盛名的餐馆，由长沙人宋维藩开办于 1927 年，最初的地址在大码头横街。宋维藩出生于清光绪二十四年（1898），11 岁进长沙曲园餐馆学徒，出师后到潇湘酒馆帮工，历时 15 年。他勤奋好学，刻苦钻研，不仅学得一手传统湘菜的好手艺，而且对不少菜目颇有创新，深得同行的赞赏。宋维藩有兄弟 5 人，他排行第三，人称宋老三。老大和老四早夭，剩下兄弟 3 人合居长沙。1924 年 5 月某日深夜，邻居失火，宋家遭池鱼之灾，财产损失殆尽，宋妻代湘乡某厂加工的一批高价绸料亦付之一炬。宋家生活陷于困境，而厂家追赔紧迫，宋无计可施，只得带领全家 8 口避难来津。

宋家人口众多，唯赖老三案上手艺或可觅得一条生路，遂向远亲津市大生昌盐号店主借得银元 200 圆，在大码头横街经营小熟食店谋生。小熟食店由宋维藩掌作，老二坐柜管账，老五进货收账，其余家人跑堂打杂。开业之初，经营品种不多，主要是包子和面条。因本小利微，业务不大，所得既要度日，又须还债，收不敷支。由于该店物美价廉，两年后声誉渐起，盈余渐多，遂放弃包子生意，增加炒菜和包办酒席业务，并于 1927 年正式取名"企园"。所谓"企"，由"人""止"二字组成，取其"行人至此，止步为客"之意。尔后企园生意兴旺，纯靠"家人班"已感人手不够，遂向外招收徒工，并雇请白案、油案、水杂师傅各一人。忙时还请临时工，人数不限。宋维藩系餐饮专业出身，擅长经营管理之道，当时，该店主要师傅每月底薪 4～6 元（银元），其余人员不发薪水，全靠小费收入，业务越大，小费越多。帮伙积极性愈高，因之业务蒸蒸日上，驰誉一时。1934 年澧县县长贵棠娶媳，特请企园全班人员到澧县帮办喜宴，历时经旬，获利颇丰，名声益震。

1935 年，宋维藩将店铺迁到新建坊夹街，招牌改为"企园酒家"。当时，这里五方杂处，餐馆多、戏院多，是津市吃喝玩乐的中心，灯红酒绿，人称"不夜城"。名店又占地利，生意更加兴隆，两年时间，盈余可观。后宋老二妻子回长沙省亲，购买彩票中彩一千元，又将部分奖金投入店内。1937 年，企园酒家遂将所赁铺面的第一进买了下来。

1938 年，津市各界开展抗战周年"七·七献金"活动，驻军强迫企园酒家"献金"2000 银元，并以烧店相恫吓。宋维藩一时无法应付，忍痛停业。相继而来的是宋氏兄弟析产分炊，宋维藩分得房产、家具、炊具和部分资金。企园歇业后，虽对外不营业，但仍暗中接待熟悉客人和老主顾，做关门生意。一年后，正值宜（昌）沙（市）沦陷、长沙大火，津市市场日益繁盛，餐馆酒楼欣欣向荣。宋维藩借款购得第二进房屋，又重新开张营业。门面装潢，精心设计，别具一格。进店左手是烟酒糖果柜，右为面食点心卤味营业间（名芝兰斋）；二进走廊旁是天井，设鱼池假山，盆景花草相围，客厅在天井后，两边置太师椅 8 把，上披椅搭、椅垫，下铺地毯，中有长条桌，围桌布，上列福禄寿三星瓷像及围屏、香炉等。楼上前后两堂可开 12 席，屏风隔开，席间设有沙发围椅，供客休息。餐具更换一新，全用从景德镇购来高级细瓷杯、盘、碗、盏，并添置锡制蒸盆、酒壶、火锅。布局新颖，装饰富丽，在津市酒家中首屈一指。同时，宋为提高餐饮水平，专程赴长沙聘请省内名师来店掌勺，并授权厨师自带下把师傅来店。宋本人技术全面而精湛，油案、白案均称高手，对炸、爆、溜、蒸、炒、煮等工艺熟练自如。从此，企园酒家组建了一个由宋亲自掌管的技术班子，保证了菜肴、面点质量始终如一，不断提高。

企园酒家十分讲究原辅材料的选用，酱油专用龙牌酱油，调味品必须是上海天厨味精或日本"味之素"；其他如咖喱、蚝油、茄酱、虾酱、虾蛋、豆瓣酱等皆从外地精选上等货色；海味、鸡、鸭、鱼、肉、菌类等都有严格的选用标准，宁缺毋滥。因此，企园酒家制作的佳肴美观，风味独特。上宴席的菜肴，花色品种多，分量精当，具有一热、二烂、三淡、四薄（油）的特点，食而不腻。谚云："艺人的腔，厨子的汤"，企园酒家特别注重汤的调制，经常备用的汤有四种：一是毛汤，用鸡、猪肉、蹄膀、猪骨熬制；二是奶汤，用鸡、鸭的骨架、翅、爪，猪肉，蹄膀，猪骨，活鲫鱼熬制，鲜香味厚，浓似乳汁；三是清汤，用老母鸡炖制，清而不浑，味道鲜美；四是高汤，在清汤的基础上再度精制，做到汤清如镜，专供高级清汤菜肴之用。企园酒家还以讲究刀法闻名，扣碟、拼盘，厚薄长短划一，叠摆整齐美观，图案精美，宛如色彩斑斓的工艺品。烧烤乳猪栩栩如生，麻辣子鸡色呈金黄，冰糖燕窝洁白晶莹，红烧鲍鱼金红透亮。菜目繁多，任客挑选。有时同一客人在企园酒家一日用餐数顿，或连续几天在此赴宴，因菜目翻新，很少重复，饕餮之徒，赞不绝口。

企园酒家以酒席、堂菜为主，兼营各种汤面、馄饨、各种点心和腊味。酒席分等供应，有鱼翅席、海参席、鲍鱼席、鱼肚席等，一般的酒席是四冷盘、十大碗，适合一般人喜庆之用；中等的酒席为四冷、四热、六大菜、二点心、四随菜、一汤；最高级的酒席是燕窝烧烤全席，席前点心、手碟，席面有四高装、四镶盘、四热炒、六大菜、二点心、四随菜、一汤。餐具洁净如新，味碟、餐巾、牙签，一应俱全。企园酒家奉顾客为财神，笑脸相迎。顾客进门，大堂侍应生即趋前迎接，安好座位，随即泡茶，递热毛巾，介绍菜目，凭客选点。侍应生从客人入席至散席，三次送上热毛巾供擦嘴揩手，下席之后，另换新茶，最后算清账款，代客交付，送客出门，真的是宾至如归。企园酒家根据顾客要求，还开展出堂业务，包席上门。

企园酒家誉满全城，名扬九澧，顾客趋之若鹜，门庭如市。澧县、石门、慈利、大庸的达官富贾，家有喜庆则慕名前来包席、赁船来津宴乐。每逢春节，津市富商大户纷纷在该店包席大宴宾客。企园酒家生意愈做愈大，每日营业收入由初来时的 60 元左右增加到 200 多元；雇请人员由 4 人增至 10 余人，月工资亦较优厚，名师底薪 10～12 元，一般师傅 4～6 元，另分小费，帮伙每人每天可分小费约 1 元，比同业其他酒家高出近两倍。

津市解放前夕，国内政治、经济形势发生了巨大变化，官吏富商或挟资外逃，或蜗居不出，企园酒家业务清淡，由盛转衰。宋维藩乃将店铺租给工人经管，改店名为"劳工食堂"，宋本人则在新码头横街租一小门面独自经营锅饺生意。1956年公私合营，劳工食堂从业人员和宋维藩都加入津市福利公司。不久，新兴工业城市株洲把宋维藩作为名厨师调往株洲饭店。

3. 望江楼

临江的城市历史上大都有过相似的楼阁，但只是名称各异。武昌的黄鹤楼、九江的浔阳楼、南昌的滕王阁、南京的阅江楼……这样的楼阁，是供人登临的所在，去国怀乡，有多少诗人在此吟诵，李白曾留下"黄鹤楼中吹玉笛，江城五月落梅花"的千古佳句；儿行千里，临别时楼上送行，又有多少游子把它当做乡愁的名片，永远藏在胸口。

津市的望江楼算不上名楼，但在九澧人民的心目中，却丝毫不减轻它的分量。儿时，编者在老家就听说过这样一段笑话。说某人爱吹牛炫耀，常在人前说津市如何好耍，望江楼的饮食如何好吃，听得厌了，就有人当面质问："莫非你到望江楼吃过？"那人被戗，只得急着说："我哥哥在望江楼看到别个吃了的。"众人一阵哄笑，但笑过之后，神情中却掩饰不住那一丝惘然。望江楼，那可是神一样的存在。

当然，历史上的望江楼有过不同的身份。明隆庆年间（1566—1572），津市大码头有观音阁，望山临水，是为望江之楼；后观音阁倾圮，市民修大观楼于观音阁旧址之上。大观楼更大的可能是与津市吴家有关。咸丰元年，吴醉碧养子、女婿王楷喜中解元，次年举进士，因此吴家缮修大观楼，坊间戏称状元楼。大观楼当时为木制三层楼阁，飞檐翘角，甚为壮观。清末文士徐真园有集句联赞："我欲凌风，把酒独怀千载上；又东至澧，出门一笑大江横。"因此楼属吴家私建，楼上置案席桌几，备厨工酒馔于其中，常有士绅雅士作同聚之会，是为赏心悦目之事。道光廿三年（1843），吴醉碧在大观楼设宴接待贵州主试归来的何绍基，楼上笙歌列管弦，百般美物珍馐味，主宾"叙饮极欢"。这时的望江楼是"大观楼"。

清朝末年，吴家后人多移居外地，大观楼已不复旧观，市民遂在原址旁修建朝阳阁，改大观楼形制，为砖木结构，辟为吕纯阳道宫，虽匾存"大观"二字，但不复有宴乐之聚。与此同时，以经营饮食为主的"澧阳楼"在原大观楼旧址悄然兀立。谢国庆曾记："清末以澧阳楼最为著名，三层楼营业，故又名'三层楼'，其堂菜面食有独特的风味。"澧阳楼以湘菜为主，兼营各大流派菜系。民国初，朱

▲旧城改造时的望江楼（网友图片）

允熹日记有："少焉晚餐，夜登澧阳第一楼，仰卧皓月当空，心旷神怡，呼童沽酒，与熊君对酌，范仲淹所谓把酒临风，其喜洋洋者，今宵近之矣。夜阑酒散，携手下楼，宿福记栈。"可见，此时的望江楼已演变成"澧阳楼"，脱去了文艺的行头，成为普通民众的消闲场所，以美食而扬名湘鄂。

1936年新码头大火，刘宏元所开新合楼被毁，后经筹措，迁往澧阳楼旧址营业，经营炒菜和面食，其中尤以包子闻名。1952年公私合营，新合楼易名"劳动食堂"。

1959年，津市在劳动食堂旧址上建起了望江楼，还是三层楼，规模却大了许多，红墙红瓦，气象非凡。登楼凭栏远眺，关山烟树、远浦归帆尽收眼底。一楼面点，二楼茶社，三楼酒楼，可品茶，可听书，可小酌，可宴客，无论是上河里的船古老，还是下河里的轮机手，无论是远方的客商，还是街坊市民、四乡群众，这里都是一个上佳的去处。

一楼的面点，有津市名厨向麦生、蒋云亭、定正恭掌作，锅饺、水饺、盖码面、水晶包、锅盔数十种小吃，琳琅满目，香气诱人。蒋云亭的大刀面为津市一绝，粗细均匀，美如发丝，鼎盛时日销800碗。记得1980年代初，一碗三鲜面二角五，碗是大海碗，面是手工面，满满地一铁勺浇头匡在面上，那些鸡脯、肚片、猪肝、木耳、笋片，在氤氲的热气中散发着浓浓的香味，你的胃便开始蠕动，汗腺开始分泌，不知不觉中，就打起了饱嗝。令人难忘的还有水晶包，有牛肉馅、粉丝馅，与沪杭的煎包相比，不仅名雅，而且馅多，吃起来真是过瘾。

▲新修的望江楼（彭淼/摄）

二楼的茶社兼营各种茶点，选临窗的桌子坐下，听严驼子讲《三国》，评《说唐》，绝对是一种享受。茶社旁边有雅座，经营卤菜和野味，所有的菜都是小份，小碟子装的卤肉、卤蛋，小钵子装的乌龟、甲鱼，价廉物美。那时乌龟、甲鱼不值钱，河边、池塘俯拾皆是。黄色的龟蛋、绿色的大蒜、红色的辣椒，不时闯入人们的视线，午间雅席里飘来的香气，扰得茶客个个心神不安。

三楼的酒楼，先是潘永顺、周志生等名厨坐镇，后有田万贵、覃道文等后起之秀掌勺人，一时群星灿烂，精英荟萃，九澧客人慕名而来。酒楼面向群众，墙上挂的菜谱：四川的麻辣鸡、西湖的糖醋鱼、北方的宫保鸡丁、南方的鱿鱼丝、长沙的红烧蹄筋、爆肚尖……都是一些平常菜，但各擅特色。后来田万贵去了印度，覃道文去了欧洲，王明金、翁新生、胡正佳、汤旭明也都出了国。

改革开放以后，私营饭馆如雨后春笋，国营饮食行业受到巨大冲击。企业改制，望江楼也向外承包，其后几易其主，楼名虽在，但人非其人，心非其心，终究难挽颓势，最后关张大吉。2007年旧城改造，望江楼被拆除，所在地被开发为"望江广场"，市民一片叹息。

但津市不可能没有望江楼。十年之后，市委市政府响应市民呼声，在第二次旧城改造时，将九码头巷辟为饮食街，望江楼得以重建。重建的望江楼为五层仿古楼阁，建筑面积近4000平方米，雕梁画栋，远超历史规模。目前，其饮食服务开发尚在筹划之中。

4. 新合楼

新合楼开办人刘宏元，临澧新安人，清宣统年间来津开店，因所聘用员工均为新安、合口一带的家乡人，故店名为"新合楼"。首聘白案师傅吴世远，技艺精湛，所做鲜肉包子和伏油包子不仅卤厚、肉鲜、汁多、糖重、味美，而且个大松软，深受市民喜爱，闻名九澧。新合楼对面是当时有名的餐馆澧阳楼，见其生意好，欲与争锋，亦出售包子，但穷尽办法，仍无力匹敌。最后不得不与刘宏元通融，将本店的包子从后门送新合楼返甑后代销，可见新合楼当时品牌之响。

1936年，新码头遭受火灾，新合楼付之一炬。灾后刘宏元在新码头上首租房开了一间炒菜馆，市民留恋他的包子味道，便撮合其重开新合楼，刘宏元便在观音桥原大观楼（澧阳楼）旧址重振旗鼓。重开的新合楼上下两层，楼下为生产间和餐堂，楼上设茶厅，摆竹靠椅三、四十把，供大众饮茶食包，另辟雅室4间，兼供酒宴。斯时，新合楼经营仍以包子为主，每天销售量达200格左右（每格44个）。

新合楼的包子主要有3种，即鲜肉包子、伏油包子、糖包子，均用上等面粉（如湖北产汽车牌、红牡丹牌），糖料为进口二车糖和台湾糖，主馅用本地土猪肉和板油，馅内杂红丝、芝麻、桂花、笋子、梅干菜等，用燠锅猛火烹蒸，所以泡大松软。

旅台乡亲周友淞先生回忆：

> 江西码头旁，有家名叫"新合楼"的面馆，楼高两层，全部以木材建造，傍津市河边以吊楼式样筑成，每层楼约摆有八仙桌十余张左右，擦得干干净净。有炒菜，有卤味，包办酒席，并有各式面点，各式香茶，各种名酒等，生意非常兴隆，可谓高朋满座。他那家酒楼除了吃的之外，最值得欣赏的是一位小二哥了。第一，他非常有礼貌，从客人一进门起，都是一脸微笑，和蔼可亲，即使桌上原本很干净，他仍照例地拿肩上白抹布再擦一通，而且嘴里随时在问客人吃点什么。第二，他记忆力非常强，他本人一字不识，客人点的菜又复杂，而他有能力一一记在脑海里，而不出差错，比如说去了五六位客人，他每人奉上一杯热茶后，问客人吃点儿什么？客人说要半斤酒、一盘花生米、一碟卤牛肉、一个榨菜炒肉丝、一个豆瓣鱼、六个肉包子、二个糖包子、一碗三鲜汤、三碗牛肉面等，他等客人讲完后，返身即走到楼口边，以吆喝方法往下面厨房唱下去，将客人所要的菜点一口气唱完，而下面厨师也不含糊，听得清楚，不一会全部菜点配好，以敲锅声为号，小二哥再下去端。第三，端菜本领强，

他一双手可以端五六碗，步上楼梯十数级而不会掉一点汤，真厉害。第四，心算好，算账像打机关枪，很快算完向客人报告总账多少，客人付过账，多余的零钱，即送给他，作为小费，他也要向账房报告小费多少，再将小费投入竹筒内，晚间打烊后再行大家分配。第五，不管客人多少，他都能一一应付，非常得法，不使客人生气。两条腿一律使用小跑步的姿态，使人看了很觉愉快，难怪他一天得的小费不少。在台湾三十多年来大小馆去了不少，还没见到过像这样一位精明能干的小二哥。

1949 年，刘宏元病故，新合楼由其管账邢焕沛及林祖香、叶祥根等 8 人顶替经营，1952 年更名为"劳动食堂"，1956 年 2 月公私合营。

5. 多谢面馆

多谢面馆店主谢安春，是澧县大堰垱人，早年在津市做馄饨生意，经常一副挑担出入闹市，人称"谢饺饵"。1932 年，谢安春倾其积囊，在财神殿旁租下一间门面，开设面馆，牌名"多谢"，既含其姓氏，又表达对顾客的感谢之情，是为响亮。面馆以经营羊肉火锅和羊肉面为主，在津市逐渐闻名。

其羊肉每年从农历六月初六开始经营，届时在全市遍贴红纸告示，以招徕顾客。自此连续经营至次年正、二月间，其余时间经营猪肉麦面和饺饵以维持。多谢面馆的羊肉面以滚、辣、香、鲜而出名，制作精细。其鲜羊肉购回后，先去骨，用烧红的烙铁反复将肉皮烙成焦煳状，再用滚开水泡发，刮白清洗，放入大陶钵煮熬。熬煮时要掌握火候，烂度适宜，然后切成方坨，分钵盛装，微火保温。

其面多用市面上的白细精粉或新安、合口、王家场一带的小麦面粉，每斤面粉放鸡蛋或鸭蛋一个，调匀后反复揉捏、精工擀制，性黏色润，随食随作。每次下面仅放三到五碗，以保证面质清爽柔顺筋道。其面码除酥烂香鲜的羊肉外，还配以适量的葱、椒、酱、荽，并淋上香辣红油，烘托出味。每碗面四两，面码至少见大肉四坨，但以盖满面碗为准，一般每斤生羊肉做盖码两碗。每碗面价则比照肉价计算。其羊肉火锅所用肉料与面码一致，顾客可就羊肉钵子下酒，亦可买长面（光头面）下钵，与牛肉馆炖粉一样，较为方便。

多谢面馆店小生意好，每日销售五六百碗，经久不衰。津市解放前夕，谢安春因年迈多病，回到老家，面馆关张。

二、走出国门的厨师

1980年代，改革开放的大门渐渐打开，驻外机构增加、劳务输出渠道开通，给不少一技之长的人提供了走出国门、交流学习的机会。津市既为美食之乡，名厨辈出，因此最先获得出国机会的是他们。短短的几年之间，津市共有八位厨师跨出了国门，走向了世界，这是津市有史以来出现的新鲜事。他们中有被国家选调去驻印度大使馆工作的特二级厨师田万贵，有由政府选派赴卢旺达援建的中二级厨师王明金，赴坦桑尼亚援建的中三级厨师胡圣佳，赴莱索托援建的厨师汤旭明，赴南非援建的厨师翁新生。还有由省国际经济合作公司推介赴德国工作的中一级厨师胡其祥，中二级厨师覃道文、周尚华。现着重介绍田万贵、覃道文两名厨师出国的工作和生活情况：

田万贵 1949年出生，特二级厨师。1989年至1991年被选调到中国驻印度大使馆工作，担任使馆厨师长，还被选为使馆办公室党支部组织委员。工作期间，他担负着两项重大任务：一是保证使馆工作人员吃好，使他们身强体壮地做好外交工作；二是为使馆及使馆各部门外交官们搞好外交宴请主厨工作。为了不断改善和调理好使馆人员的饮食，田万贵师傅想了许多办法：

（1）每月召开使馆炊事班厨师例会，商讨制订出全月到天的菜谱，尽可能做到一月内不吃重复的菜肴品种。

（2）根据使馆餐饮需要，积极组织食材和调味品，除自己开车到所在国市场选购鲜活食材外，还及时调运只有国内才能提供的食材和调料。

（3）为了适应使馆人员来自全国各地、口味不同的特点，力求饮食花色品种多样化。在烹制上采取蒸、煮、炸、煎、烤不同的方法。早餐有牛奶、面包、豆浆、油条、馒头、花卷、包子、奶酪、黑酱、黄油，还有蛋炒饭、煮鸡蛋、荷包蛋等。中、晚餐的菜肴品种始终保持在16个以上，口味多样，供大家任意选食。此外，他还根据印度气温高的特点，每逢夏天，餐后配上水果，为工作人员消暑解乏。

（4）为了改善使馆工作人员的营养，在取得使馆领导的支持后，发动和组织使馆人员利用工余时间在馆内空坪隙地种植蔬菜。他还学会了磨豆浆，制豆腐、做千张。既节省了伙食费用，又使大家品尝到最新鲜的副食蔬菜。

田师傅为搞好使馆饮食付出了辛勤的劳动，受到外交官员的好评，赞扬他想得周到、服务到家。

田师傅在大使馆工作期间，曾多次圆满地完成外交宴请的主厨任务。其中在大使官邸宴请过印度总理拉吉夫·甘地；在大使馆宴请过各国驻印外交使节，建军节招待过印度武官及各国驻印使馆武官，还主厨过 1989 年中华人民共和国建国四十周年国庆招待会。

　　驻印大使馆举办的中华人民共和国建国四十周年国庆招待会，宴请政府官员、社会名流、各国驻印使馆外交使节等数百人。他按照使馆要求，依据宾客的数量及不同的民族，不同的饮食习惯，详细制订出筵席菜单交大使审定，按菜单计划认真采购食材，根据每位厨师的特长，精心制作好每一道菜点。招待宴既突出中国菜的特色，又汲取西餐筵席的优点，采用鸡尾酒会与自助餐相结合的形式进行。几道主要热菜有：五香酱鸡、虾仁吐司、酥炸口蘑、油焖双冬、炸素春卷等。宴会举办得很成功，气氛十分热烈，增进了与各国朋友的友谊，使馆领导非常满意。

　　田师傅到使馆工作后不久，大使在大使馆宴请各国驻印度大使和夫人。宴会采取西餐形式，即分食制。第一道菜是每人一小碟凉拼盘，内有油焖笋尖、五香酱鸡、酸辣海蜇、松花皮蛋、小葱豆腐，还带有一小片柠檬。随后上热菜：有色泽油红、酥烂鲜香的"红煨鸡腿"，每人一只；有色泽金黄、外焦香、内鲜嫩的"凤尾虾排"每人三只，有外焦脆、内鲜嫩、酸甜适口的"茄汁松花平鱼卷"每人一只。此外，还有椒盐菊花洋葱、三丝素春卷、草菇烩菜葆、五彩素炒面等。当上到第三道热菜时，大使夫人来到厨房对田师傅说客人们要见见他，他随大使夫人来到宴会厅，很礼貌地向客人们鞠了一个躬，客人都立即站起来，伸出大拇指夸赞他。当大使夫人用外语向客人们介绍说田师傅是毛主席家乡来的厨师时，客人们齐声赞扬说："毛主席家乡的厨师，very good ！"

　　覃道文　1950 年出生，中二级厨师。1989 年 5 月至 1992 年 4 月由湖南省国际经济合作公司派遣到德国卡尔夫市中餐馆"莲花酒楼"当厨师三年。老板是德籍华人，名叫叶良。酒楼属中型餐馆，有十多张餐桌，可同时接待上百人就餐。

　　当时该市除德国餐馆和中餐馆外，还有法国、意大利餐馆，竞争较为激烈。中餐馆多数是打湘菜的牌子。湘菜酸辣，"以辣为主，酸寓其中"，因照顾欧洲人的口味，实际已无辣少酸。但菜肴名称基本上是采用中国菜名，如北京烤鸭、宫保鸡丁、咕咾肉等。莲花酒楼厨师除覃师傅外，还有巴基斯坦、马来西亚各一人。每人两个煤气炉炒菜，互相语言不通，菜单按人编号，见各自的号码负责做菜。那里的服务员是没有工资的，收入全靠向顾客收取小费。

　　三年的德国之旅，给覃师傅留下了以下几点深刻的印象：

　　（1）德国人对饮食卫生特别重视，厨房地面干净，是全封闭式的，除老板外，任何人不准进去。炊具、餐具是绝对无菌的，盘子清洗后擦干，然后进消毒柜杀菌消毒。

（2）德国顾客很注意文明进餐，餐厅里百多人就餐，非常安静，只能偶尔听到一两个人轻轻地说笑声。

（3）酒店对顾客的承诺是绝对兑现的。如在菜谱上，向顾客公布的每一道菜，都标明主料和配料的名称。如青椒炒牛肉，主料栏内是牛肉，配料栏内是青椒。主料当然是不变的，配料"青椒"，也是绝对不准用其他任何配料替代。

（4）德国人收入高，但苛捐杂税不少。打工仔也不例外，要交个人所得税、工商税、宗教税、医疗保险费、牙科保险费、意外保险费等。三年的要一次交清，按劳动合同由老板支付。

（5）外国老板的敬业、爱业精神很强。他们对企业的管理很严格，哪怕是很细小的事都要一丝不苟的做到位。覃道文说："我在老板的影响和带动下，对主厨工作兢兢业业，对每一道菜点的烹制，都要做到精益求精，决不马虎，我烹制的菜点，德国顾客特别喜爱。酒楼的生意越做越兴旺，我也得到了老板的赏识与关照。每个月四个休息日，老板安排我加三个班，每个班有加班工资70马克，合人民币350多元（当时国内工资每月为百元左右），这样一个月就可增加收入一千多元"。理发昂贵，收费25～30马克（合人民币一百多元）。覃师傅一直不敢迈进理发店理发。为节约开支，他只能对着镜子自己给自己理发。老板看在眼里，记在心上，在覃师傅做满一年半后，起程回国探亲的前夕（按劳动合同规定，工作一年半后可回家探一次亲，路费由中方公司支付），老板送给他30马克，要他上理发店好好理个发。平时，老板也很关心他的生活，常利用闲暇时间带他外出散步聊天，或带他逛商店，逛娱乐场所，帮助他舒解身处异国的思乡情绪。

覃师傅探亲返回德国时，从津市给老板带去一些莲藕和荸荠，因路程遥远，为了防止腐烂，在藕的外表糊了一层薄薄的泥巴。飞机到达英国转机，检查行李，招来了一场大麻烦，也是一场大笑话。英国警察用电子仪器检测行李时，发现行李内一根根黑黑的东西，不知道是什么，搞得很紧张，语言又不通，解释又没有用，后来又找电传翻译，也听不明白，最后还是打开行李包，把藕抽出来，截成两节，警察先生们才恍然大悟。

覃道文在德国工作期间，向德国人民展示了津市的烹饪技艺，增强了中德人民的友谊。同时，开阔了眼界，学到了在国内难以学到的许多宝贵知识和经验。

第二节　本帮菜

津市地处洞庭鱼米之乡、南北交汇之处，数百年经营，汲取湘菜与川菜的优点，杂糅鄂菜的技巧，以本地食材为基础，结合大众口味，精烹细制，形成了地方特色鲜明的本帮菜。

一、馐匠菜

馐匠，是津市郊乡对厨师的俗称。旧时乡民家逢红白事，必请馐匠，馐匠进门之前，事主若家境尚可，必宰猪羊以备。馐匠进门，先与事主商量派菜，席有十碗、十二碗、十六碗之分，一般以十碗为底、十六碗为至。所谓碗数，其实包括炖钵炉子（即火锅），津市的乡席，没有四个炉子是上不了台面的。乡村馐匠可能烹不了鲍参翅燕，但对猪牛羊肉、鱼虾河鲜却是得心应手。凡席面，必分几烧几㸆，几蒸几扣，以荤菜为主，如十六碗的大席，则是膏、丸必备。

所谓㸆，即指㸆菜。旧时没有冰箱等保鲜设备，事主摆宴至少两三天，为了保证菜肴鲜美不变质失味，馐匠们便发明了㸆菜技术。㸆略等同于熬，把做好的坯料㸆在缸里，用小火使之小沸，摆席之时，将㸆好的菜盛入碗、盘即可，既节约劳力，又能保鲜，还能提味。㸆菜一般为肉食类，如㸆肉、鸡鸭等。㸆菜中最为著名的是㸆猪肉，俗称㸆肉，其烹饪方法与红烧肉相近，但比红烧肉更糯更香，形状也略有区别，是老少皆爱的佳肴。㸆肉一般采用猪臀肉，切为约一两左右的三角形肉块，焯水后炒糖色（俗称炒金浆），不放酱油，同桂皮、八角、老姜、香叶一齐入㸆缸，大火、中火转文火，长时间㸆制，油收而不溢，肉糯而不塌，料入味而香自存，待装盘入席时，肉色红亮，香气四溢，入口粘糯，肥而不腻，非软烂的东坡肉能比。

所谓膏与丸，即鱼膏鱼丸。洞庭湖边的人，食鱼成精，不知何时何代发明出的鱼膏鱼丸，可以说是美食中的化学实验，是"鲜"字的活学活用。鱼膏与鱼丸的制作相当繁复，第一步是把鲜鱼去皮剔骨，将鱼肉剁成鱼绒，同时，将约三分之一量的猪肉也剁成肉绒，两种混合在一起，加芡粉、白胡椒粉、盐，搅匀备用。如果是做鱼膏，则将备好的料装入用纱布隔好的甑格内，先将肉料蒸熟成膏，然后取鸡蛋黄充分搅匀，铺于蒸好的鱼膏上入甑再蒸，这样，蒸好的料即为鱼膏批子，上席之前，需将批子切成片码入碗中入甑再蒸，上盘时撒上葱花，趁热入席。做鱼丸简单，将挤成丸状的肉绒放入沸水煮熟即可。鱼丸一般作为鲜汤的配料，也可独自做成鱼丸汤。鱼膏与鱼丸的特点是晶莹剔透，鲜美清淡，一席之中，如碧叶荷花，雅俗共赏。

烧菜则比较好理解，一般有梅菜扣肉（郊乡一般用凤尾盐菜，称扣肉为烧肉）、黄焖土鸡、红烧鱼等，制作与外埠大体相似，不在此赘述。

二、家常菜

津市人讲客气，朋友结交，亲戚往来，往往离不开家宴，津市的家厨们各有拿手，煎、炸、溜、烩，不亚名厨，非得整出四五个钵子不放过手，于是形成了浓厚的家宴文化。家宴的菜品五花八门，这里只举几个常见的家制菜以飨读者。

家常鱼头 即水煮鱼头，虽也水煮，但津市人觉得不仅仅是水煮，其工艺必须用"家常"二字才贴切。鱼头必取七八斤以上新鲜的大湖鳙鱼头，旺火烧锅，倒入菜籽油，油滚后将鱼头入锅，两面煎成微黄，入清水，盖上锅盖用大火猛煮，待鱼汤浓如牛奶，再放盐、老姜、陈醋、蒜籽、青花椒，改中火炖半个小时，加入少许青椒丝、青蒜，即可出锅。家常鱼头的特点是汤鲜、肉嫩、髓美，制作简单，老少咸宜，地方特色显著。家常鱼头虽只是家厨手艺，但也能登堂入室，至今，津市仍有几家餐馆以此一味为招牌，食客如云。

杂烩钵子 即杂烩火锅，其历史悠久，各地均有，但作法不同。湘南的杂烩，一大碗盛之，汤水极少，山笋横陈，感觉是在啃一碗竹根；澧县的杂烩，不知为什么要放两尾鲫鱼，仿佛就是在喝一钵鱼汤。津市的杂烩必须得有底汤，家常做法至少也得用鸡块、海米、精肉、墨鱼、猪肝、香菇熬制，且必须熬成清汤，然后配以玉兰片、肚丝、木耳等。汤中不得放花椒，香气全依食材本味，讲究一个清淡，也可以炸点黄切肉炖入其中。临入席时，加入炼好的猪油、椒丝、青蒜即成。杂烩钵子的特点是和合诸味，香鲜浓冽，有喜气洋洋之感，所以别称"全家福""合家欢"。津市著名艺人吴运禄，其贤内做得一桌好茶饭，三个儿子从小耳闻目染，也继承了母亲手艺，第三子后来开吴老三餐馆，杂烩钵子是其主打菜；对河李祖告所开的祖告餐馆，以其杂烩钵子扬名，也风骚几十年。

津市卤菜 中式烹饪中，卤菜以其香鲜、便捷而独占一席，不可或缺。卤分南北，各有千秋。湖广一带以咸鲜为主，常把卤制与腊制归入一流，统称为卤腊味，可见，卤菜的功夫在于前期制作。津市人擅长美食，故其卤菜亦博采南北之长，名扬九澧。

卤菜不是大菜，不需要名厨料理，旧时津市各大酒楼虽也制售卤菜，但更多的卤味则是在家庭和小食店制成。民国时期风靡津市的王十锦卤菜，也不过是侧身夹街的一家小店，而那些沿街、沿河的提篮小卖，则纯粹就是自家卤菜。卤菜并不神秘，无外乎配卤药、选食材、熬卤汁、切菜装盘、调佐料这几个环节。首先要配好卤药，用中药去除食材腥膻、提高其营养价值，是中医文化中"食药一味"的具体呈现。过去配药一般去中药铺，现在菜市场也有各种香料数十种，常见也就是八角、桂皮、花椒、甘松、小茴香、白蔻、砂仁、香叶、丁香、沙姜、南姜、香茅、甘草、草果等。有的餐馆大师傅有私密配方，大同小异，味道基本一致。超市、菜市场有精细配制的卤药成品，使用很方便，是名副其实的"大众卤"。

配好卤药后就熬卤汁，待所配卤药在卤锅中熬出浓烈芳香，汤色浓酽，便将备好的食材入锅中卤煮。新卤必须要用鸡鸭猪肉等荤料熬煮，以将肉类食品的胶原蛋白溶入卤汤中，提高卤汤的"原味"，当然，如有甲鱼、蛇等入卤，也是上佳的提味原料。肉食入卤，必先整理干净并焯煮去浊，这样，才不至于坏卤。若要卤菜颜色红亮，必须反复多次卤煮，卤出的菜品才好看好吃。譬如卤豆干、卤牛肝，必须"卤煮—晾晒—复卤"循环两三次以上，才入味且有嚼头。老卤汁只要保管得当，不会腐坏，可以反复使用，越老越出味道，就如同美酒，如同爱情，有了年份，就有了陈香，就接近真谛。

津市卤菜，不拘食材，花样繁多，自成体系。荤的素的，能卤尽卤：卤猪肉、卤猪耳、卤猪舌、卤蹄子、卤小肚、卤肥肠、卤猪尾巴、卤脆骨、卤猪心、卤香肠、卤牛肉、卤牛肝、卤牛筋头、卤牛肚百叶、卤鸡、卤鸡爪、卤鸡拐、卤鸡蛋、卤鸭、卤鸭头、卤鸭爪、卤鸭架、卤鸭脖、卤鸭肠、卤鸽子、卤鹌鹑、卤鱼、卤脚鱼、卤龙虾、卤干子、卤藕片、卤土豆、卤毛豆、卤花生米……待卤制的食材都熟透入味，都可以直接吃，不用蘸料拌料，可视之为"裸吃"。一口卤菜一口酒，吃得满嘴卤香，不受姜蒜葱花的袭扰，如此纯粹，如此干净，如此洒脱。

回锅炒卤菜又是另外一种风味。如卤肥肠冷却之后，脂肪凝结看起来就有些腻，不妨改刀切丝，用青椒、大蒜掺杂回锅炒，油汁饱满，却不肥腻，香润可口，极其下饭。将谷鸭先卤制，再剁块回锅稍炸炒香，然后盛到钵子里，加大蒜、辣椒，用小火煨起，比普通的红烧、香酥、炙烤、清炖之类做法口感味道又别具一格。

对于津市人来说，卤菜也可以炖着吃，这就是激情四射的"热卤"。到冬天，将已经卤制的卤菜放到钵子里面，加足量的葱姜蒜、干辣椒，用小火煨炖着，还可以加些香菜、葱花，油汁翻滚，热气腾腾，酱色醇厚，吃起来热辣滚烫，如果来点小酒，则哪管它寒风呼啸、瑞雪绵绵了。

改革开放以后，津市街上的"杨站长卤菜""无名卤菜"两家店子算是专业做卤菜的，口碑一直很好。但是，最红火的当然属于夜市大排档的，基本上是些"大众卤"。白卤、红卤也就是用辣椒上色的区别，味道不会偏差太远。所以，津市卤菜的关键其实不是如何卤，而是如何吃，吃出趣味才是津市卤菜的精妙所在。

入夏以来，津市的夜空里就弥漫一股浓郁的卤味，让人们鼻子翕动，喉结翻滚。夜幕降临，邀三五个朋友，到夜市大排档上喊一声："老板，来个'猪拼'，来个'牛拼'。"老板心知肚明，一会儿拼盘就切好了，浇上姜蒜泥、油辣椒，淋点陈醋麻油，撒些香菜、葱花，再来上几扎啤酒，东扯葫芦西扯叶，漫漫长夜，炎炎苦夏，自然就已不在话下。

第三节 名吃与名点

1. 街头的叫卖声

周有淞先生《谈津市小吃》对老家挑担的叫卖声记忆犹新：

> 津市是水陆码头，来自四面八方的人很多，因此吃的花样也不少。一些卖"吃"的人，所表示的方式不同，连同叫卖的腔调也不一样。一到晚上，因当时电力不足，生意清淡，约九点钟后，各商店就陆续关门休息了，跟着是卖小吃的相继出现，以挑担流动者最多，固定在某一角落者较少。每日的活动范围似乎也有一定的界限，比如他们从哪条街出去，再经过哪些地方回来，绝对不会耽误时间或者弄错地方。我想这也许是为了满足顾客的心理作用，那就使爱吃宵夜的人，一定能按时等到他。小吃的内容，有卖面的，有卖肉丸的等，其叫卖的方式有的嘴叫，有的敲梆子，有的摇铃，与打更的点子不同，容易分清。各种小吃的味道都不错，价钱也很公道，半夜三更来一碗，确实津津有味。在白天，卖烧饼油条的，也是沿街叫卖，其声音抑扬顿挫倒蛮好听的。

韩川先生也有关于家乡叫卖声的记载：

> 那时我住在新建坊正街，前面的店铺临街没有窗户，白天靠下梭板让光线照进来，晚上若加班则点煤气灯。从店铺到院子要通过石库门，一条弯弯曲曲的长巷，把4个小院和4栋木楼串联起来，后门对着电影院。我住在第二进，木楼坐西朝东，两边是高高的封火墙，显得有些阴森，非亭午夜分，不见曦月，非晴日午时，不得阳光。
>
> 暑假，上午写作业，下午游戏，尽管外面太阳很大，因

为有穿廊风，巷子里也不热。封火墙虽高，挡不住街上、巷子里一波又一波的叫卖声……

"藕丸子！"低沉的湖北口音仿佛发自肺部深处，毛丫头说他是龙法寺的票友，专攻黑头，难怪有这样深厚的基本功。

"鸡头米！鸡头米！"旁边的中年女人也不差，声音甜润软绵，周围的人都认识她，她是评弹演员，抗战时逃到津市。

"椒盐瓜子桂花糖！""香烟的纸烟耶！要不要烟耶！"两个清脆的声音一前一后，特别引人注意，他们一双赤脚，在青石板上互相追逐着，但仍然没有忘记叫卖。

"胡椒糖！当面尝！"澧水河上的码头几乎都有一个卖胡椒糖的，老人嘶哑的声音、疲惫的背影和小孩形成了强烈的对比。

"和面,饺——儿！"埋头包饺饵的汉子，这时伸起腰，向轮渡望了望，也凑热闹吆喝一声，其实他完全不用吆喝，他的摊前挤满了人。

"米——豆腐！"驼子的最后一个字拖得很长，还转了弯，天气太热，米豆腐生意不好做，他得卖力，否则今天的米豆腐又会卖不完。

"卤蛋卤干子的酒哦！饺子面啦！"河面上传来的叫卖声特别悠扬，带有一丝四川尾音，卖卤菜划子在河边慢慢地游弋。

头更早过，长街已冷清，夜色渐浓，路灯更显得昏黄起来，夜风瑟瑟，饺饵挑担的老板不住地打哈欠，桌上残杯冷炙，最后两个客人起身，互道慢走，卖茶叶蛋的女人还静静地坐在灯下，等待把最后的茶叶蛋卖完……

站在夜里的十字街头，细听小贩的呼声，享受市井的情趣，那些忙碌的小贩背后，隐藏着多少辛酸和悲欢，隐藏着多少不为人知的故事。那一声声叫卖声，深深地刻在脑里，那一幅幅画面，牢牢的印在心中，挥之不去，拂之又来。

两位先生的文字很容易就令人闪回到70年前，那时的时光是缓慢的，那时的生活，犹如粘附在那些"吃货儿"上的芝麻粒，历历在目，余味悠长。

2. 豆腐乳

豆腐虽为一品时蔬，在中国有悠久的食用史，但豆腐乳却上不了宴席，是居家小菜。津市人家，大多都会制作家常腐乳，其风味各有千秋，均为佐餐佳品。

1990 年代，津市人李传枝先生以祖传秘方为基础，组建公司，着力打造"木子腐乳"品牌，批量生产，把这名不见经传的家常小菜推向了市场，为"津市味道"再添新品。木子腐乳秉承悠久的传统工艺、优选天然的绿色大豆、采用科学的配制方法，使一个民间小吃，焕发出强大的产品生命力。木子腐乳粘口清香、纯正圆畅、麻辣香溢、回味悠长。1999 年 11 月，获得湖南省首届名优特农副产品博览会优质产品奖，此后产品被带入美国、英国、日本、新加坡、法国、台湾等国家和地区。2000 年 12 月，欧盟商业联合会及世界 AWB 组织经过评选，专门授予"腐乳王"美称，并荣获"金盾奖"。

▲津市木子腐乳王

3. 牛肉干

　　津市近些年以"牛肉饮食"而闻名于大江南北，除了"刘聋子牛肉米粉"之影响外，"张老头牛肉干"也功不可没。津市人善于烹饪，其中尤以善制牛肉为著，外地人来津市，常常迷恋于津市的牛肉钵子、麻辣牛肉、五香牛肉而忘返。如何让外地人能随时随地品尝到津市的牛肉味，制作牛肉干是唯一的办法。1980 年代以来，津市人张新民围绕这一难题，作了成功的尝试，率先组建成立张老头卤腊味食品厂，并以其"五香牛肉干"一炮走红，之后相继开发了"好风味系列""腌制肉系列"和"酱板鸭系列"，品种 50 余个，其主要产品有：五香牛肉干、板鸭、香肠、腊牛肉等各种腊味食品。其产品色、香、味浑然一体，代表着浓郁的湘川地方风味，产品畅销湖北、广东、上海等各大中城市，特别是"张老头"牌五香牛肉干制作精良，包装精美，风味独特，深受广大消费者青睐。后张老头卤腊味食品厂发展为公司，产品先后荣获湖南省第二届名优特新农博会金奖、第二届亚划赛标志产品等殊荣。

▲津市张老头五香牛肉干

4. 津市吃货

津市人称小食品为"吃货儿"，如系长者买给小孩子的，亦称"接货儿"。民国以前，津市是十三省商民的聚居地，各地家乡风味小吃在此汇集，品种不胜枚举，今略举其颇具影响、共同记忆的十味如下。

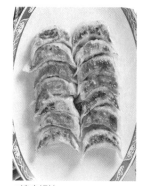

▲津市锅饺

锅饺 新中国成立初期，津市名厨宋维藩曾在新码头摆过锅饺摊子，说明津市人爱吃锅饺已是事有经年，而一代名厨能委身事之，也说明小小锅饺亦有大艺藏焉。宋氏锅饺味道如何我们只堪想象，而望江楼的锅饺是老辈津市人的"最爱"，众人皆知。它一般以鲜猪肉、韭菜为馅，用猪油在旺火中用平底锅煎成两面焦黄，煎熟后用木制锅盖覆盖，微火保温，售食时用平铲盛入盘中，香气扑鼻，皮酥馅嫩，妙味不可言传。望江楼停业后，有几家个体店也制作锅饺，但与望江楼相去甚远，现在路记锅饺小有名气，推广到澧县、安乡等地。刘聋子粉馆在国营时期，所制牛肉馅锅饺亦较有影响。

▲白糖酥

白糖酥 又称金馃条，系将糯米汤圆料压扁，形如纽丝，下油锅炸后，外酥内软，外若黄金，内似雪花，乘热沾一点芝麻黄豆做的糖粉，甜香味美，落口消融，是难得的美味。白糖酥与四川的白糖酥卷相似，但外形不一样，白糖酥卷不用糖粉，用白糖，色香味自然差了许多。由于物价上涨，白糖酥成本太高，目前应该没有店家制作了。

▲油糍儿

油糍儿 "油糍"是湘鄂边界一带的传统小吃，"油糍"最早见于宋代夹山寺禅师克勤的《碧岩录》，其中讲德山宣鉴禅师从成都青龙禅寺来澧州寻道，见一婆子卖油粢，因买食被诘难的故事。其油粢即"油糍儿"。津市大街小巷都有卖"油糍"的小摊。油糍儿的外部是纯糯米，经浸泡后打矾蒸熟，然后砸成糍粑状，芯子是绿豆蒸熟捏成的圆坨，加少许盐。糍粑搓成条扯成胚子，包上绿豆芯子压成扁圆的粑粑，入油锅再炸，待呈金黄色时出锅。

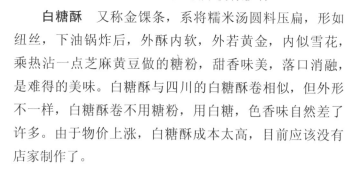

油糍粑焦脆柔软皆有，味道极美。

▲面窝儿

面窝儿 又称"面凹"，因为四周厚，中间薄而有孔，呈凹状，津市人发音为面儿。有米面儿、红薯面儿、鱼面儿、麻儿面儿和油炸坨，林林总总，五花八门。站在摊前会犹豫，不知买那种好。用发酵后的米浆炸的米面儿，老远就可以闻到浓郁的葱油香，透着一丝淡淡的酸甜气味。红薯面儿色泽金黄，焦糖的香气扑面而来，吃在嘴里，甘甜爽口。用刁子鱼或虾子炸的鱼面儿香气诱人，味道鲜美，不仅小孩爱吃，更是老人佐酒的佳肴。麻儿面儿，是用豌豆炸的，已经很少见了，过去人们常常用它来下酒。

▲绿豆皮

绿豆皮 又称豆茧皮，其实与绿豆无关，是用大米加荞麦磨制加工而成的一种食品，因掺入荞麦后成品略带绿色，故得其名。制法为先将大米和荞麦浸发后磨成米浆，再用特殊的圆形铁皮甑在沸水中将米浆蒸烫成面皮，晾晒冷却后再切条晒干，即为成品。吃时将绿豆皮放入开水锅中煮熟即可食用。绿豆皮可加入青菜同煮，伴以辣椒、萝卜、腐乳酱菜，吃起来滋味绵长。既可在逢年过节时代充正餐、调减油荤，也可在平常日子当零食，以养脾胃。

▲汽水粑粑

汽水粑粑 将大米先发酵、磨浆制成米浆，用勺子将米浆摊在平底锅上，盖上锅盖，灶下用猛火，当听到锅里发出滋滋的响声，闻到汽水粑粑特有的香气，即可出锅。粑粑在水蒸气的作用下，表面松软，有许多气孔，贴锅的底面焦黄脆香。粑粑成对卖，师傅将两块相连的粑粑与其他粑粑划断，再将两块合上，顾客咬在口里，满口生津。

▲米豆腐

米豆腐 津市的米豆腐又叫"百粒丸"，是饮食店中最价廉物美的小吃。米豆腐的制作与豆腐制作有相似之处，即大米浆中加入少量的石灰水，亦起点卤作用，但米豆腐不滤渣，煮熟后其成品呈淡绿色，略带涩味，食有回甘。津市各家卖的米豆腐不一样，称呼也不一样，方块的称米豆腐，圆形的称百粒丸，外形不一样，味道差不多。津市的米豆腐清爽滑嫩，佐料齐全，苏萝卜、凤尾菜、酱瓜丁、豌豆酱、剁辣椒、肉骨头熬的汤，再加点葱花、麻油，咸辣鲜香，一样不少，一碗热乎乎的米豆腐吃下去，浑身大汗淋漓，别说有多舒坦了。米豆腐不仅是街头的一种小吃，也是女人们家里的拿手好菜，津市人将米豆腐的烹饪技术发挥到了极致，吃饭下酒，和水煮豆腐相比，煎的米豆腐更受欢迎，非常好吃，特别是贴锅的那层锅巴更是好吃的不得了。

▲米面

米面 津市的米面，其实是用大米掺上一定比例的饭磨成浆，然后攒成面皮，切成条，食用时滚烫下锅，加汤和臊子即成，清爽入味，很适合津市人的口味。1980年代，汪家桥一家鲜肉米面馆，用鲜猪肉炖汤，调料只用一味碎芹菜，味道非常鲜美。近年来华华米面馆的猪肉米面较有名气。至于后来的炒米面，把米面放在锅里加猪油、鸡蛋、黄豆芽炒，也别有一番风味。

▲锅盔

锅盔 津市人吃锅盔有漫长的历史，估计是从山陕商人来津开始。当年老冰厂易善国师傅烤的芽子锅盔，又叫草鞋板，焦黄，香而不糊，锅盔上粘着点葱花、芝麻，则更添了它的颜值。三个锅盔可以管一上午，价廉物美。此外，一文拐路口有个小老头也烤锅盔，锅盔是圆的，肉馅风味特别，焦、脆、香，吃的人赞不绝口。但老头每天十斤面粉，做完收工，从不加码，也不订货，这个规矩也许造就了他的名气。近些年津市人不做锅盔了，街角偶尔见着一个卖锅盔的，不用问，准是湖北公安人。

▲凉粉

凉粉 南方人把所有淀粉类的食品称之为粉，大多以果腹为目的，但凉粉却独具一格，颇有粉黛佳人的品位。凉粉是消夏食品，只宜小吮，不堪饱食。凉粉材料取自澧水上游的葛根，葛根磨浆，晒干为葛粉，至夏日，取葛根粉一调羹，置于白瓷碗中，用滚开水冲成透明的糊状，佐之以调料，待凉透即成凉粉，味道根据食客的喜好，咸、酸、甜皆可。凉粉入口滑爽，沁人心脾，为大众喜爱。街边凉粉摊子的凉粉，皆先已冲制好，大多为甜品，其佐料有白糖、芝麻、桂花、红丝枸杞等，一碗在手，香气扑鼻，晶莹剔透，不忍遽食。卖凉粉属小本生宜，费力不赚钱，现已很少见。

5. 津市糕点

津市糕点之精美，远近闻名。明朝中叶，安徽、江苏的商人来到津市经商，到清初，会馆林立，各地风俗文化、生活方式在这里冲撞、融合，形成了津市独特的饮食文化。

津市旧时糕点作坊有恒源福、义源生、汇源祥、公盛荣、其昌斋、仁和、同仁福、大昌福、黄炳记、德亿长等数十家，作坊以苏式为主，少数也生产广式、京式糕点。加上作坊多以安徽、江苏师傅居多，故津澧一带称糕点为"苏食"，"酥食"，而荆沙一带称"茶食"。主要生产酥糖、桃酥、绿豆糕、蛋糕、寸金糖五香饼、麻占、寸金糖、芝麻片、牛皮糖雪枣、麻枣、瓜片糖、姜片、月饼等数十种糕点。少数作坊还生产各种果脯蜜饯。

麻蓉酥糖大约是从下江传过来的，其前身应该是麻酥糖，何时传入津市，已无法查考。麻酥糖是徽州特色名点，徽州习俗，过年时家家都要用酥糖招待客人，拜年走亲戚一定要送麻酥糖，从南宋流传至今。酥糖是用麦芽糖、芝麻仁、白砂糖、糯米等原料精制而成，不仅选料讲究，而且制作工艺复杂，仅麻粉的制作就有十多道工序，白砂糖与麦芽糖制作的粉骨子经过拌和、煎熬、起丝、冷却、扯白，最后宛若白霜轻抹、薄白如纸，酥松细润，叠层分明，香味纯正，甜度适宜，浓郁爽口，落口消融。

据史料记载，早在两百年前，津市即有酥糖上市。富商巨贾，喜好此物，并以此作为上等点心招待客人。津市最早生产酥糖的商号是瑞芳斋、仁和斋、以后有谦吉祥（后改其昌斋）。由于酥糖细腻酥松，油润爽口，销售逐渐扩大。民初以来，先后有公盛荣（后改鼎和）、义源生（后改怡大）、德和大、义兴源、春源义等制作，1937年前后，又有百福斋、百禄斋、芝兰斋、大陆、大昌等相继生产，前后生产酥糖的南货店（号）共计13家，此外，还有徐文赐、唐宏国、李本德、唐家香、梁美发、易元记、张殿初、厚福、稻香村等11家小作坊生产，其中以其昌斋采用黑芝麻做的黑麻酥糖最有名气，吃起来香脆可口，酥松油润，含有焦盐清味。

寸金糖是徽州有名的早茶点心，取自"一寸光阴一寸金，寸金难买寸光阴"，也是一种夹心酥糖。旧时津市的葱果糖，与寸金糖、桂花糖相似，只是中间没有夹心的桂花、香元条。旅台作家李策公先生是临近津市的蔡口滩人，写过不少动情的怀乡散文。他在回忆儿时在津市街头提篮小卖的往事时说：

> 所以叫它葱果糖，是一種以麦芽糖拉白，吹成约大拇指粗的糖管子，再切成每段四寸长，滚上白芝麻，因中空像葱叶，並不是糖里有葱的食物。三十年来后，台湾在吃的方面，把大陆南北口味都学会，唯有这葱果糖未被发现。所谓"家财万贯，不如一技在身"，如果有人会制这种食品，我相信销路一定不错。市面上所售的蛋卷酥，吃起来香脆可口，是老幼咸宜的食品。也像上述的葱菓糖，是家乡的一种特产。

津市的月饼，其虽有苏式和广式之别，但最具特色的是自创的"薄切"。薄切流行于湘鄂一带，它薄薄的，圆圆的，金黄色，宛如一轮明月，上面芝麻如繁星点点。表皮松脆，内含果仁，红丝桂花，酥脆可口，甜而不腻。

此外，津市桃酥颜色金黄，酥松可口，油而不腻，甜香均恰到好处，比津市做得更好的桃酥，还真的少见。

1956 年，津市副食品公司组建了糕点厂，对传统糕点制作工艺进行了继承和发扬。其中精品，当属麻蓉酥糖。1978 年津市糕点厂成立了技术攻关小组，历经多次改进，认真选料，精工操作，产品质量逐步提高。1979 年 12 月，被常德行署评为优质名特产品。1981 年 12 月，经省人民政府审定批准为优质产品。1981 年以前，主要销售本市，评为全省优质产品后，销售市场遍及湘鄂两省。

改革开放以后，津市的糕点制作由过去的国营重新化为民营，在地方政府的大力扶植下，一些老师傅的后代继承和发扬了传统工艺，部分名优特产得以保留；一些具有本地特色的产品还推陈出新，形成了产业和影响。如津市华华食品厂、晓春乡里手工糖等民营作坊，都有自己的系列拳头产品。

▲麻蓉酥糖

▲晓春乡里手工糖

第十章　戏剧曲艺

文化艺术是人类高级的精神活动，也是人类情感表达的重要途径，更是人类区别于动物的智慧标志。从劳动号子开始，讴歌咏叹，到诗辞歌赋、戏剧影视，它始终与文明的脚步相行相伴，一步步走向遥远的未来，永无穷期。如果说先民们爝火社舞是一种图腾崇拜的话，那自周公制礼开始，中国的文艺就具备了教化的政治意义。唐玄宗置梨园坐部伎子弟三百，即是官办戏曲之滥觞。但有朝必有野，艺术活动既然生发于个人情感，自由是其天性。数千年来，教坊、乐府虽然把持门庭，但民间文艺则如春天的原野，百花竞放，不拘沟垄，灿若云霞。

津市是一个移民的商业城市，市民的文化生活生动热烈。明清以后，会馆林立，团体众多，这些会馆大都依托宫庙，辟建戏台，每逢祭祀、节令，则邀专业戏班登台演出；华阳府邸，富商显宦，蓄养戏班，仿三郎故事，常为燕聚之乐；东西街市，戏院连座，川湘诸剧，轮番上演；市内荆河、花鼓专班并列，开科授徒，争相献艺，影响卓著。清末以后，津市有茶馆三百余家，民间艺人龙潜其中，澧州大鼓、汉阳说书、弋阳高腔、津市丝弦……你方唱罢我登场，别有一番热闹景象；而郊乡远陬，村舍间硪歌水谣四起，说鼓道情不歇，罗汉戏妞，其乐融融。民国初年，返乡学子组建现代剧社，大演爱国新剧，更开风气之先；到抗战军兴，爱国青年组成"怒吼歌咏队"，声振澧水两岸，甚而惨遭屠戮，是为血沃之花。

总之，津市的戏剧和曲艺文化根脉深广，数百年来兼容并包，去芜存菁，形成了一个地域特点鲜明、大众喜闻乐见的艺术团块，其中名家辈出，轶事车载，书之不尽。

第一节　地方戏曲

1. 傩戏

傩戏有其深远的历史渊源，是中国西南地区广为流传的一种带有深厚宗教色彩的戏剧形式。相传在三千多年前，黄帝与蚩尤相争，蚩尤战败，逃往江南洞庭湖一带，组成"九黎三苗"，历史上称三苗国。黄帝为灭蚩尤残部，命其孙颛顼治巫。三苗人为驱颛顼之兵，披上先帝蚩尤的战袍，戴上蚩尤图像的面具（俗称鬼脸壳子），口中作"傩傩"声驱鬼，渐变成一种"还傩愿"的仪式。这种形式千百年来流传在荆楚大地，以澧水中下游地区最为昌炽，成为驱邪求福的民间习俗。

明朝嘉靖年间，嘉山修建祭祀孟姜女的贞烈祠，嘉山一带的百姓便将孟姜女视为傩神，在举行"还傩愿"仪式时，请傩神孟姜女了愿。这种民间仪式由巫师主持唱孟姜女的傩歌傩曲，没有弦乐，只有吹牛角、击堂鼓、摇法铃、耍师刀铁环等打击乐，幽古神秘，肃穆恐怖。

清代中后期，这种设傩坛、"还傩愿"仪式逐渐衍变成一种戏剧形式，称为傩堂戏或师道戏。每场戏有红、白、黑三位傩神出场表演，红脸为伏羲神，白脸为女娲神，黑脸为傩愿菩萨。傩戏在演变过程中糅入了诸多地方戏曲元素，津市傩戏就将将嘉山一带流传的地花鼓戏（澧州花鼓戏，俗称花姑儿）融入其中。如此，举行仪式时就有了大筒、竹笛、月琴、三弦的民间管弦乐伴奏，吸引了更多的百姓观赏。津市民俗学家王泸先生在《还傩愿》一文中记述道：

> 1963 年 9 月，我随团下乡演出，在当时的棠华公社的一间农舍大院，目睹了一场十分惊奇的"还傩愿"仪式。首先的程序是报家门先安正堂，堂中三个彩色神门，红帏半掩，庄重肃穆。门内供三尊傩神，中门供青玄妙道傩神真君，男性，黑脸，三只眼；左门供飞天五岳都总大帝，男性，红脸；右门供五通五显华光大帝，女性，白脸。案桌上青灯数盏，烛

火窜跃，壁影浮动。接着，一阵震耳的闹台声、鼓角声响起，其声凝重、遒劲，伴和凄凉幽邃的嘶嚎声穿堂而至，令人毛骨悚然。第三道程序是巫傩求子、消灾。巫师头戴绣有"日""月"的法冠，身着宽大红袍，前胸绣金黄八卦图，手执八宝铜铃，骑板凳马，口中念念有词，驱鬼消灾，咄咄作声。最后一道程序是唱勾愿歌，巫师唱道：

> 宣得清来道得明，判官提笔勾愿心。
> 当日许愿红笔圈，如今还愿墨笔填。
> 先勾年来后勾月，又勾日子共时节。
> 四只角里打一圈，圈过清吉保平安！
> ……

曲调是当地山歌咏叹，唱词是方言俚语。唱完，户主给钱，巫师再唱，如此反复几次，"还傩愿"仪式方告结束。

清咸丰年后，以"还傩愿"为主的傩堂戏逐渐走出傩坛，由傩戏艺人在草台或剧场舞台上作为大本戏演出。津市素为澧州属镇，所以津市的傩戏与澧州傩戏基本相同。民国时期和建国初在津澧一带流传的傩戏戏班"红霞班"，把《孟姜女》作为主要的大本傩戏，常年在庙会上、城镇剧场舞台上演出，傩祭成分少了一些。1980年，津市文化馆组建了一支民间花鼓戏剧团，常年演出的傩戏有《孟姜女》四本、《姜女下池》单本等。据班主周恩全介绍，此戏本系清代咸丰年流传下来，按照嘉山流传的孟姜女传说故事，由一代代民间傩戏艺人自编而成，并把嘉山一带流传的孟姜女《望夫歌》《送夫歌》《哭夫歌》等用进了戏中，收到了很好的艺术效果，成为此本的主要艺术特色。

至今，津市民间花鼓戏剧团一直坚持农村演出，在九澧一带有一定的影响和声望。剧团主角张新梅、伍苹香、毕仁红等被吸收为湖南省戏剧家协会会员。

除传统的戏剧表现外，当代津市文艺界人士又整理发掘出了《楚风傩韵——孟姜女》傩舞，该舞取材于津市国家非物质文化遗产《嘉山孟姜女传说》。孟姜女以其反抗暴秦、忠于爱情，坚贞不屈的形象，不仅是澧水流域儿女英雄的代表，更被乡民视为驱妖避邪、庇佑桑梓的守护神（傩神），千百年来受到乡民的祭祀，《楚风傩韵——孟姜女》即是在此传说基础上创作出的大型民族风情舞蹈节目。

该节目具有浓郁的地方特色，表演时演员头戴傩人面具，身穿百鹈彩衣，手持道具，合着音乐节拍霍然起舞，舞步杂入原生态楚人舞蹈"八不闲"元素，以拍打自己身体的方式展示力量，驱鬼除疠。舞时气势磅礴，情绪奔放开朗，节奏热烈明快，动作整齐划一，震撼人心。该节目原始色彩浓厚，风格刚劲、威武、粗犷，音乐风格古朴苍劲，别具特色，在适当加入现代音乐元素后，更加彰显出鲜明的巫傩文化色彩，有很高的观赏价值。

2. 澧州花鼓戏

湘北别具风格的一种地方戏，当地群众多称为"花姑儿"，外地人又叫"嘎嘎腔"，还有的叫"杨花柳"（即石葱一带称"杨戏"）。该剧发源于武陵山区，为地方戏曲与当地的民间歌曲、舞蹈、竹马等杂艺糅合而成，清末传入九澧地区。早期为小旦、小丑的二小戏，后增加小生，为三小戏。约于民国初年开始形成大本戏，剧目有《姜女寻夫》《潘金莲裁衣》《西川会》《雪梅吊孝》等。

澧州花鼓戏以澧州方言为舞台语言，以演唱民间故事为主，因所反映的只是老百姓的喜怒哀乐，家庭琐事，并时常将市井上的俗言俚语不加修饰的搬上台，故历来被封建统治者排斥，并定义为有伤风化、不准进入城乡市镇和宗族祠堂的"淫戏"。为避于统治阶级对花鼓戏的歧视与摧残，花鼓艺人为了生存，也学会了一些荆河戏，形成了"半台花鼓半台戏"的模式。花鼓戏是澧水流域一带群众基础最深厚，影响最大的地方戏剧。它的唱腔音乐为曲牌连缀体，分正调、打锣腔、小调三大类，有"正宫调""七字调""十字调""潼关调""悲调""补缸调"等区别，其中尤以"悲调"见长。正调中的正宫调是澧州花鼓戏代表性曲调，基本格式规整，由上下过门，

▲澧州花鼓戏（徐立斌／摄）

上下句唱腔四个部分组成。板眼上有一流、二流、三流、导板、散板、垛板等板式。正宫调凭着华美的旋律、奇特多变的演唱方法、成套的板式变化、广泛的适应性、特别是用假嗓演唱乐句尾音的唱法（即"阳搭仄"或"金线吊葫芦"，音域从低音区陡然翻到上高音区，技巧之高，声音之美，世所罕见），屡获专家击节赞赏，成了澧州花鼓戏的看家法宝。主奏乐器为大筒，笛子唢呐皆为兼职，只吹曲牌，不作演绎。武场以土锣，双钹为其特色。

澧州花鼓戏是一个极具地方特色、富有艺术魅力的剧种，它曾红遍澧州大地，享誉海内。该戏约于1934年进入津市，当时白衣镇有"白衣庵花鼓团"，为当地民间自发组织；次年，李家铺办"福字花鼓攻班"，班中丑角喻春满被誉为"花鼓王"；1941年左右，毛里湖田养吾邀请花鼓艺人刘子云、袁述根组建"兴福班"，收徒50多名，活跃于周边乡村。解放后，津市市区先后组建了"津市文宣楚剧团"（班底为毛里湖福兴班）、"阳由花鼓剧团""明道业余花鼓剧团"，郊乡有"棠华业余花鼓剧团""白衣龙山村花鼓剧团"等。迨至文革，花鼓戏被禁演，各剧团纷纷解散。

改革开放初期，澧州花鼓戏迎来了复苏的春天，四乡八野，搭台唱戏，十分热闹。编者曾写过一篇《村戏》，其中记述了一段：

> 1981年，我们大队点子班里几个吹鼓手也要鼓捣一个戏班子，请了野麻雀后头的唐鸭鸭做师傅，排演了几出折子戏。据说老唐年轻时是松秀班的头牌须生，做唱念打都是一等一的，但我看唐鸭鸭一副罗圈腿歪前歪后的样子，很怀疑其真实性。那年春节，我回老家过年，腊月二十八，戏班到灵泉寺挂红，我观赏到了这个土台班的演出。
>
> 六七个人的戏班子，全是老倌子，年龄最小的也四十七八。草创阶段，行头是没法齐整的，几顶篾片糊的帽戴，只分得男女，管不了身份。一顶"凤冠"，公主戴了，丫环又戴；一件红布做的长褂，皇帝也是它，武夫也是它。
>
> 那天演的是折子戏《打金枝》，郭子仪登台没得皂靴，干脆穿了一双深统胶鞋；拉胡琴的扮演郭暧，台前匆匆唱完两句，又急忙到台侧胡乱伴奏两句；最有味的是串演金枝的唐师傅，可怜七十几岁的人，捏着个尖嗓子在那里哀怨，脸上的粉是一句一句地掉着，举手投足之间，那个颤啊，真不好意思说是花枝乱颤。
>
> 这样的草台班子，只能算是乡民的自娱自乐，无论它唱多好的大团圆，

终究难俘获回头率，出演过三两回后，自然就偃旗息鼓了。

从 20 世纪 80 年代末起，随着电视、录像和流行音乐的冲击，人们欣赏习惯改变，传统戏剧的观赏率大滑坡，以前活跃在澧州大地的各个花鼓戏老艺人逐个谢世，青年演员不断流失，澧州花鼓戏处于"青黄不接，后继无人"的濒危状态。2009 年，澧州花鼓戏列入常德市第二批市级非物质文化遗产项目。

3. 荆河戏

荆河戏原是江西的弋阳腔支流发展而来，流传到湖北以后形成了汉剧（俗称"汉调"），汉剧四大派系中的荆河派系通过不断地发展和地域戏剧的本土化，就形成了现在自成一体、独具地方特点的荆河戏。

所谓荆河，是本地群众对长江自宜昌至岳阳段的俗称，荆河戏也流行于荆州、澧州、峡州（恩施）、岳州一带，而以湖北荆州和湖南澧州两地最为集中。荆河戏的源流传说不一，大致有四种说法：一是明末李自成败走澧州，将女儿嫁给安福（临澧）县蒋家时，将随军南下的戏曲艺人一同留在安福，以后发展成戏班，是为荆河戏之发脉；二是清初某将军率军进驻澧州，军中有戏班随从，后留在地方发展成荆河戏种；三是汉剧艺人来到荆江一带演出落户，在和本地民间艺人同台演出中受其影响，形成别具特色的剧种；四是与华阳王朱悦燿有关。当年，华阳王与侄子友堉争夺王位失败，被朝廷从四川贬居澧州，随了王府中的川剧戏班，戏班在与汉剧艺人和民间戏曲艺人接触中，相互借鉴，取长补短，久之，形成了既不同于川戏又不同于汉戏的新剧种。荆河戏早期以荆州、沙市为活动中心，流行于松滋至城陵矶的长江荆河段。因荆江位于汉江之上，故又称荆河戏为上河戏、上河路子；民国时期在九澧总称汉戏或大台戏。1951 年荆河戏曾一度改称湘剧，后来政府以其形成地方是在荆河一带，1956 年才正式定名为荆河戏。荆河戏为荆、澧两流域群众喜闻乐见，发展很快，戏班遍及湘北、鄂西，影响极大，曾被誉为"荆、湘、楚、汉"四大戏之首。

有史料记载，荆河戏可以追溯到明永乐二年（1404）。沙市老郎庙清顺治八年（1651）重修石碑上记载，明永乐二年荆河戏曾在沙市一带活动，迄今已有 600 多年历史。到了清咸丰、同治年间（1851—1873），津市就有新洲科"同乐""文化"两个戏班表演荆河戏。

自清末至民国的 70 多年里，九澧一带有科班 70 多个，当时有 3000 余人参加学艺，仅津市就有松秀、双胜、同胜、福和、福兴、保和、新华等七、八个戏班，加上"围鼓堂"，津市曾一度成为荆河戏的活动中心。当时津市各戏班表演的荆河戏传统剧目达 514 个，其中整本戏 451 个，折子戏 53 个。津市，可以说是当之无愧的荆河戏发祥之地。

荆河戏是汉剧荆河派清道光年间传入津市的，其声腔融合了安徽的徽调二黄形成了本土特色，有南路、北路、反南路、三眼等腔调。津市荆河戏最主要的唱腔是北路，北路源于陕西的西安梆子，京剧叫西皮。表演分内、外八大块。内八大块指人物内心刻画的手法，即喜、怒、哀、乐、悲、欢等人物情绪，如愤怒之极，便吹动长须、双目圆睁。外八大块指荆河戏的程式套子，刻画人物的外部舞台动作，如起霸、趟马、走边、抖色、摇翎、甩袖、舞弄刀枪等。开脸化妆则要求"红忠""黑直""白奸"为基点勾画出各种脸谱的人物形象。

津市荆河戏作为后期荆河戏鼎盛期的产物，是津市独有的文化名片和非物质文化遗产。1956 年，正式成立津市市荆河戏剧团。1958 年，市郊白衣公社（当时属澧县）组建荆河戏剧团。1959 年，市郊新洲镇（当时属澧县）成立文工团，也系荆河剧团。表演和活跃程度达到顶峰。1962 年，津市荆河剧团新编大型历史剧《谢瑶环》赴省城演出。1980 年，在桃源县演出的《双驸马》，湖南省电视台专程拍摄录像播放，1982 年该剧目在省城汇演获演出二等奖。

改革开放后，人们的文化消费形式变化，津市荆河剧团于 1988 年解散，但荆河剧团的原编创、演出人员仍醉心于这一传统艺术事业，不忍遗忘。1994 年王泸创作的荆河小戏《铁拐李造桥》赴省参赛，获得二等奖；1999 年津市文化服务公司（由剧团留置人员组建）发起举办津市"千禧龙戏剧周"，原计划只有津市荆河戏剧团演出，后常德市知晓后非常重视，改为常德市文化局举办，在市红旗剧院共演出 5 场：津市荆河戏剧团演出了《双驸马》《斩皇袍》《访贤记》，常德市汉剧院演出了《大破天门阵》《紫苏传》。观众反响强烈，成为津市专业戏剧团体演出的谢幕绝版。

2012 年，为了支持和保护传统戏曲文化，满足群众多重文化需求，津市市委、市政府克服困难，民办公助，恢复津市荆河戏剧团，演员主要为原民间花鼓戏剧团人员。他们多次赴省参加各类调演和艺术竞赛活动，每年均送戏下乡和巡回演出 60 场左右，并多次参与津市市春节联欢晚会、百团大赛、惠民演艺等公益性演出。同年，津市孟姜女文化演艺有限公司正式成立，多年来与津市荆河戏剧团共同发掘、移植、创作各类文艺节目 200 余个，演出数百场。包括惠民下乡演出、春节晚会、重大纪念活动、接待演出、广场演出等。其中由王泸原创的荆河小戏《猪场风波》，参加湖南省电视广播大学 30 年校庆文艺汇演夺得金奖。除了常年坚持公益性演出外，津市孟姜女文化演艺有限公司、津市荆河戏剧团还肩负着挖掘、保护、传承国家级和省级非物质文化遗产工作，排演了大型傩戏歌舞剧《楚风傩韵——孟姜女》，荆河小戏《车胤囊萤照读的故事》《我和车胤是同乡》等地方特色文艺节目，受到领导和民众一致好评。

正因为有了这些扎根基层、勇于奉献的演出团体，所以这些年荆河戏艺术也获得了一些成绩。津市荆河戏剧团先后获得常德市艺术工作优秀剧团、惠民演出先进单位、常德市"法治文艺进五场"优秀剧团、常德市艺术工作先进单位等光荣称号。2015 年，湖南省艺术研究所还派专家团来津市进行荆河戏调研。

荆河戏从湖北传入津市已有约 130 年历史，文化底蕴深厚。纵观荆河戏的发展历程，津市人一直是荆河戏曲的传承者，开拓者；一直坚持正确的政治导向、弘扬主旋律，宣传津市的历史文化。成就卓著，功不可没。时至今日，传统文化的价值愈加珍重，荆河戏，这一古老的地方文化瑰宝，必将引起越来越多的年轻人去关注、欣赏、学习，令这门独特的民间艺术薪火相传、再现芳华。

4. 松秀班

"松秀班"是九澧一带很有名的荆河戏班社，诞生于津市，足迹沿荆江遍及湘、鄂、川、黔四省毗邻地区，距今已有百多年历史，是津市荆河戏剧团的前身。

相传清光绪年间，澧水上游慈利县有个姓朱的大财主，家在偏僻山区，看戏很不容易，便从外地聘请了荆河戏名艺人来家起了个科班，艺徒都是家中雇请的年轻佣人和佃户子弟。这个戏科班成立后，从不到外地演出，只在朱姓家族中有名望的大户人家寿诞、嫁娶喜庆日子和丰收年景才搭台演出几场。朱家有一女名松秀，爱如掌上明珠，许配给津市陈姓富商为媳。临出嫁时，朱家四箱四柜、妆奁齐备，既华丽又阔气，但松秀却不满意，哭着要将家中戏班作为陪嫁，否则不肯上轿。父母只得依允，于是将戏班冠上女儿名字叫松秀班。朱松秀小时喜看旦角戏，还能清唱几段，因此，松秀班多旦行戏，这恰与当时本地以生、净二行战胜的"双胜班"成为鲜明对比，于是市井中遂流行"公双胜、母松秀"的说法。后来朱松秀去世，陈家也衰落下来，松秀班艺人便走入社会，到城乡各地演出，一直保留着"松秀"名牌，到 1951 年才解散。

松秀班历代老艺人都十分重视传统艺术的继承，并且在声腔和表演艺术上还有所创新和发展。松秀班演出的传统剧目很丰富，约有五六百多个，保留下来常能演出的有两百多个，剧目多来自《说岳传》《说唐》《封神榜》《杨家将》《三国演义》《水浒传》中的故事。松秀班和所有荆河戏班一样，剧目中带有"山"字的较多，如《凤鸣山》《定军山》《火烧棉山》《广华山》《飞虎山》等。而湖北汉戏带有"关"字的较多，如《文昭关》《武昭关》《天水关》《反武关》《反昭关》《取潼关》等。"山"字戏多做功，"关"字戏多唱功，故荆河戏重做功，湖北汉剧重唱功，已家喻户晓。松秀班和其他荆河戏班以演"三杀五图"戏闻名，"三杀"即《杀阎婆媳》《杀海和尚》《打渔杀家》；"五图"即《百子图》《八义图》《铁冠图》《八阵图》《孝义图》。松秀班还有不少剧目因艺人的精湛表演艺术而载誉一时，比如已故艺人彭化万演出的《孔明拜斗》，被誉为"活孔明"，连演不衰。荆河戏长于做功，重视基本功训练，流传着"三年学打，两年学戏"，把基本功看得比戏更重要。入科时注重学行武，讲究拳术、刀、枪、把子和手、眼、身、发、步的训练，练成一套表演硬功夫。

荆河戏行当分生角、小生、旦角、丑角、花脸、老旦。生角有正生、老生、杂生；旦行有正旦、花旦、武旦、闺门旦、摇旦等；花脸行有大花脸、毛头花脸、霸霸花脸等。在表演艺术上形成了比较完整的程式，如翎子功、水发功、盔头功、罗帽功、口条功、水袖功、翅子功、扇子功、把子功等，它对刻划剧中人物思想感情变化、表现其性格特征、加强艺术的表现力起着重要作用。清末时，松秀班有名闻湘北、鄂南的生角田远育、旦角向凤喜等。1930年曾冲破世俗，组成纯女性科班。后来，各地演员竟来搭班，一时名优荟萃。如擅长"拗马军"特功的做派老生滕和瑛，誉为"松秀双璧"的彭化万、傅庆寿，"须生大王"王天柱，"金嗓子"王振文等。

松秀班诞生在清朝，长期生活在封建社会里，旧思想、旧风气、旧的规章制度牢固地控制着艺人，使艺人长期过着非牛非马的生活，状极可怜。可以归纳为以下几方面：

一是封建迷信严重。松秀班近百年中，入班学戏的学徒，一部分为艺人子弟，大部分为穷苦农民的孩子，极少数是收容的街头流浪儿。他们进班社都立有字据，写明"生死祸福，听天由命，私自逃跑，打死勿论"。每科一堂学，少则二十人，多则三四十人不等。进科班后只有饭吃，别无其他经济上补贴。学徒进入戏班，首先要向老郎菩萨叩头，接着是向老师三叩头拜师，然后男学徒打屁股十二板；女学徒要打手心十二板，预示学艺时十二月月红，这叫做"剁尾巴"，以示告别过去的世俗生活。以后便开始练功，过一时期再根据学徒嗓音、扮相、形体等条件分行当，进行训练，训练期间，稍有过失，轻则罚站、罚跪，重则打屁股。到学徒可以教戏时，学徒要向师傅叩头以示感谢。学徒学戏一百天期满准备登台演出时叫"挂衣"（意思是将衣服挂起来换上戏服），登台前，先向传艺师傅、掌管三箱传艺师傅和文武两场面师傅叩头，请求在演出时加以关照。当艺人转到另一戏班演出时，也要向班内所有师傅拱手作揖，请求多加关照，谁要是礼节不周到，定会遭到责难。"挂衣"演出收入全部交本家后再分得一点点报酬，得了"赏钱"要给老师奉敬一部分，以示酬劳。

戏班里还有许多忌讳，如不准讲"散"字，见了雨伞要叫"雨盖"，不准说"梦"字，姓孟的要改口唤作姓醒的，放鞭炮不准撒散放单鞭，单鞭意味着散了股、炸了箍，因为这都是不吉祥的字眼。新戏台"踩台"时，扮演《杀无常》的无常要喝雄鸡血酒，挨家逐户讨钱，演《风波亭》时，后台要供岳飞牌位，台后要烧纸钱。扮演花脸的演员如果用珠笔在小孩额上点一下，便会"长命富贵"。化妆时穿什么"行头"，用什么"道具"，不得随便挑选。妆化好后静坐候场，不得谈笑乱走动，还规定旦行坐大衣箱，生行坐二衣箱，净行坐盔头箱，丑行则大小衣箱……所有这些规定，都反映出松秀班和别的戏曲班社一样，班内封建、迷信色彩是极浓厚的。

二是社会地位低下。旧社会，戏曲艺人社会地位是极其低下的，松秀班也不例外，长期被人讥之为"戏子、王八、吹鼓手"，列入下九流。那时，松秀班一年四季有三分之二的时间在农村演出，如果是被地方上约去为庆丰收，或是为地主豪绅家祝寿、嫁娶等喜庆演出，安排较好一点。如果是为了谋生到乡下演出，先要由班内管事到地主豪绅家登门拜访，取得允许后，再请求点戏，点好戏才能"开锣"。演出时，限定一场分上下两本，上本戏前要加"垫台戏"，下本戏完了要加"压台戏"（通称杂戏），每场演出时间长达四五小时，艺人弄得疲于奔命，即使如此，还会遇到刁难，要临时换戏、换角。

松秀班在津市演出，日子也不好过，往往剧场客满了，地方官僚、恶霸一到，便吃喝着前排观众让座，管事只得下台来几方面说好话，又是递烟，又是送茶。演到中途，不仅会出现要求换戏、换角的，甚至给坤角（女演员）出难题，稍不顺意，便借"打彩"为名，将铜钱、光洋、石头对准台上的演员打去，打得演员头破血流。遇到流氓地痞去剧场内惹是生非，还会出现茶碗满天飞，观众一哄而散的情形，而管事还得在散场后到这些地头蛇家低头请罪。更有甚者，不论是农村还是城市，官僚、地主、恶霸看准哪个女演员时，还要强迫拜干爹、干妈，收做小老婆。

三是生活穷困至极。松秀班艺徒生活艰苦，睡地面、滚稻草，没有垫和盖，学习期间不准会亲人、不准外出，还不准剃头。他们每天睡半夜、五更练功，一日两餐，粗茶淡饭，仅能填饱肚子，只有七月二十三老郎菩萨生日才有一点荤腥进口，叫做"傍神享福"。吃饭听"盖方"，盖方响一下站队，响两下上桌，响三下动筷子，谁要是讲了话或敲了饭甑，盖方会没头没脑打来。

旧社会戏班唱一本戏收入只有几斗米钱，若遇灾年，老百姓求生不得，哪还有闲钱、闲心看戏，这就给松秀班带来极大困难。有四句歌谣形容松秀班的穷困："头上戴的稀巴烂，身上穿的线线绊；我要本家添行头，本家叫我就着玩。"民间还有顺口溜"松秀班，松秀班，铠甲蟒袍用线串，小生出来踢一脚，险些露出金老倌（脚趾头）"，可见其戏服、盔头破烂不堪到什么程度。那时旧社会比喻一个人寒酸潦倒样子，便以"松秀班的行头"为出口语。

松秀班艺人生活待遇低微，每案戏演出后，按股作十分付酬，名角分十股帐，次之九股帐以下，直到三股，每股帐过去以铜板计算（以后是角票）。此外，拉线子（胡琴）的可分到点"线钱"，花脸可分到一点"油粉钱"，检场的可分到一点"烟火钱"，为数也不多。戏班里跑手下的也分头、二、三、末四等，头等六股，二等四股，三等二股，四等只有碗饭吃。因此，无论是"好佬（名角的尊称）"或"邹佬（对普通艺人的称呼）"，生活都是极其艰苦的。于是戏班里出了名的青年演员不得不依附其干爹、干妈，从他们那里得到一点打牌的头子钱做几件衣服穿，而艺不到家只能天天跑龙套的演员，便三五一伙，利用空隙时间在戏场门前靠"押彩字宝"捞点外水，补贴零用。旧艺人处境之艰难，是局外人难以想象的。

四是演出时风餐露宿。旧社会，在农村是没有剧场的，市区里也只在1931年左右才出现剧场，也极其简陋。松秀班长期在农村演唱"庙戏"和"会戏"，有时在寺庙戏楼演出，更多时候是临时在野外搭舞台，上面用竹垫遮挡，称作草台。艺人唱草台戏，夏有烈日晒，冬有寒风刮，遇到雨雪要停演。每次打场，衣箱、盔头箱靠艺人自己背和挑，住宿地方只能借祠堂、庙宇，那时一年四季多在农村活动，正月唱土地戏，二月唱观音会，三月唱佛祖会，四月唱单刀会、城隍戏，五月唱青苗戏，六月唱雷祖戏、禹王会，七月唱盂兰会，八月唱丰收戏，九月唱重阳会、老祖会，十月唱阳春戏，冬月唱财神戏、水官会，腊月唱迎春戏，戏班艺人就像是一群苦行僧，状极可怜。1929年，津市某布庄老板周汉章兄弟遵其父亲遗嘱，将变卖房产的一半钱款捐赠给戏班，加上戏人集资，在三元宫夹街修建了松秀戏院，戏班才有固定的演出场所。三年之后，戏院毁于火患；戏班艺人重归流离失所。后来与易鹤仙经营的民众戏院挂钩，始能常驻此演出。

临近津市解放时，专业戏曲团体只剩下松秀班。1949 年秋天，松秀班当时还在湘鄂西边境演出，艺人们怀着对幸福生活的追求，决意回到津市，要和全国人民同享翻身的欢乐。但那时解放战争在这一地区刚刚结束，社会秩序还未安定，演出困难重重，艺人生活十分困窘，他们不得不靠替船主背纤换几个钱来维持生活，好容易才在 1950 年冬回到津市。津市市委和市人民政府对松秀班的归来，给予了热烈欢迎和妥善安置，1952 年改名津市群众湘剧团，1955 年定名为津市荆河剧团。从此，走上了幸福健康的发展道路。

5. 津市荆河戏剧团

津市荆河戏剧团的前身是"松秀班"，1950 年，松秀班在湖北沙市演出时参加"沙市戏曲协会"，年底返津，接受市文化馆、总工会领导，经学习改造，于 1952 年改组为"津市群众湘剧团"，演员身着蓝色统一团服，胸佩"津市剧团"徽章，结束旧时代"下九流"身份，成为新中国文艺工作者。但剧团仍为自收自支，经费缺乏来源，为改变剧团穷困状况，首任团长陈天焕带领全体团员"艰苦奋斗，自力更生"，三年不拿工资，家属集中吃食堂，用节约的资金添置设备、道具。当年底就添置一批苏绣新戏服，舞台形象为之一新。同时，剧团狠抓业务，所排演剧目，获得多项奖励。1955 年，剧团加工整理的传统剧《反武科》参加湖南省第二届戏曲观摩汇演，获演出、演员、伴奏等多个奖项；1956 年，省文化局派张文清等人到津澧等地调查剧种渊源，经反复论证，以其早期流行地（长江荆河段流域）而定名为"荆河戏"，剧团随之改名为"津市市荆河戏剧团"。同年秋天，加工整理的传统剧《马前复水》赴省演出获奖。1960 年，剧团遂由集体性质改为地方国营，演职人员始享受固定工资。

1957 年至 1968 年间，津市荆河戏剧团联合石门、临澧两县 3 次开办"荆河戏小演员训练班"，地点在古大同寺、蔡家河、窑坡渡，培养造就了张淑容、彭鹏等一批优秀青年演员。剧团整理的传统剧《辕门射戟》《白罗衫》《杨排风》《狮子楼》《谢瑶环》《双驸马》等剧目分别在省、地区戏曲会演中获得多次奖励。其中《谢瑶环》《双驸马》在长沙汇演夺得金奖，轰动长沙，全体演出人员受到当时省委书记张平化接见，随后到湘潭、株洲、益阳等地巡演。1964 年，由杨善智执笔创作、张淑容主演的现代戏《太平村》赴长沙参加全省首届现代戏会演，获演出奖，省报连发三篇观后感，并在长沙红色剧院为越南访华团作专场演出。

1965年，津市荆河戏剧团受到造反派冲击，剧团撤销，大部分人员被下放农村。1970年，津市革委会成立"毛泽东思想文艺宣传队"，召回部分演员，主要排演八大样板戏。1974年更名为"津市镇文艺工作队"，创造"板车舞台"，下农村演出。1977年，古装戏解禁，观众如饥似渴争购戏票，仅《杨门女将》在津市就演出80余场，场场爆满。1978年，正式复名"津市荆河戏剧团"。其间的1970年和1974年，文艺宣传队和文艺工作队各举办了小演员培训班一次，即第4届和第5届"小训班"。

津市荆河戏剧团恢复后，迅即抓住改革开放的大好时机，组成两组演出团体，分赴湖北、重庆等邻边县乡巡回演出，收入颇丰，1979年，购买原九完小房屋一幢作为剧团用房。是年，现代戏《两份菜单》赴省城演出，电视台现场直播。1980在桃源演出《双驸马》，电视台专程录播。1982年，青年演员童小平赴省城献艺，在《百花亭》中饰演杨贵妃，被省文化厅授予"优秀青年演员"称号，吸收为中国戏剧家协会会员。同年冬，常德戏校荆河戏科毕业生24人全部分配来剧团。1988年，因发展前景黯淡，津市荆河戏剧团撤销，仅留10名人员组建文化服务公司。2012年，津市恢复津市荆河戏剧团，为公助民营性质，其演职人员实际为民间花鼓戏剧团成员。

▲津市荆河戏剧团《双驸马》演出剧照（许娟／供图）

第二节 民间曲艺

津市水运便利，为各地商民、船民、渔民、排工聚集之地，入境献艺谋生的民间艺人络绎不绝。渐次，异域音乐、舞蹈、曲艺等民间艺术流行境内，年积月累，品种益多，凡滨湖及九澧流域诸类艺术，皆遍布街市乡村。其间，民间音乐丰富多彩，各种劳动号子、山歌、小调、儿歌、民间器乐广为流行。1950 年代，苏联音乐工作者、湖南民间歌舞团相继到津市采风，搜集整理《澧水船夫号子》《踩棉号子》《搬运号子》。1978—1979 年，津市文化馆搜集各类民歌，编印成《津市民间歌曲集》，其中 42 首被选入《湖南省民间歌曲集》。境内民间曲艺品类繁多，津市丝弦、围鼓、渔鼓、说鼓、对鼓与罗汉戏妞、踩高跷、蚌壳舞等，都富有鲜明的地方特色。

1. 津市丝弦

是流行于澧水下游的一种民间曲艺，属于说唱艺术门类。它的传统形式是隔帘坐着演唱，因此重在唱词和道白，讲究吐字清音，韵腔优雅。丝弦演唱配乐不用大锣大鼓，以怀鼓指挥，扬琴主调，配器有琵琶、月琴、二胡、笛子等，其音调雅如丝竹，伴奏以弦乐为主，故称之为"丝弦"。丝弦音乐旋律流畅，节奏强弱匀称，配之以唱念道白，一咏三叹，娓娓动听。据传，津市丝弦源于北昆（昆曲之一种，流行于河北一带），明末清初由京城传来，与本地民间戏曲、音乐相结合而自成一格，至今其道白仍留有北方语言的尾子。津市丝弦过去没有专业班子，基本上流行于文人雅士之间，属于"票友"自赏性质，其演奏亦多为同好之间的雅聚。是时，演唱者会聚一堂，每人自操乐器，各人分担角色，既唱且奏，自娱自乐。因此其师传也基本上为私授。

津市丝弦属板腔体，分南曲、北曲二类。北曲粗犷豪放，节奏鲜明，行腔丰富多变，为津市丝弦主曲；南曲缠绵悱恻，娓娓含情，不轻易套用。此外，还引入一些专门曲牌和民间小调，使其丰富多彩。如"大开门""小开门""喜相逢""菩萨蛮""银柳丝""小桃红"等。其代表剧目有《醉打山门》《秋江》《拷红》《武家坡》《捉放曹》《陈琳捧盒》等。津市丝弦演出规定严格，除爱好者雅聚外，公开演出必须是重大喜庆节日，演出时必焚香祷祝，演员用簾子与观众隔开，所谓观剧，实为听戏。由于清规戒律过多，加之唱词深奥难懂，普及不易。民国末期，津市会丝弦演奏的仅有谢志学、黄学谦、封松林等6人。

北昆在河北等地广泛流行于民间，并不以高雅见称，南传至津市后却登堂入室，成为富家子弟和文人雅士的专技，是一个值得玩味的奇特现象。建国初期，人民政府十分重视这一独特地方曲艺的抢救工作，1955年，根据上级指示进行了普查，成立了由老艺人谢志学为组长的"津市丝弦清唱组"。省曲艺界领导和专家曾两次来津观赏津市丝弦，给予了极高的评价，并进行了拍照记谱。1961年，省民间歌舞团派员专门来津拜黄学谦为师，专门灌制录音磁带。之后，黄学谦演唱的《醉打山门》在中央人民广播电台播出，反响很大。

1962年，在省文化厅的支持下，津市文教科着手津市丝弦的挖掘和继承工作，邀请尚在世的5位老艺人集中在市文化馆，耗时5个月突击整理出传统剧目40余出，曲牌记谱近30首，省文化厅给予奖金3000元。1963年，招收培训年轻演员16人，组成"津市丝弦演出队"，并着手对传统津市丝弦的革新，把清唱丝弦搬上舞台，增强其表演力，拉近与观众距离，效果很好。当时，演出队到周边各县演出，很快把这一古老的曲艺形式推广到澧县、石门、常德、慈利、安乡等地。

1965年，"文化大革命"开始，津市丝弦演出队解散，原抢救的剧目、曲谱资料全部散失。至1979年再次进行抢救挖掘，由于老艺人离世，只整理出4个剧本和几个零星唱段。最近几年，津市本地文艺团体新编了一些丝弦节目，感觉与常德丝弦相似，无明显的地方特色。基于此，编者在网上搜看了北昆发源地石家庄丝弦《打金枝》，其唱腔、伴奏古韵依然，庶几可见几分津市丝弦的影子。

2. 围鼓

围鼓是九澧地区历史悠久的说唱艺术，因演唱时演员围坐一堂，以鼓师鼓点为导，自演自奏，故称之为围鼓。围鼓与舞台荆河戏的行当、声腔、剧目、曲牌、文武场面一脉相承，但为清唱形式。演员不化妆不着戏服，不需场地要求，灵活方便，互动性强，因此广受群众欢迎。围鼓进入津市大约在清末，当时龙法寺主持心缘和尚几次招收俗家弟子学艺习乐，请名师传授围鼓剧目与曲牌，从此津市围鼓广泛流传。抗战时期，津市人口骤增，围鼓演唱进入鼎盛时期，各大茶馆都

▲津市刘公桥围鼓团（徐立斌／摄）

有围鼓团进驻，市民婚庆丧祭，多请围鼓闹场。围鼓的主要节目有《炮打两狼关》《穆柯寨》《天水关》《捉放曹》《李陵碑》等100多个。围鼓与其他传统曲艺剧种一样，经历了"文革"浩劫、开放复兴、发展萎缩等阶段。津市目前尚存民间围鼓团数个，保留节目近30台。其成员大多年高老迈，队伍青黄不接。其中最活跃者为刘公桥围鼓团，演出活动尚未中止，每年农历七月二十三，围鼓团还组织聚会，设酒摆筵，演唱通宵，庆贺老郎菩萨诞辰。

3. 说鼓

民间又称"说鼓子"，相传由元、明词话及清代打鼓说书演变而来，形成于清同治年间（1862—1874），其演唱形式为两人组成，一人击鼓说唱，一人在说唱的句尾伴奏唢呐。说鼓以说为主，说唱结合。句式一般为五、七、十字格式，四句为一段。内容大都是带有喜剧色彩的故事、传奇等。音乐由唱腔曲牌与唢呐曲牌两部分组成，唢呐曲牌有《闹台曲》《大开门》等，唱腔由《浪子》《湘莲》《告禀》三种曲牌组成。《闹台曲》一般在说唱之前吹奏，以渲染气氛，之后说唱者开腔，一般前三句半为说，末半句为唱，说时以鼓点烘托节奏，唱时则伴以唢呐《大开门》

曲调，随即告一段落，循环往复。说鼓在旧时多为谋生手段，艺人傍门唱贺，形同乞讨，难登大雅之堂。新中国成立后，津市说鼓从形式到内容都有较大的改进和发展，唱腔更加自由活泼，但仍保留"三句半韵白，半句放腔"的基本演唱格式，津市文化馆创作的《张大妈喜夸曹玉华》，参加常德地区厂矿职工文艺调演，获得奖励。近些年，澧州大鼓演唱中也掺入说鼓形式，在大段大鼓演唱之后伴以唢呐、二胡，令人耳目一新。

4. 渔鼓

又称道情，起源于道士宣示教义的法器，其道具为竹质鼓筒、云板、铜钹。相传汉钟离出家学道，师父交给他一副道情，他便四方云游，唱道化缘。后来民间艺人依此演化，遂成为江南地区常见的曲艺形式。道情演唱为一人形式，艺人一般左臂抱筒，手持铜钹云板，右手挟筷子一支。演唱时，口中唱念，四句为一段，唱完一段，则右手拍打鼓筒，嘭嘭作声，左手和以云板铜钹，节奏分明，悦耳动听。

道情在津澧一带称为渔鼓，大约与滨湖相关，有学者称渔鼓于宋代从衡州一带传来，此地渔民即化道情为渔鼓，随即有了洞庭水色。渔鼓在澧水流域传播过程中，揉入了地方小调、"地花鼓""花灯戏"曲调，形成了"柔腔""一字板"等多种唱腔，变得丰富多彩，深得群众喜爱。民国时期，津市茶馆遍市，大多有渔鼓表演。佳节喜庆，则往往名师会集，炫艺斗技，好戏连台。"文革"时期，渔鼓因其演唱形式灵活，也禁而不绝，受到冲击较小。当时逢年过节，乡下仍有渔鼓响起，乡民们尽管家境穷蹙，也仍三分、五分的打赏，默默表达着对这门民间艺术的支持。津市传统的渔鼓唱本有《三国》《水浒》《说唐》《说岳》，渔鼓著名艺人有郭祖登、李先锋、胡定浩等。

5. 对鼓

对鼓是一种二人对唱的鼓曲艺术，湘西北对鼓大约诞生于明代中期，由花灯戏演变而来。嘉靖（1522—1566）年间，靖州人许潮在杂剧《武陵春》中对此有详尽的描述。清末文人杨恩寿的《续词余丛话》载："湘中岁首有所谓'灯戏'者，初出两伶，各执骨牌灯二面，对立面舞，各尽其态。"花灯戏一般是一男一女，一旦一丑，互谑对唱，颇似东北"二人转"，当时叫"对子花鼓"。澧水流域的鼓曲艺人受"对子花鼓"启发，将一人演唱的大鼓变为两人说唱的对鼓，是鼓曲艺术的一种创新。

津市对鼓从清末至今已有百余年历史。起初，仅变一人主唱为二人对鼓清唱，无女性艺人加入，也无音乐伴奏，其唱词内容只不过是将鼓书由一人叙述变为问答形式，掺入一些趣味调侃，有如相声中的捧眼逗眼，观众觉得新颖有趣；民国初期，对鼓艺人受丝弦影响，将器乐伴奏引入对鼓中，增加唢呐两把，或自吹自唱，或另请吹奏手伴奏，其表演形式与"说鼓"相似。此时的对鼓演唱小组已增加至四人，有说有唱，有逗有捧，加以嘹亮的唢呐伴奏，其表演性更加突出；1949年后，社会思想大为解放，不少对鼓演唱团体已吸收女性艺人加入，由于表演者性别转换，鼓书唱本也推陈出新，在传统的《水浒》《杨家将》等唱本中大量增加女性主角内容，同时将社会生活中的新闻、趣闻编成小本，即时演唱，更加喜闻乐见。当然，为迎合观众，一些荤、俗段子也难免掺入其中。改革开放后，对鼓艺术得到继承发扬，表演固定为男女对唱，伴奏除唢呐外还引入电声乐，表演氛围更加欢快热烈。一些自创的新节目也受到推价和表彰。津市自创对鼓《大学毕业回乡来》曾参加湖南省曲艺会演，《考女婿》参加常德地区曲艺会演并获奖。津市近、当代著名对鼓艺人有任绪余、李传发、任丕千等。

6. 三棒鼓

三棒鼓历史悠久，起源于唐代，是一种以锣鼓伴奏、唱词为主的小型演唱形式，多表现欢快场面。三棒鼓在湖南很流行，岳阳、常德、益阳、湘西、张家界等地都有三棒鼓。

津市的三棒鼓较有艺术特色，一般由两人表演，甲持鼓击唱，乙敲锣以和，边打边唱。乙敲锣主要附和甲演唱的末尾反复句，以渲染演唱气氛。津市三棒鼓的唱词格式很有特色，四句为一段，前一二句都是五个字，第三句为七个字，第四句为五个字，反复第四句后三个字，作为第四句终止句的结尾。

流传在津市的三棒鼓在表演形式上与其他地区相比有一些创新。三棒鼓的鼓架由六根装饰精美的竹棍连接而成。鼓槌的尾端系上红绸子，鼓槌中间有铜钱眼，装有铜钱。演唱时，艺人们唱道："鼓槌两头圆，中间安铜钱，三九二十七个钱，共有九个眼。"有的艺人还加进了杂技中的杂耍。鼓槌的尾部是锋利的尖刀，一共有三把，两手抛起三只刀，在空中穿花，边接边打边唱，令人眼花缭乱，叹为观止。

津市三棒鼓的曲目有《双拜年》《赵五娘进京》等。但一般的内容是即兴之作，见什么说什么。过大年时，三棒鼓艺人串家走户，唱福禄寿喜的赞美贺词，以讨几个赏钱为乐趣。

7. 罗汉戏妞

或名罗汉戏柳，是流行于湘鄂边区的一种民间舞蹈，其表演形式为一人着僧衣戴大罗汉头，一人扮彩旦（名柳翠），罗汉持破蒲扇颠脚舞手作调戏追赶状，彩旦手舞花帕作躲避乱窜状，罗汉也得不了手，柳翠也躲不开身，二人随打击乐的节拍夸张地扭动身躯，做出许多亦庄亦谐、逗趣调情的舞蹈动作，令人捧腹大笑。

关于"罗汉戏妞"的发源有两种说法。一者认为此舞系北方民间哑剧式舞蹈，于清末时期南传至澧水流域；一者认为此舞始于萧梁时期（502—557）。梁人宗懔在《荆楚岁时记》中记载："十二月八日为腊日，谚语'腊鼓鸣，春草生'，村人并击细腰鼓，戴胡头及作金刚力逐疫。"明人张岱在《陶庵梦忆》中载绍兴灯景："大街小巷，有空地则跳大头和尚，锣鼓声错，处处有人围簇观之。"可见江南自古即有舞大头和尚的传统，与巫傩习俗和佛教推广有关，并不一定源自于北方。

罗汉戏妞有明显的民间谐趣味道，其伴奏乐器有鼓、锣、钹、大筒等，配合舞蹈情景可长可短，时急时缓，拟音逼真，曲牌名为《鸡儿秧》。该舞目前已不多见，但其舞蹈动作，多被现代舞蹈剧目引用。津市的罗汉戏妞著名艺人有胡之清，俞金城等。

8. 说书

说书艺术起源于宋元时期的讲史、平话，有非常悠久的发展历史。津市的说书来源于湖北评书，与北方评书、苏州评话不同的是，津市说书由一人表演，只说不唱，道具不设丝弦，只有一块醒木（惊堂木）。说书人一般长衫布履，案前置清茶一杯，折扇一把，说书时用方言，抑扬顿挫，声情并茂，引人入胜，每说到关键情节，猛击醒木，令观众为之一振。说书人需要好记性、好口才，还得善于表演，是一门非常需要才华的艺术。民国时期，津市说书艺人严福生，艺场上人称严驼子，以其高超的演技名闻湘鄂。钟月先生曾撰《严驼子说书》一文，特节录如下，以飨读者：

现在的年轻一代，或许不知道昔日津市茶馆业的繁盛景象。据资料记载，津市的茶馆，1937 年统计有 260 多家，抗战期间发展到 300 多家，1950 年统计是 280 家，从 1956 年的"公私合营"到 1960 年代中期仍有 206 家。通过这组数字，就可以看出津市茶馆业之兴盛。在文化娱乐极度贫乏的年代，茶馆便是人们休憩消遣的所在，而茶馆内设置的书场，更是大家流连忘返的好去处。在津市如此多的茶馆书场中，唯有当年中华街"德和大"旁的一家茶馆的书场一枝独秀。何以出现这种情况呢？那是因为，有一位名扬九澧的说书人"严驼子"坐镇书场。

这个叫法有些不恭的"严驼子"俗称，在津市的老辈人那里已成习惯，人们好像早已忘记了他的真实姓名，似乎这无排行无辈分的三个字，就是他的人生符号了。严老先生祖籍湖北，姓严名福生，全家早年迁居津市。严自幼瘦弱，驼背，身型矮小，平日不敢独自出门，生恐被邻居顽童作践欺负，终日待在家中与父母相伴。严虽是市井出生，但其父早年读私塾，通文墨。于是，没有上学的严就在父亲的把教下开始认字，描红，写画，看书。严虽有残疾，但人很是聪颖，一听就懂，一看就会。凭着他的刻苦学习，渐渐地，父亲肚子里那点儿墨水差不多被他吸光了。他已不满足于现有的状况，便催着父亲到处为他借书或凑钱买书。父亲当然乐意这样做，很快满口答应下来，尔后便陆陆续续给他借书买书。到他十几岁时，就已经读过不少的书了，这当然离不开《三国》《水浒》《西游记》，另外就是《封神榜》《说唐》《说岳》《三侠武义》《七剑十三侠》，以及《龙虎英雄传》和《姻缘恨》之类的剑侠公案戏本。

有一次，在"德和大"上首的一家茶馆，老板特别请了一位湖北荆州的师傅坐堂挂牌开讲《三侠武义》。头天晚上，严闻说这位湖北师傅开讲的头炮话本，就是他早已烂熟于心的《三侠武义》，便极有兴味地来到了茶馆。只有一只带罩的电灯泡子吊在屋中央的茶馆，满满当当地挤坐着各色茶客，连大门口都站满了人。开讲散场之后，人们三三两两热闹笑说着纷纷离开。这时，坐在屋角处的严却没有起身，他一是怕挤不过那些身强力壮的茶客，二呢，好像是想跟说书的师傅说点什么。果然，他慢慢起身向师傅的书台走了过去。正在收拾行头的师傅，有些奇怪地打量这眼前这位驼背的年轻人。严走到师傅跟前，礼貌地叫着师傅。师傅也停下手里的活，轻声地问："有什么事吗？"严笑着回答："我听了师傅的书，真的觉得很过瘾，我很想和师傅说几句话，只是……"师傅连忙打断说："只是什么？你只管说，不要紧的。我们吃江湖饭的人么得话都要听，你说吧。"严听师傅这么一说，他的顾虑便打消了，便说："您的书说得还是蛮好，只是觉得有好几处地方说得不太对，好像应该改过来才好。"师傅一听，顿时瞪大了眼睛，良久语塞。对呀，他实在没想到，自己走南闯北，哪里的场合没见过，这《三侠武义》讲了好多年，一直是满堂彩，怎么居然跑来津市挂牌开讲，就遇上了这种从来没有过的事，这就怪了。可转念一想，人不可貌相，海水不可斗量，还是听听吧，看他会讲出些什么来，于是说："好，你说来我听听，看哪些地方说得不对，你说吧。"严不好意思地笑了笑说："您如果要听的话，师傅，我很想请您明日白天到我家里去，还不只是《三侠武义》，还有别的，多着呢。"这位师傅也算得上个通达之人，严说完，他爽快地答应下来。也是啊，江湖说书人，一般都是口授心传，互为传讲，有些说书人甚至是半文盲或文盲，完全靠心里硬记，难免以讹传讹，这是常事，不足为怪的。

第二天，严将师傅引到自己家里。父母当然是倾其所有，热情有加。当严把师傅带到堆放书的地方时，师傅顿时惊讶得一时无语，哇，这么多书！这时，严便拿起一本《三侠武义》来，一一指出其错讹之处。师傅听着连连点头，且坦率说出，自己文化不高，是自小跟人习学的，只学了《三侠武义》，讲了好多年，跑了好多地方，茶客也买账，名声也有一些，只是别的学得少，因每晚都得进书场，没时间学新的。再者，就是想学新的，也没本头（即话本），若早有这些本头，还不是可以在《三侠武义》之外，再讲点别的什么，譬如说《封神榜》啊《说唐》啊……听着师傅的表白，严还真的有些感动，他觉得眼前的这个长者好真诚好谦和，于是说："师傅，您尽管讲，书都在这儿，您用得着就选吧。"师傅听到严这一说，也同样有些感动，一时说不出话来。稍停，他不知怎么忽然冒出一个意想不到的话说："我心里有一个盘算，你想不想学我的这一行？你想学，我可以和袋袋儿空（土话，即全部交给你）。"真没想到，这突如其来的一着，竟把严氏一家给怔住了。不多会儿，严父开口说："师傅，要是您不嫌弃，瞧得来，儿子就交给您了。"严父的决定是对的，儿子一个残疾，日后难得找到饭碗，加上他特喜欢看书记性又好，学这一行是他的出路。"你看要不要得？"严父转过身来问儿子："要得的话，你现在就在师父面前行个大礼。"父亲的决定正中下怀，之前还琢磨着如何向父母请允呢，眼下父亲先说了，正好比水到渠成，于是，他立马躬身下跪，说时迟，那时快，这眼疾手快的师傅，竟一个跨步很快抱住了即将跪地的严……

看似偶然的会面实为必然的结果，这师徒相拥的一抱，注定是一种缘分。至此，严便正式入行，走进了说书人的行列。只是天有不测风云，人有旦夕祸福，谁也不曾想到，还不到两年的时间，这师傅突患一场大病，少时便溘然长逝。无奈，20多岁的严便接承衣钵，开始只身闯荡、四海为家了。秋去春来，霜晨月夕，他走遍湘北鄂南诸地，倾倒无数茶客。几年下来，严便声名鹊起，传为名师了。随着年龄的增长，思乡之情与日俱增，于是，严便应茶馆老板和茶客的诚邀，定居故里，坐镇津市中华街书场，开始了他日后十数年的定点说书生涯。

　　我还记得大约十一二岁的时候，晚上做完作业，就喜欢到东河街住屋附近的茶馆听书。后来，听大人们说，东河街的茶馆书匠算什么，要听，就到中华街茶馆去，去那里听严驼子说书，那才叫一个过瘾，那才叫顶呱呱的老师傅呢。听到这些，出于儿时的好奇，我还真的从东河街沿河九码头的家，走到中华街茶馆去听严老先生说书。我看到，茶馆外的门楣上，高挂着一块大粉牌，上面写着一长串开讲书目，有《孟姜女哭长城》《孟丽君脱靴》《陈世美不认前妻》《岳家军大破拐子马》《金陵镖客》《马前覆水》《吕布戏貂蝉》《西门庆与潘金莲》等，而且每个书目都标有不同的开讲时间。茶馆大堂的茶桌上坐满了人，杯盘磕碰声、细嗑瓜子声，嘤嘤嗡嗡，响成一片。忽然，"叭"的一声惊堂木（说书人常用的道具），声震屋宇，刚才还热热闹闹的茶客顿时肃然无声，一下全安静了。这时，只见身着长衫，背插纸扇的严，端坐在书场八仙桌的高凳之上，目光四扫，炯炯有神。颔首致意之后，遂将背上的纸扇抽出，合手向听众行了一个双拳抱恭之礼，尔后便用浓重的湖北口音念起"定场诗"来，"日出东方一点红，飘飘荡荡影无踪，三岁孩童千金足，保主跨海去征东！"接着，"叭"！一声惊堂木，随即进入正本，本头开讲了，"……看官，这厢军阵狼烟，兵刃撞击，叮叮当当，噼噼啪啪，那厢营垒鼓号，喊杀连天，旌旗猎猎，马嘶啸啸！落日之夕，两军鸣金收兵。入夜，酣战之余，只觉半空中，陡见几道寒光，嗖嗖嗖，如利剑一般，忽啦啦从天而降，看官，你道是问，此乃何方神圣，敢在军阵之前星夜降物？且慢，先请各位稍息片刻，喝口茶，抽根烟，且听我下节让给大家慢慢道来！"说完，"叭"的一声惊堂木，这一个回目到此告罄。他口齿清晰、神形兼备、抑扬顿挫、张弛有度，无论是逗哏，还是卖关、抖包，都样样精当。"好！""好！""过瘾！""过瘾！"……每当讲完一章回目，茶客们会报以阵阵喝彩声和掌声。

　　20世纪60年代早期，严就开始琢磨着如何争取中青年听众的问题。用现在的话说，叫与时俱进吧。他心里十分清楚，传统的老话本，不可能有中青年听众群，只有新鲜的现代题材才有可能吸引中青年。想来想去，他于是选定了那个年代十分流行极受欢迎的《敌后武工队》和《苦菜花》两部作品作为蓝本，精心改编成说书话本，在后来的无数场开讲中，这样的新题材很受中青年听众的欢迎。随着时间的推移，听惯了传统话本的老茶客，也渐渐接受了这些新玩意儿。严用他新老兼顾的精湛技艺征服了三代听众，受到了老百姓的尊重和喜爱，这是他始料未及的。

　　但好景不长，几年后，"文革"来了。于是，全市的茶馆一扫而光，所有的说书艺人瞬间消失。作为宣传"封资修"糟粕的旧艺人代表，严被没收书场器物，接受群众批判教育。待到城市居民大搞下放运动的时候，因其严重残疾的原因得以幸免，才如惊弓之鸟般蜗居小城数年。他后来的人生旅途听说定格在黎明之前——当"文革"结束，人们载歌载舞，举国欢腾庆祝胜利的时刻，他却悄悄地驾鹤西去……

▲曲艺茶社（徐立斌/摄）

第三节　艺苑故事

1. 彭化万

彭化万（1899—1955），津市人，是已故荆河戏名艺人。早年家贫，住市区会仙桥（今仙桥路），以经营香、烛、鞭炮、纸钱等为生，勉强糊口。他自幼聪慧，小时就酷爱戏曲，每逢龙法寺（今一完小）堂会演出，便去学戏拉琴，常流连忘返。十四岁时，入澧县新洲文化科班学戏，从师当时名须生田育远，习生角。彭粗识文字，刻苦习艺，三年学徒期满，深得师传，因而功底较厚。出师后，曾转拜徐保楚门下，再求深造。艺成之后在津市松秀班献艺，唱做均佳，引人注目。甫登舞台即崭露头角，成为新秀；后各班争聘，声誉鹊起。

彭富创新精神，戏路较宽，文武不挡；嗓音圆润，尤擅唱功。唱腔博采众长，融会贯通，破陈规，创新意，行腔流畅潇洒，婉转多变，独具风格，形成彭派唱腔，深受群众赞赏，后辈竞相学习，为荆河戏生角唱腔的发展作出了有益贡献。

彭化万演唱认真，善于刻画人物内心世界及其精神状态，他工"孔明戏"，扮演孔明惟妙惟肖，梨园内外誉为"活孔明"。《天水关》彭扮孔明，在最后近百句唱词中，声调由慢转快，从弱渐强，层层递进，如大江出峡，气势磅礴，淋漓酣畅，抒发尽致。在《空城计》中，他运用似断实续、平缓顿挫的唱腔，细致表达了武乡侯的临危不乱、沉稳机智；尤以《孔明拜斗》名噪荆沙，独步九澧。他演孔明弥留时，运用丹田之气振动小舌发出痰响，并凝眸直视苍穹，头部摆动，其挣扎求生之状，深刻再现了一代贤相面对大业未就，不忍卒去的终天遗恨，催人泪下。1950 年，汉剧著名演员吴天保在沙市观《孔明拜斗》后，对其演技叹服不已，从此互相切磋技艺，结为知交。除"孔明戏"外，其他剧目如《法场换子》《荥阳城》《斩李广》《李陵碑》《广华山》《扫松、描容》等，均为其拿手好戏，脍炙人口。

彭化万成名后，对提掖后进，培养新人不遗余力，曾先后在同胜、双胜、保和等戏班授徒传艺，并亲为司鼓操琴，悉心教诲、孜孜不倦，尽心竭力，培养接班人，使荆河戏后继有人，后起之秀王天柱、刘运志、王振文等均受其教益。

1928 年农历七月二十六上午，二圣庙街发生火灾，彭化万的妻自正怀孕，与三岁小孩逃避不及，惨被焚毙。彭正在刘公庙唱酬神戏，闻讯几至晕厥。面临惨变，彭仍强忍悲痛，继续演出。演毕踉跄归家，目睹一片瓦砾，痛不欲生，急奔河边欲投水自尽，经人力劝乃止。其守职尽责，公不顾私精神，尝为人所称道。

1949 年后，彭化万被选为津市荆河剧团工会主席，致力戏改，上演《血债血还》，开戏曲团体上演现代戏之先河，赢得各方一致好评。彭为剧团的发展终日操劳，后以体弱多病不治，于 1955 年逝世，终年 56 岁。

2. 翦同荣

翦同荣是津市荆河戏剧团的老生演员，维吾尔族人，善于戏剧创作，是集编、排、演多种才艺为一身的地方戏剧家，虽名不见经传，但为同行所共钦。王继杰先生少年时曾与之交往，誉其为"津市的莎士比亚"。曾纪述其事迹如下：

> 1950 年代初，我师父南屏先生在津市荆河剧院售票厅二楼的办公室，是两人共用的，另一个人名叫翦同荣，师父叫我称他为"翦爷（读dia）"。根据翦爷的姓氏和相貌，我断定他是桃源翦伯赞那支维吾尔族人。那时他大约六十岁左右，是津市荆河剧团的一名老生演员。
>
> 当时，津市荆河剧团准备演《封神榜》的连台戏，师父便教我在对开的纸上画了一系列《封神榜》中的人物，如商纣王、苏妲己、姜子牙、黄飞虎、哪吒、雷震子等，贴满了售票厅，作为广告宣传。师父还在那些画上写了九岁孩子王继杰的画，以致引起了轰动。
>
> 当我画了几十张后，有一天晚上，我还没画完，翦爷带着一位名叫徐德孝的文书进办公室来了。翦爷泡了一缸子茶，把一本《封神演义》的书放在桌上看了一会，又闭着眼睛想了一会，便开始口授他构思的剧本内容，如什么布景、谁上场、什么念白、什么唱词等。徐德孝就用十行纸夹着复印纸记录下来，每次大约可复写五六份。这就是第二天发给演员们排演的剧本。从此以后，翦爷天天都和徐德孝这样写剧本。这是我亲眼所见的。那一段时间，津市荆河剧团接连演出大型连台戏《封神榜》《文武天官图》（关于包公与狄青的历史故事），和另一部我已经记不

清名字的武侠戏，其中每部都要连演几个月。仅这三部连续剧，少说也有三百出左右，每一出的剧本都是翦爷这样一夜一本编出来的。

而且，翦爷还不只编剧本，他还得当演员，经常是他先演一会儿姜子牙，就来办公室编剧本，有时还是带着戏装来的。不然，则先编一会剧本，后来又去化妆，演姜子牙收场。也许有人会问，他为什么不白天编剧本呢？原因，他白天根本就没有时间作剧本，因为他白天要给演员们排戏，即当导演。那时很多演员都是没有文化的，唱词念白还得翦爷一字一句地教。

另外，为了把戏演得精彩以招揽观众，海报上还大书特书"电光布景""机关布景"。而这些电光布景和机关布景也得花时间设计、安装。那时具体搞这些设计、安装的人名叫易国栋，翦爷也得到场过问。在20世纪50年代，津市荆河戏舞台上，就已有非常现代化的电光布景和机关布景，演员们可以飞来飞去，甚至在舞台中央一眨眼就消失了。

可见，翦爷不仅是演员，还是编剧、导演。最重要的是，既是连续剧，就得每天不间断地接着演。所以，翦爷每天都得趁演出的空档编出第二天的剧本来。以前他编过哪些暂且不说，仅我知道的这三百来出剧本，堆起来该有多大一摞？这数量就远远超过关汉卿和莎士比亚！那时我八九岁，不懂事。当我在这些戏剧、美术等艺术熏陶下逐渐成长起来，后来酷爱起包括戏剧在内的文学之后，尤其是听到"十年磨一戏"的说法后，我不禁对这位翦爷肃然起敬了。

当然，翦爷创作、导演，并自己参加演出的这些剧目，绝不可能是"十年磨一戏"的精品剧目。但当时的观众们却看得如醉如痴，剧团的生意因此十分火爆，造成了津市荆河剧团空前的发展，为后来达到鼎盛奠定了稳固的基础，翦爷是作出了重大贡献的。翦爷既没有当领导，也没有什么编剧、导演的头衔，中国戏剧史上也不会有他的名字，他把自己的才智默默地献给了荆河剧这门艺术，竟连荆河剧团后来的一些领导、演员们都不清楚他的事迹，只知道前一辈演员中有一位演老生的名叫翦同荣。现在，恐怕只有我是唯一的历史知情人了。所以，我必须写出来，让津市人都知道，翦同荣是一位戏剧奇才，是津市的关汉卿、莎士比亚。如有人说我把他比得太高，我只反问一句：关汉卿与莎士比亚可曾每天晚上只用两个多小时写一个剧本，并且一口气接连写出了三百个剧本吗？

▲张淑容在《谢瑶环》中的扮相

3. 张淑容

1942 年夏天，津市祥丰百货店的店员老张得添丁之喜，当"喜娘妈"（接生婆）把婴儿递到老张手中时，顺口说道："恭喜您喜得千金！"老张的眉头略略地蹙了一下，应道："也好，也好。"此刻婴儿似乎明白了大人的心思，睁开了乌黑明亮的大眼睛，突然哇地一声大哭起来，那声音清脆嘹亮，穿透了统子楼的瓦楞，惊起屋檐上的一群鸽子，扑啦啦飞向天空。

老张夫妻都通文墨，常有积粟盈钟、诗礼传家的梦想，孩子刚满月，便礼请长郡会馆学校的先生给取了学名。女孩子，德行贤淑、容止端庄为本，那就叫"淑容"为好。幼年的淑容与街坊邻里的孩子玩在一起，像津市大多数人的童年一样，在河街上数船桅，在巷子里跳房子，在绿荷池蹭戏看，无忧无虑，快乐天真。略有不同的是，小淑容打小就对看戏着迷，常常是小伙伴们已跑散了，她却还在戏台下偷偷抹眼泪。

1949 年春天，小淑容六岁半，父亲便把她送到长郡小学发蒙读书。此时，老张也薄有积蓄，趁店东在生意日见萧条、招股纳伙的时机，出资成为祥丰百货店的股东，当起了半边资本家；1951 年，祥丰百货店因经营不善解散，老张又与人合股组建祥丰米厂，直至 1956 年公私合营。与余华的小说《活着》的主人公命运相似，一生勤劳的老张，津市解放初被划定为"小资本家"，1965 年被定为"漏划资本家"。这也影响了淑容的人生。

1955 年，张淑容从津市二完小毕业，因家庭成分不好，加之家庭迭遭变故，辍学在家。1957 年，她随街道杂工队到处做临时工，以稚嫩的肩膀为家庭分担生存的重负。她挑过土方，凿过石头，艰苦的劳累之余，只能一边抚摩着手上渐生的茧花，一边在心里默默地哼唱当年学得的戏文："寒窑里哪有菱花镜，水盆里面照容颜……"

　　1957 年的春天，有同学告诉张淑容，说常德荆河戏演训班到津市来招生，邀她一起去报名。这像一颗石子扔进了平静的湖面，在张淑容的内心搅起了阵阵波澜，她仿佛于至暗的深井中看到明亮的曙光，她想爬出去，可这深深的井壁，她爬得上去吗。第一个难关肯定是父亲，他是从旧社会过来的人，对女儿去"做戏子"，肯定是不会答应的；第二个难关是母亲，当时父亲又已下放到澧县乡镇工作，身边的子女只她为大，陡然离开，于情何忍？但禁不住内心的向往和同学的邀请，张淑容还是去偷偷报名参加了考试。在等待通知的日子里，她内心是忐忑的，既想被录取，又怕被录取，她甚至想，最好是不要被录取，这样，也算对得住心中的梦想，也对得起这个千疮百孔的家。

　　但不出所料，张淑容的戏剧天赋得到了考官的肯定，录取通知书送到了她的手中，当她支支吾吾地把它放在父母面前时，没想到父亲沉默了一会儿，深沉地对她说："丫头，这是你的命，我们不阻拦你，日后你只要争气！"听到父亲的话，张淑容强咽着感激的泪水，只是回答了："嗯、嗯！"

　　1957 年 3 月，张淑容进入常德荆河戏演训班学习，边学习戏曲表演，边学习初中文化知识，她把对父母的承诺、对戏剧的热爱都化作学习的动力，夜以继日，反复琢磨，仅仅八个月时间，便能登台表演。记得第一次登台演出是在家乡津市，当家乡父老看到台上那位扮相秀美、举止娴熟、唱腔明亮的青衣时，喝彩声此起彼伏，谁也无法把她和那个挑土锤石的黄毛丫头联系起来。

　　之后，张淑容随学校剧团赴湖北荆沙、宜昌一带巡回演出，不仅在演出中得到学习和锻炼，而且感受到了荆河戏在它的原生地所受到的追捧和热爱，这也更加坚定了她献身荆河戏这一传统艺术的决心和信心。1958 年 1 月，张淑容在参加完湖南省戏剧演员汇报演出后，被分配回津市荆河剧团工作，正式成为津市荆河剧团的一员。

　　进入津市荆河剧团之后，张淑容以一位学生身份跟随各位老艺人学艺，她谦虚谨慎，不耻多问，对每位老师的唱腔特点、独创技艺反复琢磨，融会于心；她积极与编创人员进行交流，对每一个角色、每一段唱腔做到把握准确、声情并茂，并根据剧情需要，对传统剧目中的一些固定程式进行了改善和发挥。1959 年，常德地区组织青年演员汇报演出，张淑容主演的《杨排风》获得优秀青年演员奖，她在剧中表演的棍术、戏耍、趣打、跑堂，成为了全区青年演员交流的亮点和热点。之后，她又参加传统剧目《穆桂英大破天门阵》的排演，在剧团领导和老师们的鼓励下，她由 B 角转换为 A 角，一下子惊艳观众，在多地演出大获成功，不久便成为湘鄂地区荆河戏中的名角。

为不断提高演技，张淑容 1960 年参加常德地区重点青年演员集训班学习；1961 年至 1963 年先后两次到省湘剧院随团学习，拜著名表演艺术家彭俐侬为师，得名师耳提面命，受益匪浅；1963 年还被交流到湖北省汉剧团，跟随著名汉剧表演艺术家万仙侠（霞）学习两个月；1965 年又被派送至北京京剧院学习现代京剧表演，1981 年，又参师汉剧表演艺术家陈伯华和黄振源。多年的浸淫揣摩和名师指导，张淑容的表演能力不断提高，渐至炉火纯青。1965 年，津市荆河剧团编排的大型历史剧《谢瑶环》参加全省汇演，轰动长沙城，《长沙晚报》以"刚刚学了5 年戏的张淑容……"为开篇予以专版报道，省委书记张平化亲自接见并推荐为八大军区司令员作专场演出，受到首长们的热情鼓励。在传统剧目的发掘方面，张淑容担纲主演的《祭江》《断桥》《杨排凤》《谢瑶环》《百花亭》《宇宙锋》《双驸马》《铡美案》《寒江关》等数十多个剧目都阐发出新的艺术魅力，成为津市荆河剧团的保留节目。1964 年，随着时代发展和适应政治需要，张淑容开始涉足现代戏表演，在短短几年的时间，先后主演了《太平村》《杜鹃山》《红哨兵》《碧水长流》《沙家浜》等剧目。她先后获得国家二级演员称号，成为湖南省戏剧家协会会员。被誉为"常德四小名旦"之一。

张淑容擅长揣摩所饰演角色的人物心理，戏路宽，可塑性极强，她所扮演的角色跨越古今、串饰男女，一腔一字、一颦一蹙无不纤毫毕肖。角色中既有千娇百媚的杨贵妃，亦有急风火燎的杨排凤、还有山村姑娘韩小菊（《太平村》）、巧于应酬的阿庆嫂、意志坚定的革命者江姐等，还反串过大唐天子李世民、宋朝八贤王赵德芳等角色，其性格差别、年龄跨度非常之大，但观众都夸她演谁像谁。面对成功，她自己谦逊地归荣于名师的指点，但观众明白，那更多的是来自于她聪慧的头脑和不懈的努力，行话说"台上一分钟，台下十年功"，没有艰苦磨砺，哪来的随随便便成功？

张淑容在长期的戏剧艺术氛围的熏陶之中，其个人的艺术修养得到了很大的提高，加之她十分热爱学习，对戏文古籍，多有钻研，其文化功底逐日积厚。1965 年，她被借调到常德戏剧学校任教，担任语文和旦行科老师，仅半年时间，"文化大革命"开始，戏校解散，她仍回津市荆河剧团。此时的荆河剧团，已成为"封资修"的大本营被"革命"，哪能有她安身的舞台。张淑容随即被造反派树为"文艺战线修正主义的黑苗子"被管制、批斗。我们无法还原一个二十来岁的姑娘，又是红极一时的"台柱子",如何能忍受与"牛鬼蛇神"同处一台,在曾经轻歌曼舞的地方,面临着同样的观众而遭斥责、挨批斗的复杂内心,这大概只能从陈凯歌导演的《霸王别姬》中程蝶衣身上看得到一些影子。在这一段疯狂的时期,张淑容是坚强的。她在回忆录中说,最感谢的是父母,在最艰难的时候他们没有摒弃她,让她每时每刻都感觉到家的温暖支撑;还感谢那些热爱她的观众,在几次险遭殴打时都保护了她。

1968 年,津市荆河剧团解散,张淑容与同事刘运志、满文武、杨善智等人被下放到澧县洞市公社参加农业劳动。1969 年,被抽回津市,安排到津市化肥厂当工人。此时,津市成立镇文工队,组织上把张淑容的人事关系转至文工队,想让她继续登台演出。此时张已心若死灰,不想加入。但毕竟胳膊拧不过大腿,在父母的劝说下,勉强登台。1975 年,张淑容的爱人通过关系将她调入石油部物探局子弟学校,她遂以解决两地分居为理由离开津市,告别了令她爱恨交加的舞台。

"四人帮"被打倒之后,拨乱反正,文艺的春天到来,同时,张淑容的舞台之梦也开始复苏。1979 年,经地方文艺界的领导和老同事盛邀,在取得家人的支持后,张从北京调回常德,担任常德戏剧学校教导主任、副校长、校长,在培养造就文艺新苗上竭心尽力,为常德地区戏剧发展和改革作出了很大贡献。

4. 童小平

多少个清晨,天还未亮,这位身穿练功服、体态玲珑的姑娘就在练功。她时而是《百花亭》中倚栏观鱼、独饮衔杯的杨玉环,时而是《丛台别》中勒马回头、游车还顾的陈杏元,颗颗汗珠从她湿漉漉的头发中滴落下来,浸湿了练功房的地板,朝霞透过窗棂,映照在她绯红的面颊上,显得格外的秀美、端庄。她,就是津市荆河剧团的优秀青年演员童小平。

童小平出生于 1962 年,十岁时即进入津市荆河剧团学戏。那时,她还只是一个小学三年级的黄毛丫头。她个子矮、身体瘦,第一次上舞台,竟然连几句简单的台词都念错了,有人说她缺少艺术细胞,曾一度担心她不能在艺术道路上坚持走下去;有的干脆劝她早点改行。听到这些议论,这个爱笑的小姑娘哭了,她走到授艺的老师面前,眼泪汪汪地说:"我要当演员,当一名被别人瞧得起的演员!"在泪水的旋涡中,老师敏感地觉察到,这位天真的小姑娘有一股倔劲,这"倔劲"可以催发她心灵深处的艺术种子,绽放出灿烂的艺术花朵。1976 年,她接受"复科",从头开始跟师学艺。

▲童小平（右）、许娟在《三打平贵》
中的扮相

复科之后，她不消沉、不埋怨，而是振作精神，奋起直追。她顶住复科带给她的压力与白眼，变得情感内敛、颇有心计了。平日，无论是飞雪拂晓，还是酷暑黄昏，人们都看见她在苦练戏功。水袖功、扇子功、翎子功、下腰功……她每天都成十上百遍练习。为了弥补身材不高的缺陷，她穿上了特制的高靴，不知扭了多少次脚；为了使眼睛适应"把子"的飞舞，她请老师用筷子在眼前晃动，常常练得眼泪哗哗。为了练好一个"卧鱼"身段，她硬是把腰带系在窗户的高框上，苦练了一个多月。她针对自己嗓子不够宽厚、口劲不足、气息短促的弱点，磨着师父找发音位置和吐字归音、运气行腔的技巧。她的床头贴着一张作息时间表，从凌晨 5 点至晚上 11 时，都被练习唱腔、排戏、读书学习、琢磨角色与唱词排得满满。

功夫不负有心人，复科后的三年生活，使她艺术上进步很快，在第一次公演《穆桂英大战洪州》中，她饰演主角穆桂英，其表演韵味十足、不亚名师，令观众过目难忘，纷纷夸赞她是"艺术新苗"。此后，她在《访贤记》《寒江关》《假桃山》《双驸马》《凤冠梦》等数十个剧饰演主角，成为津市荆河剧团的青年骨干。不久，她光荣地加入了中国共产党，两次出席地区先进代表大会。

在荣誉面前她从没有自满过。无论是串把子、跑手下、搬布景、打幻灯，她照样争着去干，而且时时注意向老师们去"偷经学艺"。有一次，她父亲出差认识了一位熟悉荆河戏唱腔、改行当了采购员的老艺人，童小平知道后，硬是缠着父亲写信把他请到津市来，跟他学唱了几个独具风味的唱段。湖北石首老艺人裴松枝在津市任教期间，她精心照料老人的衣食住行，令裴非常感动，和盘交出了"真经"。为了加强自己的文化修养，她购买了大量的文化和艺术类书籍，潜心自学，不断积累，成为了同辈中的佼佼者。

在不断学习成长中的童小平，就像山间哗哗奔流的一条小溪，永不停歇，奔向大海。

《百花亭》是荆河戏名老艺人瞿翠菊向京剧大师梅兰芳学习得来的剧目，对内外八大块的要求非常高，如何在舞台上惟妙惟肖地再现杨贵妃的艺术形象，对于一个二十出头的年轻学员，困难还是很多的。

童小平接到任务之后，反复研读剧本，阅读有关杨贵妃的史料，虚心向老师们请教。并拜常德戏剧学校校长、同乡前辈名伶张淑容为师，多次往返常德，亲聆教诲。在他们的帮助下，她逐步地把握了这个角色复杂的内心感情和多侧面的性格特征，为了在表演中准确再现杨贵妃在醉酒之后的情态，她苦心揣摩，认真推敲，还写下了《醉在宠中》《酒醉心明》《酒醉戏不醉》等学习札记。她在札记中写道："杨贵妃是政治旋涡中的一个无辜受害者，她既是皇帝身边的一个玩偶，又是'集三千宠爱于一身'的贵妃，她无处不表现那所谓的高贵，又时时刻刻害怕失宠抛弃，外强中干，色厉内荏，决定了她悲惨的结局。"这一段话，基本上概括了杨贵妃的人物命运，可见童小平对这个角色认识得非常深刻。

把握了人物特点，如何根据自身条件，扬长避短去表现人物，这又是一个难关。童小平是攻青衣花旦的，她扮相端庄大方，戏剧程式掌握较好，但身体较为瘦小，因此在表演过程中她扬长避短，独辟蹊径，从以情传神、唱腔刻画上去寻找突破，塑造了舞台上的"这一个"，得到了观众的普遍认可。童小平在处理这一特殊矛盾时，首先把感情倾吐在倒板上，"耳边厢、又听得、圣驾转百花亭……"，唱得凄迷宛转，情深意长，然后略带醉意地站立起身，由宫女搀护着醉步行走，前去迎驾。当得知是诳驾时，上身稍震，眼神低沉，面部表情由兴奋到失望一个大跌宕，表现得十分丰富。紧接着一段唱腔，她充分发挥自己行腔浑厚、高亢激越的特点，唱起来不急不缓，但字字激荡有声，充分表达了杨贵妃压抑下的愤愤不平。当剧情发展到醉酒嘲笑这层时，其唱腔和道白则急如风火，一泻千里，淋漓尽致地表达了主人公的情感宣泄。特别是当贵妃返身下腰、醉酒衔杯之时，剧情进入高潮，全场观众掌声雷动，经久不息。《百花亭》的成功，使童小平的人生进入了一个新的维度。

1984 年，她参加湖南省青年演员比武大赛，获得"湖南省十佳优秀青年演员"称号；同年 10 月，被共青团常德地委授予"文明青年标兵"称号。1983 年、1985 年，她两次被市人民政府授予"劳动模范"称号，并被吸纳为中国戏剧家协会会员。

其先进事迹，多次在《中国青年报》《湖南日报》《湖南戏剧》等报刊报道，《中国文艺家传记·当代卷》收录了她的小传，也是荆河戏剧种唯一被收录入册的青年演员传记。

近二十年的演艺生涯，童小平可谓"德艺双馨"。1990 年代初，童小平调出津市文化系统，随军到广州工作，自此离开了她心爱的舞台。

5. 小演员训练班

1976 年冬天，为了培养戏剧新生力量，增强后劲，津市荆河戏剧团开始招生。尽管当时还叫"镇文艺工作队"，但听说这一科要开始排演"老戏"，还是令人莫名的心动。没过几天，剧团的几位老师就开始到各个小学去物色苗子了，不少怀揣文艺梦想的少年，瞒着家长纷纷报名。之后是考试、录取、做家长工作、开班授艺等。

要知道当时城乡户口管理极严，而这科学员不分城乡，农村里的娃娃被录取的，鲤鱼跳了龙（农）门，自然欣喜若狂。但市区的孩子，家长们的想法却不尽相同，阻力还蛮大，最后通过反复做思想工作，被录取的孩子基本上都进了小演员训练班。此科共招收学员 45 名，都是爱好文艺，形象、身段、嗓音较好的苗子。

许娟是这科学员中表现突出的一个，后来曾担纲过许多大戏的主角并屡次获奖，她回忆道：

> 我爸爸拿着录取通知书后心情十分沉重，对我说了一句让我至今难忘的话："娟儿，你个子小，考取了就去吧，免得以后下农村连粪桶都挑不抻。"因为，那个年代响应毛主席的号召，知识青年到农村去接受贫下中农再教育。爸爸怕我下放到农村去后吃苦，也就答应了我去剧团。
>
> 去小演员训练班的前几天，爸爸从单位找来一个包装厢，钉上锁扣扣，里面用白纸装表了一层就算是我装衣服的"箱子"了。临报到的那天爸爸出差，是哥哥送我去的。哥哥骑着自行车，我坐在自行车横杠上，后架上放着我的"衣箱"。一路上，哥哥叮嘱我说："妹妹，你这么小就离开了家人，一定要好好照顾自己，遇到不开心的事和困难一定要告诉哥哥。"哥哥一番关心祝福的话让我眼泪水直打转转。

小演员训练班办在市郊的蔡家河，原来是市二中的校办工厂。那里虽然自然风光优美，但条件较差，自来水都没有，学员们生活用水得到河里去挑；又因离市区较远，蔬菜得自己开辟菜地来种。当时徐立斌先生就是剧团的乐手兼司务长，同学们经常看到他用瘦弱的肩膀挑一担粪桶，在菜地里忙着浇灌。后来师生们自己动手打了一眼井，才基本解决饮水的问题。

　　学艺生活是辛苦的。孩子们大都只十一二岁的年龄，贪睡是其生理自然需求，但每天天没亮就得起床练功，早餐后又要赶往二中去上文化课，下午到晚上十点又是练功时间。因为休息不好，有的同学上课免不了要打瞌睡，所幸老师们都非常疼爱学生，既不责难，还让他们顺利的毕了业。说到练功，那更是汗水加毅力的考验，所谓"唱、念、做、打"，从唱功开始，有腿功、腰功、头功、台步等，都要做到一丝不苟，娴熟自如。其中最为辛苦的是"压腰、压腿"，挑战的是肌体的运动极限，每练一趟，都要痛出眼泪，因此被同学们戏称为"老虎凳"。此外，还得背诵和把握剧本，记性差的，免不了要挨老师的竹片子。两年的时间，同学们的表演技艺基本学成。1978年，剧团恢复，同学们开始随团到湘、鄂边区巡演，其中由小演员训练班学员担纲主演的《三打白骨精》《十五贯》，受到了观众们的喜爱。当时在沙市演出，有热情观众在演出后等在后台，盛邀全体演出人员到家中作客，以好酒好菜招待，其情暖暖，令人难忘。巡演虽然激情浪漫，但演出生

▲76科同学练功照（许娟/供图）

▲小演员训练班部分同学在安乡演出后合影（许娟／供图）

活是非常艰苦的。当时条件不好，在山区演出时，演职人员们长期睡后台、吃土豆，习以为常，与舞台上帝王将相、才子佳人的形象相差何止万里。但同学们都年轻，并不以此为累，事隔多年，却成美好记忆。

1979年，为减轻人员包袱，小演员训练班大部分学员分流到市内各企、事业单位，告别了舞台；小部分学员继续在剧团从事荆河戏表演，直至1988年剧团解散。这一班的同学，不论其离开剧团的先后，后来均在各自的岗位中兢兢业业，担当有为，为社会所共称。其中有的成了知名企业家，如于坤明；有的成了书法家，如翟向荣；有的走上了领导岗位，如陈建文、张杰；有的一直为文化艺术事业默默奉献，如罗德瑜、许娟、罗爱玲等。

第十一章 名胜古迹

　　"江南好，风景旧曾谙。日出江花红胜火，春来江水绿如蓝。能不忆江南？"香山居士一阙《忆江南》道出了多少游子的江南情结，让人传诵千年。江南之美，不可方物，它不仅是一地一点，却又尽在一点一地。津市得造物主垂青，恰好它在江南。

　　如果说江南是一篇宏伟的抒情组歌，那津市只是其中的一首小令，它用极少的辞章，演绎了风物的隽永。津市西倚武陵，东怀洞庭，澧水越境而过，山不高却名显，地不广却蕴藉。药山嘉山，恰似两座丰碑，在中国文化史上不让泰岳；姜女车胤，更如两方美玉，在青史上熠熠生辉。

　　托翁说过："人不是因为美丽才可爱，而是因为可爱才美丽"，推及世间万物，何尝不同此理？每个人心目中的女神，一定是自己的母亲，每个人心目中的胜迹，也一定是自己的故乡。怎奈何她的确有如此优美的身姿，怎奈何她经历过如此浪漫的故事。是以此章，述说风物里的津市。

第一节 风物揽胜

1.关山烟树

《新唐书·地理志》:"澧阳,望。有关山。"又《大明一统名胜志·岳州府》:"关山,在澧州城东十五里。山形盘踞十余里,高八十丈余。江水东奔,是山崛立水口,如关锁,故名。"这是关于津市关山的最早记载。

袁中道,字小修,是明代公安派的领袖之一,著作等身,晚年尤其寄情于山水。因其舅父居住在澧州城,故常往来于湘鄂之间。每至澧境,则停舟津市,漫行于关山之中,或辨踪林泉,或坐听松风,常作世外之想。所存文稿中,有《澧游记》《再游彰观山记》诸篇,对关山风景纪述备详。他在《澧游记》中写道:

> 从涔澧交会之处,西上十余里,有千家之聚,名曰津市。对岸为彰观山,道书四十四福地,宋明道中黄、范二仙飞升处也。其水直下千尺,洞见石底。石上绿苔如鬐鬣,如长帚尾,随风荡漾;潜鳞动介,翕翕可拾。昔郦道元谓"茹水注澧,漏石分沙。"茹水出今慈利龙茹山,注于澧,去此甚远。所谓漏石分沙者,湛然无以异也,则凡澧皆然,不独茹溪矣。层峰相接处,唇忽出,人家住其上,松柏蓊郁。舣舟闲步树中,枕山阿有寺,倚崖临流,乔松曲抱;涉颠见领披诸山,松云娇姹,唯此如小儿头上髻,树不能障,可远望水如聚雪。此处山空水碧,去予里至近,行年四十,乃一至,岂非以入华阳国中,被以邸第之名,故令福地埋没,遗之腊屐外耶? 可叹也!
>
> 从山下易小舟上滩,山前有洲如月,水依山傍,洲成九曲。洲上杨柳森秀,山间尤多偃盖之松。从此水益清,了了见砾石,滩声流声瑟瑟……

在《再游彰观山记》中他又写道：

舟次澧之关山，步于山间。草中间有怪石，水边石突兀，有若浮梁者。其上有飞泉淙淙下注，四时不绝。关山之上，为彰观山，两山夹立，万松鳞次，中有山路，泉水出焉，乍洪乍细，可二里许。山愈深，诸峰若象兕嶂跨，乔松十里，遮蔽天日。讯樵者，云上有宁极观。时日已暮，徘徊树中，语客曰："有以也！夫道书四十四福地，黄、范二仙炼丹处也。山势幽邃，泉流注射，宜为幽人所栖托耶。"客曰："今为藩封釜鬵，尘涴青山矣。"予曰："非属藩封，安得封天之树，为青山介胄耶？"步出山口，遇僮仆鹄立，云："登山觅不得而还。"予叹曰："甚矣，仆之屦也！从我于山水间二十年矣，岂闻泉声不溯其源，而他往者哉？以后遇登山，凡有泉处，即循水觅予踪，必可得也。"盖此处有二山：一为关山；关山之上，乃为彰观山。予昔游时，误以关山为彰观矣。

登舟数里，闻滩水声，舟师不知水道，至滩不可上，急登岸，时已昏黑。依岸行，见一樵人。予呼之，其人急走，意以予为盗也。后又一樵者至，尾之，予问曰："此间有居民否？"樵者曰："从此过河，即宋家渡，亦一聚落。"遂至渡口候舟。

袁中道游得仔细，竟然把关山与彰观山都作了辨别，其实《嘉靖澧州志》上只列澧州八景之一"关山烟树"，并未细分两山，今人也不作区别。按照袁先生的说法，大抵今之北临澧水的这一面山是为关山，即西起中武当，东止皇姑山；而卢家峪南侧，西起猫儿岭、东止清远观这一面为彰观山。古大同寺在彰观山腰，宁极观（中武当）在关山之上。为避免纠缠，我们还是统称关山。

万历年间的关山，古老幽深，山上古松如海，林间榛莽丛生，临江一面，上有悬石如崖，下有深潭为渊，水激石应，响若洪钟，风过林梢，声如潮起。两山似唇，将噏将合，有佛寺、道宫筑于其间，暮鼓晨钟，香火不绝。林中有飞瀑流泉，成东西二溪，西溪入澧，东溪汇于清远湖。湖之四围，多为耕读之家，所谓鸡犬之声相闻，樵歌渔歌互答，真可谓方外世界，桃源人家。难怪唐人杜光庭著《道藏》，将其录之为第四十四福地。郡人刘崇文有《彰观山》诗一首形容：

羽客开玄圃，丹炉发紫华。

逍遥云外侣，缥缈画中家。

笑拾金光草，醉搴若木花。

秋风跨黄鹄，长啸入烟霞。

关山西侧白龙潭，传为澧州老龙洞窟，曾建有白龙庙，《直隶澧州志·纪闻》载：

> 关山之下有白龙潭，世传澧之老龙王宫。居民尝有见者，其尾秃，甲耀银光。澧人竞渡，不敢用白龙舟。其泉与洞在德山、彭山外，向西尤多，直到蜀中。每西去而归，必风雨雷电，虽盛夏雪子如梅，归则澧土大丰。昔民有操舟德山贸易，将归，见一老翁，须发皤然，肩伞而来。问曰："汝舟至澧否？"曰："然。"曰："吾家关山潭上，若搭我归，到家即酬船钱。"舟人许之。及至潭，舟人索钱，翁跃入水，见白龙身，鱼纷跳入，船几沉溺焉。

传说非常神奇，大概是关山潭畔江水急湍，屡有覆舟之险，乡人无知，遂假托龙神。清代澧州知州何玉棻、魏式曾先后作《重修关山龙神庙记》，记述龙神庙前有白龙井，传古人曾铸铁符镇锁，两任知州都曾在旱年至龙神庙祈雨，记述其"掘石即作云，三日而雨至，滂沱多日，官民相庆"之事，益彰其异。

白龙潭之上即为宁极观，宋时所建，大约在明初改称中武当道观，观向西而建，逶迤里余，山门在白龙潭侧，民间有"跑马关山门"之说。当时州城信众乘舟而来，缘山势进殿上香，的确有踏入名山的感觉。观前有雌雄二井，一清一浊，今仍存其形制。

关山东麓即皇姑山，又名黄牯山，究竟是皇姑还是黄牯，民俗学家们争论不休。有称皇姑山与唐郑国温仪公主、岐阳庄淑公主有关，韦让、杜悰俩驸马都曾为官澧州，夫人均为公主，称皇姑恰如其分。但此说既无史料明证，况澧州非其封国，以山川记女主事迹，事属可疑；还有一种说法是华阳王爱女曾在此山走失，遂名皇姑。但王府千金僭称皇姑，也经不起推敲。韩川先生认为："其实皇姑山另有其名，据宋《舆地纪胜》、明《岳州府志》及《澧纪》所载，皇姑山原名大同山，氿泉原名廉泉，唐萧乡名有'泉铭'，明废。山上大同寺为九祖广澄的道场，华阳王味一诗称'寺隐芙蓉第一峰'。万历三十六年（1608），袁小修来寺所见古松（围之正得十尺），应是广澄所植。彰观山改称大同山，大同山改称皇姑山，大概在清初，

▲皇姑山远眺（彭淼／摄）

后人以讹传讹。"

　　谭远辉先生则认为："皇姑山，清以前称为'王府山'，不知何时呼讹。1984
年在原湖南机电学院内出土一块清代乾隆年间的墓碑，上有"葬于王府山之阳"
字样。山名'王府'无疑与华阳王有关，可能当时此山划归藩府所有，或为王府
霸占。"此说为实物考证。

　　众说纷纭，莫衷一是，但观此山，形似牯牛卧江，颇为自然。

　　至于"关山烟树"，《嘉靖澧州志》只载华阳镇国将军廊然子和兵部尚书李充
嗣诗两首，其中李充嗣的一首写得较有气势：

　　　　雄镇岩城比蜀峨，森森万古拥堆螺。
　　　　漱浪飞瀑哜不断，穿叶流莺声自多。
　　　　春渭暮云怀北客，秋亭霜橘忆东坡。
　　　　一川月色明虚翠，览胜其如怅望何。

　　《直隶澧州志》对其景色略有描述："州东南二十里，山有古松千本，郁蔚烟岚
之中。每天将雨，必有云气一缕上升，占望多验。"说的是关山之上的云雾升腾状貌。
其实在清顺治三年（1646）五月某日，"狂风大作，关山古松千本尽拔"，当时古
树不存，云气蒸腾已不多见，如今只有在夏日强对流天气，将雨之时偶尔可见云
裹关山的气象。

　　近些年来，政府对生态环境保护愈加重视，关山风景区已纳入"嘉山国家森
林公园"统一管理，随着景点保护性开发、景区公路修筑、旅游设施配建，关山
已成为津市人家门口的国家公园，被誉为津市的天然氧吧，受到人们的倍加呵护。

▲春到果园村（彭淼/摄）

2. 御果园

御果园即今之果园村，为华阳王府园囿。华阳，原为四川省成都府的属县，明永乐二年（1404），蜀王（献王）朱椿第二子朱悦燿被册封为华阳王，时年12岁。永乐廿一年（1423）献王朱椿薨后，华阳王与其侄朱友堉争嗣，遭明仁宗朱高炽申斥，于洪熙元年（1425）贬居澧州。至南明永历元年（1647）末代华阳王朱至澧死难武昌，蜀府华阳王寄澧时间长达222年，历经9代，枝繁叶茂，子孙众多。其谱系为"悦友申宾让，承宣奉至平；懋进深滋益，端居务穆清"。

澧州虽说不是华阳王的藩封之地，但毕竟是朱姓郡王，对地方是有一定影响力的。大约在朱悦燿举家迁居澧州时，即将关山据为王府私家园林，辟南岸山阴洲渚为花果园，建别墅于皇姑山下，遂有袁小修"非属藩封，安得封天之树，为青山介胄耶？"之感叹。明代的皇族，封藩遍野，恰如清时八旗子弟，实为食禄一族。至明末，累至百万，遂成国家巨蠹。据《明实录》载，开初几代华阳王，兄弟不协，互失敦穆，干预政府，逸于淫乐，侵扰百姓，实在谈不上国之懿范。但从另一个角度来看，华阳王府对关山风景的营造是颇有用心的。如改宁极观为中武当道场，增其形制，播其香火；在关山广植树木，禁民樵采，则客观上保护了自然生态环境；而"御果园"的打造，更为我们留下了"春花烂漫、果满枝头"的园林美景。果园村的杨梅、板栗、樱桃等，至今仍是津市人津津乐道的特色佳果。

关山既为华阳王园林，宗室子孙，多营葬其间。1949年以来，王公、王妃、将军墓葬屡有发掘，对研究地方历史文化多有贡献。华阳王朱悦燿墓在古大同寺东侧，今已加以保护，成为关山风景区重要景点之一。

3. 嘉山传奇

新洲人郭青，是清晚期澧州知名文士，其所著《孟姜山志》，对嘉山的来由有一番辨析。他说，嘉山在秦以前名翠麓山，后因孟姜女在此山登山望远，乡人遂呼之为孟姜山，也称孟家山，其山主即孟姜女。因澧州人讳"梦"，故去"孟"称之为家山。明代，工、户两部尚书、邑人李如圭放赈陕西，至同官发现孟姜女墓址，访民间得其寻夫之后故事，上奏皇帝，得御旨旌表，嘉其善行，遂变"家山"为"嘉山"，建"贞烈祠"于其上，又称"绿云宫"。郭青认为，孟姜女本来就是澧州人，其传说历史悠久，与《左传》中那个不受郊祭的杞梁妻原本没有关系，因此，历史上的孟姜女故事，不是从齐国杞梁妻演化而来，相反，是一些好事腐儒在原本完整的孟姜女故事之上，强加了一条陈年尾巴。

昔时洞庭，浩浩荡荡，自岳阳楼下，历四百余里西至嘉山脚下，其浪遏山崖，迸涌似雪，是为壮观。嘉山西麓为马鬃岭，其形如奔马临渊，壁立其上，勒辔难回，颇有夜生海日之景，所以，古人有"八百里洞庭到嘉山"之说。所谓山不在高，有仙则名。嘉山不高，海拔约150米，山无泉石洞涧，更无珍禽异兽，但千百年来腊屐重染，香火不歇，得之于孟姜女登高一望，得之于车武子囊萤一照。嘉山一脉，因此二圣，留迹甚多。

望夫台 指贞烈祠后之高皇，或谓土台。传为昔时孟姜女登山望远之处。郭青认为，当年孟姜女望夫，未必实筑土台，也未必每望必登高。李白《长干行》："十五始展眉，愿同尘与灰。长存抱柱信，岂上望夫台？"后人筑台，好比庙宇中的泥偶，只不过以形达意，表其衷情而已。今之望夫台为五层水泥楼阁建筑，更接近于纪念碑性质。

绣竹园 绣竹，又名花竹。清人王敬禧作《绣竹词序》，记："澧州孟氏山有绣竹迎风策策，时皆分为五缕，俄而复合。"有民间传说姜女针黹时，因思念范郎，随手划刺竹叶而致。昔时贞烈祠后遍山即植绣竹，今已不多见。据《孟姜山志》记载："同治六年（1867）春，新作竹垣。山竹遍发，叶皆成泪珠痕。痕大小如珍珠而略长，色黄中有一点青痕，宛似目形。每叶颗数多少不等，人人皆得见之。民服其神，谓之珠泪竹。"则是另一竹类。

恨石 原贡于贞烈祠神像案前，石大于斗（旧时㪷谷米用的器具）而呈椭圆形，遍体成指甲痕，大小不等。传说姜女痛恨秦王无道，以指掐石，遂成千古奇迹。郭青批注："（如此一掐）祖龙丧魄胜于博浪沙一击矣。"此石俗称打钱石（形如祭祀所用冥币上打出的眼痕），应属于火成石的一种，乡民无知，遂以其形附会。此石今已不存。

镜石　李如圭《贞烈祠记》载："（嘉）山下有江，江边有石，四方各尺许，光明可照，传为姜女镜石。"《澧州志》曾载："姜女望夫处有镜石，足迹宛然，后僧苦凭吊，潜推石水中。"但新州梁氏家谱记载为："镜石系明崇祯年间，被嘉山司巡检冯四可盗去，行至江中，大风覆舟。"总之此石已湮于澧水河中，但两说相比，巡检仗势攫取、祸报旋踵而至则更为可信。

孟姜宅　在嘉山南麓栗树岗，宅南向车渚，宅后有园。清末为乡民毛儒本私田，后毛儒本捐置碑基横竖各一弓（约1.65米），土民重立孟姜女故宅碑于此，碑额云"复我邦家"，联云："道之云远思君子，魂兮归来返故居。"此碑今已不存。

车武子宅　在嘉山南麓两里许之车渚村，又名萤渚。《晋书》载："车武子精勤不倦，博览多通，家贫无油，夏月练囊，盛数十萤火以照书，故名。"这里即是囊萤照读的出处。昔时在其宅基旁建有"车公祠"，有联云：山思唐刺史，渚记晋尚书。《晋阳秋》载："允（车胤）幼读书母舅家，在山西北五里许，即新城地。"其囊萤故事，更可能发生在新州城内。今车渚村犹在，但车武子宅及车公祠已无存。

剪刀池　在车武子宅前。南唐张泌著《妆楼记》，载："剪刀池，昔车允读书于此，妇以女红佐之，落剪刀于池。"可见车公当年虽家境贫寒，但琴瑟相和，也有张敞画眉情景。但《太平广记》载："俗说，车武子妻大妒。呼其妇兄宿，取一绛裙衣，挂屏风上。其妇拔刀径上床，发被，乃其兄也，惭而退。"这样的情节，近乎于小说，也不知作者从何处听闻，绛裙又自何处而来。但所谓爱之切则恨之深，虽然持刀登榻，也无损武子妻情深性烈的形象。

车武子墓　在车渚村。晋隆安四年（400），车胤因揭露世子司马元显劣迹而被害，士林为之惋惜，其灵柩归葬故里，永为后世祭祀。但何处是其墓冢，历史悠远，陈迹莫辩。南宋诗人王齐舆有诗留存："儒生骨朽名犹在，高冢相望已乱真。只认夜深萤聚处，便应冢下读书人。"

石子岭　在新州城西南里许，或即今之青山峪。传说南唐时期，澧阳府治在新城，某日，有樵子清晨放歌于石子岭，郡守闻其歌，忽生出世之想，竟挂印而去。青山峪盛产大青石，是上好的建筑材料，其西面有十里长坡，直抵灵泉。

嘉山虎　州志中多次记录虎患，如"嘉靖廿一年壬寅安乡多虎，廿四年乙巳，安乡虎日噬数人。"说明澧州境内历史上有虎。《孟姜山志》记载有一首《田氏殉夫虎毙纪事》诗，作者孙士远，记述了嘉山境内的一次虎患。诗述，嘉山脚下有田姓夫妇，先是田某与其父耕作于上下两丘，忽遇虎至，虎在下丘啮田致死，其父侥幸得还。妇闻夫亡，不欲独活，竟蹑虎踪而去，竟又被害于虎。后十日，忽见虎尸陈于路旁，乡民以为天遣，纷纷割胬以尝。诗的原意是嘉表夫妻情深，比翼连理的，但也流露出了对荒年荼毒、黎民罹祸的同情。原诗较长，其结句为："难邀封碣，可树女贞。年年寒食，听杜鹃声。"凄婉动人，不啻为又一出孟姜故事。

嘉山远眺　李德铭先生是旅居台湾的新州老乡，在很长的时间里，嘉山是其梦中的仙乡，他晚年撰写的《嘉山远眺》一文，对民国时期的嘉山风光有较为细致的描绘：

> 嘉山位于澧县城之东南，新洲市之正东。全山似由巨石构成，仅山脊中部凹处之孟姜女庙四周，以及东南山麓地名车渚岗处（南平贤臣车武子"胤"苦读地）有少数树木外，漫山皆为黄色茅草，既少曲折起伏山形，亦无凸出奇岩怪石，更无悬崖绝壁景观，难见鸟兽飞驰形迹，无探幽之处所，无泉水之流声。从山之东、西两侧观之，酷似剪尾、藏腿、倒卧、低首、扭头由南而西向之黄牛。头南尾北，项脊间有登山石阶三百七十五级，人行其上有若蚂蚁爬动，直抵山脊高处，亦即黄牛背脊前峰，牛首紧接新洲市东门桥外。
>
> 嘉山不似其他岗峦山陵，亦不与其他岗峦山陵相连接，正如鹤立鸡群，出乎其类，拔乎其萃。视野广阔，孤芳自赏，全山石质坚实而不露出，形象怪异奇特而不入流俗，一如暴秦时代只身独影、跋涉万里、寻得夫骨、死于归途、古今中外少有之妇女孟姜女个性也。
>
> 若遇晴空万里，艳阳高照，百余里外，亦可遥见嘉山全貌。朝晖夕阴，山东山西气象不同，远观近视，山南山北景色各异。若是阴雨初降，白云萦绕山腰，雾气沸腾山顶，遥望半截山脊，似已插入天际。若夫细雨纷飞，数日不停，则如乌黑岗峦，高耸半空。庙中暮鼓晨钟，声传十里，僧徒课诵，梵音四溢，远近可闻。此乃该山本身最大景观耳。
>
> 至若东风送暖，天地一片碧玉，登山举目四眺，身心更为舒泰。极目东望，三湖（毛里、七里、珊珀三湖）碧波万顷，渔帆点点，河道蜿蜒，甚似白练。俯而视之，近者阡陌纵横，有若蛛网，村落散布，有似棋局，桃红李白，散处其间，柳绿禾青，遍染平野，高空雁阵处处，村间炊烟袅袅，西南两面，群山青翠，峪山分明，回旋婉转，形似龙舞，令人激赏。北有黄山（位于湖北藕池口东南）平地突起，遥相辉映，清晰可见，

远处沿河柳堤交错似线，垸乡沟渠田湖散布如锦，民舍俨然，一望无际，此乃登山之壮观者也。

若遇火风（夏日南风）降临，夏水襄陵，惊涛骇浪，溃垸四起，沿河阻绝，行人路断。登斯山也，则见浊浪排空，汪洋遍地，若是风狂雨骤，更是乌天黑地。大地似在陆沉，万物俱临毁灭，山陵见出悲凄，鬼神似在号哭，触景伤情，得无异乎？西风转爽，草木枯黄，北风凛冽，寒彻筋骨，山川景色，到处惨相。渔翁晚唱，牧歌和应，人们忙碌添置新衣，各家准备年货，似又忘却悲惨情景矣。

嗟乎！人类喜怒哀乐无常，正如天地风雨变化不定，尚祈孟姜娘娘多显神灵，劝导世人，万事应作未雨绸缪计，丰年多予积谷积善，方可免除溃垸荒年饥饿之苦耳。

4. 药山东冲湖

东冲湖位于药山以东，相距约五华里。所谓冲，是南方人对山峪的别称。有山必有水，蓄水即成塘，大约在 20 世纪六七十年代，大修农田水利，村民们在山峪筑堤修建水库，以利灌溉，遂形成三叠水塘，一在峪口，一在峪中，一在峪上。上首称上东冲湖，峪口则称下东冲湖。所谓湖，是近些年为旅游所改的雅称。

东冲湖在白云山、红岩寨两山之脚，得于两山之润泽，其水格外清澈。无风的日子，犹如三面明镜，倒映绿树、蓝天、白云，便呈现翠碧的颜色，像几方晶莹的翡翠，镶嵌在大山之间。若是微风吹拂，湖水荡漾，便如绿绸飘舞，泛起层层白鳞，给人以无限遐想。春夏之间，山间多水，坡上常见无名泉涌出，初时汩汩无声，渐至汇流成溪，叮叮咚咚，拦人行路。这些水，经山石的过滤，便具备了大山的品性，含有丰富的碳酸钙，细观之下，隐约可见一种纯净的蓝，含饮口中，自有一分淡淡的甜。因为这水，峪下的药山寺垦种了百亩"福田"，专植一种深褐色的稻米，称之为"福米"，分送四方信众，得以流香海内。民间说这种稻米古称"御赐米"，是贡米中的一种。

东冲湖的植被非常丰富，其森林覆盖率达百分之九十以上，山中以松、竹、杉、楸、樟、枫、油茶为主，多为常绿树木，一年四季，绿荫笼罩。春天，山花烂漫，姹紫嫣红，红色的杜鹃、紫色的紫藤、蓝色的鸢尾、淡黄的油桐、五彩的山茶、芍药，争胜斗艳，令人目不暇接。秋天，枫叶红，山色层林尽染，别是一番景象。而最令人爽目的是这里的竹林，绵延近千亩，尽为高大的楠竹，竹身修长，形似凤尾，风动竹梢，枝条推涌如潮，遂称竹海。

东冲湖引人入胜的是它的净。千百年来，药山虽香客盈门，但东冲却绝少行迹，万物得安其所，蓬勃生发。王维说"蝉噪林愈静，鸟鸣山更幽"，行步于山水竹林之间，你可以听见风的声音，雨的声音，溪泉的声音，甚至于听到阳光穿透竹叶的声音，但你的心是安静的，你感觉到的时光是静止的。你的目光只会被一只白鹭牵引，缓缓掠过湖心；你的心思只会被一缕花香搅动，停伫于一声经诵。

因为东冲湖的美，令人想起惟俨禅师的那一次伟大的停伫。当年大雨滂沱的牛栏，为何就牵绊住了大师匆匆的行脚，莫非是他悟到了这千年之后的胜境，还是这境界本是他禅悟中的譬喻？经上说"色即是空，空即是色"，思想可以穿越千年，境界也可踏虚成实。当年庞蕴居士道别药山，一句偈说得好："好雪片片，不落别处！"

近年来，僧明影法师入主药山寺，大振宗风，津市人民仿当年摩揭陀国故事，捐东冲为禅修之地，药山寺筑"竹林禅院"于其中，白屋青山，镜水碧螺，无限禅机，尽在山水之中。

5. 后湖倩影

后湖是市区后边的湖泊，很多城市都有这样的地理格局和同样的叫法，但津市人对后湖的感情尤为深刻。如今，随着城市的发展，后湖已成为津市城中之湖，但人们仍亲切地称它为"后湖"，不仅每日都绕它走上几圈，但凡家里来了外地的客人，也一定拽着一起来看看后湖。为什么呢，因为后湖太美，还有深厚的历史文化，可以说上半天。这就好比杭州人说西湖，津市人爱说后湖。

后来人看历史，都是扁平的，常常把几千年的时光压缩在一张底片上，只看到五光十色的表面，看不透它的构成与厚度，就好比吃在嘴里的果实，在品尝它的鲜美的时刻，谁会追忆一棵树的成长。述说历史的人，正如装裱旧画的工匠，有责任揭开它一层层的绢纱，辨别它的靛色，梳理它的墨痕。如此，我们笔下的后湖，也有历史的后湖与当下的后湖两个篇章。

历史的后湖　后湖原本是澧水泄洪形成的一个湖汊，当津市三洲拱出之后，江水与湖水分隔，湖身隐于洲岛之后，遂为后湖。明清时期，后湖北接澹津，西临大巷口，东至双济桥，是一个水面宽阔的大湖。湖岸上遍生白杨树，因此称之为白杨或白杨湖。乾隆《澧州志林》载："津市杨堤之盛，堪流连者更仆难数。而村烟稠袅，畦稻遥芳，舟车络绎，弦诵铿锵，更绕太平景色，系千古讴思。"寥寥数笔，勾画出一幅津市版的清明上河图，无疑是明末清初后湖风光的真实写照。

那时的后湖，有多条水道与澧水、澹水相通，杨湖口即澧水入后湖的水口，澧水自此处入湖，东西绵延七里余，又从双溪河（今双济桥处）泄出，因此湖水常年清澈。此时的津市，随着商业的繁荣，居民愈来愈多，街面沿河街向后拓展，先后有正街、后街出现。后街，即是旁近后湖一条街道，但后街不后，所构居者，多为官商富豪以及商帮行会，他们看重的就是后湖的旷远幽静。譬如当时的津市富豪吴家、赵家，江西商会、南粤商会等，纷纷临湖修筑起园林公馆，著名的有吴家花园、棠园、万寿宫、南华宫等。当时南湖一线，多是高栋大宇，林木森森。

后湖既通水道，便具备了市内运河的功能，很多商业物资，在外河大船卸下之后，通过板划再转运进湖，分送各仓码头，便有七分热闹。也有一些不须转运的小船，直接从两条河口进湖。韩川先生在《后湖烟柳》一文中想象："扬州的盐船从双溪河进来，经双济二桥入湖，左折西行……"历历在目。当时盐仓建在杨湖口以下，是完全有可能的。

后湖明静，当然是市民的绝好去处。沿湖四周，湖中岛屿（当时湖中有湖心岛、沈家台两处），经商团发动集资，遍植杨柳、修筑桥梁，造为景观，遂有商家开设茶馆、酒肆于其间，船民置游艇画船，专事其业。一时游人如织，声名鹊起。《直隶澧州志》记为："后湖原名白杨，与街俱远。碧烟断处，红桥通焉。沿堤垂柳千株，茶楼酒肆，间露绿荫中。而晚艇菱荷，夕阳箫鼓，览胜者恒于斯。"乾隆初，何璘任澧州知州，他对后湖情有独钟，以写实的笔法写下了"精舍依廛市，喧声意内屏。湖光清夏几，山色畅春棂"的句子，描绘了关山澧水、后湖红桥的湖山风光。王楷是咸丰朝的解元、进士，津市是其青少年时期的嬉游之处，他在《游后湖》一诗写道："后湖空阔波光漾，夜雨平添一尺浪。游人忽觉天放晴，楼船箫鼓乘新帐。我亦翩翩兴不及，中流半叶轻舟放。柳条浓垂拂长堤，夕照残红明远嶂。"郭嵩焘是王楷的朋友，曾数次旅津，其《接龙桥》诗有"薄暮疏林风响竹，似闻天乐奏筍韶"佳句。

民国时期，由于澧水下游堤垸频筑，洪道淤塞，后湖面积已缩小了不少。杨湖口、刘公桥等澧水进湖通道堵死，北围红桥等胜迹湮灭，沿贺家台一侧淤为滩涂，改垦农田，一遇洪涝，后湖几成泽国。为防御涔、澹二水南侵，民国初年，市民遂有筑堤之举。筑堤之后，原湖心成为北堤，后湖龟缩，近似于河道，但东西湖面尚为一体，形貌还在。抗战时期，津市热闹非凡，后湖画坊又兴，据国军44军军长王泽浚长子王复加回忆，后湖与前河"就有不少画舫，昼夜接客。"箫鼓楼船，无日无之，真可谓"商女不知亡国恨，隔江犹唱后庭花"。

1949年以后，市民围绕工商业改造、社会主义建设，繁忙不可开交，后湖，在相当长的时间里没有人再去关注它。随着城区的进一步扩展，部分湖面已被分隔填埋，作为建设用地。至1970年代末期，为修建澹津路与北大路（今车胤大道），原防洪堤被扒，两岸修建居民新村，后湖已微缩成三方不大不小的堰塘。其后二十年，由于雨污未分，后湖成了市区最大的污水池，水质黑臭，茅深草荒，是为津市的"龙须沟"。

今天的后湖　后湖整治，是几代津市人共同的梦想，但当时受客观条件的限制，津市没有能力去妆扮它，直到20世纪80年代，关于后湖治理才纳入市政议事日程。当时，面对如何整治后湖，有两派不同的意见：一部分人认为津市城市堤防工程已经完成，水患的巨大威胁已经解除，趁着时机，赶紧填平湖坑，开发造楼，是谓"填湖派"；另一部分人则认为后湖这方天然湿地与津市伴生，是数百年来津市人的共同记忆，况且这座城市湖对津市的环境保护十分有益，一定要留住，是为"留湖派"。正当两派争执不下之时，市政府政研室主任杨镇华力排众议，撰写了一份论理严谨、论据充分的调研报告，阐述了"一个城市的发展建设规划，应具有战略眼光和长远意识，其构想应有前瞻性和持续性，不能竭泽而渔，急功近利"的观点，得到广大市民的响应，成为市主要领导的决策依据，令后湖得以保留。

自1980年代中期开始，后湖进行了长达二十多年的改造，至2018年"三湖公园"三级改造完成，先后完成了"水质生物净化、污水治理、园林绿化、景观打造"四大工程，修建了石子和沥青游道、灯光画廊、人工岛、景区雕塑、桥梁、水榭、花木绿化等多个项目，使之旧貌换新颜，成为了一座美奂美仑的城市公园，成为了一个休闲娱乐的好去处，受到了人们的高度赞赏。近些年来，网上不少本地人及津市籍的外地人对后湖的惊人变化，发表了大量的文章及照片，各自表达内心的喜悦和感慨。

6. 毛里湖

毛里湖旧称毛李湖，相传曾有毛、李二姓人家世居湖口（原大湖与澧水相通，今已筑堤隔断），故得其名。至于后来为何演变成毛里湖，大概与湖口阻隔、外湖变里湖相关，故音、义俱变。湖分两爿，东为毛里湖，西为西湖（又称西毛里湖），以朱木山河道相连，统称毛里湖。

毛里湖位于津市东南，距城区20余公里，湖面东至保河堤镇，西至白衣镇和药山镇，北至新洲镇，面积达6250公顷，纵深约20公里，是湖南省最大的溪水湖，也是省内仅次于洞庭湖的第二大天然优质淡水湖。传说中的毛里湖有99条汊，99

▲毛里湖国家湿地公园（网友图片）

道湾，99 个滩，形如海中珊瑚，支汊众多，千回百转。毛里湖蓄水丰富，是鱼儿的家园，鸟类的天堂，植物的王国。作为古洞庭湖的一部分，湖的周围丘陵起伏，保持古老的自然岸线，是研究洞庭湖生成、发育、演变史的最佳地点。其优美的自然生态，孕育灿烂的文化积淀，古往今来，附着于毛里湖的历史传说不胜枚举，是一个值得观赏、书写、记忆的地方。

毛里湖风情　初春的毛里湖还是黛色的，这时渔民们还在忙碌着一年里最后一次渔获，上河贩鱼的岩壳船还拥挤在湖口的码头前，渔行的老板们端着黑釉的茶壶或者酒壶，嘶哑的声音吆喝着：慈利王记，上色青鱼八百斤……天气依然很冷，但渔民和渔行老板的心情一样，怀里揣着一盆旺旺的炭炉，热火着呢。

过年了，渔民们大都上了岸，但也有一家子挤在船上团年的。毛里湖镇上的人家，门上都贴上了大红的春联，鞭炮声此起彼伏，花花的纸屑落了一地。船上没地方贴对子，那就系一块红绸吧，浏阳的千子头鞭炮是必须要放的，啪啪的声音在水面上回荡，感觉像谁在擂鼓。

正月间，渔民们都不出湖，周边的乡民也歇了农事，湖上各个码头的船老板们却忙得不可开交。走亲戚的人穿着簇新的衣裳，提了节礼，纷纷往船上挤，艄公们慌了神，直呼："上不得哒，我的嗲嗲们！"这些嗲嗲们原本是邻里，在逼仄的船板上相互拱了拱手，道一声"拜年啦"，竟然生出些拘束来。等挪脚站稳，那艄公早张起了帆，待撞碎几个浪头，船就像一只展翅的蝴蝶，已飘飘摇摇了三五里水路。

正月还是嫁娶的好日子，湖上的渔家，隔湖的农家，都喜欢租了花船迎亲送亲。到那时，隔十里水路就可以听到嘹亮的唢呐声和喧闹的锣鼓声，无论是岸上的还

▲春嫁（彭淼／摄）

是水上的人，都伸长了脖子往湖上瞭，此时整个大湖就像一座巨大的舞台，看那艘花船巡场走秀，慢慢消逝在不知名的港汊间。

倏忽间芦牙就冒了新黄，湖边花事繁忙，绚烂得一塌糊涂。湖上的鱼鹰子成群结队，要捕捉湖边产卵（民间称扑胜）的亲鱼，这会，渔民是不会到岸边布网的，但世居湖岸的半大小子们却顾不了这些，他们拎上鱼叉、提上马灯，逡巡在湖边，听得水响，便一叉飞过去，十之八九会叉上一条肥美的大鲤鱼来。

夏季清风吹来，满湖都是淡淡的荷香，采莲船出没其间，翌日，镇街上就有新鲜的莲蓬卖。还有菱角、芡实（鸡头米）。湖畔的芦苇丛，是野鸭、水凫、鹭鸶、白鹤的领地，偶有小船驶过，"惊起一滩鸥鹭"，嘎嘎声连起，众鸟展翅飞向天空，疾如箭镞，渐远渐小。

八月雨季的到来，毛里湖一片汪洋，行舟其间，则屡有风波之险。旧时毛里湖东接珊珀，南联目平、青草、西洞庭诸湖，实为巨泽，湖匪常匿迹于此，窜行无踪，祸害百姓。津市解放前夕，湖匪马坤山（马老五）盘踞毛里湖，抢劫行旅，霸占渔市，勾结官府，坏事做绝，后被人民政府歼灭。

宋代农民起义领袖钟相、杨幺以毛里湖等地为基地，抗拒官军，立国号大楚，在此留下了诸多足迹，如红岩寨、打鼓台、洗马池、梳成岗等。《澧县调查笔记》载："故昔湖匪猖獗，官兵恒苦无法剿灭。宋代杨幺，踞洞庭为害，宋元帅岳飞擒之，地在县南毛里湖。"相传杨幺建有大楼船，以轮代桨，行如飞车，岳家军苦无良策。后有本地土民献计于岳飞，在毛里湖遍置稻草，楼船为草所缠，杨幺才兵败被擒。元末渔家子弟陈友谅起兵沔阳，毛里湖也是其根据地。1949 年，左承统、周铁泗、谭徽岗等人领导的"湖南人民解放第四突击大队"，为避开国民党反动派的歼剿，也曾辗转战斗于毛里湖地区。

秋天的是丰收的季节，毛里湖除了莲藕菱芡，最大的收获当然是鱼，所产鱼类主要有鳙、鲤、鲭、鲩、翘鱼、鳜、鳊、黄古、银鱼、甲鱼、蟹、鳝，很受食客称赞。其中尤以银鱼为珍，是洞庭湖区的优质水产。渔民捕鱼的工具和方法众多，有手网、丝网、围网、拖网、耙子、砣钩、卡子、地笼、篓、罾、鸬鹚、钓竿、鱼叉等，分季节不同，各有所重。秋天湖水温暖，鱼儿爱四出觅食，因此丝网、砣钩、卡子用得较多。这几种渔猎方式，大多是黄昏放网（饵），凌晨起鱼，至时，夕阳垂落天幕，晚霞渐消，湖面上渔火亮起，一船一火，星星点点，若从湖东西望，渔夫渔妇，摇桨放网，恰如一幅幅剪影，定格在湖面上，绘写着劳动的艰辛与快乐。

一到冬天，那些斑头雁、天鹅、红嘴鸥、云头鸭，不远万里从西伯利亚飞来，在这里觅食过冬，它们群聚在毛里湖，像一群欢乐的使者，一忽儿扑拉拉飞向天空，一会儿黑压压落满湖滩，更多的时候三三两两结伴而飞，在湖面上往返巡航。过去不禁猎，无月的冬夜是猎雁者们的好时光，他们驾上小船悄悄划入芦荡，一阵排铳响起，便有满船的收获。但更多的人对越冬的候鸟是爱护的。毛里湖的西边有一个自然村落名叫"天鹅"，其源起大抵就是当地人对天鹅曾经栖止的怀念。近些年，在津市人民积极争取下，国家批准建设津市毛里湖国家湿地公园，全面禁猎，自然生态环境得到整治和改善，来毛里湖越冬的鸟类无论是品种、还是数量都越来越多。曾经绝迹的天鹅又重返故里，引来了众多的鸟类研究者、摄影爱好者的关注，来毛里湖考察、旅行者也络绎不绝。

毛里湖传说　毛里湖本身就是一个奇迹，千百年来，湖光山色，风雨雷电，产生过太多奇幻的景象，人们以此为蓝本，附丽以想象，掺之以感情，便成为了一个个神话，并口口相传，绵延至今。

（1）铁山坡。在毛里湖的西岸，有一片陡峭的红色湖岸，形如烧红的烙铁，当地人称"铁山坡"。相传许多年前湖里有鲤鱼精和鲇鱼精，鲇鱼精的老巢就在铁山坡下的山洞内。鲤鱼精有官身，是洞庭龙王钦命的湖中"管带"，而鲇鱼精是造反派，想抢班夺权。一个要管，一个要反，俩鱼精在毛里湖时常开战，把毛里湖搅得天昏地暗。后来龙王听闻此事，便请了雷公电母，一同来收治鲇鱼精。他先使鲤鱼精诱鲇鱼精出战，战至酣时，由雷公电母助阵，封锁三路，只留东边一路使其奔逃。鲇鱼精虽道法高强，但怎奈众神联手，没办法只得向东边逃窜，当逃至安乡大鲸港时，龙王早已擎宝塔在手，一招将其镇于塔下。鲇鱼精现了原形，原来是一条硕大无比的鲇鱼。鲇鱼不得动弹，后来其头就成了下鱼口，其尾成了出口洲。鲇鱼被镇住之后,人们才敢到铁山坡去观看,发现洞内锅盘碗盏齐备,还都是铜的,后来便把这个洞称为"仙人洞"。

(2)巨鼋。相传毛里湖铁山坡边有一户人家,其男人常年以钓鱼为生,碰到乌龟、脚鱼(鳖,也称鼋),也收入篓中。有天天没亮,这位便到湖边把钓,有鳞的鱼没有上钩,无鳞的脚鱼却钓了不少。眼见天色渐亮,脚鱼却钓了一只又一只,只只都有几斤重,欣喜之余,也不禁令他心生奇怪,莫非遇到了神怪?但转念一想,说不定这时鱼王菩萨赐的一笔小财呢,又继续钓。鱼篓已装不下了,他便折了湖边的柳树枝,把脚鱼串在一起,串了一串又一串。这时太阳从湖的东边升起,满湖金光耀目,突然间,湖中搅起巨大的水涡,一只比簸箕还大的巨鼋浮出水面,鼋头高高昂起,两只铜铃般的眼睛死盯着他,目光乌中泛绿,寒气逼人。巨鼋四周是数不清的小鼋,也个个昂头,一齐瞪视着他。这人忽然就像遭了雷击,丢下钓竿就向家里跑去,跑进门便躲进被褥中,一句完整的话也说不出来。当天夜里,此人便因寒惧而死,也有人说他是贪心不足,被巨鼋精摄走魂魄死的。郭青《孟姜山志》载:"(宋)辛卯七年,洞庭湖有巨鼋为害。鼋广丈余,走沙拥舟,或升舟以首足压舰没水。"

(3)烂索精。很久以前,毛里湖边住着一户张姓人家,张家人丁不旺,几代单传,一家三口,种几亩薄田为生。张家虽是小户,但父望子成龙,打小就把孩子送入族塾念书。孩子也争气,几年时间,文论经史,烂熟于胸。这年府试,取为案首,中了秀才,乡里为之轰动。但所谓福无双至,是年秋天,张父却因咯血之症撒手人寰,老母也积劳成疾,卧病在床。丧事办完,已是家无余粮,面对病床上的母亲,张秀才一筹莫展。眼见别人家都在湖边打鱼摸虾,秀才也想去碰碰运气,但弄鱼是要猎什(工具)的,他两手空空,又要面子,只能躲在湖滩上摸鱼。摸了半天,鱼儿也像欺负他这文弱书生,明明上了手的也都犟脱了。七摸八摸,以为摸着一条,拎出水却是一条烂索。秀才又气又急,把烂索甩在岸坡上,坐在一旁生气。不知不觉中,只见一位白胡子老人走到他身旁,说:"伢儿,这条烂索就是你家的聚宝盆,千万不要丢了!"正待问个究竟,老人却已倏忽不见。原来是场梦。人在穷蹙之际,哪管梦之真假,第二天,秀才即寻了根竹竿,拿这条烂索去钓鱼。没想到湖中的大小鱼儿都争咬这烂索,浪也赶不走,甩也甩不脱,半天不到,就钓了满满一篓鲜鱼。自此,秀才每天都拿这条烂索去钓鱼,吃不完的就拿到街上去卖,家境慢慢好了起来。后来秀才继续进取功名,在朝廷做了大官,关于他搭帮烂索精发家的事,就不胫而走,慢慢传开了。也有人说张秀才到京城做了官,烂索精却没有走,

▲毛里湖捕鱼（彭淼／摄）

一直在毛里湖作怪，只要大风大雨的天气，湖面上都会现出一条几丈宽、百把丈长的黑杠，那便是烂索精现身。有一次两个人网到了一条杯口粗的棕索，便往船上拉，越拉越长越拉越长，船快压沉都没个尽头。情急之下，其中一位便拿刀来斫，刀还没下，这索竟然像活物一般嗖地回溜下了湖，并将持刀的那位缠入湖中活活溺死。后来才知道是遇见了烂索精。

（4）狗儿哈。狗儿哈是毛里湖一段神秘凶险的水域，相传在这里发生过不少翻船死人的事故，民间有"船到狗儿哈，十个艄公九个哑"的说法。船行其处，常常是风云突变，本来晴空万里，瞬间便电闪雷鸣，惊涛骇浪，令人不辨东西。据当地老年人回忆，1980 年代某个冬天，白衣镇几个村的村民过湖到澧水修大堤，完工后乘机驳船回家，途经狗儿哈，忽然天墨如锅，大浪陡起，驳船无法驾驭，最后侧翻，6 人不幸遇难；2011 年，两位安乡县的渔民来湖中捕蟹，在狗儿哈下网，晴空之下，突然船头下沉，直插水中，两人落水而亡，十分诡异。民间有狗儿哈是"龙王遗珠、仙人封镇"之处的说法，但荒诞不经。现代人认为此处水域一定与地理构造、水文气象有关，只是缺乏科学研究和整理有待于一步步揭开。

第二节　古镇话旧

1. 渡口古镇

渡口古镇濒临西洞庭湖，北面距津市 45 公里，是津市的最南之地，号称津市的南大门。渡口镇初成于南宋建炎四年至宋高宗绍兴五年（1130—1135）年间，当时钟相、杨幺在西洞庭湖起义，为抗击南宋军围剿，长年驻扎于白云山下的武岗寨，并设关卡于东山渡口。过往船只、人员物资集中于此，傍湖成市，形成渡口古镇的雏形。历史上，渡口三面（西、南、东）临西洞庭湖，与浩瀚无垠的洞庭湖实为一体，西北依道教第五十九福地白云山，是一个依山傍水的洞天福地水乡。

明清时期，渡口镇是个以农产品交易为主、鱼市为辅的新兴码头集市。民国初期属澧县南四区，区公所设此，名白云乡。1949 年 6 月，渡口镇和平解放。1950—1953 年属澧县三区，区公所仍设渡口；1956年，成立渡口镇政府。1958 年 2 月，撤镇成立渡口人民公社，由渡口、棠华、毛里湖（保河堤）三个大乡组建，辖 17 个生产大队。1961 年5 月恢复区级建制，缩小公社规模，三个大乡又分成三个公社。1985年 12 月渡口乡由澧县划归津市，改称渡口镇，辖 13 个村、2 个居委会。2015 年，渡口镇与棠华乡合并，改称药山镇，辖 24 个建制村、4 个社区，镇政府所在地为原渡口镇。总面积约 110 平方公里，人口约 38000 人。

渡口镇境内历来以种、养殖业为主，种植业主要产品有水稻、棉花、油菜，副产品有红薯、油茶、绿豆、黄豆、芝麻、蓸果、瓜果等。养殖业主要有生猪、家禽、鱼类水产、蚕桑、獭兔、对虾等。境内森林覆盖率达到 65%，林木以松、杉、樟、桂、果林、苗木为主。境内有八宝湖、陈家汉两大天然湖，水产资源十分丰富。清代，渡口八宝湖的红眼银鱼是全国独一无二的银鱼品种。每到捕捞季节。湖中捕捞银鱼的风篷船是一大景观；全国各地客商到渡口收购红眼银鱼，也是渡口商贸服务行业最兴隆时期。

1949 年后，渡口镇成立渡口人民织布厂，是为境内工业之发端。

后建大米加工厂、面粉厂，为牛拉石碾的原始操作。随着时代发展，镇办工业渐至兴旺，相继开办各种门类的工厂多家，如轧花厂、机械印刷厂、纸箱厂、粉厂、砖厂、蚕厂、建材厂、茶厂、服装加工缝纫社等。进入新世纪以后，镇内民营企业发展加快，相继诞生了光大食品厂、龙屿环保砖厂、戴元祥节能砖厂、宏剑电动机制造厂等近两百家制造和食品加工企业。

渡口是一座有着深厚文华底蕴的边境小镇，历来重视教育。清末民初，境内有文昌阁，是集童蒙、公塾、中级书馆为一身的学府（1942 年改名白云中心完全小学）；1943 年，为纪念辛亥革命将领蒋翊武，本埠杰出人士许和均组建私立澧县翊武中学；1946 年，杨敏组建私立渡口保学（1951 年撤销）。开小镇办学之先河。这些学校，先后培养出了许和均、李品珍、杨西坤、杨维湘、杨敏等一批思想文化先锋和军、政才干。

渡口镇有悠久的文艺活动传统。早在 1927 年，袁国政在渡口创办荆河戏"松秀班"，其主要演员后来都成了津市荆河剧团的台柱子，渡口遂有"戏精之乡"称谓；1934 年渡口成立"八音堂"（围鼓团），方圆百里名气响亮；1953 年，镇街组建业余文工团，演出《白毛女》《穷八恨》《三月三》等剧目，深受群众欢迎。1958 年，表演剧《三月三》曾获湖南省优秀节目奖。

渡口镇有着丰富优美的自然和文化景观，其中最为著名的是"八景八宝"：

八景之一八宝湖光　八宝湖位于渡口镇街边，是西洞庭湖的一个内湖，湖中盛产特种银鱼，银鱼的眼睛上面有圆圆的一点红色，备受食客珍爱。每年捕捞季节，上百只的风篷船在八宝湖内捕捞，成为一大奇景。1954 年整治西洞庭湖，两湖隔断，此湖成为死水，红眼银鱼因无法洄游而绝迹。

八景之二小河古渡　相传楚平王无道，追杀良臣伍子胥，伍出逃时路过小河渡，遇摆渡女桃花，她虽然认出了伍子胥，但甘愿冒着生命危险将伍子胥渡过河。为安伍子胥之心，返渡时桃花女投河而亡。小河古渡，流芳千古。

八景之三龙潭映月　此景位于八宝湖畔金盆村，为一深潭，据说水深数十丈，有神龙居焉。此潭常年阴气沉沉，只有夜晚月光映照龙潭时，才有现出几分妩媚。此景在 1970 年整治外八宝湖时已间入外河。

八景之四云岭岩泉　此景位于白云山下枫树村仙峰峪水库，又名"二圣岩"。崖壁上突生两块巨石，分上下两层叠在一起，岩石下泉水常年细流不断，故得其名。1960 年新修水库，水位提升，此景被淹入库内。

八景之五洞口春深　此景位于翊武中学的后山，该山曾为杨幺、陈友谅的哨所。

山上有洞，内有石桌，石椅，石床等，相传有仙人在此修炼。民国时期，此洞常有游人观光。现因河水升高，此洞已没入水中。

八景之六姬公宝刹 此景位于三合村陈家汉旁，为一寺庙。相传嘉庆二年（1797），居民蔡天禄所生一对龙凤胎，弟弟不幸落水，姐姐为了救弟弟，双双没于水中。乡亲们把堰中水车干，但没有姐弟的尸体，只有两棵枯树缠绕其中。事出神奇，乡民故修建此庙以作纪念。寺庙供周文王，大概取其制礼之义。嘉庆廿二年（1817），澧州道台刘红袍专程为此庙题写对联："赫赫姬周八百载声震未艾，振振公性亿万年姐弟常青"。此庙毁于"文革"时期，1994年重建。

八景之七长堤柳绿 陈家汉是西洞庭湖的一个内湖，湖面九百多亩，从渡口横堤街到翊武中学门前，长约里余，堤边皆植垂柳，绿树成荫。树下游人漫步，柳旁渔人垂钓，风景可谓惬意。1954年西洞庭整治后，长堤被毁，此景不再。

八景之八古阁文昌 文昌阁，位于庙前山，建于清末。民国时期，此阁为三进九间，形制宏大，内供孔夫子圣像。从庙前山脚至门首原有百步石阶，两旁建石桩和铁链护手，门前有两人合抱不拢的古松数十根，有四块两米多高的石碑，记载捐建功德和修阁经过。民国以前，阁内曾设公塾；民国后期，改为武陵后河渡口市白云中心完全小学，解放后为渡口中心小学。此阁毁于1960年代。

八宝之一龙船洲 位于八宝湖龙船港边，是历代纪念屈原赛龙舟的一个集合地。清末民初时，每年五月初五，南四区在此主办龙舟赛，均以此洲为起点，后得名龙船洲。

八宝之二接龙桥 渡口原为一里街，也叫一条龙，街头五符堰的水要从街边流出，所以正街要修一座桥，但修桥就挖断了龙身，为图吉利，故将此桥赋名"接龙桥"。1958年重修街道时此桥已毁。

八宝之三文昌阁 清末民初，此地是周边最高学府，师资力量雄厚，校规严明，南（南县）、华（华容）、澧（澧县）、安（安乡）、福（临澧）、益阳等地都有学子在此攻读。

八宝之四虎心山 位于八宝湖西北角，山形如虎心而得名。老人有言：金盆浚，龙潭清，龙胆配虎心。

八宝之五花生庙 又名花生岗庙，由雷、唐、裴三姓人家建于清代。津市解放前昔因世局不稳香火清淡，僧人离寺。后来拆除此庙改建渡口农业中学。2007年，由村民裴世新自筹资金重修此庙，再续香火。

八宝之六鲢鱼山 鲢鱼山是八宝湖南岸的一个小山，位于周家店镇天井村，相传此山之下鲢鱼成群，故得名鲢鱼山。

八宝之七金盆山 位于金盆村，此山中间有一块凹地，形如聚宝盆，相传为聚渡口八宝的金盆，故得名。

八宝之八进士堰 位于八宝湖东南角龙头港的一座小山之下，相传明代此地住有姚、曾二姓人家，两家相处和睦亲善，教子有方，两家一科中了三进士。曾姓的儿子在攸县为官，回家后在门前掘了一口堰塘，后来人们就把它称之为进士堰，是出人才之宝地。

关于民国时期渡口镇的街景市貌，吴国建教授的文章《千年沧桑话渡口》，叙述得比较详细，我们可以沿吴先生的笔端去感受一番。

家乡渡口，春有桃花盛开、杨柳轻拂；夏有荷花莲蓬、蝉虫鸣耳；秋有稻谷飘香、拌禾收割；冬有白雪皑皑、青松翠竹，四季景色让人目不暇接，流连忘返，心旷神怡。

古镇渡口的集镇，面积不大，仅约0.8平方公里。整个街道呈狭长的人字形排列，南北方向从北街许和钧家的大院，五符堰（解放后的公社，现今中心卫生院）到下码头的周家渔行，湖边的江山蹬，长约一华里；东西方向从北街沿介福庙，经杨万源和丁永兴两大家的筒子屋幽深的窄巷子，再经王家公屋直通横堤到东山文昌阁（解放后渡口完小），长约二华里。如此狭窄的小镇，却是宋、元、明、清四个朝代的水上黄金交通要道。

弯曲狭长的麻石街道被两座古川门牌坊分为三截。两道牌坊之间的街道为闹市，云集着繁密的商铺，有丁永兴的南货，台裕成的布匹，义盛恒的百货，王协泰的副食，生生堂的药铺，朱、雷、杨氏三家的米、酒、盐行及日杂铺，向桂吾家的復源树行，大昌烟铺，李同兴的渔具日杂行，黄氏西医门诊，陈记钱庄，谦和布庄等，这些老字号商铺，货源充足，品种齐全，物美价廉，极大满足了边境四县（常德、澧县、安福县、安乡）老百姓的生活需要。

古镇街道的夜市极为热闹，即使没有电灯的年代，丁永兴、台裕成两家每晚独一无二的时髦煤气灯，也照得街道的石板路如同白昼。小贩摊担来往穿梭，叫卖声此起彼落，热闹非凡。尤其是敲着清脆竹梆卖馄饨的挑担，是大人小孩最喜欢围着的摊点，大家叫上一碗，边吃边聊，尽情享受生活带来喜悦。夜晚，古镇有更夫定时敲锣报时，从一更报到五更，边敲边喊："各家各户、小心火烛、谨防偷盗"。这一习俗，延续至王茂盛老更夫去世，是伴随着我们童年成长的歌谣。

街道牌坊西是唐氏兄弟的猪肉铺，肉铺前有一小横街，南通八宝湖畔。街道横堤北是陈家湖（陈家汊），古镇渡口的百姓过去在无自来水的情况下，大都是用水桶挑这南北两湖的水生活的，如果说八宝湖、陈家湖（陈家汊）是我们的母亲湖，一点都不为过。只是如今八宝湖由于围湖造田已经不复存在，陈家湖变成了渔场，水质污染，已经达不到直饮水的标准了。

渡口街道从北至南有几大场所和建筑至今难以忘怀，它承载着古镇悠久的历史和文化。北街五符堰旁的许家（许和钧家）大院，很是气派，走进大院经过大厅是一个大的天井，天井左右各放有一个大的龙缸，四周厢房用长的走廊串连，二进中厅正堂有接待客人的厅堂，由于许和钧已到长沙任省参议，子女均住在省城，房屋大多时是空着的，解放后大院已经交给政府，先是做了公社办公场所，后又改成了镇中心医院，医院又在此几撤几改，昔日的许家大院、包括大院旁的五符堰都不存在了。

中街的界福庙，始建于道光二十二年（1842），是中段的一座宏伟庙宇，有碑文广场、大殿、迎宾殿、四合院等四进房屋。相传香火旺盛，是不少善男信女烧香祈福场所，后在"文革"期间拆毁。界福庙对面的"可以观"戏院，是当时街道上比较高大的建筑，戏院露天广场就有2400平方米，戏院围墙有一人多高。过广场到戏院正厅才能看戏，正厅很大，座位有400多个，还不包括厢房。戏台由实木地板铺成，有110平方米。这在当时应该是一个比较豪华的戏院了，据传省城、津市的不少戏班曾在此进行过演出。

南街临河的下码头的江山蹬（江山等），有猪行、渔行、柴火行三大综合交易所，三县边界的农民的农副土特产品，大都集中在此交易，每天车水马龙，热闹非凡。1934年，美国传教士来到渡口，在南街下码头投资修建了一座天主教堂，建筑面积达400多平方米，鼎盛时期每天有100多人在天主教堂听经、做礼拜，1948年美国传教士离境，天主教堂于1955年撤毁，其建筑材料用于东山文昌阁的小学建设。

中街是渡口中医世家闵氏家族的院子，再过去则是王家公屋。王家是渡口较有名望的家族，那时王家逢年过节都会聚此进行家族活动，也是街上的热闹事。解放后公屋办过民办小学，"大跃进"年代里，成为人民公社大食堂。

往东行来到横堤街，它是通往东山文昌阁小学校的必经之路，此街实际上是一道防洪内堤（防南面洞庭湖水漫进北面陈家湖），堤正南边有一口池塘（该池塘现已填平，成为镇里唯一的农贸市场了），经池塘再往南是一片低洼的湿地，六十年代改造成镇园艺场的蔬菜种植基地。横堤街由于地势较低，街道上房屋建筑大都是吊脚楼。随后经1954年洞庭湖治理和围湖造田后，渡口水患已经消除，横堤上建筑变成社办农具社，铁器、木器、篾器陈列其间。横堤上有两家油榨坊，即石家油坊和杨家油坊。石家油坊在面朝陈家湖，背靠八宝湖，房屋建筑呈凹形结构。杨家油坊在横堤街往东山文昌阁的黄土坡上，与石家油坊相反，它是背靠陈家湖，面朝八宝湖，房屋建筑成一字形布局。

顺着黄土坡往东爬上东山文昌阁，古阁隐藏在参天古树林中，高大的梧桐树，珍贵的杜仲和栗木树，给古阁庙堂增加了神秘色彩。阳光只能从树叶片之间的缝隙中投射出一星半点光芒，古树下倒卧着三块大青石牌，上面刻有捐款修建古阁的人名，由于年代久远，石碑已经倒下横卧，石碑上的人名已模糊不清，石碑在炎热的夏天成为人们休闲睡卧的凉床了。文昌阁内建筑风格独特，古香古色，精湛的雕刻工艺无处不见。由三进九间的大殿、天井、厢房组成的建筑群气势恢弘，后堂长廊旁呈凹字形结构的房间就有三十多间。解放后，大堂巨大的佛像被砸碎毁掉，文昌阁改成了镇小学。如今站在文昌阁门（也是小学门）外，放眼望去，昔日广袤无垠的洞庭湖，变成了一马平川的良田，不禁让人心生沧海桑田之感叹！

2. 新洲古镇

新洲镇位于澧水尾闾，洞庭湖西缘，东濒澧水，与澧县小渡口镇隔河相望，东南为澧县良种繁殖场，南接本市毛里湖镇，西北与澧县澧南镇、西北与临澧烽火乡接壤，北与津市高新技术产业开发区犬牙交错，距市城区约7公里，镇域面积85.94平方公里，总人口约3.3万。

新洲镇是津市境内历史上唯一有筑城历史的古镇，准确说应称之为"新州"。

东晋建元二年（344），南郡太守王胡之避司马无忌，移南平郡治于澧阴，极有可能是在新州；晋太原十年（385），太保谢安筑土垒，曰"新城"，这是新城之名首次出现。新州筑城有明确记载的是在唐代大历年间（766—779），李泌任朗澧峡团练使，更筑新城。但这个"新城"究竟是在晋之土城、或者其他哪个朝代所筑之"旧城"基础上砌建的呢，目前史无定论。考古学家彭佳先生认为："在新洲城外分布着大量的战国至两汉墓群，其中尤以汉墓为主。如此密集，高规格的墓群在湘北地区十分罕见。这也反馈给我们一个重要信息，战国至两汉时期，新洲已是澧水流域的政治经济军事文化中心。唐代李泌所筑新城被有可能是在楚、汉旧城基础上扩建而成。"如此说成立，则新洲镇的历史更将上溯600年，有两千多年的厚度。

2011年，湖南省人民政府将新州古城的时代重新公布为晋至明。从建置沿革来看，新州在晋时属南郡，郡治有很长一段时间设在此地。南北朝时，朝廷始置澧州，新州属澧州管辖。唐贞观元年（627），尉迟敬德监修城隍庙，贞观十七年（643），李元则出任澧州刺史，或移州治于新州。宋建炎年间，钟相、杨幺占据新州。元代新州属澧州路，至元二十年（1284），澧州路治所迁回新州；至正年间（1341—1370），刘福通据澧，州城被毁。明朝设澧州府，明洪武五年（1372），知府胡郁将府治迁往澧阳，新州镇作为州治的历史自此不再，其经济文化，渐次衰落。明正统九年（1445），设嘉山巡检司在此。清朝及民国，新洲一直是澧州和澧县的属镇，建置沿革没有变化，但镇名在同治元年（1862）由"新城"改为"新洲"。

1949年8月，澧县人民政府成立，全县划分为7个区，新洲为2区所在地，辖道溪、龙山、萤台三乡；1951年6月，新洲设镇，为县辖三镇之一（澧阳、新洲、垱市）；1958年9月，撤新洲镇设新洲人民公社；1960年春，改新洲人民公社为津市市郊区人民公社先锋分社，划归津市管辖。1961年10月恢复为新洲镇；1963年7月，新洲镇划归澧县，隶属白衣区；1985年11月，新洲镇随白衣区一并划归津市管辖；2015年底，原灵泉镇并入，统称新洲镇。

新洲镇的历史文化背景相当丰厚，除作为州城而吸附、产生的人文气象外，它还是中国四大传民间传说之一"孟姜女故事"的发源地，境内嘉山即称"孟姜山"；同时它还是晋代名臣车胤的故里，"囊萤照读"的典故即诞生于此。新洲境内，山川湖泽多聚灵气，宋时即有"樱花古洞""石岭樵歌"等古城八景。新洲的文化教育源远流长，元大德年间，"车渚书院"即开办于此，这不仅是津市境内的第一座书院，也是澧州历史上的第一座书院。历史上新洲名人辈出，前有孟姜女、车胤，后有李如圭、李庭咏、郭春山、郭青等，百代文气，蕴藉如兰。新洲自古民风淳良，人民乐善好施。嘉庆十二年（1808），本乡士绅捐资筹建"宾兴馆"，开办义学；光绪六年（1880），州同梁文湘妻梁胡氏捐修东门桥，造福乡里，永为传诵。

1912年，新洲为澧县南三区驻地，辖58团。1914年，福音堂创办"新兰学校"；1931年，在城隍庙建新洲戏院，有"同乐""文化""新华"三家戏班常年驻此演出；1938年，长沙兑泽中学疏散至新洲；1942年，津市电话局于新洲安装总机一台；1946年，新洲商会筹办"光明"电厂。可见新洲有如志在振兴的昔日贵族，一直追赶着文明的脚步。

从新洲市镇的建设布局来看，古新州城在今镇街偏西，地址在原城内村。东门之外，街市向东侧澧水延伸，故新洲历史上只有东街、北街和南街之说。古城东濒澧水，其以东门为盛。明清时期，东门之外商民聚居，渐成河街，这是后来市镇东移的成因。古城曾有护城河、城门桥，后因失修而倾圮，渐无城堞形貌。民国时期的北街口，城门已不存，但建有一石坊，上刻"澧浦津良"四个大字，石坊下用麻石砌有10级台阶，进出街口均须越此。北街长约400米，街面均用麻石和青石铺砌，甚为整洁。北街当时为前街后巷，有各色店铺九十余家，其以绸布、南货、百货、生药、饮食业为主，名店有大华绸布庄、梁升记粮行、美丽百货店、大安旅社、容芳照相馆、复源昌香烟店、德厚昌药铺等。此街内还有天主教堂、雷祖庙、曹家祠堂、明心堂等宗教文化场所，街口外有大德寺、武庙。历史上南街曾是州治所在，因此文华二井、城隍庙、万寿宫等古迹均在此地。此街形制逊于北街，街面仅6尺，但也青石铺面，有各种店铺七十余家。此街以手工作坊、粮杂交易、茶馆等为主，名店有胡记粮行、福记榨坊、三益公鱼行、胡光荣木器行、万记银楼等。此街内还有老书院、宾兴馆、梁家祠堂、韩家祠堂、新洲小学等。东街连接河街，为硬土街道，其地五方杂处，有各色店铺百余家。其以手工作坊、牲畜交易、日杂陶器、茶馆饮食为主，名店有喻记银匠、梁记织坊、陈记牛行、卜记茶馆、张篾器日杂店等。

2014年9月，新洲镇以其悠久的历史文化背景被确定为全国重点镇，2015年，又被常德市列为美丽城镇试点镇和津市市城乡一体化建设重点镇，在津市市委市政府的大力支持下，该镇积极争取国家政策扶植，多方筹措资金，启动古镇重建工程。几年来，通过街道整修、景观重建、文化打造，古城旧貌变新颜，不仅焕发出雍容的华姿，而且成为津市漂亮的南大门，笑迎四方宾客。

新洲古城八景：

车渚萤辉　即车渚书院。相传此处为车胤囊萤照读之处，始建于元大德年间，

▲新洲镇鸟瞰（网络图片）

▲新洲镇神九堰乡村渡假区（网络图片）

由御史李庭咏（新洲人）与州守杨国祯谋划修建。书院规制齐整，学子琅琅书声，是为一景。

文华双井　在南街原车渚书院前，为雌雄二井。相传当年由文姓人家凿左井（雌井），华姓人家开右井（雄井），汲雌则雄竭，汲雄则雌竭，并汲则并深。故名文、华双井。今文、华两姓在新洲后裔尚多。

观音灵池　在原州府西边数百步处，为一方圆里许的大池塘。相传唐代某年大水，有观音像从池中涌出，里人礼拜祭祀，数日不见。

樱花古洞　在新洲城西两里许。相传古时有人修炼于此，白日飞升。其所遗炼丹灶、捣药臼，百物皆备。

江流涌月　月夜登嘉山，伫于望夫台，放眼东望，浩渺洞庭，水天一色。澧水宛如白练，盘绕其间，碧波涌动，月光映照其上，恰如碎银挥洒，是得其景。

石岭樵歌　州府之南有石子岭，常有牧童、樵夫出没其间，樵歌野调，依稀相闻。州府升堂，每有刑呵，则顽童效仿，官吏不胜其扰，因此留下了"澧州地势轻，说话有人听"的俗语。南唐时期，有樵子清晨放歌于此，郡守闻其歌声，竟生出世之想，挂印而去。

岩湾晚唱　澧水绕嘉山折行，北麓多石，俗称岩头湾，湾下常泊渔船上百，夕阳西下，江面上渔火如星，一歌声起，百歌相应，如诗如画，令人陶醉。

菡萏熏风　城中有菡萏池（又名荷花池），夏日时节，碧叶浮绿水，荷苞刺青天，叶摇花摆，清香四溢，若有莲舟荡漾其间，则只闻笑语互答，不知身在何处。

第十二章 津市趣话

语言是情感交流的工具，也是文明承续的纽带，但不同的民族有不同的语言，同一民族也因地域不同而有方言的差别，却是一件十分有趣而值得研究的现象。如果说语言的产生是大自然影响的结果，那么它的变化却与社会发展有着莫大的干系。譬如政治形态的裹胁，譬如经济格局的左右。语言的背后有历史，语言的深处有悲欣，但语言本身却似一条大河，在趋向文明的过程中不断交融、集合，它的源流泾渭分明，生生不息，最终构成一方色彩斑斓的五色海。

津市话因津市的地理位置而定义。津市地属澧州，因此津市话寓于澧州话之中，属于西南官话范畴，故常常可以和湖北话、四川话扯上瓜葛。但明代中叶以后，津市从"八百里洞庭"水中浮出，成为"九澧门户"，各地商人汇集于此，因此各种方言也杂糅其中，使得它从"澧州话"中凸显出来，形成鲜明的地方特色。津市话的主要特点是大量兼容西南官话词汇、土苗词汇、山陕词汇、吴语词汇、湘方言词汇等，因此津市话在语音上变化更多。有研究资料表明，普通话只有四个声调，津市话还保留有大量古仄声，如"ê"，成为五个实际的调值，再加上"轻声""重读"，具有七种声调类型。

然而"津市话"也有区块大小之分别，狭义的"小津市"就是津市市区（市北及襄阳街），主要是商埠码头，受下江语汇影响，说话尖细轻短；"大津市"是现在的行政区域，包括了四个郊镇，乡镇话基本上是澧县腔，说话稍显厚重宽阔。再细查，乡镇内还可以粗略划出一个白衣镇"方言岛"和药山"方言区"。白衣方言中 y/r 相混淆；zhi chi shi 和 zi ci si 也相混淆；如人们就常把"教育局"说成"教 jiáo 育 yôu 猪 zhū"、"落雨"说成"落 luô 乳 rǔ"。而药山镇（包括原渡口镇和棠华乡）的部分地区，发音则明显地带有常德话音。总之，津市行政区划的多次演变，早就使津市、澧县更趋融合，初来乍到的外地人是分不清澧县话和津市话的。

方言是以口语流传下来的，而口语的精髓是"厘语""俗语""歇后语""民谣"，因而其谐趣性非常重要。几千年来，人们口口相传，保留下来的基本上是那些生动鲜活的"趣话"，津市话、澧县话更不例外。当然，这些"趣话"中的粗口、脏话和其他方言一样，也占有很大比例，我们应该要用宽容和自然的态度去看待。此辑只是在浩繁的"津市话"中，去芜存菁，尽力遴选出地域特点鲜明的词条，以期揭橥津市地方语言的丰富和谐趣性。

1. à ge zà di　啊咯杂嘀、哦咯咋嘀

语气词。相当于古汉语"噫吁嘻危乎高哉"中的"噫吁嘻"。

澧水上游说"哦咯杂嘀"，澧水中游说"无咯杂嘀"，澧水下游说"啊咯杂嘀"。

例：啊咯杂儿的！左边一缸金，右边一缸银，跌么多喔！

2. bā ba　巴巴

名词。泛指圆形的物体，形状像"粑粑"的物件。"巴巴"主要是为了说给婴孩听的，易说易记。

例：用纸剪个圆巴巴。

　　有一次考试他还吃哒咯零巴巴。

古典文学中借指巴掌。《荡寇志》八十："一声呼喝，向那左边面颊上足足打上了二十个大巴巴。"

澧州童谣《月亮巴巴，跟哇我走》：

（1）月亮巴巴，跟哇我走；走到南山口，你称（称量、购买）肉，我打酒，俺两咯吃哒交朋友。

（2）月亮巴巴，跟哇我走；走到南山口，喝烧酒，烧酒辣；换枇杷，枇杷软；换菊碗，菊碗破；换炉锅，炉锅尖，冲上天！

（3）月亮粑粑跟我走，一走走到南山口。我给月亮打烧酒，烧酒辣，买黄蜡。黄蜡苦，买豆腐，豆腐薄，买菱角。菱角尖，尖上天……

（4）澧县版：月亮粑粑，跟哇我走，走到南山，打咯石榴，石榴洞里一壶油，三个幺姐会梳头：大姐梳嘀盘头卷，二姐梳嘀凤凰头，只有三姐不会梳，左一梳，右一梳，梳咯狮子滚绣球；大姐戴嘀金环环，二姐戴嘀银环环，只有三姐不会戴，左一戴，右一戴，一哈戴根豆芽菜；大姐骑嘀金马，二姐骑嘀银马，只有三姐不会骑，左一骑，右一骑，一哈骑咯癞咳蚂（癞哈蚂）！

（5）津市版：月亮粑粑，跟哇我走，一走走到小街口，月亮姥姥往下看，看见了过门的小媳阀。小媳阀，勾下头，手遮脸儿好怕丑。叫声小媳阀，只管莫怕丑，快穿嫦娥的花衫儿，快抬吴刚的桂花酒……

（6）安乡南边话版：月亮 liǎng 粑粑，肚里坐个嗲嗲，嗲嗲出来买菜，肚里坐个奶奶，奶奶出来装香，肚里坐个姑娘。姑娘出来绣花，绣打一

扎虼蚂。虼蚂咕咕鼓，和尚呷豆腐。豆腐一铺渣。和尚呷粑粑。粑粑一
匌壳，和尚呷菱角。菱角扭扭尖，和尚上哒天。天上四个字，"和尚犯哒
事"。老爷一喊打，吓得和尚的裤一垮。老爷再喊杀，吓得和尚的尿直洒。

3. bā de　巴的、吧的

次生方言，名词。"乡巴佬"的变异词，指土里土气的人，流行于 20 世纪
七八十年代。澧州乡民说话，尾音中多带"吧"和"的"，如"三吧（老三）""伢的"
（小娃儿）。城市人睨视乡下人，称为"吧的"。

至于用于回答问候时所说"罢的""还罢的"，是"还行""还过得去"的意思。

4. bā jì　巴基、巴籍

名词。在澧州方言中"迹"泛指旧地方、曾经的地方。"基"指基础、出生地、
来历等。"籍"指籍贯、老家、家乡等。近义词有"点埠"或"点啵""点巴"。

（1）泛指地方、地址。澧州西北部说"廊场儿"。

例：你是哪个巴基的？

（2）指小的空间、位置、座位等。也常缩略为"巴"。

例：跟我让个巴（让个地方给我坐一下）。

　　你攒个巴（移动、换一个位置），好不好？

（3）引申为根的意思。

例：铲你的巴！（拆你的屋，灭你的人，铲除你的根基！）

5. bā ba　粑粑

名词。饼类食物，多指用大米自制的圆形食物，津市人的"饼"特指面食品。如：
米粑粑／年粑粑、印子粑粑、糍粑、叶子粑粑、蒿子粑粑，粽叶粑粑、桐叶粑粑、
蕉叶粑粑、高粱粑粑、蒿子粑粑、地米菜粑粑、酒糟粑粑……

例：迭咯伢惹在迭里哭呢！他在哭些么得？

　　哭么得？伢惹哭粑粑哈！

粑粑不仅是美食，而且还是吉祥物。起新屋上梁时就离不了抛撒粑粑，众人
参与哄抢。一根披着红布的新屋梁端正地横卧在屋脊上，两位木匠师傅正站在两头，
时而唱歌，时而喝彩，地面人群也随之雀跃呼应。站在墙巅的师傅手拿两个大粑粑，
问地面上的房东："要富还是要贵？"主人答："富贵都要！"

"元宝一对，万年富贵；元宝一双，谷米满仓；元宝元宝，子孙阁老！"师傅边抛边唱，东家喜笑颜开地将粑粑接在怀中。师傅接着又唱："哈哈笑，笑哈哈，双手捧出梁粑粑。四面八方遍地撒，大家越抢越发达！"于是，爆竹响起，粑粑雨点般地从顶梁上洒落，人们争先恐后，嬉哄争抢，好不热闹。

澧州习俗中还有"打狗粑粑"。人放寿后装敛时，要给死者左手串七个"打狗粑粑"，以备打发恶狗，不然魂魄回不到阴间。

童谣《推家磨》：

（1）推家 gā 磨，拐家磨，推个粑粑吃哈哆。人来哒，夼 kuǎng 哇哈着，人去哒，吃两个。隔壁的王妈妈来点火，不吃不吃吃哒十几个；回去就喊肚子疼，接道士，敲 kāo 灵钵。好 háo 吃的老妈 má 死得过，隔壁的姑儿哭婆婆。

（2）推咯磨，拐咯磨，推点粑粑吃哈哆。客来哒，吃两个，客去哒，夼 kuǎng 哇哈哆。隔壁王妈来借火，一餐吃了十五个，肚子胀得不过活，半夜起来摸水喝，门闩碰到后脑壳！

童谣《推粑粑》：

推粑粑，接嘎嘎（外婆），嘎嘎不吃你的糊（烧焦、烤煳）粑粑；炒米呀（米泡哇），接姨呀，姨呀不吃你的糊米儿。

澧州还有童谣：

莲花闹、闹莲花，莲花下面煎粑粑。粑粑煎得二面黄，又酌猪油又酌糖。

6. bǎ ji　把迹、把记、把本、把迹本

把柄、凭证、依据、证据的意思。澧州东南说"把迹本"，澧州中心区说"把迹"，澧州西北说"把本"。有时简略为"本迹"或"本金"，讹音所致。

例：你迭么听他的话，是不是有么得把迹落他的手里哒哟！

有时当做"把把"（抓手）使用。

例：迭么溜光地，有个把把就好打。迭哪么好用力惹？迭不好使力哟！

7. bǎ xi　把戏

（1）本意指杂技、魔术之类的街头表演，也称"大把戏"。如"耍把戏""玩

大把戏""演把戏""看把戏"。

津市大码头卖艺者，靠表演魔术、武术之类收观众的小钱。表演者总是腰扎红绸带，赤裸上身，念念有词："我内练一口气，外练筋骨皮！"用一块红砖使劲打击胸脯，打得肌肉泛红。有时也"铁砂掌"断砖，而后绕着围观者的圈子打拱手说："走过路过不要错过！有钱嘀捧咯钱场！没钱嘀捧咯人场！"推销治跌打损伤的狗皮膏药或草药。

例：走啊，到大码头看大把戏去！

（2）喻指"花招"，蒙蔽人的手法。引申为指搞阴谋，玩名堂，如"鬼把戏"。

例：收起你这套把戏，我才不会上你嘀当。

　　把戏把戏，原来是假嘀！

（3）转义"把戏""小把戏"，对可爱的小孩的一种昵称。

例：你看这个小把戏，真的有趣趣。

8. bàn zhǔ　办主（办事、办子、办行、调主、扮子）

动词。故意、存心、特意。

例：我又不是办主为他做的，顺便的事儿。

　　听说你要来，我办行买了只鸡，今天你就喝点酒，多吃点菜！

9. bǎng těi　绑腿、绑吧

名词，次生方言。本意是"捆绑在一起的人"，喻指情人。津市人说"绑吧"，澧县人说"绑腿"，安乡人说"腿子"。

例：你晓得啵，他在外边，有两个绑腿呐！

10. bāo lǔo là　包落啦、包落啦

"落啦、落嘛"意思是指剩余下的、残留的，差的、不合格的东西；最后一位。

例：迭个猪吖还算长哒，捉来时是个落嘛，还以为养不活嘀呢。

　　上次一些黄豆的落嘛，我咯把它俺沃哒酱哒嘀。

"包落啦"意思是把剩余下的、残余的全部接受或买下了。很多街民购买蔬菜等物品，总是采取"包落啦"的方式，以期价格低廉一点，因此有"落嘛落，有汤喝！"的自嘲。

11. bāo zi　包子

包子是面食品之一,"菜包子""肉包子"。澧州有歇后语:肉包子打狗——有去无回。还有俗语:包子有肉,不在皮上;人有学问,不挂嘴上。津市人将"包子"借用来比方:

（1）做贬义。特指奢侈浪费,不知道节约的人,称为"包子",指责其人"包得很"（愚蠢）。还说"半斤灰面做的大包子",来比喻"很包"的人,指责他的大手大脚。更有说"一百斤灰面做的包子",来讽刺暴殄天物的人。

例:你呀你,哪嘀就迭么包子,你把钱烧咜搞么的嘀?!

（2）做褒义。指像吃包子那样舒畅。

例:你看他,搞咯人嘀事搞得一包子嘀劲!

（3）澧州人为了俭省,还直接说某人"包""包得很""好包喔"。"包"且又和"宝"相近似。同义词、句有"半头""宝里宝气""袋哒倒提起走嘀"等。

有趣的是"吃糖包子沃哒后背心"的笑话:有个人到包子铺买糖包子吃。热包子被他咬第一口,糖就流了出来,粘在手上,他就低头舔手。而糖顺着手腕往下流,眼看流到手肘了,他觉得可惜,就举起手,用舌头去舔肘弯上的糖,没想到手往后一举,包子里的糖又滴到后背上,沃（烫）得他哇哇直叫!幸得路人赶紧帮他擦掉背上滚烫的糖汁,不然还要巴哒哒沃!但仍是已经晚了,后背皮肤还是已被沃红哒一块,快要起水泡哒!

12. báo mòng　报梦、托梦、捆同

指在梦里见到死者,和死者说了话,或有所托付、请做某事——死者在活人梦中说话。"捆同"则是亡魂通过灵魂附体的方式,借被"捆"之人的口说话。

在道教与民间信仰中,鬼神可在人的梦中出现而嘱咐交代,或以各种情景示人,预知吉凶祸福。如吕纯阳祖师庙,多半有禅房供檀越休息待梦,俗说吕祖师有黄粱梦度人一说。一些文艺作品,常常借托梦来演绎故事。如枉死鬼魂,欲托付他人,以明案情;或是天仙神佛,欲警示善男信女等。

明朝大臣李如圭途经山东,客死于此的澧州,老乡孟姜女就托梦给他,于是他才在回乡后呼吁和建立孟姜祠。这也许就是澧州最著名的托梦吧。

托梦和捆同都是生者和死者间发生的一种特殊对话,这种"阴阳两隔"的事都是一些令人不安的体验。

13. bāi diáo zi 跛吊子

动词，指某人在私下里使坏，破坏别人的事，使事情办不好、做不成功，使原本能成的好事难行、难办，变成"跛腿""跛子"。

吊的本意是表示祭奠死者或对遭到丧事的人家、团体给予慰问；悬挂；提取，收回；古钱币数量单位。

14. bái jí 拜继、拜寄

澧州一般是指通过拜现实生活中的人，以解决问题。有的举行仪式，有的磕头即可。泛指小孩或青年对年长者结认干亲，认干爹、认干妈之类，把"干妈干爸"喊为"干啦"。

例：他小时候就拜继街上嘀张老板为干爹哒嘀。

迭个伢惹好乖嘀！你咯拜继给我做干儿子吧！

15. bù er [ŋ]ān di huó shǎng jiǎ qî zāi 不二庵的和尚——假吃斋

不二庵，老人们说庵址在原味精厂，即今澧水大桥南桥头偏西。津市人认为城里庙的和尚"假装不吃荤、假装好人"。

16. bù xiǎo shi 不肖尸

不肖：不贤。指品德差，没出息。"不肖尸"在澧州方言中是贬义词，是指责和骂人的话。是说某人根本就没有继承前辈、师长的精神和事业，极不负责任，好吃懒做、任性、叛逆、害群之马等，泛指不行正道做坏事的人。

17. chǎ lā máo 敞拉毛、碴拉毛

指质量差的物品，泛指伪劣产品、质量差的东西、次品、水货。

"敞"原意指打开、未封口等意思，这里是"不妥、差"的意思。同义词有"稀壳""差火"。

18. cháng bá sǎn 长把伞

过去常用桐油纸伞来遮风挡雨，黄色油布长把伞。在澧州方言中，尾巴过长称为"拖尾巴"。"长把伞"就用来比喻那些难以落实、没有固定完工期限的事。云南昆明方言里也有"长把伞"，意思是兑现不了的诺言，空头支票的意思。

例：我真的不希望这事儿搞成个长把伞，你要给我抓紧些啊！

雷不搞成咯长把伞哒？！

19. chēn tǒu yé zi jiǎn biàn chá 抻敨叶子简便茶，要喝纸烟地哈拿

一般人家喝的"粗茶"，就是一片"抻抻敨敨的"茶叶子而已；也抽不起纸烟，只能喝（抽）叶子烟（自卷烟），或者切成细丝放进烟杆袋（称为"烟跎"）的烟锅里来吸。

如果这样的"简便"生活你过不惯，还想抽纸烟，那好啊，"地哈拿"，你自己去街上捡"烟把把"（烟蒂）抽吧！

20. chōng hōu 冲吽、充侯、充齁

侯：封建制度五等爵位的第二等，侯爵、侯门、公侯、封侯、诸侯，古代士大夫之间的尊称。

津市码头上的所谓"很人"喜欢"冲吽、充侯"，意思是"逞英雄、充老大"，与街痞子"逞凶""称霸"一致。

21. dà lǎo kuò 大脑壳

（1）在津市特指弱智之人。大脑壳原本是一个靠为别人挑水谋生的弱智人，因其头大，痴呆，被人呼为"大脑壳"。近义词是"绿哇"或"六二"。

（2）泛指官僚、官大的人。例：小脑壳（小官）来打吃大脑壳（胖头鱼），大脑壳（大官）来打吃小脑壳（乌龟王八）。

22. dān ga wān di dǒu li 谭家湾的斗笠，怕风怕雨怕日头

津市东北边，临澹水，是相距三五里的农村，谭（dan）姓人聚居，故名谭家湾，谭家湾无堤垸，易遭洪水，庄稼歉收，有民谣："谭家湾，鬼打鼾，一个萝卜吃三餐！"

俗语"谭家湾的斗笠，怕风怕雨怕日头"，泛指质量差、脆弱、不经事。也包含了旧时城市人对农村人的一种鄙视。

23. dāng dà xiǎo yī 裆哒儿小衣

大抵从"兜裆儿小衣"演变而来，有的说"小衣"，有的说"桩巴裤"，有的说"裆哒儿小衣"，都是指短裤、内裤。

24. dēn ga xǐ dia dǐ jiǔ xie piāo qî　邓家喜爹的酒席——漂吃

漂：没有。意思是没有这好事、没有吃的。

25. dǒu chōng　抖冲、抖风

津市次生方言。抖冲：斗很，容易引起打闹。抖风：显摆展示，好胜斗很，出风头。一般指官的大小、经济收入的高低、能力的强弱等方面的相互攀比。有时也用在指青少年的漂亮，相当于"炫富""炫酷"。

26. gěn　亘（亘数、亘蛋、亘打亘）

津市人在做生意找零时运用模糊数学方式,归于"亘数 sóu"（整数、整十整百）,方便结算,有时就是送零头,留下讲"仁义"、讲"交情"的面子和情分,让利拉客。

在津市人口语里"亘"当"整"用比较广泛,如"亘块""亘桌""亘碗""亘天""亘年""亘石""亘生日""亘票子""亘板子""亘蛋"。

例：不把雷几块饼干弄成末嘛哒,还留几块亘蛋些嘀！

我这个楼板是现浇的,一块亘嘀。

我抽空哠来好不好？最近太忙了,抽不出亘时间！"

次生方言"亘蠢宝"：指完完全全是个愚蠢的人。比"半头"还不如！

次生方言"亘和尚":和尚光头,会意为数字"0"。牌桌上说"打成个亘和尚",转义指玩牌后没有输也没有赢。

（1）亘哒亘：表示一番折腾之后,事情依然回归原点,没有任何变化。有时也说"圆托圆"。

例：搞哒半天,还是个亘打亘！

（2）梗打梗:梗是指细竹子、芦苇、高粱、包谷、甘蔗等植物的茎秆。起风时,茎秆相互碰撞,也不会相互伤害,毫无意义的相交、相碰罢了。借喻人所付出的某种努力完全没有用。津市俗语：风吹高粱——梗打梗。

例：瞎子点灯白费了蜡,设亮（点灯）哒也还不是个梗打梗！

27. gǒu jī hóng　狗鸡红

津市名吃,形状跟沙琪玛一样,只是色泽略深,上面还带点红丝,嚼起来却又硬又脆又粘牙的小食品,由面粉做成筷子粗的小棒,油炸后,再在锅里用糖炒,撒点红色细丝物品,趁热盛在匣子里压成一寸来厚的大块,最后抓住火候用刀切成火柴盒大小即可。

28. hōu rén　齁人、齁人的

齁，指鼻息声。吃太咸或太甜的东西后使喉咙不舒服。这咸菜真齁人。方言中，有"很、非常"的意思：齁苦。齁咸。齁冷。

津市方言"齁"即普通话"挠"，挠痒痒、引起身体某部位不适。

普通话中"挠痒痒"，被挠者的感觉，总是想笑，挠很了就笑不出来，难受——就是澧州方言的"齁人的"。

（1）名词。指被自己或别人挠痒痒引起身体某部位很不适的感觉。

例：不挨着我，你乱动，搞得齁人吓。

（2）动词。去挠别人的痒。

例：抓他的胳肢窝，齁死他！

　　你不齁我哈，齁死个人嘀！"

29. huán yuàn　还愿，了愿心

指履行誓愿，兑现承诺。引申为被动应付，勉强交差。

在澧州"还愿"即"还傩愿"。旧时，湘西北地区笃信傩神，遇到灾难或不遂心的事时，就到傩神面前去许愿。一旦出现吉兆或者到一定时候，即请巫师来家举行还傩仪式，并且演唱傩戏，以酬神娱人。

1949年前，澧水流域流行一种古老的"渡关"习俗：男孩十二岁时，要请巫师"渡关"，表示这孩子已经进入成年，这也是较为普遍的"还傩愿"的风俗习惯之一。小孩生下以后，算命先生如果算定命里有"关煞"（诸如"四季关""百日关""短命关""鬼门关"等）的话，就要许"傩愿"。在孩子三、六、九岁时，分别请巫师渡"小关"（又称"花树关"）；十二岁，则渡"童子关"（只渡男孩）。"渡关"，主要是通过巫师举行仪式祈求傩神（姜女）保佑平安，消灾免祸，长命富贵。不论是渡"小关"或渡"童子关"，都分别有一套繁琐的宗教仪式，尤其是"童子关"更为隆重冗长，从讨百家米开始，到唱《姜女下池》以及"勾愿"结束，历时长达半年之久（举行仪式时间一般为三天，准备工作在半年前就做起）。到了举行仪式时，最后一天（从第二天夜里到第三天上午）唱"开场白"式的"土地戏"接着是演主打戏——傩戏《姜女下池》也是整个"渡关"的"压轴"唱完这出主戏后，主家把准备好的纸笔拿来，由扮演姜女的演员写一个"还"字，扮演范喜

郎的演员写一个"愿"字，主家大放鞭炮，巫师念诵"勾愿"文、疏。整个"渡关"仪式至此告终。

澧州有谚云："姜女不到愿不了，姜女一到愿勾销。"

例：要你搞卫生，你拿个扫帚画俩大字，怕是在了愿心！

30. huáng pí liǔ yê　黄皮柳叶、黄皮寡瘦

借喻指面黄肌瘦。

津市属于水乡、泛洞庭湖区，多杨树、柳树。秋风一至，杨柳绿叶转黄，纷纷从枝头飘零，大概与人饥瘦困窭相似，故得其喻。

31. kā dǒu　抃哣、掐哣

澧州方言"抃"的意思是指"按一下"，引申义有"掐住、抃住、按住、抓住"。"抃哣"：一是指用手使力按住、捏住、押着、压着；二是指当场看见、看到，抓到把柄。该词几近成为万能词，可轻可重地表示动作大小。

例：哎，你跟我把雷个开关抃一哈。

32. kuǎng dou　匡哣

匡：普通话主要做动词，有纠正（匡正）、帮助（匡助）、估计（匡算）等意思，还做姓氏。澧州作姓氏时念"qiāng"。

澧州方言"kuǎng"无字，是动词，指罩上、盖住。建议用"匡"或"罩"。

（1）指把揭开的盖子放回原位置的动作。

例：把锅盖匡好（把锅盖盖上）。

（2）指用有一定容积的物体去罩住别的物件或动物。

例：他去堰塘里用鸡罩匡鱼去了。

　　桌上没吃完的饭菜，你要匡好，别让猫儿吃了。

澧州民间有歌谣："推家磨，打家磨，推个粑粑吃哈哆；客来哒，匡哣哈哆；客去哒，吃两个。"

33. lǎo kuò shǎng bǎng chóu tóu hāo lǎo　脑壳上绑锄头——薅佬

"薅脑"应该是湘西方言"好佬"的别音。澧州人用"啄 zhuâ 头"挖土，用锄薅草，故用此形容，通指"厉害角色"！

34. liú gōng qiáo di tǒu lǐn　刘公桥的土里——上的上些，下的下些

土里：指土地菩萨。上的：高等的、高雅的。下的：下等的、低级的、下贱的。"上的、下的"在这里分别泛指争执者中势力大的人与弱势的人。上些：高尚些、礼让些、让步一点。下些：退却些、退让些、回避些。

这里是劝人礼让退避、劝人随和。奉劝双方各自礼让和退缩一点。

35. lôu bû lēn těn　绿不棱腾

津市人指"很差、不妥"的意思。古典小说有"二不稜等"一词，意思是"傻里傻气"。北人说"二"，澧州人说"绿、六"。

36. lôu er　六二、六儿、绿哇、六二糊

津市以前有个年轻人，家中排行老六，人称"六儿"，由于其智力弱，脏兮兮的，经常帮出丧的队伍举挽幛或花圈，以蹭饭吃。以至于使人觉得丧葬时"六儿"不来就像丧葬。所以津市人就将脑筋不正常的人一律称为"六儿""绿哇"，特指脑筋不正常、不明白、愚蠢的人；泛指神经病、疯子、傻瓜、反应迟钝的人等。

还有"廖二喜"，也是一个弱智者，他能自觉维护街道卫生，经常还骂那些乱扔垃圾的人，故有新童谣："廖二喜，廖二喜，一心爱集体！"后来也被用来专指神智不太正常的人。"廖二喜""大脑壳"，后来也都归入"绿哇"一说了。

例：哪么就跟你港不明白嘀？你硬是咯绿哇糊呢！

37. mén gê lā lǐ sǎo de jǐ cuô jī　门角那里扫得几撮箕

津市人家里用扫帚扫地，用撮箕来盛装灰尘垃圾，"门角那里"等角落处灰尘更多。这里是言极其多且贱。

38. [ŋ]a [ŋ]à r　吖呃儿

有趣的是澧州方言把"鸭鸭"念做"[ŋ]a [ŋ]à r"，泛指很小的东西，同义词有"嘀弟儿 di dia er"。

例：你得大的，我就只得一个吖呃儿。

39. [ŋ]ā jīn　吖筋（昂筋、嚼筋坨儿、咬金不咬铁）

津市人指讨价还价、协商、不好说话。

40. [ŋ]ā qia de　吖鹊的、吖鹊

澧州人把喜鹊看成吉祥鸟，呼为"吖鹊的、吖鹊"。民间有童谣：

（1）吖鹊尾巴长，舂米嫁姑娘；姑娘嫁，我也嫁，我跟姑娘背钉耙；姑娘给我几耳巴，我躲到门旮旯里哭姆妈。姆妈在菜园里告（栽种）瓜子，瓜子生，我也生，我跟瓜子做媒人。媒人媒人您啊坐，三句好话对你啊说，你嘀姑儿（丫头、女儿）不听我嘀港，拉起回去教哈哆。究啊（今日）打破我嘀碗，磨啊（明日）打破我嘀钵，后哇（后日）打破我嘀砂炉锅；叫你嘀姑儿洗哈碗，她在碗里抠鸡眼；叫你嘀姑儿洗哈锅，她在锅里摆裹脚；叫你嘀姑儿洗哈缸，她在缸里竖杨树桩；叫你嘀姑儿挑担水，她拿起扁担砍乌龟，叫你嘀姑啊铺哈床，她顶起被窝玩呛呛；叫你嘀姑儿摘豆角，她在菜园翻肚脐；叫你嘀姑儿摘北瓜，她在菜园喊伯妈；叫你嘀姑儿摘黄瓜，她在菜园喊黄妈。

（2）丫鹊儿喊，早谷儿黄，幺姑儿挑水泼稻场。路又远，水又深，打湿幺姑儿的脚后跟。脚舂米，手做鞋，还说幺姑儿不勤快。

（3）吖鹊做屋做得高，排古佬做屋水上漂；黄蜂做屋倒吊起，花儿匠做屋被火烧。

41. ōu [ŋ]à jiǎng　殴吖匠

殴吖匠即"扒手"。"殴"有"扒""掏""抠"的意思。

42. pān hén māo di yú zǐ lā mō di chôu sèn　潘恒茂的驴子，拉磨的畜牲

南方很少使用驴子，但旧津市的潘恒茂就是使用驴子拉磨。津市人说这话是用来骂人。驴拉磨、不是个东西！（侧面表达了当时人们对大户财主的妒恨！）

43. qî de gó rén jín tî ō de gó guǐ chû lái　喫得个人进去，屙得个鬼出来

转义指"什么事都做得出来"。具体指贪心大，胆大妄为，什么都敢收进自己囊中，见不得人的事也做得出来。

44. qî huō lēn těn　吃喝恁吞

津市方言指吃的、喝的、玩的所有开销，带有贬义。

例：伢惹的吃喝恁吞都是我管的，还哪么搞？我已经蛮负责任哒！

44. qián shí xiū dê dáo xià chuáng jiù shì záo　前世修得到，下床就是灶

城里人房小地狭，室内拥挤，常有一居室布置全部生活用具的。此处是说恭维话，说城里人居家生活房虽窄小但生活便利。有近义词"柴方水便"。

45. qīn hūn de　青混的

贬义词。指混日子、不务正业的青年。泛指品行不端的青年人。同义词有"少魂的、少混的"。

46. qīn pí guā la　青皮呱啦

青皮：指人理发成了光头，泛出青色。泛指没有财产、资本的穷光蛋。

47. sān zhōu yî hòu tǒu tî di　三洲驿后头去的（野巴后头去的）

旧时津市三洲驿街后面就是荒野之地，为官府杀人砍头的行刑场地；津市解放后，政府枪决人的地方就是后湖以北的郊野（野巴后头）。转意为"砍你的脑壳、你去死"。

48. sān yuê gān de yóu cái huáng qî dǐng　三月间的油菜——黄齐顶

"黄"指荒唐。"黄齐顶"意为荒唐到极点、幼稚得很。

49. shǎo qî wèi dào hǎo duō qî dòu zi bǎo　少吃味道好，多吃肚子饱

澧洲人讲究吃的味道，尤其是津市人。品尝味道讲究少吃一点，为了饱肚子，那就要多吃一点。

50. shī lóu jià　漇漏驾

澧州方言中"漇"，动词。主要是指利用专门的竹编工具放沉水中，有准备地等待、等候、抓捕鱼儿。"簒háo"，普通话指撑船的竹竿或木杆，澧州指一种竹篾篓行捕鱼工具，鱼儿进入后不能逃出。如农谚"月亮长毛，旱田里漇簒"就说到它。

"漏驾"指漏下的、剩下的、意外的收获。

例：我这次得到先进，是漇嘀一个漏驾。

　　这哈你蛮得邪呢，漇到这么大一个漏驾！

51. sōu gōng zǐ　苏公子

津市旧时世家苏公子,家住杨湖口,为人放荡不羁,曾在皇姑山上用风车吹金箔,散尽千金,苏家自称为苏辙后裔。津市版《苏公子的故事——败家子》:

津市,在民国时期由于航运发达,人流涌动,热闹非凡,街上的老板比常德的都有钱,时不时就是到长沙去玩、去交接朋友。

话说有个苏员外,街上开得有商号,河里泊得有货船,屋里银子堆成山。唯一的遗憾就是膝下无子。

有天晚上,苏员外做了个梦,梦见一个白胡子老人告诉他在他半百之年会有一子,醒来之后觉得蹊跷,也就没在意。几年过去了,就在他五十岁生日那天他儿子苏公子出生了。他高兴得不得了,但娃儿总哭个不停,怎么哄也不行,各种办法都试了,还是哭,不知谁的衣服被撕破了,说来也奇怪,听到"嘶嘶"的声音,苏公子不哭了。后来,只要他一哭,苏员外就拿布来撕出"嘶嘶"的声音,就不哭了。背地里苏员外唉声叹气,不知如何是好,就这样过了好多年。

苏公子一晃也有十八岁哒。为了考验儿子有不有用,苏员外就给他一百两银子,要他一天之内花完。那可是一笔巨款啊,一天之内怎样都花不完啊!可是,半天不到他就花完了!

苏员外问儿子:"你哪么花完的呢?"苏公子说:"我把一百两金子换成哒金箔,再剪成碎末嘛,爬到皇姑山上用风车吹撒出去,一哈就没哒!"苏员外听了,差点当场晕死过去,这才晓得,他儿子是个败家子啊!

为儿子以后不被饿死,苏员外硬是在街上修建了三百六十五间店铺,免费送人,但有一个条件:在他百年之后(死后),每年每家让苏公子轮流住一天,这样他就不会饿死街头上哒。

后来,苏员外死哒,苏公子没几年就败完哒家产,只好到每家店铺轮流住宿一天。其实也挺好的,免费吃住,一家一天,刚好一年啊!可是,一年后,苏公子蛮不习惯这么过,咯硬是把门面低价卖给这些在经营的人,用收到的金子打了一个金碗,端起哒讨米!后来,老人们都说苏公子是饿死在大码头朝阳阁上的。

52. shī ga yuān di gǔ yóu bei da di　施家垸的牯牛——白大嘀

施家垸即现在保河堤中心小学及其南部地域,以前曾是一西临毛里湖的小垸。

本地人都知道这个歇后语，众人戏说道：也许是施家垸的牯牛儿个头大，打架时没打赢别个垸子的牛儿！

53. tāng ga lāng di gú sī　汤家巷的故事——崴起来哒

"崴 wǎi"在津澧方言中是指晃荡、摇晃的意思。主要是指小巷里人众摩肩接踵的情形。人事往来频繁的地方，故事就多，今人写旧津市，往往落笔不离汤家巷。为啥呢，因为汤家巷的故事——崴起来哒！

54. wán ya　玩呀

有时甚至发音为"wái ya"，指"玩具"。石门人则说"乖呱"。在津市也可借喻指人被作为傀儡、玩具，贬义词。

例：你嘚咯么得！还不是被人家当个玩呀在搞！

55. wāng dáo shǒu li　汪到手里

津市人说"汪到手里"的意思是"揽到手里""留存到手里"的意思。还有个近义词"坤在手里"：意为"留存在手里，不做声，不声张，不想轻易拿出来"，让旁人产生"其意欲私吞"的怀疑。

56. wāng ga qiǎo di gǔi zhǐ hê shòu rén　汪家桥的鬼，只吓熟人

这句话的意思是指津市其实很小，要做坏事也是熟人互揞！泛指熟人之间相互掣肘。

57. xià tǒu　下土（脚哈、脚块）

津市城区人说"下土、脚哈"，乡镇如棠华说"脚块"。

（1）土葬下葬时用土掩埋。

（2）某高大物体的下部、下端。

（3）本地下游处。津市人特指到本市的下游（东边）街市的某处去。反义词即是"高土""上土"。

58. yǎ yī yó　呀咿哟（假咿哟）

常德丝弦的唱腔一般是每一段落之后，总是来一段"依呀哟，呀依哟"的哼唱。

衍指虚文虚腔，假情假意。为什么一句歌曲成了贬义词？很大的可能来自于旧时对戏曲艺人的蔑视，平日里人们也说表演者在台上"歪呀崴"嘀，有讥讽之意。

（1）指总是找借口、躲躲闪闪地，不肯直截了当地答应或承诺，绕弯子。

（2）装出一番与对方保持观点和态度一致的模样，说些言不由衷的话来，极富有表演性。也说"假咿哟"。

例：你到底是个么的意见？你就别咿呀哟呀咿哟哒！

59. yán bao lǒu shî　盐笆篓湿（盐巴篓湿）

津市过去是九澧盐运集散地，盐在仓库码头堆积，易吸潮，麻包长期不见干，市民撷其形象，乃作比喻，泛指物体不干。

笆篓也是挑担的工具，因有盖，常盛贵重或怕脏物品。

60. yě pà dì li dǎ bāng jia　野巴地里打梆唊

次生方言。"野巴地里"，指荒野的、偏远的田地，使人害怕的地方。

"打梆唊"，以长棍击短棍的一种儿童游戏，也称为"梆鸡儿""火鸡公"。在澧州方言中转义为男女欢爱。

例：他俺两嘎哪打没看哙人哒，到哪里去哒，莫不是恰哇打梆唊去哒？

61. zhāng　张

（1）津市方言中的"张"，张嘴、张口、张开，店铺开门营业开张，还有"理睬，答应"的意思。同义词"齿 chǐ"，如"不齿他"（不理睬他）、"齿都不齿（根本不理睬）"，后来还说成了"屌都不屌"。

例：喊他又不张人，不张算哒嘞。

在实际生活中衍生出"不张人""要张不齿、要张不睬、要张懒齿（爱理不理的）"等说法，形容人比较自大，不理睬别人；即使别人主动来打招呼，也是爱理不理的态度。澧州（津市）有童谣："不张不张，我有人张！我到北京买杆枪，把你的屁眼打翻僵！不张你，不齿你，打咯屁，嗝死你！"

（2）受到刺激后，粗野地做出反应地动作。如"一张就起来哒"。

例：老师还只批评他两句，她一张就起来哒，直接顶撞老师！

（3）某种病态，称之为"打张"，一般指婴孩受惊吓。

例：迭伢惹最近不哪门嘀，眍着了就能扣打张，不落告（睡觉）。

62. zhuāi rén gā di xiú tǒng tar　跩人家的袖筒咤

"跩哇"，指人蹲下，不指"坐"；"袖筒咤"指衣袖、袖套，袖口部位。

旧时的商人，有一种讨价还价的隐秘方式：手缩在袖口里伸指头，对方也伸手到袖口里来摸，几番来回，商定价格，旁人一概不知，有很大的商业保护性。如果第三方不知其里，往往容易上当受骗，那就是"跩人家的袖筒咤"哒。后渐变为"上当、受骗"之意。

再后来，津市人说成"吃药哒""吃哒你的药哒"！

63. zuô huó　作货

质量上乘、很好的货，也说"蛮作货"。贬义词说"作货踢哒、作货去哒（不好、看不起的货色）"。

例：迭批货，作不作？

这一批笋子蛮作货，你可以多买点，过年吃咯蛮好嘀呢！

咯人还以为蛮作货，不晓噔没人要的！

64. zuô qí　作气

指饱物之后，引起肚子饱胀，肠道咕咕响，打嗝，打屁，中医皆称之为"作气"。"作气""做奇"都引申为胡编乱造、瞎说。

例：他呀！喜欢做些奇（喜欢胡编乱侃）！

他喜欢做奇哒搞（装模作样地做些事情）！

后 记

　　"城市基因·津市文史丛书"之《风物卷》成卷，有如新生的婴儿，尚觉丑陋，但它毕竟是众人注目下的产物，凝聚了太多的关爱，承载了太多的期待，作为一名"助产士"，编者既觉欣喜，又心怀忐忑。

　　此卷分十二章，从"文化源流"澧水说起，简要地描述了津市的码头、航运、建筑、宫庙、教育、名胜、报刊、戏剧、驿邮、美食、方言的历史演变及文化特色，可作为群众了解津市历史的案头读本。

　　相对于历史本身，这本小书轻若微尘，但作为津市历史的普及读物，它对帮助人们领略津市风土人情、了解津市历史文化特色，或可承担一个导览的功能。此卷的编成，已经超出了编者的知识储备，之所以能连缀成篇，完全得益于三个方面的支持：

　　一是历史本身的厚重与灿烂。津市虽小，但历史悠久，文化积累和遗存非常丰富，特别是明清以来的商业发展、新中国成立以后的工业振兴，留下了太多可歌可泣的人物和故事，稍一挖掘，便如汩汩清泉，流之不竭，沁人肺腑。

　　二是前人的努力与付出。数百年来，有无数热爱家乡的先辈为记述津市历史付出了艰辛的努力，无论是地方志的编纂者，还是轶史的收录者，他们皓首穷经，考据辩讹，为我们留下了踏入宝山的路径。这里特别要嘉许的是改革开放之后，津市史志办组织的文史资料抢救性征集工作。王道济、葛乐山、童醴泉、宋先熙、彭柏鉴、朱振炎等一批前辈，在生命的最后一段时间，追忆、记述、辑录、整理了大量史料，价值非凡，芳泽绵延。

　　三是团队协作和热心人的支持。以政协主席姜正才同志为首的丛书编写团队，自2018年即开始收集、整理史料，搭建写作班子，调整人员力量，数次修订写作大纲，保证了编纂工作的有序进行。在本卷的编写过程中，政协副主席王文军同志协调调度，功不可没；朱世民、钟月、谭远辉诸位老师悉心指导，拟定纲目、逐章审阅，确保了文字使用的规范和史料引用的真实。本土作家黄道师先生为本卷方言篇提供了蓝本，本土戏剧家许娟女士为本卷戏剧篇的撰写给予了热情支持。

　　此外，本卷所用材料参考或引用了本土学者王泸、韩川、朱湘泉、王继杰、辜建格、赵大国等先生的文字，在此一并表示感谢！

　　编者作为一个外来津市人，有幸参与丛书的编纂工作，是一个领略、学习的好机会，但囿于学识的局限，无论是文字还是观点，不可避免地存在许多瑕疵，更遑论相比本土津市人，在情感的表达上也不如他们深沉炽烈，这都需要得到读者诸君的谅解！

　　津市有过历史上的辉煌，但最新、最美的面貌还是在当下。此卷编成的目的是对既往历史的展现，更是对未来发展的启迪，我们希望从文字中能够读出津市精神，鼓舞当代津市人勠力同心，共同描绘出津市更新更美的未来。

彭淼

2020 年 10 月